■2025年度中学受験用

# 森村学園中等部

## 5年間スーパー



●収録内容一覧

### 入試問題と解説・解答の収録内容

| | | | |
|---|---|---|---|
| 2024年度 | 1回 | 算数・社会・理科・国語 | 実物解答用紙DL |
| 2023年度 | 1回 | 算数・社会・理科・国語 | 実物解答用紙DL |
| 2022年度 | 1回 | 算数・社会・理科・国語 | 実物解答用紙DL |
| 2021年度 | 1回 | 算数・社会・理科・国語 | |
| 2020年度 | 1回 | 算数・社会・理科・国語 | |

～本書ご利用上の注意～　以下の点について，あらかじめご了承ください。

★別冊解答用紙は巻末にございます。実物解答用紙は，弊社サイトの各校商品情報ページより，一部または全部をダウンロードできます。
★編集の都合上，学校実施のすべての試験を掲載していない場合がございます。
★当問題集のバックナンバーは，弊社には在庫がございません（ネット書店などに一部在庫あり）。

# 合格を勝ち取るための『スーパー過去問』の使い方

本書に掲載されている過去問をご覧になって，「難しそう」と感じたかもしれません。でも，多くの受験生が同じように感じているはずです。なぜなら，中学入試で出題される問題は，小学校で習う内容よりも高度なものが多く，たくさんの知識や解き方のコツを身につけることも必要だからです。ですから，初めて本書に取り組むさいには，点数を気にしすぎないようにしましょう。本番でしっかり点数を取れることが大事なのです。

過去問で重要なのは「まちがえること」です。自分の弱点を知るために，過去問に取り組むのです。当然，まちがえた問題をそのままにしておいては意味がありません。

本書には，長年にわたって中学入試にたずさわっているスタッフによるていねいな解説がついています。まちがえた問題はしっかりと解説を読み，できるようになるまで何度も解き直しをしてください。理解できていないと感じた分野については，参考書や資料集などを活用し，改めて整理しておきましょう。

## このページも参考にしてみましょう！

**◆どの年度から解こうかな　「入試問題と解説・解答の収録内容一覧」**

本書のはじめには収録内容が掲載されていますので，収録年度や収録されている入試回などを確認できます。

※著作権上の都合によって掲載できない問題が収録されている場合は，最新年度の問題の前に，ピンク色の紙を差しこんでご案内しています。

**◆学校の情報を知ろう‼「学校紹介ページ」**

このページのあとに，各学校の基本情報などを掲載しています。問題を解くのに疲れたら息ぬきに読んで，志望校合格への気持ちを新たにし，再び過去問に挑戦してみるのもよいでしょう。なお，最新の情報につきましては，学校のホームページなどでご確認ください。

**◆入試に向けてどんな対策をしよう？「出題傾向＆対策」**

「学校紹介ページ」に続いて，「出題傾向＆対策」ページがあります。過去にどのような分野の問題が出題され，どのように対策すればよいかをアドバイスしていますので，参考にしてください。

**◇別冊「入試問題解答用紙編」**

本書の巻末には，ぬき取って使える別冊の解答用紙が収録してあります。解答用紙が非公表の場合などを除き，（注）が記載されたページの指定倍率にしたがって拡大コピーをとれば，実際の入試問題とほぼ同じ解答欄の大きさで，何度でも過去問に取り組むことができます。このように，入試本番に近い条件で練習できるのも，本書の強みです。また，データが公表されている学校は別冊の１ページ目に過去の「入試結果表」を掲載しています。合格に必要な得点の目安として活用してください。

本書がみなさんの志望校合格の助けとなることを，心より願っています。

株式会社　声の教育社　編集部

# 森村学園中等部

| | |
|---|---|
| 所在地 | 〒226-0026 神奈川県横浜市緑区長津田町2695 |
| 電　話 | 045-984-2505 |
| ホームページ | https://www.morimura.ac.jp/ |
| 交通案内 | 東急田園都市線「つくし野駅」より徒歩5分<br>JR横浜線・東急田園都市線「長津田駅」より徒歩13分 |

くわしい情報は
ホームページへ

トピックス

★9/21・22に行われる文化祭(みずき祭)は，予約が必要。
★各回の入試における成績優秀者を特待生合格とする(参考：昨年度)。

創立年
明治43年

男女共学

高校募集
なし

## 応募状況

| 年度 | 募集数 | 応募数 | | 受験数 | 合格数 | 倍率 |
|---|---|---|---|---|---|---|
| 2024 | ①40名 | 男 | 2科　14名 | 13名 | 4名 | 3.3倍 |
| | | | 4科　77名 | 68名 | 25名 | 2.7倍 |
| | | 女 | 2科　18名 | 14名 | 6名 | 2.3倍 |
| | | | 4科　71名 | 64名 | 25名 | 2.6倍 |
| | ②30名 | 男 | 2科　22名 | 19名 | 5名 | 3.8倍 |
| | | | 4科118名 | 80名 | 26名 | 3.1倍 |
| | | 女 | 2科　31名 | 22名 | 4名 | 5.5倍 |
| | | | 4科104名 | 64名 | 20名 | 3.2倍 |
| | ③20名 | 男 | 2科　23名 | 17名 | 0名 | ― |
| | | | 4科156名 | 89名 | 15名 | 5.9倍 |
| | | 女 | 2科　27名 | 16名 | 1名 | 16.0倍 |
| | | | 4科129名 | 76名 | 11名 | 6.9倍 |
| | 帰国生 | 男 | 26名 | 26名 | 22名 | 1.2倍 |
| | 若干名 | 女 | 12名 | 11名 | 8名 | 1.4倍 |

## 2023年度の主な大学合格実績

＜国公立大学＞

東京大，京都大，東京医科歯科大，電気通信大，お茶の水女子大，東京都立大，横浜市立大

＜私立大学＞

慶應義塾大，早稲田大，上智大，国際基督教大，東京理科大，明治大，青山学院大，立教大，中央大，法政大，学習院大，成蹊大，成城大，明治学院大，東京女子大，日本女子大，昭和大

## 本校の校訓～行動指針～

本校は「真に社会に役立つ人を育てる」ことを目指し，創立当初より人格形成を第一の目標とした教育を実践しています。校訓「正直・親切・勤勉」は創立者の実業界での実践から生まれてきた言葉で，本校の人間教育のバックボーンです。

・正直…誠実であることを最上とし，偽りのない人であれ。
・親切…あたたかき心をもち，行動する人であれ。
・勤勉…人の力は無限に進む。学び続ける人となれ。

## 入試情報（参考：昨年度）

・入試日程：
第１回…2024年２月１日
第２回…2024年２月２日
第３回…2024年２月４日

・受験科目：
第１回～第３回…
２科目(国算)／４科目(国算社理)選択

・合否判定方法：
２科目受験の場合…国語(100点)，算数(100点)の合計点を判定得点とします。
４科目受験の場合…国語(100点)，算数(100点)，社会(75点)，理科(75点)の合計点を200点満点に換算します。その換算得点と，国語，算数２科目の合計点を比較して得点の高い方を判定得点とします。

編集部注―本書の内容は2024年4月現在のものであり，変更されている場合があります。正式な情報は，学校のホームページ等で必ずご確認ください。

# 算数 出題傾向&対策

## ◆基本データ(2024年度1回)

| | |
|---|---|
| 試験時間／満点 | 50分／100点 |
| 問題構成 | ・大問数…6題<br>計算1題(3問)／応用小問1題(5問)／応用問題4題<br>・小問数…20問 |
| 解答形式 | 答えのみを記入するものと，考え方も記入できるもの(部分点があたえられることがある)が見られる。 |
| 実際の問題用紙 | A4サイズ，小冊子形式 |
| 実際の解答用紙 | 縦423mm×横303mm |

## ◆出題傾向と内容

**▶過去3年の出題率トップ3**
1位：四則計算・逆算13%　2位：表とグラフ，濃度など7％
**▶今年の出題率トップ3**
1位：四則計算・逆算，角度・面積・長さ，約数と倍数13％

大問1の四則計算は，複雑なものは出題されていないので，確実に得点することが大切です。

大問2は，応用小問の集合題で，濃度や平均，速さ，特殊算などが出されています。

大問3以降は，応用問題です。平面図形，図形の移動，調べ・推理・条件の整理，数の性質，数列，グラフを読み取るものなどが取り上げられています。また，速さや特殊算からの出題も見られます。問題にはいろいろなくふうがこらされており，問題文をよく読んで答えるべきものは何かをしっかりと確認し，図に表すなどして整理する必要があります。

## ◆対策～合格点を取るには？～

まず，速く正確な計算力を身につけることが重要です。計算練習は，1日10問などと決めて，毎日欠かさずに練習するようにしましょう。

次に，重要分野の代表的な例題を解きながら理解していきましょう。数量分野では，数の性質，規則性，場合の数などに注目しましょう。図形分野では，比を使って長さや面積を求めるもの，図形・点の移動と面積・体積の変化などが重要です。特殊算では，旅人算や通過算など，これまで出題されたものを中心に，ひと通り練習しておきましょう。

| 分野＼年度 | | 2024 | 2023 | 2022 | 2021 | 2020 |
|---|---|---|---|---|---|---|
| 計算 | 四則計算・逆算 | ◎ | ◎ | ◎ | ◎ | ● |
| | 計算のくふう | ○ | ○ | ○ | ○ | |
| | 単位の計算 | | | | | |
| 和と差 | 和差算・分配算 | | ○ | | ○ | |
| | 消去算 | | | | | ○ |
| | つるかめ算 | | | | | |
| | 平均とのべ | | | ○ | | |
| | 過不足算・差集め算 | ○ | | | | ○ |
| | 集まり | | | | ○ | |
| | 年齢算 | ○ | | | | ○ |
| 割合と比 | 割合と比 | | ○ | | | |
| | 正比例と反比例 | | | | | |
| | 還元算・相当算 | | | | | |
| | 比の性質 | | | ○ | | |
| | 倍数算 | | | | | |
| | 売買損益 | | ○ | | | |
| | 濃度 | ○ | ○ | ○ | ○ | ○ |
| | 仕事算 | ○ | | | | ○ |
| | ニュートン算 | | | | | |
| 速さ | 速さ | | ◎ | | | |
| | 旅人算 | | | ○ | ○ | |
| | 通過算 | | | ○ | | ○ |
| | 流水算 | | | | ○ | |
| | 時計算 | | | | | |
| | 速さと比 | ○ | | ○ | | ○ |
| 図形 | 角度・面積・長さ | ◎ | | | ◎ | |
| | 辺の比と面積の比・相似 | | | | | ○ |
| | 体積・表面積 | | ○ | ○ | | |
| | 水の深さと体積 | ○ | | | | |
| | 展開図 | | | | | |
| | 構成・分割 | | | | ○ | |
| | 図形・点の移動 | ○ | | | ○ | ○ |
| 表とグラフ | | ○ | ○ | ○ | ○ | ○ |
| 数の性質 | 約数と倍数 | ◎ | | | | |
| | N進法 | | | | | |
| | 約束記号・文字式 | | ○ | | | ○ |
| | 整数・小数・分数の性質 | | ○ | ○ | ○ | |
| 規則性 | 植木算 | | | | | |
| | 周期算 | | | ○ | | ○ |
| | 数列 | | ○ | ○ | | |
| | 方陣算 | | | | | |
| | 図形と規則 | | | | ○ | |
| 場合の数 | | | | | ○ | |
| 調べ・推理・条件の整理 | | ○ | | ○ | | ○ |
| その他 | | | | | | |

※　○印はその分野の問題が1題，◎印は2題，●印は3題以上出題されたことをしめします。

# 社会　出題傾向＆対策

## ◆基本データ(2024年度１回)

| | |
|---|---|
| 試験時間／満点 | 40分／75点 |
| 問題構成 | ・大問数…６題<br>・小問数…25問 |
| 解答形式 | 記号選択と用語の記入に加えて，１～２行程度の記述問題も出題されている。 |
| 実際の問題用紙 | Ａ４サイズ，小冊子形式 |
| 実際の解答用紙 | 縦423mm×横303mm |

| 分野＼年度 | | | 2024 | 2023 | 2022 | 2021 | 2020 |
|---|---|---|---|---|---|---|---|
| 日本の地理 | | 地図の見方 | | | ○ | ○ | ○ |
| | | 国土・自然・気候 | ○ | ○ | ○ | ○ | ★ |
| | | 資源 | | | | | |
| | | 農林水産業 | | ○ | ○ | ○ | |
| | | 工業 | | ○ | | ○ | |
| | | 交通・通信・貿易 | | | | ○ | |
| | | 人口・生活・文化 | | | | | |
| | | 各地方の特色 | | ○ | | | |
| | | 地理総合 | ★ | ★ | ★ | ★ | |
| 世界の地理 | | | | | | | |
| 日本の歴史 | 時代 | 原始～古代 | ○ | ○ | ○ | ○ | ○ |
| | | 中世～近世 | ○ | ○ | ○ | ○ | ○ |
| | | 近代～現代 | ○ | ○ | ○ | ○ | ○ |
| | テーマ | 政治・法律史 | | | | | |
| | | 産業・経済史 | | | | | |
| | | 文化・宗教史 | | | | | |
| | | 外交・戦争史 | | ★ | | | |
| | | 歴史総合 | ★ | | ★ | ★ | ★ |
| 世界の歴史 | | | | | | | |
| 政治 | | 憲法 | | ○ | ○ | ★ | ○ |
| | | 国会・内閣・裁判所 | ★ | ○ | ★ | | |
| | | 地方自治 | | | | | |
| | | 経済 | | ○ | | | |
| | | 生活と福祉 | | | | | |
| | | 国際関係・国際政治 | | | | | |
| | | 政治総合 | | ★ | | | ★ |
| 環境問題 | | | ○ | | ○ | | ★ |
| 時事問題 | | | ★ | ★ | ★ | ★ | ★ |
| 世界遺産 | | | | | | | |
| 複数分野総合 | | | ★ | ★ | ★ | ★ | ★ |

※　原始～古代…平安時代以前，中世～近世…鎌倉時代～江戸時代，近代～現代…明治時代以降

※　★印は大問の中心となる分野をしめします。

## ◆出題傾向と内容

**●地理**…日本の国土や自然，地図の見方，工業，農林水産業などから出題されています。具体的には，グラフと地図を参考にして気候の原因を説明させる問いや，地形図から川の流域を読み取る問いなどが出されています。地図記号の読み取りや，断面図の作図，また，地形と災害の関係性などについても出題されています。

**●歴史**…ある特定の時代を取り上げて重点的に出題するのではなく，古代から現代までにわたるさまざまな分野についての問題がはば広く出題されていますが，テーマが限定されることもあります。できごとの背景や理由を答えさせる問題や，時代を答えさせる問題も見られます。

**●政治**…憲法や国会・内閣などから出題されています。また，時事問題として，前年の出来事からの出題も見られます。

さらに，分野を問わず，複数の選択肢から他と性質の異なるものを選ぶ問題や，時事問題・環境問題とからめた問題，複数分野総合問題も出されています。

## ◆対策～合格点を取るには？～

問題のレベルは標準的なので，基礎を固めることを心がけてください。教科書のほかに，説明がていねいでやさしい参考書を選び，基本事項をしっかりと身につけましょう。

地理分野では，日本地図と統計(グラフなど)を参照し，白地図作業帳を利用して地形と気候などの国土のようすから，産業(統計資料を使用)へと学習を広げていきましょう。また，地図上で都道府県の位置や産業の特ちょうなどを確かめておいてください。さらに，各産業の推移や変化などのようすを，資料やグラフを参照しながら，その理由とともにとらえていきましょう。

歴史分野では，教科書や参考書を読むだけでなく，自分で年表を作ると学習効果が上がります。できあがった年表は，各時代，各テーマのまとめに活用できます。本校では，古代から現代までの広い時代にわたって，さまざまな分野から出題されているので，この学習方法は威力を発揮します。

政治分野では，日本国憲法の基本的な内容や三権分立のしくみについて必ずおさえておきましょう。また，時事問題・環境問題については，新聞やテレビ番組などのニュースで積極的に視野を広げるようにして，国の政治や経済の動き，世界各国の情勢などをノートにまとめておきましょう。

# 理科 出題傾向＆対策

## ◆基本データ（2024年度１回）

| | |
|---|---|
| 試験時間／満点 | 40分／75点 |
| 問題構成 | ・大問数…４題<br>・小問数…18問 |
| 解答形式 | 記号選択と用語の記入に加えて，計算，作図，記述問題なども出題されている。 |
| 実際の問題用紙 | Ａ４サイズ，小冊子形式 |
| 実際の解答用紙 | 縦423mm×横303mm |

## ◆出題傾向と内容

各分野からバランスよく出題されています。実験器具の使い方なども見られます。

●**生命**…季節と生物，植物（蒸散，光合成と光の強さの関係を調べる実験，つくりとはたらき），人体（つくりとはたらき），動物（こん虫の成長）などが出されています。

●**物質**…気体の性質，ものの燃え方，中和反応，水溶液の性質，金属と塩酸を反応させる実験，状態変化などが取り上げられています。そのなかで，計算問題も出されています。

●**エネルギー**…さおばかりのつりあい，光の進み方，コンデンサーの性質，ものの温まり方，電流と電球の明るさ，ふりこの運動，物体にかかる重さなどが出題されています。実験・観察をふまえた問題が多くなっています。

●**地球**…夏の星座，太陽や月の大きさと地球からのきょり，霧や雲のでき方と線状降水帯，化石，火山，地層，気温や地面の温度，日食・月食，地球の公転と四季，地球の自転と月の満ち欠け，台風などから出題されています。

| 分野＼年度 | | 2024 | 2023 | 2022 | 2021 | 2020 |
|---|---|---|---|---|---|---|
| 生命 | 植物 | ○ | ★ | | ★ | ★ |
| | 動物 | | | ○ | | ○ |
| | 人体 | | | ★ | | |
| | 生物と環境 | | | | | |
| | 季節と生物 | ★ | | | | |
| | 生命総合 | | | | | |
| 物質 | 物質のすがた | | | | | ★ |
| | 気体の性質 | ★ | ★ | | | |
| | 水溶液の性質 | ○ | | | ★ | |
| | ものの溶け方 | | | | | |
| | 金属の性質 | | | | | |
| | ものの燃え方 | | | ★ | | |
| | 物質総合 | | | | | |
| エネルギー | てこ・滑車・輪軸 | ★ | | | | |
| | ばねののび方 | | | | | |
| | ふりこ・物体の運動 | | | | | ★ |
| | 浮力と密度・圧力 | | | | | |
| | 光の進み方 | | ★ | | | |
| | ものの温まり方 | | | | ★ | |
| | 音の伝わり方 | | | | | |
| | 電気回路 | | | ★ | | |
| | 磁石・電磁石 | | | | | |
| | エネルギー総合 | | | | | |
| 地球 | 地球・月・太陽系 | ★ | | | | |
| | 星と星座 | ○ | | | | |
| | 風・雲と天候 | | ★ | | | |
| | 気温・地温・湿度 | | | | | ★ |
| | 流水のはたらき・地層と岩石 | | | | ○ | |
| | 火山・地震 | | | ★ | ★ | |
| | 地球総合 | | | | | |
| 実験器具 | | ○ | | | | |
| 観察 | | | | | | |
| 環境問題 | | | | | | ○ |
| 時事問題 | | | ○ | ○ | | |
| 複数分野総合 | | | | | | |

※　★印は大問の中心となる分野をしめします。

## ◆対策～合格点を取るには？～

さまざまな単元をもとに問題がつくられており，基本的な知識を使いこなす応用力がためされています。各分野ともかたよりのない学習をこころがけましょう。

問題の多くは実験・観察の結果を総合的にとらえて，筋道を立てて考えていく必要があるので，なによりもまず教科書を中心とした学習を重視し，基本的なことがらを確実に身につけていくことが大切です。教科書には実験・観察の例が豊富に取り上げられていますから，くり返し復習するなかで，実験・観察の目的や方法，過程と結果，結果を通じてどういうことがわかるかなどをノートにまとめていきましょう。

基本的な知識がある程度身についたら，標準的な問題集にあたり，知識をたくわえ活用する練習をしましょう。わからない問題があってもすぐに解説解答にたよらず，じっくりと自分で考えることが大切です。この積み重ねが考える力をのばすコツになります。

教科書の学習以外に必要とされる知識も少なくありません。科学の進歩や時事問題など，日ごろから新聞などの科学に関するニュースもチェックし，ノートにまとめていきましょう。

# 国語 出題傾向&対策

## ◆基本データ(2024年度1回)

| | |
|---|---|
| 試験時間／満点 | 50分／100点 |
| 問題構成 | ・大問数…3題<br>文章読解題2題／知識問題1題<br>・小問数…29問 |
| 解答形式 | 記号選択や適語・適文の書きぬきが大半をしめるが，25～80字程度で書かせる記述問題も出題されている。 |
| 実際の問題用紙 | A4サイズ，小冊子形式 |
| 実際の解答用紙 | 縦303mm×横423mm |

## ◆出題傾向と内容

**▶近年の出典情報(著者名)**
説明文：田中　修　石田光規　田中淳夫
小　説：柚木麻子　有川ひろ　杉本りえ

**●説明文**…適語の補充，語句の意味，内容理解などからなる，典型的な長文読解問題です。記述式の小問が複数ふくまれていることもあるので，注意しましょう。
**●文学的文章**…ことばの意味を正しくとらえつつ，場面や行動から，登場人物の心情，行動の理由などを読み取るものが中心です。心情を自分のことばで説明する問題も出題されています。
**●知識問題**…独立した大問として，漢字の読み書きが出されています。また，文章読解問題中の小問として，語句や慣用句の意味などが出されています。

## ◆対策～合格点を取るには？～

文章を一定時間内に読み，設問の答えを出す読解力は簡単には身につきません。まずは，関心のある分野の本を選び，毎日少しずつ読書にはげみ，長い文章に慣れましょう。そのさいの注意点としては，①指示語の示す内容，②段落や場面の展開，③人物の性格や心情の変化，④段落のつながりや要点の要約，などがあげられます。

漢字は，書き取りの問題集を毎日少しずつ続けてください。ことばの知識は，コンパクトにまとまった受験用の問題集に取り組みましょう。

なお，本校の長文読解では字数の多い記述の小問が必ず何題か出題されます。本書のような問題集で設問に慣れておきましょう。

| 分野 ＼ 年度 | | | 2024 | 2023 | 2022 | 2021 | 2020 |
|---|---|---|---|---|---|---|---|
| 読 | 文章の種類 | 説明文・論説文 | ★ | ★ | ★ | ★ | ★ |
| | | 小説・物語・伝記 | ★ | ★ | ★ | ★ | ★ |
| | | 随筆・紀行・日記 | | | | | |
| | | 会話・戯曲 | | | | | |
| | | 詩 | | | | | |
| | | 短歌・俳句 | | | | | |
| 解 | 内容の分類 | 主題・要旨 | ○ | ○ | ○ | ○ | ○ |
| | | 内容理解 | ○ | ○ | ○ | ○ | ○ |
| | | 文脈・段落構成 | | ○ | | | |
| | | 指示語・接続語 | ○ | ○ | ○ | ○ | ○ |
| | | その他 | ○ | ○ | ○ | | |
| 知 | 漢字 | 漢字の読み | ○ | ○ | ○ | ○ | ○ |
| | | 漢字の書き取り | ★ | ★ | ★ | ★ | ★ |
| | | 部首・画数・筆順 | | | | | |
| | 語句 | 語句の意味 | ○ | ○ | | ○ | ○ |
| | | かなづかい | | | | | |
| | | 熟語 | | | | | |
| | | 慣用句・ことわざ | | | | ○ | |
| 識 | 文法 | 文の組み立て | | | | ○ | |
| | | 品詞・用法 | | | | | |
| | | 敬語 | | | | | |
| | 形式・技法 | | | ○ | | | |
| | 文学作品の知識 | | | | | | |
| | その他 | | | | | | |
| | 知識総合 | | | | | | |
| 表現 | 作文 | | | | | | |
| | 短文記述 | | | | | | |
| | その他 | | | | | | |
| 放送問題 | | | | | | | |

※　★印は大問の中心となる分野をしめします。

カコを追いかけ
ミライをつかめ
「今の説明、もう一回」を何度でも
web過去問
ストリーミング配信による入試問題の解説動画
もっと古いカコモンないの？
カコ過去問
「さらにカコの」過去問をHPに掲載（DL）
声の教育社
詳しくはこちらから

# 2024年度 森村学園中等部

**【算　数】**〈第１回試験〉（50分）〈満点：100点〉

（注意）１　[1][2][3](1)(2)[4][5][6](1)の解答らんには，答のみ記入してください。[3](3)[6](2)(3)の解答らんには，答のみでもよいです。ただし，答を出すまでの計算や図，考え方がかいてあれば，部分点をつけることがあります。

２　円周率は3.14とします。

## [1] 次の計算をしなさい。

（１）　$52+8\times6-(93-9)\div7$

（２）　$6\times0.625-2\times1.25+0.14\times12.5$

（３）　$\left\{0.48\times\frac{1}{6}+1\frac{3}{5}\div\left(3\frac{1}{5}-2\frac{1}{2}\right)\right\}\div4\frac{3}{5}\times3\frac{8}{9}$

## [2] 次の問に答えなさい。

（１）　８４と２１０の公約数のうち、２番目に大きい数はいくつですか。

（２）　１００ｍをＡさんは１５秒、Ｂさんは１８秒で走ります。Ｂさんが１００ｍを走るとき、ＡさんとＢさんが同時にスタートして同時にゴールするためには、Ａさんのスタート位置をＢさんより何ｍ後ろにすればよいですか。

（３）　何人かの子どもにおかしを分けるのに、５個ずつ分けると１５個余り、７個ずつ分けると３個余ります。おかしは全部で何個ありますか。

（４）　１０％の食塩水２１０ｇに１５％の食塩水を加えてある濃度《のうど》の食塩水を作るつもりが、誤って同量の水を加えたため、６％の食塩水ができました。作りたかった食塩水の濃度は何％ですか。

（５）　ある仕事をするのに、ＡとＢの２人ですると４０日かかり、ＢとＣの２人ですると５６日かかり、ＡとＣの２人ですると３５日かかります。この仕事をＡ，Ｂ，Ｃの３人で始めましたが、途中《とちゅう》でＡが３日、Ｃが５日休みました。この仕事を仕上げるのに全部で何日かかりましたか。

**3**　下の図のように、直方体の水槽《すいそう》の中が２枚の長方形の仕切りで、ＡとＢとＣの部分に分かれています。この水槽のＡの部分に、蛇口《じゃぐち》から一定の割合で水槽がいっぱいになるまで水を入れました。

グラフは、Ａの部分の水面の高さと、蛇口を開いてから水槽がいっぱいになるまでの時間との関係を表したものです。なお、水槽や仕切りの厚みは考えないものとします。

このとき、次のページの問に答えなさい。

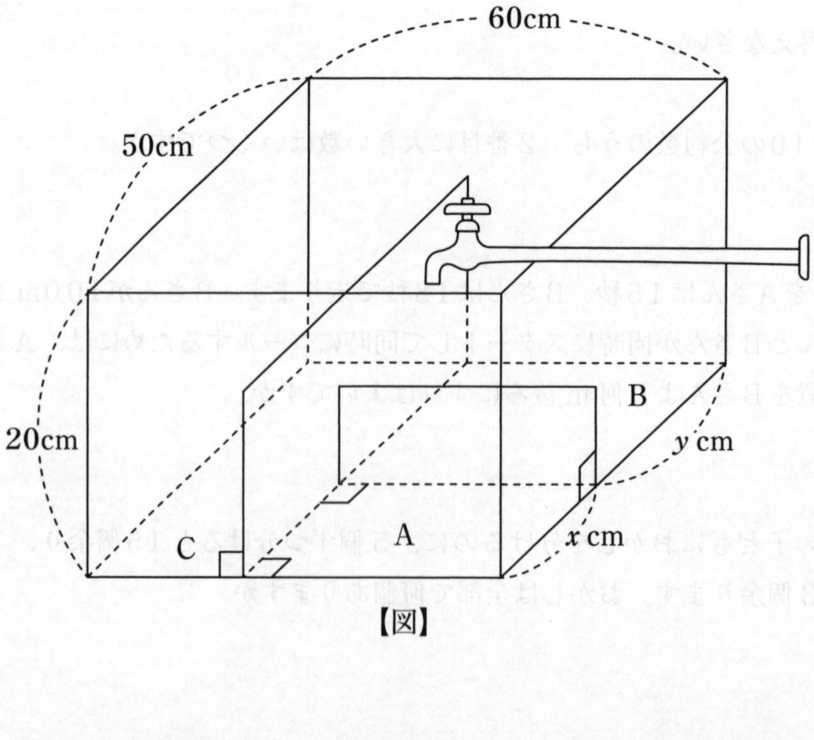


【図】

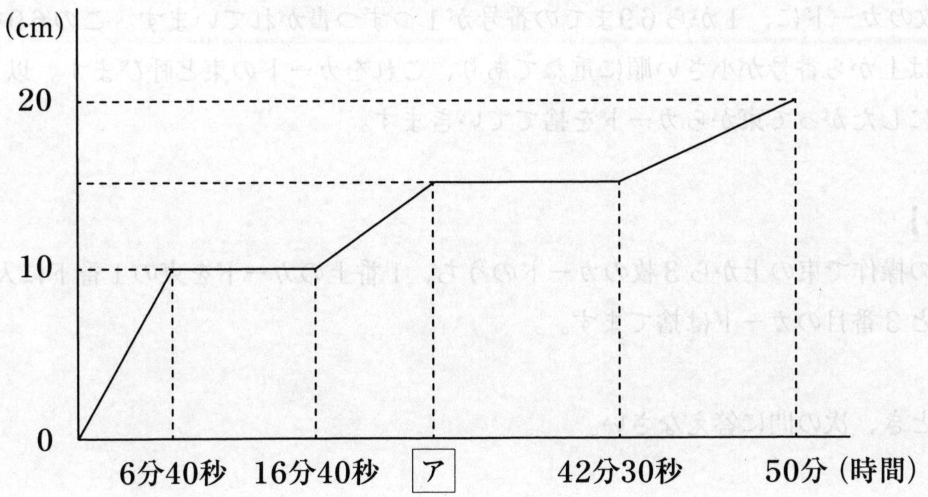


【グラフ】

（１） 蛇口から出る水の量は毎分何 $cm^3$ ですか。

（２） 図の $x$，$y$ にあてはまる値はそれぞれいくつですか。

（３） グラフの ア にあてはまる時間は何分何秒ですか。

**4**　６９枚のカードに、１から６９までの番号が１つずつ書かれています。この６９枚のカードは上から番号が小さい順に重ねてあり、これをカードの束と呼びます。以下のルールにしたがって束からカードを捨てていきます。

【ルール】

１回の操作で束の上から３枚のカードのうち、１番上のカードを束の１番下に入れ、２番目と３番目のカードは捨てます。

このとき、次の問に答えなさい。

（１）　１０回操作を行った後、束の１番上のカードの番号はいくつですか。

（２）　２６回操作を行った後、束の１番上のカードの番号はいくつですか。

（３）　何回か操作を行った後、カードが１枚だけ残りました。残ったカードの番号はいくつですか。

**5**　今年の元日に森村さん一家に長女の花子さんが誕生しました。以下の会話は花子さんの両親の会話です。これを読んで以下の問に答えなさい。

父：花子は西暦《せいれき》２０２４年生まれだな。２０２７年になったら３歳《さい》だ。この２０２７をその年の年齢《ねんれい》の３で割っても割り切れない。しかし、翌年、２０２８をその年の年齢の４で割ると割り切れる。このように、その年の西暦が花子の年齢で割り切れる年は、花子の一生のうちに何回あるのかな。

母：一体、何を考えているのかしら。そんなことどうでもいいじゃない。

父：いや、数の性質を考えるのは面白いし、こういうことをじっくり考えることの面白さを花子にも味わってほしいんだ。今は無理だけれど、私たちがこういうことを考えたっていつか話してやりたいんだ。

母：なるほどね。西暦は１ずつ増えていくのよね。割る数である年齢も１ずつ増えていくし……。

父：そうだなぁ。どう考えるかな。いちいち計算するのは面倒《めんどう》だし。規則がないかなぁ。

母：５歳から10歳まで割ってみると、（ ア ）歳の年は割り切れるわ。

父：その年は西暦（ イ ）年だから、（ イ ）÷（ ア ）＝（ ウ ）ということだな。

母：西暦も年齢も１ずつ増えていくから難しいのよね。どちらかが固定された値なら簡単なのに。

父：そうか？　固定された値なら簡単なのか？

母：例えば西暦の値が固定なら、いくつで割り切れるか、なんて簡単じゃない。
花子の生まれた年の２０２４年で考えれば、
２０２４＝（ エ ）×（ エ ）×（ エ ）×（ オ ）×（ カ ）となるから、割り切れる値はすぐにわかるじゃない。

父：なるほど。ん～。あれっ！　なんだよ、簡単だよ。わかったぞ！

母：えっ、わかったの？　西暦も年齢も増えていくのに？

父：増えていったって、簡単だよ。例えば、２０２４は（ ア ）で割り切れるだろ。
だから、２０２４に（ ア ）を加えた（ イ ）も（ ア ）で割り切れるんだ！

母：へぇ、さすがだわ！　そうやって考えていけばいいのね！

（1）　文中の（ ア ）、（ イ ）、（ ウ ）にあてはまる整数はそれぞれいくつですか。

（2）　（ エ ）、（ オ ）、（ カ ）はいずれも１以外の異なる整数で、（ カ ）が最も大きい整数です。（ エ ）、（ オ ）、（ カ ）にあてはまる整数はそれぞれいくつですか。
また、花子さんが１歳と２歳のときの西暦はともに年齢で割り切れます。このように２年連続で割り切れることがもう一度だけあります。それは、花子さんが何歳と何歳のときですか。

（3）　花子さんが１歳から１００歳になるまでの間に、西暦がその年の花子さんの年齢で割り切れることは何回ありますか。花子さんが１歳の年も含《ふく》めた回数を答えなさい。

**６** 半径６cm、中心角６０度のおうぎ形ＡＢＣを下のような折れ線にそって、すべらないように回転させます。ＥＦの長さは６cm です。はじめ、点ＡはＤの位置にあります。

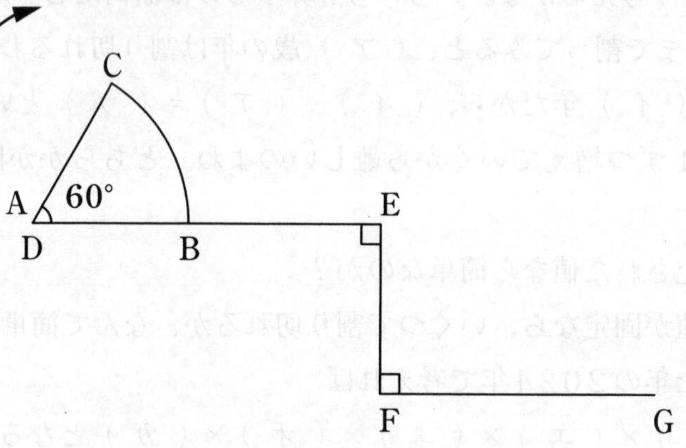


【図１】

【図１】の状態から、点Ｂを中心に時計回りに９０度回転させた後、弧《こ》ＢＣをＤＥにそって回転させると、ちょうど点ＣがＥに到達《とうたつ》して【図２】の状態になりました。

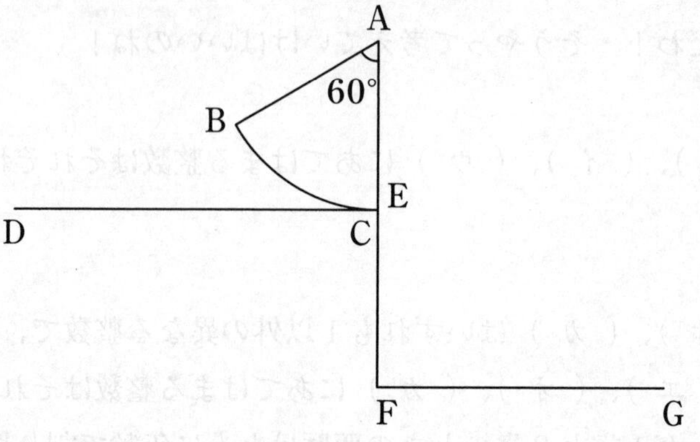


【図２】

【図２】の状態から、点Ｃを中心に点ＡがＦに到達するまで回転させた後、点Ａを中心に時計回りに３０度回転させると、【図３】の状態になりました。

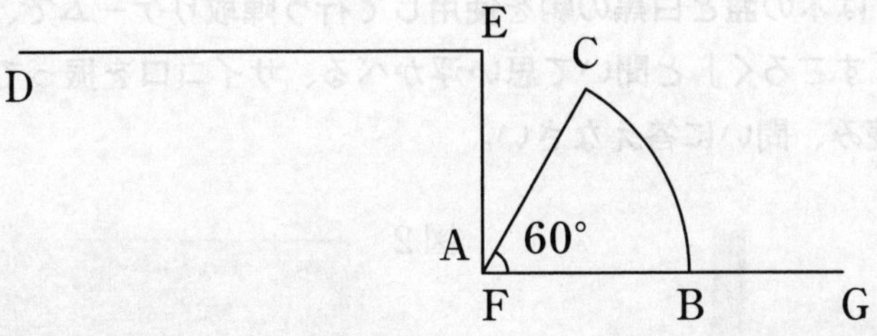


【図３】

このとき、次の問に答えなさい。

（１） DEの長さは何 cm ですか。

（２）【図１】の状態から【図３】の状態になるまでに、点Ａが通った部分の長さは何 cm ですか。

（３）【図１】の状態から【図３】の状態になるまでに、おうぎ形ＡＢＣが通過した部分の面積は何 cm$^2$ ですか。ただし、１辺が６cm の長さの正三角形の面積を１５.５７cm$^2$ として計算してよいものとします。

**【社　会】**〈第１回試験〉（40分）〈満点：75点〉

（注意）解答は特に指定のないかぎり，漢字・ひらがなのどちらでもかまいません。

**1**　**以下の①から⑤は、「双六《すごろく》（盤双六《ばんすごろく》・絵《え》双六《すごろく》）」の歴史に関する文です。**
**盤双六（図１）は木の盤と白黒の駒《こま》を使用して行う陣取《じんと》りゲームで、絵双六（図２）は今日の私たちが「すごろく」と聞いて思《おも》い浮《う》かべる、サイコロを振《ふ》ってゴールを目指すゲームです。文を読み、問いに答えなさい。**

図１

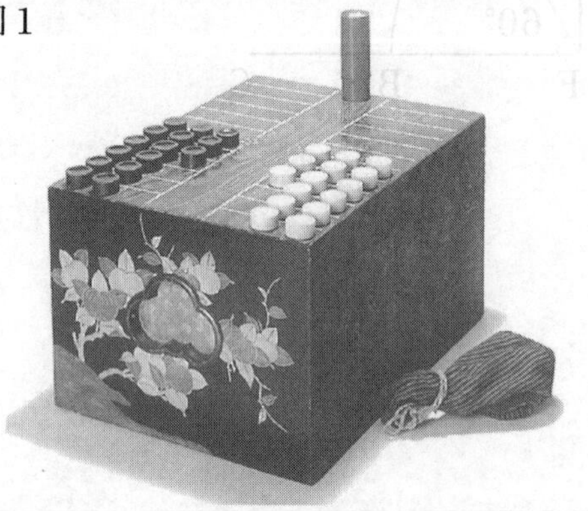

図２

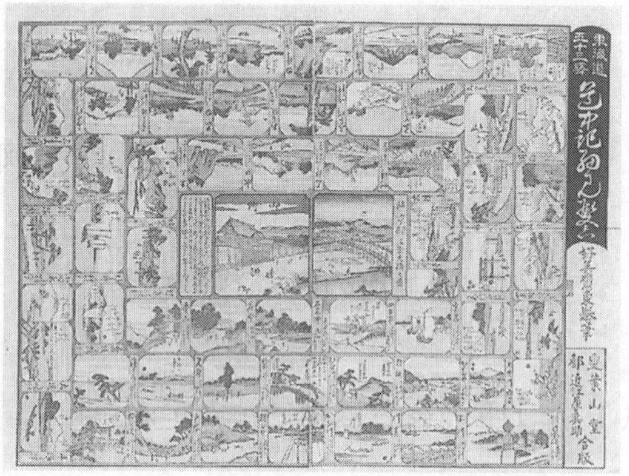

（山本正勝「双六遊美」より）

①　この時代、盤双六は賭《か》け事《ごと》の遊戯《ゆうぎ》であり、風俗《ふうぞく》を乱すものとして厳しく取《と》り締《し》まられた。一方で、絵双六が庶民《しょみん》の娯楽《ごらく》として流行した。流行を後押《あとお》ししたのは浮世絵ブームを支えた多色刷り技法の確立である。特に歌舞伎俳優が描《えが》かれた「野郎《やろう》歌舞伎」や、旅の道順通りにコマを進めていく「道中双六」が庶民《しょみん》の旅行ブームのもとで広く普及《ふきゅう》した。

②　退位した天皇とその警備を担《にな》った武士が政治の実権を握《にぎ》り始めたこの時代、盤双六は幅広《はばひろ》い身分層の娯楽《ごらく》であった。「吾妻鏡」には将軍主催《しゅさい》の双六会での武士の席次をめぐる喧嘩《けんか》の様子が記され、「平家物語」には白河天皇が自らの思い通りにならないものとして「賀茂川《かもがわ》の水、双六のさいころ、山法師」の三つを挙げたと記されている。一方で、別の用途《ようと》も史料に残されている。「公衡《きんひら》公記」や「餓鬼《がき》草子」には、出産時の儀式《ぎしき》として双六が行われたとされる記述や描画《びょうが》がある。

③　初の本格的政党内閣が成立し、女性の地位向上運動が広まったこの時代、自由で華《はな》やかな絵双六が数多く発行された。雑誌「婦人世界」の付録《ふろく》「実用お料理献立漫画《こんだてまんが》双六」は、サラリーマン家庭の生活を題材としており、夫婦《ふうふ》揃《そろ》って市場に買い物に行く描写《びょうしゃ》や、ネクタイ姿の若い男が台所でお米をとぐ描写がある。「少年世界」の付録「競争双六」には西洋から入ってきたものも含《ふく》めて多種多様なスポーツが描かれている。

④　文明国家を目指し、経済・軍事・政治において国家主導で急速に近代化が進められたこの時代、盤双六はもはや用途《ようと》がわからず、家庭内で踏《ふ》み台《だい》にされていたという。一方で絵双六は、民衆の教育教材として盛《さか》んに発行された。英語教育を題材にした「リードル英語双六」、良妻賢母《りょうさいけんぼ》を促《うなが》す題材の「教育女子技藝《げい》双六」、下級武士から国会議員を目指す「男子教育出世双六」などがある。

⑤　仏教を国家宗教として国策の中心に据《す》えることで、民衆に布教をする僧《そう》の権威《けんい》が高まったこの時代、盤双六は賭《か》け事《ごと》として流行し、朝廷はその取《と》り締《し》まりに追われた。「続日本紀」はこの時代を以下のように記している。「最近、役人や百姓が律令をおそれず、かってに人を集めて双六をおこない人々を惑《まど》わせている。子は父に従わず、ついには家業を滅《ほろ》ぼし、孝行の道をそこなう。京四畿内七道の諸国に命令して固く禁じる。」この時代に使用された天皇愛用の華麗《かれい》な装飾《そうしょく》の盤双六は、東大寺正倉院に納められている。

**問１**　①から⑤はそれぞれ何時代の出来事ですか。次の中から選び、記号で答えなさい。

ア．旧石器時代　　イ．縄文時代　　ウ．弥生時代　　エ．古墳・飛鳥時代
オ．奈良時代　　カ．平安時代（院政期を除く）　　キ．院政期・鎌倉時代
ク．室町時代（南北朝時代を含む）・戦国時代　　ケ．安土桃山時代
コ．江戸時代　　サ．明治時代　　シ．大正時代
ス．昭和前期（第二次世界大戦敗戦まで）　　セ．昭和後期（第二次世界大戦敗戦後）

**問２**　①の下線部について、庶民の旅行ブームの背景には、この時代の幕府によって行われたある制度によって、幕府が置かれた都市と全国各地の主要な都市を結ぶ街道が整備されたことが挙げられます。ある制度とは何ですか。制度の名前を答えなさい。

**問３**　②の下線部について、白河天皇の説明として正しいものはどれですか。次の中から１つ選び、記号で答えなさい。

ア．白河天皇は、自らの位を早々に息子《むすこ》に譲《ゆず》り、出家して政治とは無縁の生活を送った。
イ．東北地方の争いを平定した源義家に対して、白河天皇は恩賞を与《あた》えなかった。
ウ．白河天皇は、関東の武士と対立し、鎌倉を攻めたが、敗北した。
エ．白河天皇は、藤原氏・平氏・源氏らを巻《ま》き込《こ》んだ争いに敗れ、島流しにされた。

**問４**　③の下線部について、本格的政党内閣によって成立した選挙制度の説明として正しいものはどれですか。次の中から１つ選び、記号で答えなさい。

ア．２５歳《さい》以上の男子すべてに選挙権が与えられていた。
イ．２５歳以上の男女すべてに選挙権が与えられていた。
ウ．２５歳以上の男子で一定の税金を納めた者に限って選挙権が与えられていた。
エ．２５歳以上の男女で一定の税金を納めた者に限って選挙権が与えられていた。

**問５**　④の下線部について、新政府は文明国家を目指し、不平等条約改正の予備交渉《こうしょう》および、政治や産業の視察の目的で欧米《おうべい》に使節団を派遣《はけん》しました。この使節団のメンバーとして参加した人物として正しいものはどれですか。次の中から１人選び、記号で答えなさい。
ア．津田梅子　　イ．与謝野晶子　　ウ．平塚らいちょう　　エ．市川房枝

**問６**　⑤の下線部について、この時代に許可なく、勝手に僧《そう》を名乗る人々が増加しました。僧の質の低下に悩《なや》んだ朝廷は、ある人物を唐《とう》から招き、この人物に正式な僧の認定《にんてい》を行ってもらうこととしました。この人物とはだれですか。名前を答えなさい。

**問７**　①・③・④の文にも示した絵双六がそうであったように、絵双六にはその時代の人々の考え方が強く表れています。図３は１９３９年に作成された「理想の女性」を題材とした絵双六です。「はねつき」からスタート（フリダシ）し、ピアノや裁縫《さいほう》、料理のお稽古《けいこ》、そしてお見合いを経て、「結婚式《けっこんしき》」でゴール（上り）となっています。現在はこのような絵双六は見られなくなりました。なぜこのような絵双六はつくられなくなったと思いますか。この絵双六が作成された当時と現在の価値観のちがいから説明しなさい。

図３

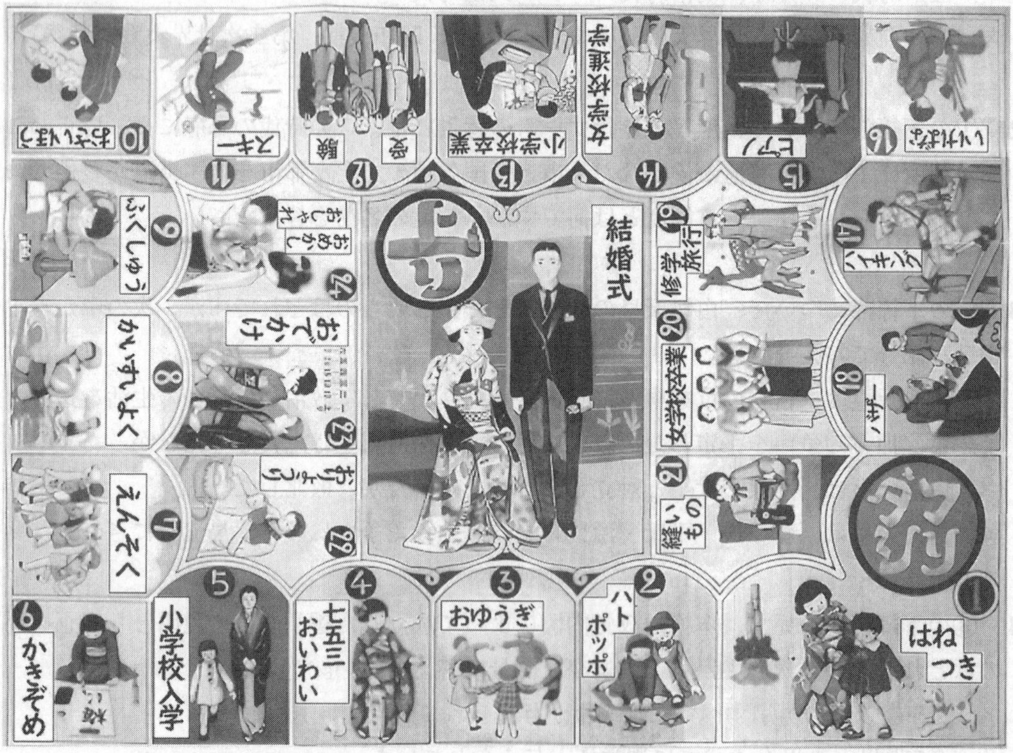

**2**　**以下の文を読み、問いに答えなさい。**

２月２日は「世界湿地《しっち》の日」である。１９７１年に湿地《しっち》の保存のために成立した（　Ａ　）条約を記念して設置された日である。湿地とは、常時あるいは季節的に水をたっぷりと含む土地や水で覆《おお》われる土地のことをいい、湖沼《こしょう》・湿原《しつげん》・泥炭地《でいたんち》・マングローブ林・干潟《ひがた》・サンゴ礁《しょう》などとともに人工的な水田なども含まれている。（　Ａ　）条約は世界のさまざまな湿地を守ることで、水鳥を食物連鎖《れんさ》の頂点とする生態系を守る目的でつくられた。湿地は１０万種以上といわれる生物が生息しているといわれ、生物多様性にとって非常に貴重な場所である。しかし、（　Ａ　）条約が成立しても、保全は進んでいない。条約が成立してからの５０年で、世界の湿地は約３分の１が失われたという。

（　Ａ　）条約に登録されている日本の湿地は現在５３か所である。最初の登録地は北海道の①釧路湿原《しつげん》である。釧路湿原は現在、日本最大の湿原である。北海道には湿原が多く、１００年ほど前までは、釧路湿原よりもはるかに大きな湿原が（　Ｂ　）川流域に存在した。しかし、この湿原は大規模な土壌《どじょう》改良によって、現在は巨大《きょだい》な水田地帯になっている。北海道の湿原の多くは泥炭と呼ばれる土壌《どじょう》である。泥炭は寒冷地のため植物が完全に分解されずにできた土である。このため泥炭地は農業に向かず、長い間、「やっかいもの」であった。（　Ｂ　）川は流域面積は日本で２位の大河川《だいかせん》だが、この川の下流域には泥炭が広がり、巨大《きょだい》な湿原となっていた。②（　Ｂ　）川の開発は泥炭との「長い戦いの歴史」であった。

しかし、「やっかいもの」のはずの泥炭が、現在、まったく別の観点から保護する必要があるとして注目されている。泥炭地には、膨大《ぼうだい》な量の炭素が含まれている。陸地にたくわえられている炭素の３０％は泥炭地にあるといわれている。もしも、泥炭地が乾燥《かんそう》すると、土壌の分解が始まる。また、泥炭地が焼けてしまった場合は泥炭地の植物が燃えてしまう。いずれにしても湿原にたくわえられていた炭素によって、空気中に大量の二酸化炭素が放出されることになってしまう。③現在、早急《さっきゅう》に湿原を守る対策をとることが求められている。

**問１**　空らん（　Ａ　）（　Ｂ　）に当てはまる語句を書きなさい。

**問２**　下線部①について、釧路は夏の気温が低く、霧《きり》が多く発生します。なぜこのような気候になっているのですか。以下のグラフ・地図を参考にして、こうした状態になる原因を説明しなさい。

月別平均気温

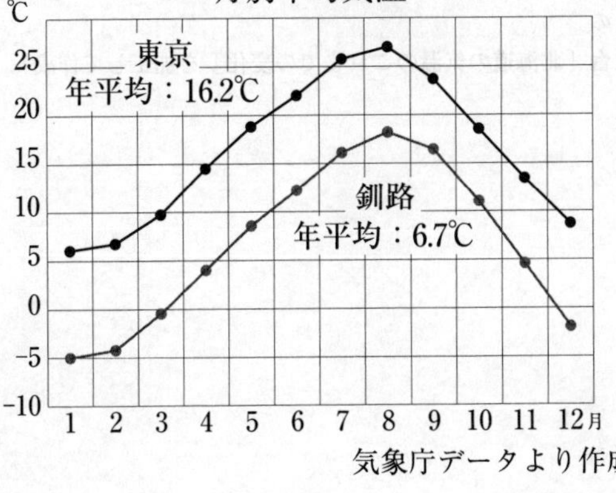


気象庁データより作成

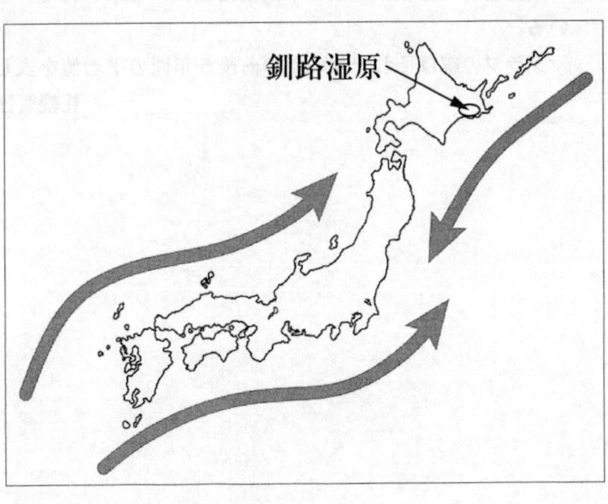

**問３**　下線部②「泥炭との長い戦い」とはどのような作業が行われたことですか。次の中から正しいものを１つ選び、記号で答えなさい。

ア．水中に堤防《ていぼう》をつくり、その堤防《ていぼう》内の水を抜《ぬ》いて、土地を干し上げる「干拓」

イ．山野をひらき、荒《あ》れ地《ち》を切りひらいて、農地にする「開拓」

ウ．海岸や湖・河川《かせん》などに、土砂《どしゃ》を運んで陸地にする「埋立」

エ．他の場所から土を運び入れ、農業のできる土地にする「客土」

オ．アスファルトなどで路面を固める「舗装《ほそう》」

**問４**　下線部③について、なぜ早急に湿原を守る対策が必要なのですか。本文と下のグラフを参考にして、湿原を守ることが大切な理由を説明しなさい。

北海道（７地点平均）の平均気温の推移

上のグラフは北海道７地点を平均した年平均気温と、基準値との差を表したものである（基準値は１９９１～２０２０年の平均）。

北海道の７地点は旭川、網走、札幌、帯広、根室、寿都、函館。

観測場所の移転があった年は横軸上に▲で示されている。移転の影響を除去するための補正を行った上で計算している。

グラフの線はそれぞれの年の前後５年間の平均値を表したもの。

札幌管区気象台「北海道の気温のこれまでの変化」を加工して作成

**3**　**以下の文を読み、問いに答えなさい。**

昨年春、参議院で懲罰《ちょうばつ》（ふさわしくない行いをしたとされ、罰《ばつ》を与えること）がなされ、ある国会議員を除名しました。これに伴《ともな》い、除名された議員の所属する政党からかわりの人が参議院議員となりました。国民の間に賛否色々な意見があるので、森村君が所属するクラスでも意見発表会を行いました。以下は発表会に向けてクラスメイトが用意したメモの一部です。

メモ①　日本国憲法第４３条に「全国民を代表する選挙された議員」という記述がある。

メモ②　日本国憲法第５０条に「議員は、法律の定める場合を除いては、国会の会期中逮捕《たいほ》されず」とある。

メモ③　日本国憲法第５８条に「院内の秩序《ちつじょ》をみだした議員を懲罰することができる。但《ただ》し、議員を除名するには、出席議員の３分の２以上の多数による議決を必要とする」とある。

メモ④　戦前、軍部を批判した発言で知られた議員が、帝国議会で懲罰を受けた。

**問１**　参議院の説明として**誤っている文**はどれですか。１つ選び、記号で答えなさい。

ア．任期は６年である。

イ．議員定数は２４８人である。

ウ．予算の先議権がある。

エ．３年ごとに議員の半数を改選する。

**問２**　日本の国会議員に関する説明として正しい文はどれですか。１つ選び、記号で答えなさい。

ア．衆議院議員、参議院議員の選挙はともに２０歳で選挙権を得られる。

イ．衆議院、参議院ともに２０歳で被選挙権が認められる。

ウ．国会議員には歳費《さいひ》（給料など）が支給される。

エ．国務大臣は国会議員からは選べない。

**問３**　議員を辞《や》めた後、選挙が行われず、所属政党から国会議員が選ばれたのは、この議員が選ばれた選挙のやり方が「政党への投票」であったからです。この選挙制度の名前は何ですか。解答らんに合うように漢字４文字で答えなさい。

**問４**　懲罰を行う権限を内閣でなく両議院に与えている理由は何ですか。考えて書きなさい。

**4** 下の言葉の中に、ある見方で見ると一つだけ性格の異なるものがあります。それはどれですか。記号で答えなさい。また、それ以外の言葉に見られる共通点は何ですか。説明しなさい。

例題〔ア．縄文　イ．奈良　ウ．鎌倉　エ．横浜〕

| | |
|---|---|
| ア | 他はすべて都市の名前 |

問１　ア．江華島事件　イ．二・二六事件　ウ．柳条湖事件　エ．盧溝橋事件

問２　ア．清水《きよみず》　イ．西陣　ウ．信楽　エ．有田

**5** 以下の文を読み、問いに答えなさい。

問１　昨年10月、パレスティナの一部を実効支配しているハマスとイスラエルの間で起こった武力衝突《しょうとつ》後、イスラエルが侵攻《しんこう》した「地区」はどこですか。名称《めいしょう》を答えなさい。

問２　昨年４月に、子どもの最善の利益を第一に考えた、「子ども真ん中社会」の実現に向けて、設置された省庁は何ですか。名称を答えなさい。

**6** **以下の会話を読み、問いに答えなさい。なお、文中の森村さんの発言を「森」、お母さんの発言を「母」、お父さんの発言を「父」と表記します。**

**森** 先日、ニュースで見たけれど、明治神宮外苑《じんぐうがいえん》が大規模な再開発を進めていて、以前、野球を見に行った神宮《じんぐう》第二球場も解体工事中なんだって。周りの森の木も伐採《ばっさい》されてしまうのかなぁ。なぜ東京都心なのにあの地域一帯は緑豊かなの？

**父** 現在の神宮外苑にあたる土地は、①明治時代、軍隊を訓練する練兵場で荒《あ》れ地《ち》だったんだ。そこに、明治天皇の死去後、記念公園として、中央に絵画館と大きな芝生《しばふ》広場、その周りに公園道路をめぐらせ、西洋の流行を取り入れた現代式庭園を造ったんだよ。その時に全国から献金《けんきん》や献木を受け、10万人以上の勤労奉仕《ほうし》で民衆が造園工事に従事するなかで、182種、約3万4500本の植樹をしたんだ。今や東京を代表するイチョウ並木もその一部だったんだよ。外苑は建設中の1923年に起きた（　②　）で避難所《ひなんじょ》になったこともあった。完成した1926年に、景観を守るため周囲の開発を制限する国内初の「風致《ふうち》地区」に指定されたんだ。都心でありながら緑豊かな神宮外苑は、様々な人々が集《つど》う、憩《いこ》いの森としての役割を自然と担《にな》うようになっていったんだな。そういえば、母さんとの最初のデートも神宮外苑だったな。

現在のイチョウ並木（2023年11月撮影）

**母** あら、そうだったわ、懐《なつ》かしいわね。ちなみに、外苑と同時に造られたのが内苑《ないえん》にあたる明治神宮なのよね。明治神宮も外苑も建設時に100年後を見据《みす》えて、自然豊かな森になるよう、色々な種類の木々をたくみに配置したらしいよ。

**森** へぇ、100年後のことまで考えて植樹されたなんてすごいね。

**母** 現在のイチョウ並木の写真からも木々が年月をかけて成長してきたのがわかるね。でも、再開発の中で新野球場がこのイチョウ並木のそばにできることになって、工事で「根が切られる危険性がある」って指摘《してき》されているのよね。文化財保護にかかわる組織も、この再開発の（　③　）の評価書には誤りが多いと指摘《してき》しているんだって。環境《かんきょう》保全のためには詳細《しょうさい》な調査を行い、樹木などの現状を正確に把握《はあく》する必要があるのだけれど、その調査方法に不備があり、現状を正確に把握できていないんだって。

**森** ある有名な音楽家も都知事に対して「目の前の利益のために先人が守り育ててきた神宮の樹々《きぎ》を犠牲《ぎせい》にすべきではありません」と記した手紙を送ったんだよね。

**母**　大規模な工事をするのに、計画の経緯《けいい》や内容などが工事に着手する直前まであまり明らかにされてこなかった点や、住民参加の手続きがとられていない中で、都知事がこの事業を認可《にんか》した点などが問題となった。工事開始の際には、反対の意思を示すために約２６０名の人々が手をつないで大きな輪になってその場所を取り囲むという抗議《こうぎ》活動を実施《じっし》した他にも、１６０名の住民がその認可《にんか》の取消を求める裁判を起こしたんだって。

**森**　そもそもなぜ再開発することになったの？

**父**　この２種類の図を見てごらん。

神宮外苑地区には、日本を代表する様々な競技場が集まる。これらの中には老朽化《ろうきゅうか》が進んでいる施設《しせつ》もあるんだ。再開発の指針を定める東京都は「世界大会を招致《しょうち》するにも、今の設備は国際基準からみて不十分」との見解を示している。計画案によると、新しい屋内ラグビー場やホテル併設《へいせつ》の新野球場を造り、他にも、商業施設《しせつ》や会社の事務所が入る複合ビルを建設する。総額３５００億円をかけ、完成は１０年以上先という大規模な再開発事業だ。この再開発で、８３７本を植樹する一方、７００本以上の高木を伐採《ばっさい》する計画も明らかになっているんだよ。

**森**　国際的な大きな試合が今よりもたくさん都心で開かれるようになって、しかも野球場の上がホテルになれば試合観戦後に宿泊《しゅくはく》してのんびり過ごせるんだね。それに、高層ビルの中に買い物を楽しめるお店もできたら便利になるね。こういった形で再開発が完成すれば、[　④　]という経済的な良い点も期待されるね！

**母**　そうね、そういった経済的な良い点も期待される一方で、周辺地域に与える悪い影響《えいきょう》も少なくなさそうね。

**父**　その通り。周辺地域に与える悪い影響を心配したり、[　⑤　]ということに不満を抱《いだ》いたりして、この計画に反対してきた地域の人々の気持ちはよくわかるな。それに、都心でありながら緑豊かな憩《いこ》いの場所として、長い間、多くの人々が親しんできた神宮外苑に、現代に生きる私たちが高層ビルを建て、貴重な都心の自然環境を未来の人たちから奪《うば》ってしまうことの意味をよく考えてもらいたい！

**森**　でも超高層《ちょうこうそう》ビルが建って、スポーツ観戦もショッピングも同じ場所で済ませられたら便利じゃん。伐採の一方で植樹もされるんでしょ。自然への影響もそんなに深刻じゃないと思うけど。今の神宮外苑がそうだったように、１００年後には立派な自然環境が整備されると思うよ。

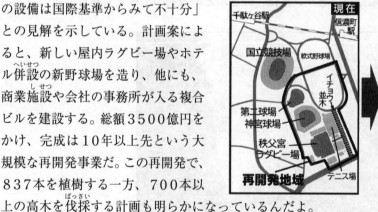

父　世界の都市公園にはそれぞれの文化や歴史、社会が色濃《いろこ》く反映されているんだ。ニューヨークという都市の、世界で最も土地の価格が高い場所になぜ広大なセントラルパークが存在し続けているのか、人々が安らげる緑の空間は、日ごろの健康維持《いじ》や災害時の対応に役立つだけでない、と父さんは思うんだ。⑥外苑に、再開発によって高層ビル群ができてしまえば、東京という都市の魅力《みりょく》が低下するのは間違《まちが》いないだろう。

問１　下線部①について、この時代に成立した、２０歳以上の男子に兵役《へいえき》の義務を課した法令を何といいますか。名前を答えなさい。

問２　空らん（　②　）にあてはまる出来事はどれですか。次の中から１つ選び、記号で答えなさい。

ア．日比谷焼き打ち事件　　イ．東京大空襲　　ウ．戊辰戦争　　エ．関東大震災

問３　空らん（　③　）にあてはまる、１９９７年に制定された法律により義務付けられた、開発による環境への影響を事前に調査、予測、評価することにより、環境を保全し環境破壊《はかい》を防止しようとする制度は何ですか。名前を答えなさい。

問４　空らん［　④　］には、国際的な都市として発展するうえで良い点があてはまります。その内容を答えなさい。

問５　空らん［　⑤　］には、環境保護の観点とは別に、計画段階から指摘された問題点があてはまります。その内容を答えなさい。

問６　下線部⑥について、以下の問いに答えなさい。

（１）　このようにお父さんが主張するのはなぜですか。地方都市の開発について書かれた以下の文の内容をふまえ、神宮外苑の再開発についてどのようなことをお父さんは心配しているのか、説明しなさい。

> 本来、日本の地方には城下町などの固有の歴史や、様々な地形に合わせた自然があり、それぞれの特徴《とくちょう》を持った都市や町が存在していた。しかし、交通網《こうつうもう》が整備され、大型店の出店の規制が解除《かいじょ》された２０００年代以降、地方都市の開発が進み、日本中の地方の大きな道沿いに同じような大型ショッピングセンターが相次いで出店した。その結果、どこの地方に行っても広い国道沿《そ》いに同じようなファミリーレストランや大型ショッピングセンターが立ち並ぶようになってしまった。

（２）　本文に見られる様々な論点をふまえて、神宮外苑の再開発をあなたはどう評価しますか。解答らんの賛成、反対のいずれかに丸をつけ、そのように考える根拠《こんきょ》を２つ以上挙げて、あなたの意見を述べなさい。

**【理　科】**〈第1回試験〉（40分）〈満点：75点〉

（注意）1　解答は特に指定のないかぎり，漢字・ひらがなのどちらでもかまいません。

2　単位を必要とする問いには必ず単位をつけて答えてください。

**1**　環境《かんきょう》の変化と生物の関わりについて、次の問いに答えなさい。

日本をはじめとする多くの国では、春夏秋冬の四季が存在する。生物たちは、①季節や年によって変化する環境に対し、様々な形で対応している。このような生物の季節ごとの行動や現象を調べる学問を「季節学」という。例えば、発芽、②花の開花、果実の形成、わたり鳥の飛来や、チョウが初めて飛ぶこと、紅葉などが季節学に関するできごとである。その中でも、もっとも有名なものが「③サクラの開花前線」であろう。サクラの開花前線は、ソメイヨシノという種類のサクラの木を多くの地点で観察して、開花日の予想を、地図上に線で結んだものである。下の図1は2007年に気象庁が発表したサクラの開花前線である。④サクラのつぼみは春の気温の上昇の他にも開花に至る条件が存在する。

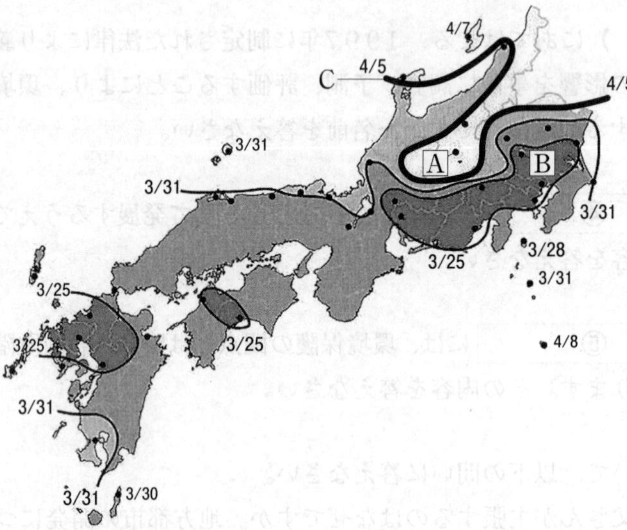


図1

問1　下線部①に関して、次の（1）～（4）の現象が見られる時期はいつですか。春夏秋冬のいずれかを1つ答えなさい。

（1）　ツバメが巣をつくっている。

（2）　オオカマキリが卵を産んでいる。

（3）　ハクチョウが日本で見られる。

（4）　ツルレイシが緑色の大きな実をつけている。

問２　下線部②に関して、次の（１）～（４）の花のおしべと花びらの数について正しく説明しているものを、下のア～エの中から１つずつ選び、記号で答えなさい。ただし、同じものを選んではいけません。また、花びらはくっついている場合もあります。

（１）サクラ（ソメイヨシノ）　（２）アサガオ　（３）アブラナ　（４）エンドウ

ア：花びらは４枚で、おしべは６本ある。

イ：花びらは５枚で、おしべは５本ある。

ウ：花びらは５枚で、おしべは10本ある。そのうちの９本はたがいにくっついて一束になり、１本だけはなれている。

エ：花びらは５枚で、おしべは20本以上ある。

問３　図２は、２月ごろの、花が咲《さ》く前のソメイヨシノの枝です。これに関する次の問いに答えなさい。

（１）ＰとＱの芽はこの後、さらにふくらみます。ＰとＱに関して述べた文章としてもっとも正しいものを次から１つ選び、記号で答えなさい。

ア：Ｐは葉の芽であり、Ｑは花の芽である。Ｐの方が先に開いて葉を展開する。

イ：Ｐは葉の芽であり、Ｑは花の芽である。Ｑの方が先に開いて花を展開する。

ウ：Ｐは花の芽であり、Ｑは葉の芽である。Ｐの方が先に開いて花を展開する。

エ：Ｐは花の芽であり、Ｑは葉の芽である。Ｑの方が先に開いて葉を展開する。

（２）ＰとＱの芽は同じころにできます。Ｐ、Ｑの芽はいつごろできたものですか。もっとも正しいものを次から１つ選び、記号で答えなさい。

ア：この年の1～2月ごろ

イ：前年の10～11月ごろ

ウ：前年の7～8月ごろ

エ：前年の4～5月ごろ

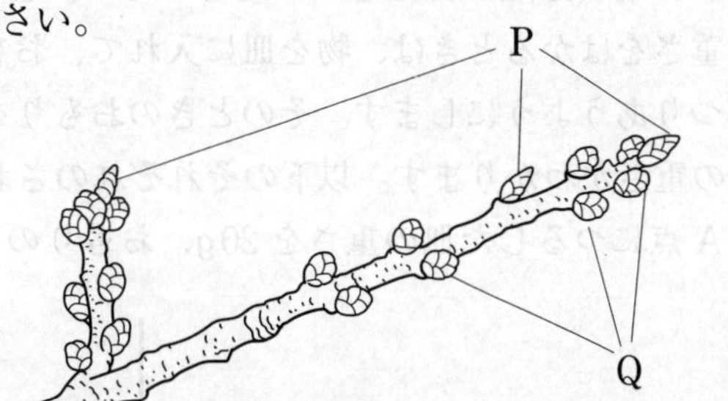

図２

問４　下線部③サクラの開花前線は、気温に大きく影響《えいきょう》を受けます。そのため、基本的に日本の南の方から開花が始まり、北の方に開花前線は上がっていきます。しかし、実際の開花前線は、緯度に沿ってまっすぐな線になるのではなく、図１のＣのように大きく蛇行《だこう》し、地点Ａ、Ｂのように同じ緯度の地点でも開花時期が異なります。このように蛇行する理由を説明しなさい。ただし、説明の際に地点Ａ、Ｂという言葉を用いても構いません。

問５　下線部④に関して、サクラの仲間の植物は、開花するためには春のあたたかさ以外の条件を必要とするものもあります。どのような条件が必要か調べるために、サクラの仲間の植物Ｒを7.2℃以下の低温で育成した（低温処理とよぶ）後、15℃以上になるように加温して育成しました。下の表１は、「低温処理した時間」と「開花するまでの日数」と「開花率」を表に示したものです。「—」は、データが無いことを意味します。この表から、サクラの仲間の植物Ｒはどのような条件で開花すると推測できますか。説明しなさい。

表１

| 低温処理した時間 | Ｒが開花するまでの日数 | Ｒの開花率 |
|---|---|---|
| 753時間 | 加温後33日 | 32％ |
| 849時間 | 加温後29日 | 43％ |
| 1060時間 | — | 75％ |
| 1151時間 | 加温後21日 | 80％ |

（福島県果樹試験場栽培部・平成12年度試験研究成績書より改変）

**2**　古くから使われてきた、物の重さをはかることのできる「さおばかり」について考えます。さおばかりとは、下の図のように、太さがどこも同じ一様なさおのＢ点をひもでつるし、さおの端《はし》（Ａ点）に皿をつけたものです。また、BC間には目盛りがつけられています。物の重さをはかるときは、物を皿に入れて、おもりをつるす位置を動かしながら、さおが水平につりあうようにします。そのときのおもりをつるした位置の目盛りを読むことによって、物の重さがわかります。以下のそれぞれのさおばかりについて、さおの長さ（AC間）を30cm、Ａ点につるした皿の重さを20g、おもりの重さを40gとして、次の問いに答えなさい。

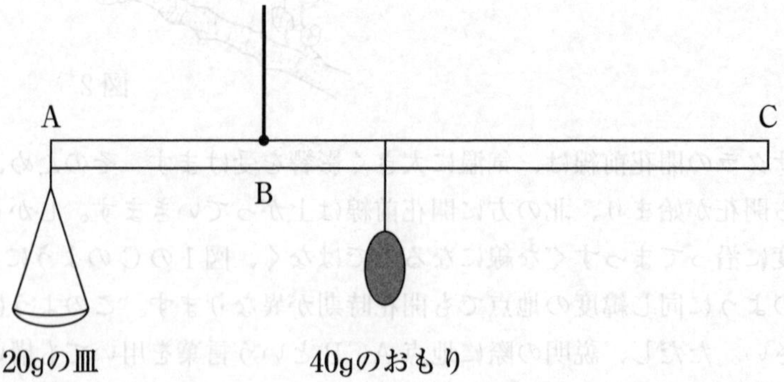


問１　まず、さおの重さは考えないものとして、さおばかりのしくみを考えます。AB間の長さを8cmとします。おもりをＢ点より右のある位置につるすとさおが水平につりあい、そのときのおもりをつるした位置に、「0g」と目盛りが書かれています。

（１）　このとき、Ｂ点からおもりをつるした位置までの長さを答えなさい。

（２） 皿に10gの分銅を入れて、さおが水平につりあうときのおもりをつるした位置に、「10g」と目盛りが書かれています。B点からその位置までの長さを答えなさい。

（３） このさおばかりでは、最大何gの物の重さまではかることができますか。

（４） このさおばかりの目盛りの間隔《かんかく》はどのようになっていると考えられますか。次から１つ選び、記号で答えなさい。ただし、ア～ウの図は、BC間の一部のみを表しています。

ア：どこも間隔は同じ。

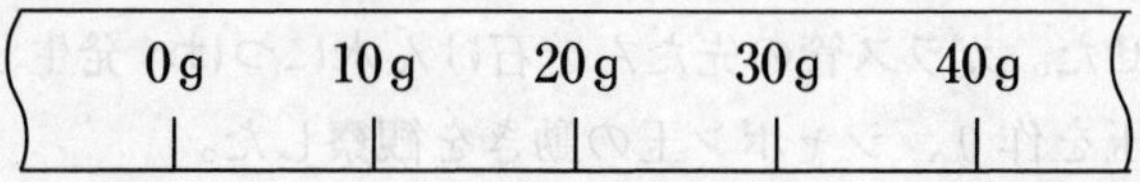


イ：右に行くにつれて間隔はせまくなる。

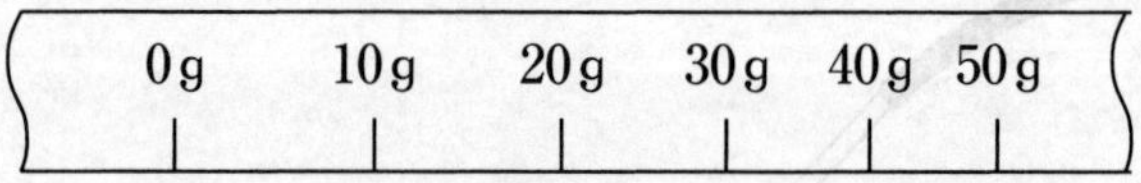


ウ：右に行くにつれて間隔は広くなる。

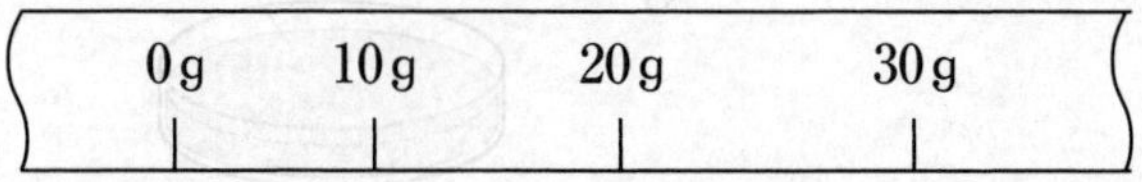


問２ 次に、ひもでつるす位置（Bの位置）を左にずらしてAB間の長さを4cmとし、新しく目盛りを書くことを考えます。

（１） このとき「0g」と目盛りが書けるのは、B点から右に何cmのところですか。

（２） このとき新しく書き直した目盛りの間隔は、問１に比べるとどのような違いがありますか。正しいものを次から１つ選び、記号で答えなさい。

ア：目盛りの間隔は、問１とまったく同じ。
イ：目盛りの間隔はどこも同じだが、その幅《はば》は問１よりせまい。
ウ：目盛りの間隔はどこも同じだが、その幅は問１より広い。
エ：右に行くにつれて目盛りの間隔はせまくなり、それぞれの幅は問１よりせまい。
オ：右に行くにつれて目盛りの間隔はせまくなり、それぞれの幅は問１より広い。
カ：右に行くにつれて目盛りの間隔は広くなり、それぞれの幅は問１よりせまい。
キ：右に行くにつれて目盛りの間隔は広くなり、それぞれの幅は問１より広い。

問３ 問１のさおばかりを作ってみました。すると問１の目盛りとは、ずれていました。これは、実際にはさおの重さを考えなくてはいけないからです。さおの重さをはかってみると20gでした。その重さは、すべてさおの中心にかかっていると考えて、次の問いに答えなさい。

（１） このとき「0g」と目盛りが書けるのは、B点から右に何cmのところですか。

（２） 解答用紙の図に、「0g」「10g」「20g」「30g」を表す目盛りを、問１の（４）のように書き入れなさい。ただし、図はさおの一部を表しています。また、図のさおの下には、Ｂ点からの長さを表示しています。

**3** いろいろな気体を発生させ、次の２つの実験を行いました。

〈実験１〉図１のような装置を作り、三角フラスコ内に２種類の薬品を入れて、酸素、二酸化炭素、水素を発生させた。ガラス管の先たんを石けん水につけ、発生した気体が入った大きなシャボン玉を作り、シャボン玉の動きを観察した。

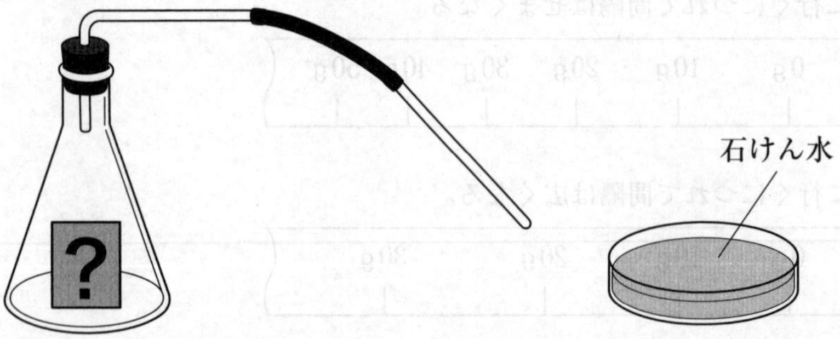


図１

問１ 酸素、二酸化炭素、水素を発生させる薬品の組み合わせはどれとどれですか。次の中から２つずつ選び、記号で答えなさい。ただし、同じものをくり返し用いても構いません。

ア：塩酸　イ：過酸化水素水　ウ：水酸化ナトリウム水よう液　エ：鉄
オ：二酸化マンガン　カ：石灰石

問２ 酸素、二酸化炭素、水素が入ったシャボン玉の動きはどうなりますか。次から１つずつ選び、記号で答えなさい。ただし、同じものをくり返し用いても構いません。

ア：上にうき上がる。
イ：下に落ちる。

問３ 酸素、二酸化炭素、水素について説明されたものを次から１つずつ選び、記号で答えなさい。

ア：地球温暖化の原因と言われている。
イ：火のついたマッチを近づけると音を出して燃える。
ウ：空気中の約80％をしめている。
エ：卵のくさったようなにおいがする有毒な気体である。
オ：酸素より血液で運ばれやすい性質をもつ有毒な気体である。
カ：生物の呼吸で使われる気体である。

〈実験２〉図２のような装置を組み立て、試験管に水酸化カルシウムと塩化アンモニウムという固体を入れ、加熱するとアンモニアが発生した。

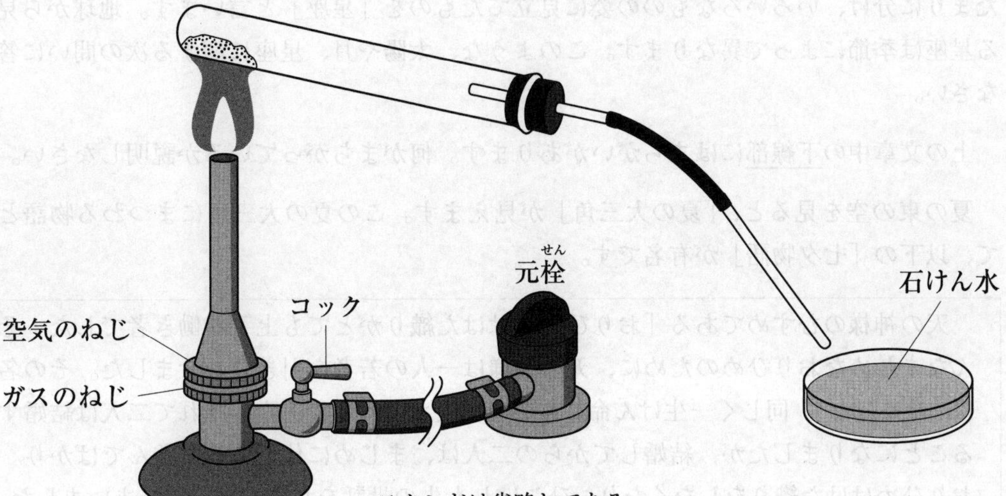


スタンドは省略してある

図２

問４　ガスバーナーの使い方について、ア～カを正しい順番に並べなさい。

ア：コックを開ける。

イ：マッチに火をつける。

ウ：元栓を開ける。

エ：空気のねじをゆるめて、炎《ほのお》の色を青くする。

オ：ガスのねじと空気のねじがしまっていることを確認する。

カ：ガスのねじをゆるめて、ガスに火をつける。

問５　アンモニア水の性質として正しいものを次からすべて選び、記号で答えなさい。

ア：BTB 液を入れると黄色になる。　　イ：BTB 液を入れると緑色になる。

ウ：BTB 液を入れると青色になる。　　エ：赤色リトマス紙につけると青色になる。

オ：青色リトマス紙につけると赤色になる。

問６　実験２で発生させたアンモニアで、実験１のようにシャボン玉を作ろうとしましたが、シャボン玉はどうやってもできませんでした。その理由を説明しなさい。

**4** 次の問いに答えなさい。

夜空に見える月や星たちは、太陽と同じく自ら光を発しており、これらをいくつかのかたまりに分け、いろいろなものの姿に見立てたものを「星座」と言います。地球から見える星座は季節によって異なります。このような、太陽や月、星座に関する次の問いに答えなさい。

問１　上の文章中の下線部にはまちがいがあります。何がまちがっているか説明しなさい。

問２　夏の東の空を見ると、「夏の大三角」が見えます。この夏の大三角にまつわる物語として、以下の「七夕物語」が有名です。

> 天の神様のむすめである「おりひめ」ははた織りがとても上手な働き者でした。そんなまじめなおりひめのために、天の神様は一人の若者を引き合わせました。その名は「ひこぼし」。同じく一生けん命に牛の世話をする青年でした。晴れて二人は結婚《けっこん》することになりましたが、結婚してからの二人は、まじめに仕事もせず遊んでばかり。おりひめははた織りをしなくなり、ひこぼしも牛の世話をしなくなってしまいました。天の神様はそれに腹を立て、天の川をはさんで二人をはなればなれにして、会えないようにしてしまいました。しかし、ひこぼしに会えず泣いてばかりいるおりひめをかわいそうに思った天の神様は、年に一度、７月７日に限り、白鳥に乗り、ひこぼしに会うことを許したのでした。

（１）「おりひめ」にあたる星の名前を答え、その星が何座にあるかも答えなさい。

（２）「ひこぼし」にあたる星の名前を答え、その星が何座にあるかも答えなさい。

（３）はくちょう座の中でもっとも明るい星の名前を答え、またその星の色も答えなさい。

問３　日本から見える星について、次の文章のうち、正しいものをすべて選び、記号で答えなさい。

ア：夏の北の空に見えるリゲルという星は緑っぽい色をしている。
イ：夏の南の空に見えるアンタレスという星は赤っぽい色をしている。
ウ：ベテルギウス、プロキオン、シリウスを三角形で結んだものを「冬の大三角」という。
エ：星の一日の動きを観察すると、北極星を中心に時計回りに回っていることが分かる。
オ：地球から見ると、３等星は２等星よりも明るく見える。
カ：おおぐま座は一年を通してよく見られる星座である。

問４　地球から見ると、太陽と月は同じ大きさに見えますが、実際は、太陽の方が月に比べてはるかに大きいです。ところで、太陽や月の大きさはどのように分かるのでしょうか。次のように、２人の児童が、その計算方法を話し合っています。会話文後の問いに答えなさい。ただし、円周率を3.14とします。

児童Ａ：太陽や月の直径ってどうやって求められるんだろう。大きな定規を持っていって測るのかな。

児童Ｂ：いやいや、そんなことできるわけないじゃないか。さすがに計算で求めるんじゃないかな。

児童Ａ：どうやって計算するんだろう？

児童Ｂ：例えば、こんな風に学校のグラウンドに半径がとっても長い円を描《か》いてみよう（図１参照）。その円の円周のうちの一部（弧《こ》）を見てみよう。このときの中心の角度が1°以下だと、弧はどのように見えるだろう？

児童Ａ：弧がほとんどまっすぐだ！

児童Ｂ：ということは、中心の角度が小さかったら、円周の一部は直線として計算すれば良いんだよ。

例えば半径が100m、中心の角度が0.1°のときの弧の長さは、

$$2 \times 100 \times 3.14 \times \frac{0.1°}{360°} = 約\ 0.174\,\mathrm{m}$$

と計算できるから、この場合の弧は「約0.174mの直線」と考え直せばいい。

児童Ａ：なるほど！　これならわざわざ太陽まで定規を持っていく必要はなさそうだ！

児童Ｂ：この考え方を使って、太陽や月の直径などを計算してみよう！

図１

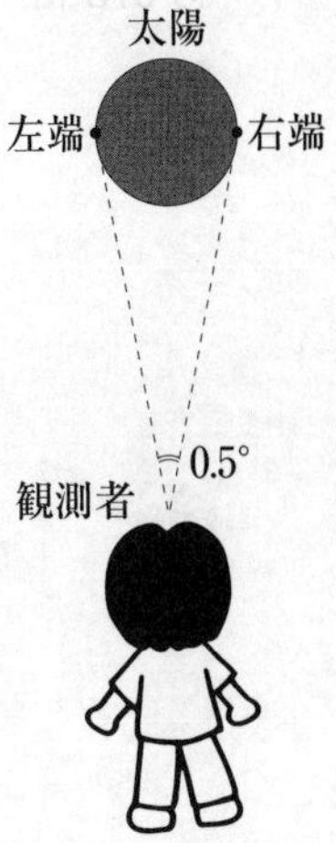


図２

（１） 図２のように、太陽の左端《はし》、観測者、太陽の右端を結んだときの角度を精密に測定すると 0.5° でした。

地球と太陽までの距離《きょり》を１億 5000 万 km とすると、太陽の直径は約何万 km と計算されますか。その解答としてもっとも適当なものを、次から１つ選び、記号で答えなさい。

ア：約 10.5 万 km　イ：約 40.1 万 km　ウ：約 65.4 万 km
エ：約 80.2 万 km　オ：約 130.8 万 km　カ：約 270 万 km

（２）（１）と同じように、月の左端、観測者、月の右端を結んだときの角度を精密に測定しても 0.5° でした。月の直径を 3500km とすると、地球と月での距離は約何万 km と計算されますか。その解答としてもっとも適当なものを、次から１つ選び、記号で答えなさい。

ア：約 10.5 万 km　イ：約 40.1 万 km　ウ：約 65.4 万 km
エ：約 80.2 万 km　オ：約 130.8 万 km　カ：約 270 万 km

（３） 地球と太陽の距離は、地球と月の距離の何倍であると計算されますか。その解答としてもっとも適当なものを、次から１つ選び、記号で答えなさい。

ア：約 3.3 倍　イ：約 65 倍　ウ：約 115 倍　エ：約 204 倍
オ：約 373 倍　カ：約 920 倍　キ：約 2041 倍　ク：約 42857 倍

（４） 太陽の直径は、月の直径の何倍であると計算されますか。その解答としてもっとも適当なものを、次から１つ選び、記号で答えなさい。

ア：約 3.3 倍　イ：約 65 倍　ウ：約 115 倍　エ：約 204 倍
オ：約 373 倍　カ：約 920 倍　キ：約 2041 倍　ク：約 42857 倍

② 二人には共通点もありますが教育観、特に教育者として生徒に伝えていた「他者からの評価」や「社会常識」についての考え方は対照的です。本文の内容を踏《ふ》まえたうえで（　b　）に入る言葉として最も適当なものを次から選び、記号で答えなさい。

ア 「他人からの評価」や「常識」にとらわれるよりもむしろ自分らしさを大切にせよ。

イ 「他人からの評価」や「常識」を尊重しながらも自分の好きなことを究《きわ》めなさい。

ウ 「他人からの評価」や「常識」よりも大切なのは、愛する夫と一生を添《そ》い遂《と》げることだ。

エ 「他人からの評価」や「常識」は時代によって変わるものだから自分の信念を持ちなさい。

## 三

次の①～⑧の――部のカタカナを漢字になおし、⑨～⑫の漢字の読み方をひらがなで書きなさい。

① 気象エイセイで観測を行う。
② 消化キカンを調べる。
③ 大陸をジュウダンする。
④ 案の良し悪しをケントウする。
⑤ スクリーンに写真をウツす。
⑥ 朝と夜ではカンダンの差が大きい。
⑦ お月見に団子をソナえる。
⑧ ケンポウ記念日を制定する。
⑨ 図書館の蔵書を整理する。
⑩ 自転車を無造作に停める。
⑪ 若干名募集《ぼしゅう》する。
⑫ 待てば海路の日和あり。

(2) 次の表は「津田梅子」・「河井道」についてそれぞれまとめたものです。読んで①・②の問いに答えなさい。

ア

イ

ウ

エ

| 人物名 | 共通点 | 功績 | 教育観（生徒への教育方針） | 教育者として生徒に伝えていた言葉 |
|---|---|---|---|---|
| 津田梅子 | 海外留学を経験し、日本女性の地位を確立するために、キリスト教の教えの元に、女子教育に力を注いだ。 | 一九〇〇年 女性に高等教育を授ける学校として女子英学塾《じょしえいがくじゅく》を設立 | 学問をする女性代表として生徒たちには「他人からの評価」や「常識」は常に意識すべきであると指導した。 | （　a　）（女子英学塾の開校式で生徒の前で語った言葉） |
| 河井道 | | 女子英学塾を退職後、一九二九年 自宅を開放して校舎とし、恵泉女学園《けいせんじょがくえん》を設立 | 生徒に対しても（　b　）と教えた。 | 「汝《なんじ》（あなた）の光を輝《かがや》かせ」（河井道が好んで生徒に伝えていた聖書の一句） |

①（　a　）には「津田梅子」が教師として生徒に語っていた言葉が入ります。本文の内容や彼女《かのじょ》の教育観を参考にして最も適当なものを次から選び、記号で答えなさい。

**ア**「神の前に愛と奉仕《ほうし》の精神をもつことを目的とします。」

**イ**「学問を究《きわ》め、活用し、模範的《もはんてき》な国民を育成するのだ。」

**ウ**「愛に満ちあふれたすばらしい女子を教育することが大切です。」

**エ**「all-round women（完璧《かんぺき》な婦人・女性）となるよう心がけねばなりません。」

**問六** 本文の〰〰ⓐ〜ⓓの内容や表現を説明したものとして**適当でない**ものを次から一つ選び、記号で答えなさい。

**ア** ⓐ「この姿を一番見られたくない相手」という表現からは、生徒には人気だが厳しいと評判の「道先生」に見つかることを最も恐《おそ》れていた「ゆり」の不安気な気持ちが読みとれる。

**イ** ⓑ「半泣きで叫《さけ》んでも、道先生は首を傾《かし》げて、ニコニコ笑っている」という表現からは、悲鳴を上げて抵抗《ていこう》する「ゆり」と、ゆりの髪《かみ》に興味津々《きょうみしんしん》の「道先生」の対照的な様子がうかがえる。

**ウ** ⓒ「舌にのせたら、しゅわしゅわ泡《あわ》になって溶《と》けそうな」という表現からは、「シェア」という言葉の響《ひび》きに心地よさを感じ、ひかれていく「ゆり」の様子がイメージされる。

**エ** ⓓ「ほんの少し前までは耶蘇《やそ》と忌《い》み嫌《きら》われていた宗教」という表現からは、キリスト教がかつての日本では禁じられ、信者たちが弾圧《だんあつ》されていたという歴史的背景が読みとれる。

**問七** ――**A**・**B**「廊下《ろうか》のランプ」とありますが、この物語における「ランプ」の役割や効果について説明したものとして最も適当なものを次から選び、記号で答えなさい。

**ア**「廊下のランプ」は主人公「ゆり」の好奇心《こうきしん》を例えており、他の生徒たちの視線を気にしながらも、「道先生」についていく「ゆり」の冒険心《ぼうけんしん》を暗示している。

**イ**「廊下のランプ」は「ミス・ツダ」に対する「ゆり」の罪悪感を表しており、厳しい「ミス・ツダ」の存在がいつも「ゆり」の意識の内にあることを読者に印象付けている。

**ウ**「廊下のランプ」は「ゆり」を導く「道先生」の存在を例えており、「ゆり」にとって「道先生」がその後大きな心の支えになっていくことを暗示している。

**エ**「廊下のランプ」はキリスト教を例えており、光を照らし人々を救うキリスト教の教えが将来にわたって「ゆり」に影響《えいきょう》を与えることを示唆《しさ》している。

**問八** 本文に登場する二人の女性教師について、次の問いに答えなさい。

**(1)** 次の**ア**〜**エ**の写真はこの物語が描かれている時代に活躍した女性たちのものである。このうち、本文に登場した「津田梅子《つだうめこ》」・「河井道」の写真を本文の内容を手がかりにして選び、それぞれ記号で答えなさい。

**問二**　――②「英語だけじゃなく、礼儀《れいぎ》にもとっても厳しいらしい」とありますが、「ミス・ツダ」が生徒たちに礼儀を厳しく指導するのはなぜですか。その理由を説明した次の文の（　　）に当てはまる語句を本文中から十五字で求め、ぬき出して答えなさい。

**「ミス・ツダ」が生徒たちに厳しくするのは、将来社会で活躍《かつやく》する自身の生徒たちの行いや言動が「学問を修めた女性」として人々に印象を与《あた》え、（　　）を決定づけると考えているからである。**

**問三**　＝＝Ⅰ「気が回らなかった」・Ⅱ「とっつきやすい」の本文中の意味として最も適当なものを次から選び、それぞれ記号で選びなさい。

Ⅰ「気が回らない」
**ア**　肝心《かんじん》なことを見落とす　**イ**　十分に理解しない
**ウ**　関心を持たない　**エ**　細かなところに意識が向かない

Ⅱ「とっつきやすい」
**ア**　分かりやすい　**イ**　親しみやすい
**ウ**　たやすい　**エ**　挑戦《ちょうせん》しやすい

**問四**　――③「先生の顔をまじまじと見た」とありますが、この時の「ゆり」の様子を説明したものとして、最も適当なものを次から選び、記号で答えなさい。

**ア**　巻き毛を見られてしまい動揺《どうよう》したが、あこがれの「道先生」と二人きりでいる時間にうっとりし、先生の顔に見入っている。
**イ**　自分が日頃から気にしていたくせ毛を指摘《してき》された上に自室に呼ばれて、そこでしかられるのではないかと、先生を疑っている。
**ウ**　あこがれの「道先生」に自分の負い目だったくせ毛を褒められたことに驚《おどろ》き、信じられない気持ちで先生の顔を見つめている。
**エ**　昔から容姿に自信が持てなかったが、道先生の手によって自分も美しくなれるのではないかと期待を込《こ》めて先生を見ている。

**問五**　――④「そんな生き方や考え方があっていいのか、とゆりは目を丸くした」とありますが、「そんな生き方」が指す内容を明らかにして、この時の「ゆり」の心情を七十字以上八十字以内で説明しなさい。

堂々としていらっしゃい」

「え、女性と男性が平等!?」

ゆりは目をパチクリさせた。勉強ができようが、性格が良かろうが、女は男に疎《うと》まれたらおしまいだと教えこまれて生きてきたのだ。

「そうよ、キリスト教の教えでは、基本的にみんなが平等です。性別も国籍《こくせき》も地位も年齢《ねんれい》も関係ないわ。あなたも私も、神様の前では、対等な姉妹なのよ。そもそも神様は女性でも男性でもありません」

へえ、とゆりはつぶやいた。ただ言われるがままにこなしていた日曜日礼拝の時間が、急にとっつきやすいⅡものに感じられた。ⓓほんの少し前までは＊耶蘇《やそ》と忌《い》み嫌《きら》われていた宗教だから、心のどこかで警戒《けいかい》もしていたのだ。

「だからね、先生というより、お姉さんと思ってくれても構わないんですよ。ほーら、ご覧なさい。あなた、とても美しいじゃない?」

先生の言う通りだった。＊姿見の中のゆりは美しい。でも、隣《となり》にいる河井先生は、もっともっと素敵だ。なんだか自分と先生が本当の姉妹のように思えて、うっとりした。先生の側にいれば、怖いものなんてこの先何もないような気さえする。B廊下のランプがさっきまでよりずっと優しくこちらを照らしていた。

（柚木《ゆずき》麻子《あさこ》『らんたん』より）

※問題作成の都合上、原文の表記を一部改めたり、文章の一部を省略したりしたところがあります。

（注）＊ひっつめ……髪《かみ》を後ろにひとつにたばねたヘアスタイル。
＊ミス・ツダ……津田梅子《つだうめこ》先生のこと。
＊耶蘇《やそ》……イエス・キリスト。転じてキリスト教を指す。
＊姿見……全身を映す大型の鏡。

**問一** ――①「祖母はおめでとうも何もなく、暗い顔でゆりの髪《かみ》を撫《な》でた」とありますが、この時の「祖母」の心情を説明したものとして最も適当なものを次から選び、記号で答えなさい。

**ア** 孫娘《まごむすめ》が有名校に合格した喜びよりも、容姿に恵《めぐ》まれない孫の将来を案ずる思いの方がまさり、心を痛めている。

**イ** 娘と共に合格を喜んでいる両親の傍《かたわ》らで、大切な孫が自身の元を離《はな》れていくことに対してさびしさを感じている。

**ウ** 兄弟姉妹の中で最も学力に秀《ひい》でたゆりを応援《おうえん》してやりたいと思いつつも、女性が学問をすることには賛同できないでいる。

**エ** 英語教師になれば孫も幸せになれると思うが、入学試験にさえ手こずっていた孫には難しいのではないかと諦《あきら》めている。

「なぜかしら？そのままの御髪でとても素敵なのに」

そう言うなり、手を伸《の》ばして、いきなりこちらの髪に触れた。恥《は》ずかしさと緊張《きんちょう》で、ゆりは肩《かた》をすくめた。

「無理にまっすぐにするのがそもそも、あなたには似合わないんですよ。最初に見た時から、おばあさんみたいな髪型で、変だわ、って気になっていましたの。その巻き毛を生かしたスタイルにすればいいじゃありませんか？アメリカでは最新流行よ。その髪、あなたにぴったりする風に結って差し上げるわ。今から、私の部屋にいらっしゃいな。きっと綺麗《きれい》にして差し上げてよ」

③先生の顔をまじまじと見た。自分なんかに目を留めていたなんて信じられない話だ。最新流行とか、綺麗とか、ゆりにはそぐわない言葉ばかり。何より、こんな時間に先生のお部屋に呼ばれるなんて夢じゃなかろうか。取り巻きの目が怖かったが、A廊下《ろうか》の電気ランプの灯りを頼《たよ》りに、どんどん先を行く道先生についていった。

（中略）

「ねえ、どれがお好き？これなんか、あなたにとても似合いそうじゃなくて？」

そう言って、道先生は花の柄《がら》がついた水色のリボンを手にした。

「こんな素敵なリボン、私なんかが、いただくわけには……」

「あら、いいことはなんでもシェアしなければなりません」

「シェア？」

ⓒ舌にのせたら、しゅわしゅわ泡《あわ》になって溶《と》けそうなその言葉を、ゆりは味わった。分け合う、という意味を持つ単語だと思い出したのはしばらくしてからである。

「そうです。光はシェアしなければ。光を独《ひと》り占《じ》めしていては、社会は暗いままですわ」

（中略）

頭の上でリボンがシュッシュッと擦《す》れる音がした。ハイできた、と手鏡の前に、背中を押《お》し出《だ》される。そこには、波打つ髪を半分だけ降ろし、後頭部をふんわりと持ち上げた、西洋人形のような娘が、頬《ほお》を薔薇色《ばらいろ》に染めて立っていた。自分を醜いと思って過ごしてきた膨大《ぼうだい》な時間を思うとなんだか悔《くや》しい気もするが、すぐに忘れてしまった。ゆりはくるくる回り、自分の姿に見とれながらも、卑屈《ひくつ》な言葉が口をついて出る。

「でも、まっすぐな髪じゃないって知られてしまったら、誰もお嫁《よめ》さんにもらってくれなくなるんじゃないですか？」

「私は結婚《けっこん》も恋愛《れんあい》もするつもりはないけれど」

道先生はさらりと口にした。④そんな生き方や考え方があっていいのか、とゆりは目を丸くした。

「男の人の顔色を窺《うかが》って、自尊心をなくしてビクビク振る舞うのはよくありませんよ。神様のもとでは、女も男もみんな平等なのだから。

ローチとネックレスつけてた人。あんなおしゃれ、よくミス・ツダが許したわねえ。この九月からの着任だって」

そういえば、外国人の先生に混じって、そんな若い先生もいた気がする。全校生徒を前にした入学式での津田先生のお話が怖《こわ》すぎて、他のことまでI気が回らなかったのだ。

――学問をする女性は、今の日本ではまだまだ異端《いたん》です。みなさんは、一挙一動、日本中から注目されています。だから、全てにおいて謙虚《けんきょ》でつつしみ深く、前に出過ぎないことを心がけてください。勉強する女は傲慢《ごうまん》で出たがりだなんて、文句がつけられないように振《ふ》る舞《ま》ってくださいね。皆《みな》さんの振る舞い次第で、これからの日本女性たちの生き方が拓《ひら》けるのですから。

確かにそうだ、と頷《うなず》きつつも、一方でなんだかやる気が吸い取られていくのを感じていた。英語さえ身につければ、まっすぐな髪でなくても、胸を張って生きていけるとばかり思い込んでいたのだが。でも、津田先生のお姿を見たら、それも呑《の》み込《こ》まざるをえなかった。清楚《せいそ》な風貌《ふうぼう》で黒髪をきりりとまとめ、ふくよかな身体にきっちり着付けた袴姿《はかますがた》、形の良いおでこは光っていて大和撫子《やまとなでしこ》そのもの。立ち居振る舞いも隙《すき》がなく、英語なまりは残るけれど調子に乗っている風もない。それに、生徒たちもいかにも欠点のなさそうな賢そうな子ばかりだった。同世代だけではなく落ち着いた人妻風の女性も大勢いた。

（中略）

入学して一ヶ月が過ぎた頃《ころ》である。その夜も、誰もいないのを確かめてから、ゆりは浴室の洗面台の前で髪をほどいた。英語の授業には一向に慣れないし、宿題や予習をこなすのもやっとで、その上、何故か日曜日は礼拝という集まりまである。気を抜くと洗面器に頭を突《つ》っ込《こ》んでうたた寝《ね》してしまいそうなほど疲《つか》れていた。

「まあ、なんて可愛らしい御髪《おぐし》なんでしょう！」

大きな声にぎょっとして、振《ふ》り向《む》くとそこに立っていたのは、よりによってⓐこの姿を一番見られたくない相手だった。あの、入学式の日から生徒たちの間で話題になっていた西洋帰りの河井道先生である。

こんなところを誰かに目撃《もくげき》されたら、巻き毛がバレるよりずっと大変なことになる。ゆりは怖《こわ》いのと、ドキドキするのとで、身じろぎもできなかった。先生は面白《おもしろ》そうに目を輝《かがや》かせて、ぐいぐい近づいてくる。

二十七歳の道先生は背が高く、がっしりとした体つきで、ただでさえ、ものすごく目立つ。着任したのはゆりの入学と同時期なのに、すでに全生徒の憧れの的だった。ミス・ツダと正反対に、アメリカ人そのままのような装いや立ち居振る舞いで、最新流行の膨《ふく》らんだ袖《そで》に豊かなスカートを穿《は》きこなし、必ずブローチかネックレスをつけている。

（中略）

ⓑ「きゃあ、やめて。ご覧にならないでください!!　誰にもおっしゃらないでください！」

半泣きで叫《さけ》んでも、道先生は首を傾《かし》げて、ニコニコ笑っている。

**二** **静岡県の三島市で育った「ゆり」は英語教師になることを目指しており、津田梅子《つだうめこ》が創立した学校に入学するため面接試験に臨んだ。以下はそれに続く文章である。読んで、あとの問いに答えなさい。**

三島の英語教師の発音と津田先生のそれはあまりに違《ちが》った。無理もない。津田梅子先生といえば、六歳《ろくさい》にして岩倉使節団と共に女子留学生五人の一人としてアメリカに派遣《はけん》され、十一年間も西洋人と同じように暮らしていらっしゃった方だ。ほとんど日本語も忘れてしまったというのに帰国後、こちらの文化や風習を努力で取《と》り戻《もど》し、再び渡米《とべい》して、名門ブリンマー女子大で学んだという超人的《ちょうじんてき》な活力の持ち主である。彼女《かのじょ》が日本女性の教育を向上させようと創立した女子英学塾《じょしえいがくじゅく》は開校四年ですでに全国にその名が轟《とどろ》いている。卒業すれば必ず英語教師の資格をもらえるという触《ふ》れ込《こ》みで、少しでも異国の文化に胸をときめかせたことのある娘《むすめ》なら、夢見る憧《あこが》れの学校だ。そんなわけで教師や両親に勧《すす》められてやる気まんまんで臨《のぞ》んだ入学試験だったが、面接にはなんの手応えもなく、その日はうなだれて、付《つ》き添《そ》いの父と一緒《いっしょ》に三島に帰った。旧家を継《つ》いで一帯の土地を管理する父だけれど、もともとは慶應《けいおう》出で学問の道に進みたがっていた。ゆりの受験には一緒になって張り切っていた分、慰《なぐさ》める言葉が見つからないのか、鬱《ふさ》ぎ込《こ》む娘を前にオロオロするばかりだった。

絶対に落ちた、と鬱々《うつうつ》と過ごしていたが、どういうわけか合格通知が届いた。両親は喜んでくれたが、①祖母はおめでとうも何もなく、暗い顔でゆりの髪《かみ》を撫《な》でた。

「あなたはこの髪で女としては大変に苦労するだろうからね。万が一のために、一人でも生きていけるようにしなければなりませんよ。津田先生の言うことをしっかり聞いて、必ず英語教師のお免状《めんじょう》を頂くんですよ」

ゆりの髪は生まれつき細かく波打っている。いつも*ひっつめにして隠《かく》しているので、それを知るのは家族だけだ。油なしには櫛《くし》も通らない。髪を梳《す》いてくれる母にも毎日ため息をつかれていたから、ゆりは絶望感もなく、そうか、自分は醜《みにく》いのか、と受け入れていた。じゃあ、せめて賢《かしこ》い人間にならねばと、きゅうきゅう音が出るほど髪をきつく結《ゆ》わえて、十一人もいる兄弟姉妹の誰《だれ》にも負けないよう勉強を頑張《がんば》ってきたのである。

明治三十七（一九〇四）年の九月、家族に見送られて汽車に乗り、女子英学塾にゆりは晴れて入学した。

（中略）

「*ミス・ツダは、もともとは武士の娘なの。②英語だけじゃなく、礼儀《れいぎ》にもとっても厳しいらしいのよ。おしゃれ、遅刻《ちこく》、泣くこと。この三つが本当にお嫌《きら》いだって聞くわ。それだけはやっちゃダメ。授業もあの通りぜんぶ英語だし、お怒《いか》りのときは教壇《きょうだん》をバンバン叩《たた》くんですって。宿題もすごく多いし、抜《ぬ》き打《う》ちの試験もあるのよ。入学した時の人数、卒業までには半分くらいまで減るっていう噂《うわさ》よ」

ひええ、とゆりは黙《だま》り込《こ》んだ。早くも三島に帰りたくて仕方がない。

「あ、そうだ。一人だけ、西洋人みたいな若い女の先生がいたじゃない？　すごくおしゃれじゃなかった？　ほら、あの背が高い人。ブ

①　（ア）に入る語句を、本文中から三十三字で求め、最初と最後の五字をぬき出しなさい。
②　（イ）に入る語句を、本文中から十五字で求め、ぬき出しなさい。

**問八**　〜〜〜a「最初の工夫」、b「二つ目の工夫」とありますが、両者に共通するのはどのようなことですか。それを説明した次の文中の（　　）に入る言葉を、十五字以上二十五字以内で自分で考えて答えなさい。

**「どちらの工夫も、イネの成長をそろえるために（　　　　）点で共通している。」**

**問九**　この文章の話の進め方や表現の特徴《とくちょう》を説明したものとして、適当なものを次から二つ選び、記号で答えなさい。

**ア**　最も言いたいことが最初に提示され、次にそれを裏付けるような具体例が数多く挙げられた後、最後にイネという植物が私たちの暮らしに与《あた》えた影響にも触《ふ》れている。

**イ**　文章の前半と後半とで対比する内容を書くことで、人間の視点から見たイネという植物の良いところと悪いところを読者にも考えさせ、無理なく結論へと導くように話が進められている。

**ウ**　イネという植物の〝ふしぎ〟や〝ひみつ〟について、「一つ目は」「二つ目は」のような項目《こうもく》を立てた表現や、人間にたとえた表現を用いることで、読者が親しみやすく理解できるように話が進められている。

**エ**　イネという植物の〝ふしぎ〟や〝ひみつ〟を、イネとは対照的な生態をもつ他の植物と対比させることで解き明かし、専門的な知識をわかりやすい言葉に改めながら話が進められている。

**オ**　イネの成長から収穫に至るまでの過程に沿って話が進められ、イネの〝ふしぎ〟や〝ひみつ〟を紹介《しょうかい》するとともに、人間がそれを巧《たく》みに利用して工夫してきた栽培法をあわせて紹介している。

(2)「ハングリー精神」とは、本来英語で「お腹がすいている」という意味を持つハングリー（hungry）に由来する言葉ですが、「ハングリー精神」を示す事例として最も適当なものを次から選び、記号で答えなさい。

ア　飢饉《ききん》に相次いで見舞《みま》われた江戸《えど》時代、農民たちの苦境を見かねた将軍徳川吉宗《とくがわよしむね》は、冷害に強い作物の栽培《さいばい》を奨励《しょうれい》し、それをきっかけにサツマイモの栽培が東日本でも広まったと言われている。

イ　野口英世《のぐちひでよ》は、貧しい農家に生まれ、幼い頃《ころ》、やけどで左手にハンディキャップを背負ったが、その苦しい境遇《きょうぐう》をバネにして人一倍努力を重ね、後に、黄熱病の研究で偉大《いだい》な業績を残した。

ウ　二〇二二年のサッカーワールドカップで、日本代表の前評判は低く、予選突破《とっぱ》は絶望視されていたが、本番では強豪国《きょうごうこく》を相手に奇跡的《きせきてき》な勝利をおさめ、サッカーファンのみならず日本中を熱狂《ねっきょう》させた。

エ　東日本大震災《だいしんさい》直後の極限状況《じょうきょう》の中、パニックや暴動が起きることもなく、食料支給時にも整然と順番を守る日本人の行動には、海外のメディアから驚《おどろ》きとともに称賛《しょうさん》が寄せられた。

**問六**　――④「夏の水田をご覧ください。田んぼに張られていた水は、抜《ぬ》かれています」とありますが、夏に水田の水が抜かれるのは何のためですか。その目的を四十字以上五十字以内で説明しなさい。

**問七**　＝＝A「田植えをせずに田んぼにイネのタネを直接まく『直播《じかま》き』という方法」、B「苗代《なわしろ》で育てた苗《なえ》を水田に植える『田植え』という方法」とありますが、森村君はこの二つの方法を比較《ひかく》するために、次のような表をノートにまとめてみました。

| | A　タネを直接まく「直播き」という方法 | B　苗を水田に植える「田植え」という方法 |
|---|---|---|
| 手間・労力 | 手間や労力はそれほどかからない。 | 手間も労力もかかる。 |
| イネの成長 | イネの成長（　ア　）する。 | すべてのイネが同じようにそろって成長する。 |
| 収穫《しゅうかく》 | 成熟した稲穂《いなほ》と未熟な稲穂が混在し、いっせいに刈《か》り取ることができない。 | （　イ　）ことができる。 |

**問二** [ I ] に入る言葉として、最も適当なものを次から選び、記号で答えなさい。

**ア** 水不足が解消されます
**イ** 成長が確実によくなります
**ウ** 成長に大きな違《ちが》いはないことが分かります
**エ** 逆に枯《か》れてしまうことさえあります

**問三** ――②「イネは、置かれた環境《かんきょう》に合わせて、生き方を変える能力をもっている」とありますが、その具体的な内容として適当なものを次から**二つ**選び、記号で答えなさい。

**ア** 植物の多くは水の中では育たないが、イネとレンコンだけは特別な能力をもっているため育つことができる。
**イ** イネはレンコンと同様に、水の中でも呼吸できるような特別なしくみを身につけるように改良されてきた。
**ウ** 水田で育つイネの根はレンコンと同じ構造をもっているが、畑で育つイネの根はその構造をもっていない。
**エ** イネは水の中で育てられると、地上部の葉っぱから根の中の隙間《すきま》に空気が送られるようになる。
**オ** 畑で育つイネは、空気を取り入れる必要がないため、根の中に隙間はつくられない。
**カ** イネはレンコンに比べると、それほど空気を必要としないために根の中の隙間が極めて小さい。

**問四** [ A ]～[ C ] に入る言葉として適当なものを、それぞれ次の中から選び、記号で答えなさい。

**ア** しかし　**イ** というのは　**ウ** つまり　**エ** こうして　**オ** そこで　**カ** すなわち

**問五** ――③「〝ハングリー精神〟といえるような性質」について、次の問いに答えなさい。

**(1)** これは、イネという生物のどのような性質について述べたものですか。その説明として最も適当なものを次から選び、記号で答えなさい。

**ア** か弱い生物が必死に生き延びようとして、思いがけない能力を発揮する性質。
**イ** 生物が厳しい環境の中に置かれると、逆に強さやたくましさを身につける性質。
**ウ** 周囲の環境の変化に合わせて、生物が成長の仕方を自在に変化させる性質。
**エ** 単独ではか弱い存在にすぎない生物が、集団になると強い生命力を見せる性質。

イネの苗の成長をそろえるための**b**二つ目の工夫は、苗代で育てることです。発芽した芽生えは苗代で育ちますが、ここで芽生えの成長に差が生じることがあります。極端《きょくたん》に成長が遅《おく》れるような苗は、田植えには使われません。ですから、田植えでは、同じように元気に成長した苗が植えられることになります。

「なぜ、わざわざ田植えをして植えるのか」との疑問がもたれます。これは、確実に決められた本数の苗が田んぼでそろって成長するためです。田植えでは、苗代で育った苗の中から、同じように成長した元気な苗を、たとえば、一箇所《いっかしょ》に三本ずつをセットにして植えられます。そうすれば、確実に三本の苗を育てることができます。

もし苗を植える代わりにタネをまけば、すべてが発芽し、それらの苗が、同じように成長するとは限りません。発芽しないタネがあったり、極端に成長が遅れる苗などが混じっていたりします。田植えをすることによって、そうなることを避《さ》けているのです。

でも、もう一つ大切な理由があります。同じように成長した苗を選んで植えることができれば、田植えが終わったあとの水田では、苗の成長がきちんとそろいます。このように成長すれば、すべての株がいっせいに花が咲《さ》き、それらはいっせいに受粉し、いっせいにイネが実ります。そうすると、いっせいに株を刈《か》り取ることができます。

稲刈《いねか》りは、一面の田んぼでいっせいに行われます。もし未熟なものと成熟したものが混じっていると、未熟なものは食べられませんから、いっせいに刈り取ることはできません。稲刈りで、いっせいに成熟した穂を刈り取るためには、イネは成長をそろえることが大切なのです。そのために、田植えが行われているのです。

（田中修『植物のひみつ』より）

**問一** ——①「四つの〝ひみつ〟の恩恵《おんけい》」とありますが、次から四つの恩恵には当てはまらないものを一つ選び、記号で答えなさい。

**ア** 常に水に恵《めぐ》まれているため、水不足になる心配がないこと。

**イ** 外気温の変化の影響《えいきょう》を受けにくく、安定した温度を保ちやすいこと。

**ウ** 流《なが》れ込《こ》む水によって、成長に必要な養分が常に補給されること。

**エ** 豊富な水のおかげで、病原菌《びょうげんきん》や害虫による被害《ひがい》を受けにくいこと。

**オ** 連作障害の原因が除去されることで、連作が可能になること。

もしそのままだと、秋に実る、垂れ下がるほどの重い穂《ほ》を支えることができません。イネは、倒《たお》れてしまうでしょう。イネは倒れると、実りも悪く、収穫もしにくくなります。そのようになると、栽培する人たちは困ります。

[B]、イネの根を強くたくましくするために、イネに試練が課せられます。④夏の水田をご覧ください。田んぼに張られていた水は、抜《ぬ》かれています。水田の水が抜かれるだけでなく、田んぼの土壌は乾燥《かんそう》させられています。ひどい場合には、乾燥した土壌の表面にひび割れがおこっています。イネは水田で育つことがよく知られているので、この様子を見ると、「イネに水もやらずに、ほったらかしにしている」と勘違《かんちが》いをされることもあります。「ひどいことをする」と腹を立てる人がいるかもしれません。

でも、それはとんでもない誤解です。水田の水を抜き、田んぼの土壌を乾燥させるのは、水が不足すると水を求めて根を張りめぐらせるという、イネのハングリー精神を刺激しているのです。そうしてこそ、イネは、秋に垂れ下がる重いお米を支えられるほどに根を張り、強いからだになることができます。

土壌の表面のひび割れも、無駄《むだ》にはなっていません。ひび割れて土に隙間ができることで、この隙間から、地中の根に酸素が与えられます。それは、根が活発に伸《の》びるのに役に立つのです。[C]、イネは、秋の実りを迎《むか》えるのです。

イネの栽培におけるこの過程は、「中干し」とよばれます。この過程を経てこそ、秋に垂れ下がるほどの重いお米を支えるからだができあがるのです。ですから、中干しは、イネの栽培の大切な一つの過程なのです。

私たち日本人には「田園風景」という言葉から思《おも》い浮《う》かぶ景色があります。そこには、山や畑があり、一面の水田が広がっているものが多いでしょう。この風景の中にある水田には、イネがみごとに同じような背丈《せたけ》に成長しています。イネは、そろって成長するように栽培されているのです。

このように栽培されるためには、いろいろな工夫がなされています。「どのような工夫がなされているのだろうか」とか、「成長をそろえることは、何の役に立つのだろうか」との〝ふしぎ〟が浮かんできます。

近年のイネの栽培では、A田植えをせずに田んぼにイネのタネを直接まく「直播《じかま》き」という方法が多く試みられています。しかし、日本の伝統的な稲作《いなさく》では、B苗代《なわしろ》で育てた苗《なえ》を水田に植える「田植え」という方法が行われてきました。

イネの苗の成長をそろえるためのa最初の工夫は、田植えで植える苗を育てるためのタネを選別することです。その方法は、少し塩を含んだ水にタネを浸《ひた》すのです。栄養の詰《つ》まっていないタネは浮かびます。

発芽したあとの苗がよく育つタネは、栄養を十分に含んでいるので、重いのです。そのため、少し塩を含んだ水に浸すと沈《しず》みます。そこで、沈んだタネだけが、苗代で苗を育てるために用いられます。

とを嫌《いや》がります。連作すると、生育は悪く、病気にかかることが多くなるからです。

連作した場合、うまく収穫《しゅうかく》できるまでに植物が成長したとしても、収穫量は前年に比べて少なくなります。これらは、「連作障害」といわれる現象です。連作障害の原因として、主に三つが考えられます。

一つ目は、病原菌《びょうげんきん》や害虫によるものです。毎年、同じ場所で同じ作物を栽培していると、その種類の植物に感染する病原菌や害虫がそのあたりに集まってきます。そのため、連作される植物が、病気になりやすくなったり、害虫の被害《ひがい》を受けたりします。

二つ目は、植物の排泄物《はいせつぶつ》によるものです。植物たちは、からだの中で不要になった物質を、根から排泄物として土壌に放出していることがあります。連作すると、それらが土壌に蓄積《ちくせき》してきます。すると、植物の成長に害を与えはじめます。

三つ目は、土壌から同じ養分が吸収されるために、特定の養分が少なくなることによるものです。「三大肥料」といわれる窒素《ちっそ》、リン酸、カリウムの他に、カルシウム、マグネシウム、鉄、硫黄《いおう》などが植物の成長には必要です。

これらは、肥料として与えられる場合が多いのです。しかし、これ以外に、モリブデン、マンガン、ホウ素、亜鉛《あえん》、銅などが、ごく微量《びりょう》ですが、植物の成長に必要です。必要な量はそれぞれの植物によって異なりますが、連作すると、ある特定の養分が不足することが考えられます。

これら三つの連作障害の原因は、水田で栽培されることで除去されます。水が流れ込んで出ていくことで、病原菌や排泄物が流し出されたり、養分が補給されたりするからです。水田で育てば、こんなにすごい恩恵があるのですから、他の植物たちも「水の中で育ちたい」と思うと考えられます。

でも、水の中で育つためには、そのための特別のしくみをもたなければなりません。「どのような、しくみなのか」との疑問が生まれます。そのしくみをもつ代表は、レンコンです。レンコンは、泥水《どろみず》の中で育っていますが、呼吸をするために穴をもっています。あの穴に、地上部の葉っぱから空気が送られているのです。

実は、イネもレンコンとまったく同じしくみをもっています。イネの根には、顕微鏡《けんびきょう》で見なければなりませんが、レンコンと同じように小さな穴が開いており、隙間《すきま》があるのです。正確には、イネは根の中に隙間をつくる能力をもっているのです。というのは、イネは、水田では、その能力を発揮して、根の中に隙間をつくります。しかし、同じイネを水田でなく畑で育てると、その根には、水田で育つイネの根にできるような大きな隙間はつくられません。必要がないからです。②イネは、置かれた環境《かんきょう》に合わせて、生き方を変える能力をもっているのです。

[ A ]、水がいっぱい満ちている水田で育っていると、困ったこともあります。イネは、水を探し求める必要がないので、水を吸うための根を強く張りめぐらせません。そのため、水田で栽培されているイネの根の成長は、貧弱《ひんじゃく》になります。

根には、水が不足すると水を求めて根を張りめぐらせるという、③〝ハングリー精神〟といえるような性質があります。ですから、田植えのあと、水をいっぱい与えられて、ハングリー精神を刺激《しげき》されずに育ったイネの根は貧弱なのです。

2024年度

# 森村学園中等部

## 【国　語】〈第一回試験〉（五〇分）〈満点：一〇〇点〉

（注意）記述で答える問題は、特に指定のない場合、句読点《くとうてん》や符号《ふごう》は一字として数えるものとします。

**一**　次の文章を読んで、あとの問いに答えなさい。

春の田植えで植えられたあと、イネは水田で育てられます。畑で栽培《さいばい》される作物は、水の中で育てられることはありません。「なぜ、イネは、水の中で育てられるのか」という〝ふしぎ〟が興味深く抱《いだ》かれます。イネには、水の中で育てられると、主に、①四つの〝ひみつ〟の恩恵《おんけい》があります。

一つ目は、水には、土に比べて温まりにくく、いったん温まると冷めにくいという性質があることです。ですから、水田で育てば、イネは夜も温かさが保たれた中にいられます。暑い地域が原産地と考えられるイネにとって、これは望ましい環境《かんきょう》です。

二つ目は、水中で育つイネは、水の不足に悩《なや》む必要がないことです。ふつうの土壌《どじょう》に育つ植物たちは、常に水不足に悩んでいます。そのため、私たちは、栽培植物には「水やり」をします。栽培植物に水を与《あた》えないでいると、すぐに枯《か》れてしまいます。

しかし、自然の中で、栽培されずに生きている雑草は、「水やり」をされなくても育っています。ですから、「ふつうの土壌に育つ植物たちは、ほんとうに、水の不足に悩んでいるのか」との疑問が生じます。これは、容易に確かめることができます。

雑草が育っている野原などで、日当たりのよい場所を区切り、毎日、一つの区画だけに水やりをします。すると、その区画に育つ雑草は、水をもらえない区画の雑草と比べて、[　Ⅰ　]。自然の中の雑草は、成長するために、水を欲しがっていることがわかります。

三つ目は、水の中には、多くの養分が豊富に含《ふく》まれていることです。水田には、水が流《なが》れ込《こ》んできます。その途上《とじょう》で、水には養分が溶《と》け込《こ》んでいます。そのため、水田で育つイネは、流れ込んでくる水の十分な養分を吸収することができるのです。

このように、水の中は、イネにとって、たいへん恵《めぐ》まれた環境なのです。水の中で育てば、イネには主に三つもの〝ひみつ〟の恩恵があります。これで十分かもしれませんが、これだけではありません。水田で栽培するという方法には、四つ目のものすごい〝ひみつ〟の恩恵が隠《かく》されているのです。

「連作」という語があります。これは、同じ場所に、同じ種類の作物を二年以上連続して栽培することです。多くの植物は、連作されるこ

2024年度

# 森村学園中等部 ▶解説と解答

## 算　数 ＜第１回試験＞（50分）＜満点：100点＞

### 解　答

1 (1) 88　(2) 3　(3) 2　2 (1) 21　(2) 20m　(3) 45個　(4) 12％　(5) 31日　3 (1) 毎分1200cm$^3$　(2) $x$…20，$y$…30　(3) 28分20秒　4 (1) 31　(2) 28　(3) 64　5 (1) ア…８，イ…2032，ウ…254　(2) エ…２，オ…11，カ…23／22歳と23歳　(3) 11回　6 (1) 12.28cm　(2) 34.54cm　(3) 128.61cm$^2$

### 解　説

**1 四則計算，計算のくふう**

(1) $52+8\times6-(93-9)\div7=52+48-84\div7=52+48-12=88$

(2) $6\times0.625-2\times1.25+0.14\times12.5=3\times2\times0.625-2\times1.25+0.14\times10\times1.25=3\times1.25-2\times1.25+1.4\times1.25=(3-2+1.4)\times1.25=2.4\times1.25=3$

(3) $\left\{0.48\times\frac{1}{6}+1\frac{3}{5}\div\left(3\frac{1}{5}-2\frac{1}{2}\right)\right\}\div4\frac{3}{5}\times3\frac{8}{9}=\{0.08+1.6\div(3.2-2.5)\}\div4\frac{3}{5}\times3\frac{8}{9}=(0.08+1.6\div0.7)\div4\frac{3}{5}\times3\frac{8}{9}=\left(\frac{2}{25}+\frac{16}{7}\right)\div4\frac{3}{5}\times3\frac{8}{9}=\left(\frac{14}{175}+\frac{400}{175}\right)\div\frac{23}{5}\times\frac{35}{9}=\frac{414}{175}\times\frac{5}{23}\times\frac{35}{9}=2$

**2 約数と倍数，速さと比，過不足算，濃度《のうど》，仕事算**

(1) 84と210の公約数は，84と210の最大公約数の42の約数である。42の約数は，１，２，３，６，７，14，21，42の８個で，そのうち２番目に大きい数は21である。

(2) ＡさんとＢさんの走る速さの比は，$\frac{1}{15}:\frac{1}{18}=6:5$なので，Ｂさんが100m進む間に，Ａさんは，$100\times\frac{6}{5}=120$(m)進むことになる。よって，Ａさんのスタート位置を，$120-100=20$(m)後ろにすればよい。

(3) おかしを５個ずつ分けるときと，７個ずつ分けるときで，必要なおかしの個数の差は，１人あたり，$7-5=2$(個)，全体だと，$15-3=12$(個)になる。よって，子どもは，$12\div2=6$(人)いて，おかしは全部で，$5\times6+15=45$(個)ある。

(4) 10％の食塩水210ｇには，食塩が，$210\times0.1=21$(ｇ)ふくまれている。これに水を加えて，濃度が６％になったので，食塩水の重さは，$21\div0.06=350$(ｇ)になったとわかる。つまり，加えた水の重さは，$350-210=140$(ｇ)で，もともとは，10％の食塩水210ｇに，15％の食塩水140ｇを加える予定だったことになる。15％の食塩水140ｇには，食塩が，$140\times0.15=21$(ｇ)ふくまれているので，作りたかった食塩水の濃度は，$(21+21)\div(210+140)\times100=12$(％)となる。

(5) Ａ，Ｂ，Ｃが１日でする仕事の量をそれぞれ$A$，$B$，$C$とする。全体の仕事の量を，40と56と35の最小公倍数の280とすると，$A+B=280\div40=7$，$B+C=280\div56=5$，$A+C=280\div35=8$となる。これらを式にまとめる

$$\begin{array}{llllll} A & + B & & & =7 & \cdots㋐ \\ & B & + C & & =5 & \cdots㋑ \\ A & & + C & & =8 & \cdots㋒ \\ A\times2 & + B\times2 & + C\times2 & & =20 & \cdots㋓ \\ A & + B & + C & & =10 & \cdots㋔ \end{array}$$

と，上の式㋐～㋒のようになり，㋐＋㋑＋㋒より，式㋓が得られ，㋓÷２より，式㋔が得られる。したがって，㋔－㋑より，$A$＝10－５＝５，㋔－㋒より，$B$＝10－８＝２，㋔－㋐より，$C$＝10－７＝３とわかる。この仕事を３人で始め，途中《とちゅう》でＡが３日，Ｃが５日休んで280の仕事を終えたので，もしＡとＣが休んでいなければ，始めから終わりまで３人で働いて，280＋５×３＋３×５＝310の仕事をしたことになる。よって，仕事を仕上げるのに，全部で，310÷10＝31(日)かかったと求められる。

## 3 グラフ—水の深さと体積

⑴　問題文中のグラフより，水槽《すいそう》が満水になるのに50分かかったことがわかる。水槽の容積は，50×60×20＝60000(cm³)なので，蛇口《じゃぐち》から出る水の量は，毎分，60000÷50＝1200(cm³)である。

⑵　問題文中のグラフより，右の図ⅠのＡの部分に10cmの深さの水がたまるのに，$6\frac{40}{60}=6\frac{2}{3}$(分)，Ｂの部分に10cmの深さの水がたまるのに，$16\frac{2}{3}-6\frac{2}{3}=10$(分)かかったことがわかる。このとき，Ａの部分とＢの部分の底面積の比は，$6\frac{2}{3}$：10＝２：３であり，横の長さは等しいから，縦の長さの比が２：３になる。Ａの部分とＢの部分の縦の長さの和は50cmだから，Ａの部分の縦の長さは，$50\times\frac{2}{2+3}=20$(cm)，Ｂの部分の縦の長さは，50－20＝30(cm)となり，$x$には20，$y$には30があてはまる。

図Ⅰ

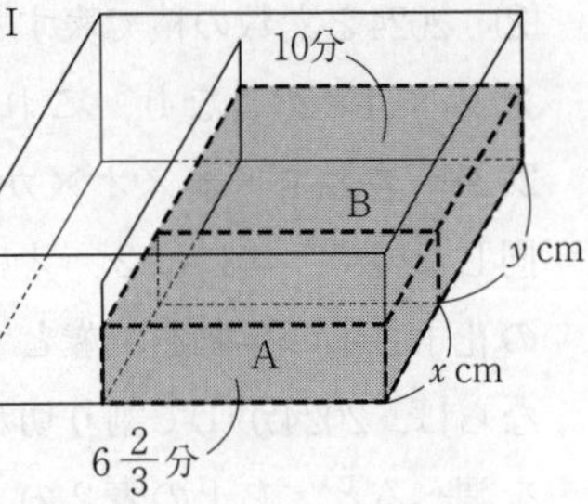


⑶　水槽のＡの部分に10cmの深さの水がたまったとき，水の体積は，$1200\times6\frac{2}{3}=8000$(cm³)である。⑵より，Ａの部分の縦の長さは20cmなので，Ａの部分の横の長さは，8000÷(20×10)＝40(cm)とわかる。右の図Ⅱで，色をつけた部分の右側(ＡとＢ)に水がたまるのに[ア]分かかり，全体に水がたまるのには42分30秒，つまり，30÷60＝0.5より，42.5分かかる。右側と左側(Ｃ)の底面積の比は，40：(60－40)＝２：１だから，右側に水がたまるのにかかる時間は，全体に水がたまるのにかかる時間の，$\frac{2}{2+1}=\frac{2}{3}$である。よって，右側に水がたまるのに，$42.5\times\frac{2}{3}=28\frac{1}{3}$(分)，つまり，$60\times\frac{1}{3}=20$より，28分20秒かかり，[ア]には28分20秒があてはまる。

図Ⅱ

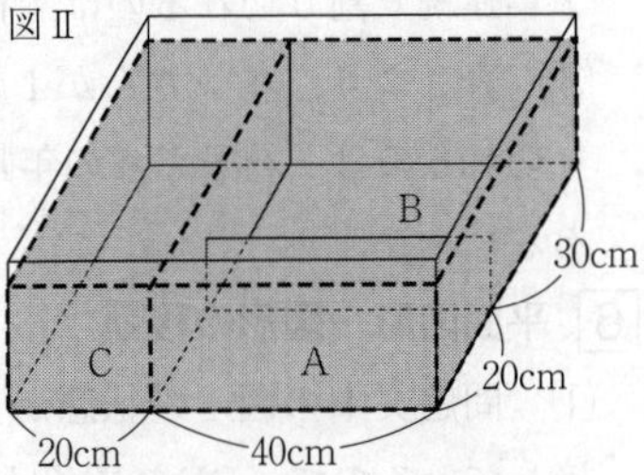


## 4 調べ

⑴　１回の操作で，３枚のカードが束の上からなくなるので，10回操作を行うと，３×10=30(枚)のカードが上からなくなる。よって，10回操作を行った後，束の１番上のカードの番号は31である。

| 回数 | 1 | 2 | 3 | … | 23 | 24 | 25 | 26 | 27 | 28 | 29 | 30 | 31 | 32 | 33 | 34 |
|---|---|---|---|---|---|---|---|---|---|---|---|---|---|---|---|---|
| 操作するカード | ① | ④ | ⑦ | … | ㊀67 | ① | ⑩ | ⑲ | ㉘ | ㊲ | ㊻ | ㊿55 | 64 | ⑩ | ㊲ | 64 |
| | ~~2~~ | ~~5~~ | ~~8~~ | … | ~~68~~ | ~~4~~ | ~~13~~ | ~~22~~ | ~~31~~ | ~~40~~ | ~~49~~ | ~~58~~ | ~~67~~ | ~~19~~ | ~~46~~ | ~~10~~ |
| | ~~3~~ | ~~6~~ | ~~9~~ | … | ~~69~~ | ~~7~~ | ~~16~~ | ~~25~~ | ~~34~~ | ~~43~~ | ~~52~~ | ~~61~~ | ~~1~~ | ~~28~~ | ~~55~~ | ~~37~~ |

⑵　１回の操作で２枚のカードが束から捨てられていくので，(69－１)÷２＝34(回)の操作でカードが１枚だけ残る。34回の各操作で，残るカード(束の１番下に入るカード)と捨てられるカードを調べると，上の表のようになる(〇の番号が残るカード)。例えば，２回目の操作で，４のカードは

束の１番下に入り，５と６のカードは捨てられるから，束の１番上のカードの番号は７に変わる。この表から，26回操作を行った後，束の１番上のカードの番号は28とわかる。

(3)　表より，最後に残るカードの番号は64である。

## 5 約数と倍数

(1)　花子さんの年齢《ねんれい》が５歳《さい》から10歳までのときの西暦《せいれき》と，西暦が花子さんの年齢で割り切れるかどうかを調べると右の表１のようになる。８歳のときは，2032÷８＝254となって割り切れるから，アには８，イには2032，ウには254があてはまる。

表１

| 西暦(年) | 2029 | 2030 | 2031 | 2032 | 2033 | 2034 |
|---|---|---|---|---|---|---|
| 花子さんの年齢(歳) | 5 | 6 | 7 | 8 | 9 | 10 |
| 割り切れるか | × | × | × | ○ | × | × |

(2)　2024を素数の積で表すと，2024＝２×２×２×11×23となり，これは問題文中の，2024＝エ×エ×エ×オ×カという式の形と同じなので，エには２，オには11，カには23があてはまる(オとカは反対でもよい)。次に，ある年の花子さんの年齢を①歳とすると，西暦は(①＋2024)と表すことができる。これが①で割り切れるならば，2024が①で割り切れることになるので，①は2024の約数でなければならない。2024の約数を調べると，右上の表２のようになる。花子さんの年齢がこれらのいずれかであれば，西暦がその年の花子さんの年齢で割り切れる。この中で，１と２以外で連続しているのは22と23だけなので，２年連続で割り切れるのは，花子さんが22歳と23歳のときである。

表２

| | | | | | | | | |
|---|---|---|---|---|---|---|---|---|
| 2024の約数 | 1 | 2 | 4 | 8 | 11 | 22 | 23 | 44 |
| | 2024 | 1012 | 506 | 253 | 184 | 92 | 88 | 46 |

(3)　表２より，花子さんが１歳から100歳になるまでの間に，西暦がその年の花子さんの年齢で割り切れるのは，花子さんの年齢が１，２，４，８，11，22，23，44，46，88，92歳のときで，11回ある。

## 6 平面図形―図形の移動

(1)　問題文中の図１の状態から図２の状態になるまでに，おうぎ形ABCの半径ABと弧《こ》BCがDEに接しているので，DEの長さは，$6+6\times2\times3.14\times\frac{1}{6}=6+6.28=12.28$(cm)である。

(2)　点Aが通った部分は，右の図Ⅰの太線のようになる。これは，半径６cm，中心角90度のおうぎ形の弧３つ分と，★の直線が合わさったものである。★の直線の長さは，(1)より6.28cmだから，太線の長さは，$6\times2\times3.14\times\frac{1}{4}\times3+6.28=28.26+6.28=34.54$(cm)と求められる。

図Ⅰ

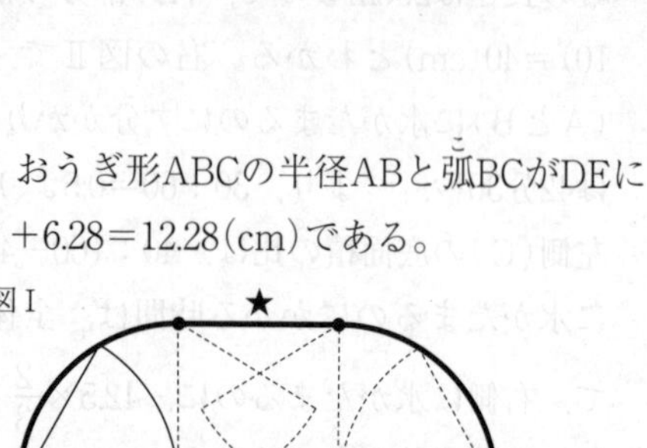


(3)　おうぎ形ABCが通過した部分は，右の図Ⅱに色をつけて示したような図形になる。図Ⅱで，角㋐の大きさは，180－60＝120(度)，角㋑の大きさは，90－60＝30(度)なので，色をつけた図形は，半径が６cm，中心角の和が，90＋120＋30＝240(度)のおうぎ形と，縦が６cm，横が★の長方形と，１辺が６cmの正三角形が合わさったものである。よって，その面積は，$6\times6\times3.14\times\frac{240}{360}+6\times6.28+15.57=75.36+37.68+15.57=128.61$($cm^2$)と求められる。

図Ⅱ

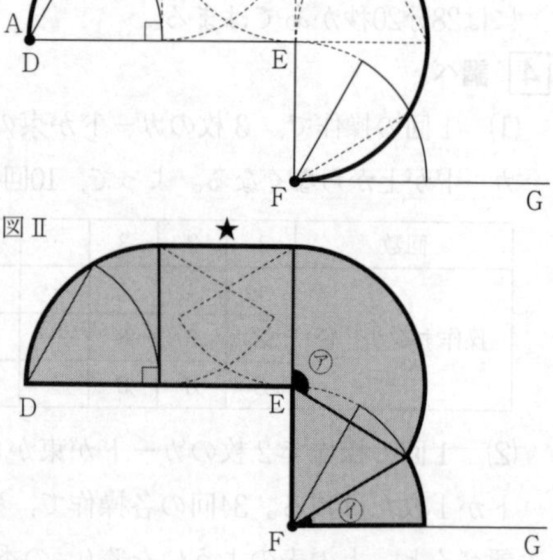

## 社　会　＜第１回試験＞（40分）＜満点：75点＞

### 解　答

**1** **問1**　①　コ　②　キ　③　シ　④　サ　⑤　オ　**問2**　参勤交代　**問3**　イ　**問4**　ウ　**問5**　ア　**問6**　鑑真　**問7**　（例）女性の生き方の理想が「結婚」だけではないように，価値観が多様化してきているから。　**2** **問1**　A　ラムサール　B　石狩　**問2**　（例）夏には南東から湿った暖かい季節風が吹くが，北からの寒流である親潮によって冷やされるため。　**問3**　エ　**問4**　（例）泥炭地は，温暖化によって乾燥すると分解が始まる。すると，泥炭から大量の二酸化炭素が放出されることになり，温暖化が加速してしまうため。　**3** **問1**　ウ　**問2**　ウ　**問3**　比例代表　**問4**　（例）政府が，反対する意見を持つ議員を排除することのないようにするため。　**4** **問1**　（例）ア，昭和時代に起きた出来事　**問2**　（例）エ，関西圏にある地名　**5** **問1**　ガザ　**問2**　こども家庭庁　**6** **問1**　徴兵令　**問2**　エ　**問3**　環境アセスメント　**問4**　（例）海外から観光客が多くやってくる　**問5**　（例）計画の内容が工事直前まで明らかにされてこなかった（住民参加の手続きがなかった）　**問6**　(1)　（例）その土地でしか見られないものが失われ，どこも画一化されてしまうから。　(2)　（例）賛成／国際的な試合が開催できるようになると海外からの観光客も増えて日本の魅力が世界に伝わる。また，１か所で買い物も宿泊もできれば多くの人が便利だと感じ，人々の生活がより快適になるから。（反対／都心の古くからある貴重な自然環境をうばい，利便性を優先しどこにでもあるようなショッピングセンターなどが増えるので，東京の魅力が少しずつ失われてしまうから。）

### 解　説

**1**　**各時代の歴史的なことがらについての問題**

**問1**　①　歌舞伎《かぶき》は，江戸時代に現在のような形で大成された。また，浮世絵も江戸時代に大成され，江戸時代後半の化政文化のころには，錦絵《にしきえ》と呼ばれる多色刷り版画の技法が確立された。　②「退位した天皇」は上皇(太上《だいじょう》天皇)と呼ばれる。11世紀後半になると，上皇が政治の実権を握《にぎ》る院政が行われるようになった。また，『平家物語』は源氏と平氏の戦いを中心に描《えが》いた軍記物語で，鎌倉時代に成立した。　③　大正時代の1918年，原敬《たかし》首相は外務・陸軍・海軍を除く全ての大臣が立憲政友会という政党の党員で構成された，日本で最初の本格的な政党内閣を成立させた。また，大正時代にはサラリーマンが増加し，彼らを担《にな》い手とする大衆文化が栄えた。　④　明治時代の初めには，政府の主導で国家の近代化・西洋化がはかられた。このころ，四民平等と呼ばれる身分制度改革が行われ，特権を奪《うば》われた下級武士がさまざまな就職先を求めるということもあった。その後の1890年には初めて国会(帝国議会)が開かれたが，「下級武士から国会議員」になるようなことは，明治時代においてかなりの出世だったと考えられる。　⑤　奈良時代前半に即《そく》位《い》した聖武天皇は仏教を重視する政策を進め，東大寺に大仏をつくらせるなどした。また，東大寺の宝庫である正倉院には，聖武天皇が生前愛用した品々などが納められた。

**問2**　1635年，江戸幕府の第３代将軍徳川家光は，大名を統制するための法である武家諸法度を改定し，参勤交代を制度化した。これによって大名は１年おきに領国と江戸を往復することが義務づけられ，参勤交代のために大名が大勢の家臣らを引き連れて歩く大名行列が各地の街道《かいどう》を行き来した。これにともない，街道沿いにつくられた宿場が栄え，宿場町が発展した。

**問３**　白河天皇は1086年，幼い子の堀河《ほりかわ》天皇に位を譲《ゆず》って上皇となり，院政を始めた。翌87年には，後三年合戦と呼ばれる東北地方の争いを源義家と藤原清衡《きよひら》が平定したが，朝廷はこの戦いを国家の戦いと見なさず，源義家に恩賞を与《あた》えなかった(イ…○)。なお，白河天皇は上皇となった後も院政を行い，政治の実権を握った(ア…×)。1221年，後鳥羽《ごとば》上皇は承久の乱を起こして鎌倉幕府を攻《せ》めるよう命じたが，敗北した(ウ…×)。1156年，天皇家・藤原氏・源氏・平氏を巻きこんで京都で保元の乱が起こり，後白河天皇に敗れた崇徳《すとく》上皇は島流しにされた(エ…×)。

**問４**　1889年に第１回衆議院議員選挙が行われたとき，選挙権は直接国税15円以上を納める25歳《さい》以上の男子のみに与えられた。その後，1900年には10円以上へと納税額の基準が引き下げられ，さらに1919年には原敬内閣によって納税額の基準が３円以上へと引き下げられた(ウ…○)。なお，1925年には普通選挙法が成立して納税額の制限がなくなったことで，25歳以上の男子全てが選挙権を持つようになった(ア…×)。また，太平洋戦争後の1945年に衆議院議員選挙法が改正されるまで，女性には選挙権が与えられなかった(イ，エ…×)。

**問５**　1871年，明治政府は江戸幕府が結んだ不平等条約の改正を目指し，そのための予備交渉《こうしょう》などを目的として，岩倉具視《ともみ》を団長とする使節団を欧米《おうべい》に派遣した。このとき，津田梅子は日本初の女子留学生として使節団に同行し，アメリカに留学した(ア…○)。なお，イの与謝野晶子は詩人・歌人，ウの平塚らいちょうとエの市川房枝《ふさえ》は女性解放運動家として活躍《かつやく》した人物である。

**問６**　鑑真は唐《とう》(中国)の高僧で，朝廷の招きに応じて日本にわたることを決意すると，遭難《そうなん》や失明といった苦難を乗り越《こ》え，753年に来日を果たした。鑑真は日本の僧に正式な戒律《かいりつ》(僧が守るべきいましめ)を授《さず》け，平城京に唐招提《とうしょうだい》寺を建てるなどして，日本の仏教発展に大きく貢献《こうけん》した。

**問７**　図３では「結婚《けっこん》式」が「理想の女性」のゴールとなっているほか，「おさいほう」「おりょうり」「縫《ぬ》いもの」といった，家事に必要な技能がその過程にふくまれている。これは当時，結婚して家で家事をする女性が理想だったという考え方の表れといえる。一方，現在は以前に比べ，社会における女性の役割や女性に対する価値観が多様化しており，社会に出て働くことのほかに，結婚しない，子どもをつくらないといったことを選択《せんたく》する女性も多くなっている。このように価値観が変化したため，図３のような絵双六《えすごろく》はつくられなくなったのだと考えられる。

**２　湿地《しっち》を題材とした地理の問題**

**問１**　**A**　ラムサール条約は正式には「特に水鳥の生息地として国際的に重要な湿地に関する条約」といい，1971年にイランのラムサールで採択《さいたく》された。条約に参加する国は，渡《わた》り鳥などの水鳥の生息地として重要な湿地を登録し，その保全をはからなければならない。　**B**　石狩《いしかり》川は，北海道の中央に位置する大雪山系の石狩岳を水源とし，上川盆地や石狩平野を流れて日本海に注ぐ。長さは信濃《しなの》川，利根《とね》川に次いで全国第３位，流域面積は利根川に次いで全国第２位である。

**問２**　グラフからは，釧路《くしろ》(北海道)が夏でも平均気温が20℃に届かないすずしい気候に属していることが，地図からは，釧路の沖合を寒流の親潮(千島海流)が流れていることがわかる。また，日本列島周辺では，夏に南東から湿《しめ》った季節風が吹《ふ》いてくる。この暖かく湿った季節風が寒流の親潮の上で冷やされるため，釧路は夏の気温が低く，霧《きり》が多く発生する。

**問３**　泥炭《でいたん》地が広がっていた石狩平野では，他の土地から土を運びこんで改良する客土という方法で土壌《どじょう》を改善した。これに加えて稲の品種改良を進めたことなどにより，石狩平野は日本有数の水田地帯へと成長した。

**問４**　下線部③の直前から，湿原の泥炭地が乾燥《かんそう》や火事によって失われると，大量の二酸化炭素が空気中に放出されることが読み取れる。二酸化炭素は，地球温暖化の原因となる温室効果ガスの１つであり，その排出《はいしゅつ》量削減《さくげん》が国際的な問題となっている。グラフからは，この百数十年で北海道の平均気温が上昇傾向《じょうしょうけいこう》にあることがわかる。気温が上昇すると土壌の乾燥が進み，泥炭地からの二酸化炭素の放出量も多くなると予想される。こうなった場合，地球温暖化がさらに加速してしまうため，早急に湿原を守る対策をとることが必要なのだといえる。

## 3 政治の仕組みや選挙などについての問題

**問１**　国会では予算や法律案など，さまざまな議案が審議《しんぎ》・議決されるが，予算のみ衆議院に先議権があり，必ず衆議院→参議院の順に審議が行われる(ウ…×)。なお，参議院の議員定数は248人(2024年２月現在，イ…○)，任期は６年で(ア…○)，３年ごとに定数の半数が改選される(エ…○)。

**問２**　日本国憲法第49条で「両議院の議員は，法律の定めるところにより，国庫から相当額の歳費を受ける」と定められており，国会議員には，「国会議員の歳費，旅費及《およ》び手当等に関する法律」という法律にもとづき，決まった額の給料が歳費として支給される(ウ…○)。なお，選挙権は国政選挙・地方選挙を問わず18歳で得られる(ア…×)。一方，立候補する権利である被選挙権は，衆議院議員が25歳，参議院議員が30歳で得られる(イ…×)。また，日本国憲法第68条の規定により，内閣総理大臣は国務大臣の過半数を国会議員の中から選ばなければならない(エ…×)。

**問３**　比例代表制は有権者が政党に投票する仕組みで，得票率に応じて各政党に議席が配分される。参議院の場合，政党は候補者名簿《めいぼ》に候補者の順位をつけず(非拘束《こうそく》名簿方式)，有権者は投票用紙に政党名か個人名のいずれかを記入して投票する。個人の得票もその所属政党の得票に数えられるが，個人の得票が多い候補者から順に当選となる。ただし，政党が優先的に当選させたい候補者をあらかじめ示しておく，「特定枠《わく》」という制度も導入されている。

**問４**　メモ④に，軍部を批判した議員が帝国議会で懲罰《ちょうばつ》を受けたとある。戦前は陸軍や海軍の発言力が強く，陸軍大臣や海軍大臣が帝国議会だけでなく，内閣の他の大臣らと対立することもあった。このように内閣や大臣の影響《えいきょう》力が強かった場合，政府にとって不都合な発言を行った議員が懲罰の対象となり，排除されてしまうおそれがある。こうしたことが起こらないよう，日本国憲法では「全国民を代表する選挙された議員」に懲罰の権限を与えているのだと考えられる。

## 4 共通する性格の言葉についての問題

**問１**　アの江華島《こうかとう》事件は明治時代の1875年に起こった出来事だが，イの二・二六事件は1936年，ウの柳条湖《りゅうじょうこ》事件は1931年，エの盧溝橋《ろこうきょう》事件は1937年に起こった出来事で，いずれも昭和時代にあたる。また，アは現在の韓国，ウとエは現在の中国と，いずれも国外で起こった出来事だが，イは日本国内で起こった出来事である。

**問２**　アの清水《きよみず》(京都府)，イの西陣《にしじん》(京都府)，ウの信楽《しがらき》(滋賀県)はいずれも近畿地方(関西圏《けん》)にあるが，エの有田(佐賀県)は九州地方にある。また，ア，ウ，エは焼き物の産地として知られている一方，イは織物の産地として知られている。

**5 現代の社会についての問題**

**問１**　パレスティナの人々とイスラエルは歴史的に長く対立を続けており，武力衝突《しょうとつ》もたびたび起こっている。ガザ地区は地中海沿岸にある，イスラエルのパレスティナ自治区で，ここを実効支配しているイスラム組織ハマスはイスラエルの存在を認めていない。2023年10月にはハマスとイスラエルの間で大規模な武力衝突が起こり，その後も戦闘《せんとう》が続いている。

**問２**　2023年４月，子ども政策のリーダーとしての役割を果たす省庁として，こども家庭庁が創設された。こども家庭庁は子どもの支援だけでなく，子育て支援や少子化対策なども担当している。

**6 明治神宮外苑《じんぐうがいえん》の再開発を題材にした総合問題**

**問１**　1873年，明治政府は近代的な軍隊の創設を目指し，身分の区別なく20歳以上の男子に３年間の兵役を義務づけることを定めた徴兵《ちょうへい》令を公布した。当初は免除規定が多く，実際に兵役についた者は少なかったが，徐々に規定は制限され，兵役につく者が増えていった。

**問２**　1923年９月１日，関東地方南部を巨大地震が襲《おそ》った。ちょうど昼食どきで火を使っていた家庭が多かったこと，当時は木造家屋が多かったことなどから各地で火事が発生し，被害が拡大した。この地震による一連の災害を，関東大震災という(エ…○)。なお，アの日比谷焼き討ち事件は1905年，イの東京大空襲は1945年，ウの戊辰《ぼしん》戦争は1868～69年の出来事。

**問３**　大規模な開発を行うさい，それが環境《かんきょう》に与える影響を業者に事前に調査，予測，評価させ，計画が適切かどうか，どのような修正点があるかなどをふくめて結果を公表させる制度を，環境アセスメント(影響評価)制度という。1997年には環境アセスメントについて法制化した「環境影響評価法(環境アセスメント法)」が制定され，1999年に施行された。

**問４**　直後に「経済的な良い点」とある。「国際的な大きな試合」が行われることで得られる経済効果として，海外から多くの観光客が来ることや，その人たちが買い物をすることで経済が活性化することなどが考えられる。

**問５**　お母さんは明治神宮外苑の再開発における問題点について，「大規模な工事をするのに，計画の経緯や内容などが工事に着手する直前まであまり明らかにされてこなかった点」と，「住民参加の手続きがとられていない中で，都知事がこの事業を認可した点」を挙げている。

**問６**　(1)　地方都市の開発について述べた文では，地方には「それぞれの特徴を持った都市や町が存在していた」のに，開発が進んだ結果，どこの地方に行っても同じような景色を見るようになったといったことが書かれている。また，下線部⑥の直前のお父さんの発言からは，お父さんが「文化や歴史，社会が色濃《こ》く反映」された場所を重要だと思っていることが読み取れる。これらのことから，お父さんは，明治神宮外苑が高層ビルが立ち並ぶような場所になり，他の場所と似たような景観になってしまったら，文化や歴史を背景とした東京の特徴が薄《うす》れたりなくなったりして，魅《み》力《りょく》が低下することを心配しているのだと考えられる。　(2)　本文の内容を参考にして賛成，反対どちらの立場にするかを決め，その根拠《こんきょ》を述べればよい。賛成の場合は森村さんが挙げた経済効果などが，反対の場合はお父さんが最後に挙げた意見などが根拠として使えるだろう。

## 理　科　＜第１回試験＞（40分）＜満点：75点＞

### 解　答

**1**　**問１**　⑴　春　⑵　秋　⑶　冬　⑷　夏　**問２**　⑴　エ　⑵　イ　⑶　ア　⑷　ウ　**問３**　⑴　イ　⑵　ウ　**問４**　（例）　地点Ｂよりも標高が高い地点Ａは，地点Ｂとくらべて気温が上がりにくく，サクラの開花も遅れるから。　**問５**　（例）　低温処理する時間が長いほど開花しやすくなる。　**2**　**問１**　⑴　4 cm　⑵　6 cm　⑶　90 g　⑷　ア　**問２**　⑴　2 cm　⑵　イ　**問３**　⑴　0.5cm　⑵　解説の図を参照のこと。　**3**　**問１**　**酸素**…イ，オ　**二酸化炭素**…ア，カ　**水素**…ア，エ　**問２**　**酸素**…イ　**二酸化炭素**…イ　**水素**…ア　**問３**　**酸素**…カ　**二酸化炭素**…ア　**水素**…イ　**問４**　オ→ウ→ア→イ→カ→エ　**問５**　ウ，エ　**問６**　（例）　アンモニアが石けん水にとけてしまったから。　**4**　**問１**　（例）　月は自ら光らない。　**問２**　⑴　**星の名前**…ベガ　**星座**…こと座　⑵　**星の名前**…アルタイル　**星座**…わし座　⑶　**星の名前**…デネブ　**色**…白　**問３**　イ，ウ，カ　**問４**　⑴　オ　⑵　イ　⑶　オ　⑷　オ

### 解　説

**1**　**サクラの開花についての問題**

**問１**　⑴　ツバメは日本より南の地域で冬をすごし，春に日本へきて巣作りをする。　⑵　オオカマキリはふつう秋に産卵し，卵のすがたで冬越《こ》しをする。　⑶　北海道などで見られるハクチョウは秋ごろにシベリアなどから日本へきて，冬を日本ですごす。　⑷　ツルレイシはニガウリやゴーヤともよばれ，夏に緑色の大きな実をつける。

**問２**　⑴　サクラ（ソメイヨシノ）の花びらは５枚で，おしべの本数は20本以上と多い。　⑵　アサガオの花びらは５枚で，おしべは５本ある。なお，アサガオはそれぞれの花びらがくっついていて，このような花びらのつくりの花を合弁花という。　⑶　アブラナの花びらは４枚で，おしべは６本ある。　⑷　エンドウの花びらは５枚で，おしべは10本あるが，９本は束《たば》になっていて，１本だけが離《はな》れている。

**問３**　花が咲《さ》く前のソメイヨシノの枝には花になる花芽と葉になる葉芽がある。花芽（Ｑ）は葉芽（Ｐ）よりも丸みをおびており，これらの芽はふつう前年の夏ごろにできる。また，ソメイヨシノは花が咲いた後に葉が出てくる。

**問４**　緯度《いど》が同じでも，地点Ａは地点Ｂよりも標高が高いため気温は上がりにくいと考えられる。サクラの開花は気温に大きく影響《えいきょう》を受けるから，地点Ｂとくらべて気温が上がりにくい地点Ａは，サクラの開花が地点Ｂよりも遅《おそ》くなると推測できる。

**問５**　表より，低温処理した時間が長くなるにつれて植物Ｒの開花率も上昇《じょうしょう》しているので，植物Ｒは低温処理する時間が長いほど開花しやすくなると考えられる。ほかにも，低温処理する時間が長いほど開花するまでの日数が短くなっていることを説明してもよい。

**2**　**さおばかりについての問題**

**問１**　⑴　Ｂ点から40 gのおもりをつるしたところまでの長さを□cmとすると，20×８＝40×□より，□＝160÷40＝４（cm）となる。　⑵　Ｂ点からおもりをつるしたところまでの長さを□

cmとすると，(20＋10)×８＝40×□より，□＝240÷40＝６(cm)と求められる。 (3) 40ｇのおもりをつるす位置は，Ｂ点から，30－８＝22(cm)離れたＣ点が最も遠い。よって，このさおばかりではかることができる最大の重さを□ｇとすると，(20＋□)×８＝40×22より，□＝880÷８－20＝90(ｇ)とわかる。 (4) (2)と同じように，皿に20ｇ，30ｇの分銅を入れて水平になったとき，おもりのＢ点からの長さをそれぞれ求めると，(20＋20)×８÷40＝８(cm)，(20＋30)×８÷40＝10(cm)となる。よって，さおばかりの目盛りはＢ点から右へ，10ｇごとに２cmの間隔《かんかく》で書かれている。

**問２** (1) 皿に何ものせていない状態でさおが水平につりあうとき，Ｂ点からおもりをつるした位置までの長さを□cmとすると，20×４＝40×□より，□＝80÷40＝２(cm)となる。したがって，このさおばかりの０ｇの目盛りはＢ点から右へ２cmのところになる。 (2) 問１の(2)と同じように，皿に10ｇ，20ｇ，30ｇの分銅を入れて水平になったとき，おもりのＢ点からの長さをそれぞれ求めると，(20＋10)×４÷40＝３(cm)，(20＋20)×４÷40＝４(cm)，(20＋30)×４÷40＝５(cm)となる。よって，このさおばかりの目盛りの間隔は，10ｇあたり１cmになると考えられるので，間隔はどこも同じだが，問１よりもせまくなるとわかる。

**問３** (1) さおの重さがかかるのはＢ点から右へ，30÷２－８＝７(cm)のところだから，皿に何ものせていない状態でさおが水平につりあうとき，Ｂ点からおもりをつるした位置までの長さを□cmとすると，20×８＝20×７＋40×□より，□＝0.5(cm)と求められる。したがって，このさおばかりの０ｇの目盛りはＢ点から右へ0.5cmのところにある。 (2) 問１の(4)より，AB間が８cmのさおばかりの目盛りは２cm間隔であり，これは，さおの重さを考える場合も変わらない。よって，(1)で求めた０ｇの目盛りの位置から２cm間隔で目盛りを書くと，右の図のようになる。

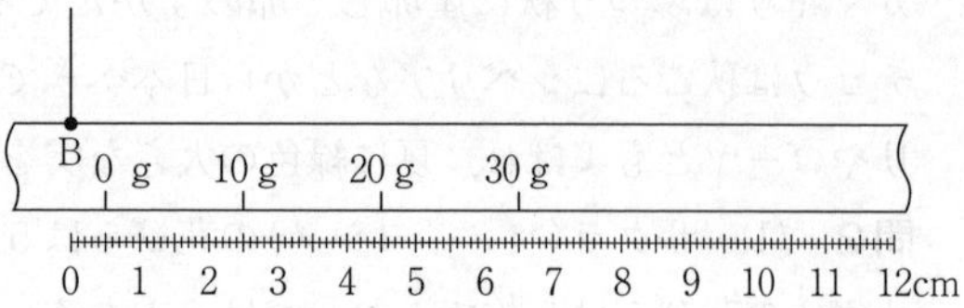


## 3 気体の性質についての問題

**問１** 酸素は過酸化水素水に二酸化マンガンを，二酸化炭素は塩酸に石灰石を，水素は塩酸に鉄などを加えると発生する。なお，二酸化マンガンは過酸化水素が分解されて酸素と水になるのを助けるだけで，二酸化マンガン自体は変化しない。

**問２** 同じ体積で重さをくらべると，酸素は空気の約1.1倍，二酸化炭素は空気の約1.5倍，水素は空気の約0.07倍の重さなので，空気より重い酸素や二酸化炭素が入ったシャボン玉は下に落ち，空気より軽い水素が入ったシャボン玉は上にうき上がると予想できる。

**問３** アは二酸化炭素，イは水素，ウはちっ素，エは硫《りゅう》化《か》水素，オは一酸化炭素，カは酸素の説明である。

**問４** ガスバーナーはオ→ウ→ア→イ→カ→エの順番に操作をして炎《ほのお》をつけ，消すときはその逆の順番に操作する。なお，ガスバーナーの炎は完全燃焼をしているときは青色に，空気(酸素)が足りず不完全燃焼をしているときはオレンジ色になる。

**問５** BTB液は酸性で黄色，中性で緑色，アルカリ性で青色になる。また，青色リトマス紙に酸性の液体をつけると赤色に，赤色リトマス紙にアルカリ性の液体をつけると青色に変化する。アンモニア水はアルカリ性の液体なので，ここではウとエが選べる。

**問６**　アンモニアは水にとけやすい性質をもつため，シャボン玉を作ろうとして石けん水に吹《ふ》き込《こ》んでも，アンモニアが石けん水にとけてしまうのでシャボン玉はできないと考えられる。

## 4　天体についての問題

**問１**　星座を作る星は太陽と同じように自ら光を発しているが，月は自ら光らず，太陽の光を反射して光って見える。なお，太陽のように自ら光る星を恒星《こうせい》とよぶ。

**問２**　こと座のベガ，わし座のアルタイル，はくちょう座のデネブを結んでできる三角形を夏の大三角といい，これらのうち七夕物語のおりひめにあたる星はベガ，ひこぼしにあたる星はアルタイルである。また，はくちょう座の１等星はデネブで，白色に見える。

**問３**　アについて，リゲルは青白く見えるオリオン座の１等星であり，夏には見ることができない。イについて，アンタレスはさそり座の１等星で，夏の南の空に赤く見える。ウについて，オリオン座のベテルギウス，こいぬ座のプロキオン，おおいぬ座のシリウスを結んでできる三角形を冬の大三角という。エについて，夜空の星は北極星を中心に反時計回りに回っているように見える。オについて，星は明るく見えるほど等級が小さくなるので，３等星は２等星よりも暗く見える。カについて，北斗《ほくと》七星をふくむおおぐま座は北の空に見える星座で，１年中見ることができる。

**問４**　⑴　地球と太陽の距離《きょり》は１億5000万kmなので，半径が，１億5000万km＝15000万km，中心の角度が0.5度として弧《こ》の長さを計算すると，$2\times15000$万$\times3.14\times\frac{0.5}{360}=130.83\cdots$万(km)より，約130.8万kmとなる。　⑵　月の直径が3500kmのとき，地球と月の距離を□kmとして，⑴と同様に考えると，$2\times□\times3.14\times\frac{0.5}{360}=3500$より，$□=3500\div\frac{1}{360}\div3.14=401273.8\cdots$(km)となるので，地球と月の距離はおよそ，40.1万kmとわかる。　⑶　⑴と⑵より，地球と太陽の距離が15000万km，地球と月の距離が約40.1万kmなので，地球と太陽の距離は地球と月の距離のおよそ，15000万÷40.1万＝374.0…(倍)と求められるので，オの約373倍を選ぶ。　⑷　⑴と⑵より，太陽の直径は約130.8万km，月の直径は，3500km＝0.35万kmとわかるから，太陽の直径は月の直径のおよそ，130.8万÷0.35万＝373.7…(倍)といえるので，オの約373倍が選べる。

## 国　語　＜第１回試験＞（50分）＜満点：100点＞

**解　答**

一　**問１**　エ　**問２**　イ　**問３**　エ，オ　**問４**　**A**　ア　**B**　オ　**C**　エ　**問５**　⑴　イ　⑵　イ　**問６**　(例)　イネの根をたくましく育てて，秋に垂れ下がる重いお米を支えられるような，強いからだをつくるため。　**問７**　①　発芽しない～っていたり　②　いっせいに成熟した穂を刈り取る　**問８**　(例)　成長に適したものと適していないものとを選別する　**問９**　ウ，オ　二　**問１**　ア　**問２**　これからの日本女性たちの生き方　**問３**　**Ⅰ**　エ　**Ⅱ**　イ　**問４**　ウ　**問５**　(例)　男性に頼ることなく自分の力で人生を切り開いていくという道先生の考えを聞き，自分がこれまで教わってきた価値観とは全く異なる生き方があることを知って驚いている。　**問６**　ア　**問７**　ウ　**問８**　⑴　**津田梅子**…ア　**河井道**…エ　⑵　①　エ　②　ア　三　①～⑧　下記を参照のこと。　⑨　ぞうしょ　⑩　むぞうさ　⑪　じゃっかん　⑫　かいろ

●漢字の書き取り

一　①　衛星　②　器官　③　縦断　④　検討　⑤　映(す)　⑥　寒暖
⑦　供(える)　⑧　憲法

## 解　説

一　**出典：田《た》中《なか》 修《おさむ》『植物のひみつ―身近なみどりの“すごい”能力』**。イネのふしぎやひみつについて，成長から収穫《しゅうかく》までの過程を追いながら述べられている。

**問１**　イネが水の中で育てられることによる恩恵《おんけい》のうち「四つ目のものすごい“ひみつ”の恩恵」として「連作障害」についての説明があるが，その中で「水が流《なが》れ込《こ》んで出ていくことで，病原《びょうげん》菌《きん》や排泄物《はいせつぶつ》が流し出され」ると述べられている。水田の中に豊富に水がためられているおかげで病原菌や害虫による被害《ひがい》を受けにくいわけではないので，エは正しくない。なお，ぼう線①の次の段落にイ，さらに次の段落にア，第六段落にウの内容が，「恩恵」の内容として説明されている。また，その後に「四つ目」の恩恵の説明の中で，「連作障害の原因は，水田で栽培《さいばい》されることで除去され」ると書かれているので，オも正しい。

**問２**　空らんⅠの前では，日当たりのよい場所を区切り，水やりをする区画としない区画とを比べる実験について述べられている。空らんⅠの後には，その実験の結果，雑草にも成長のために水が必要だとわかったとある。よって，水やりした区画の雑草の成長はよくなるという内容になるイがよい。

**問３**　二段落前からの内容に，イネはレンコンと同様に，根の中に地上の葉から空気が送られる隙《すき》間《ま》をつくる能力を持っているとある。水田でイネを育てるとその能力が生かされるのだから，エは合う。また，畑で育てると空気を取り入れる必要がないため，大きな隙間はできないのだから，オもよい。

**問４**　**A**　前には，水田で育てると，地上の葉から空気を取り入れる隙間を根の中につくるというイネのすぐれた能力について書かれている。後には，水が満ちている水田でイネを育てると困ることもあると続く。前後でイネの良い点，悪い点について書かれているので，前のことがらを受けて，それに反する内容を述べるときに用いる「しかし」が合う。　**B**　田植えの後，水をいっぱい与《あた》えるとイネの根は貧弱《ひんじゃく》になり，そのままだと重い穂《ほ》を支えられずに倒《たお》れてしまうと前にある。後には，根を強くたくましくするため，イネには試練を課すと続く。よって，前のことがらを受けて，そこから導かれることがらに移るときに用いる「そこで」が入る。　**C**　前には，水田の水を抜《ぬ》くことでイネは根を張った強いからだになり，土壌《どじょう》がひび割れてできた隙間から根に酸素が与えられ，根が活発に伸《の》びると書かれている。後には，イネは秋の実りを迎《むか》えると続く。よって，前の内容を受けて後の内容につなげるときに使う「こうして」がよい。

**問５**　⑴　植物にとって不可欠な水が不足するという厳しい環境《かんきょう》のもとで，水を求めて根を張りめぐらせるイネのたくましさを「ハングリー精神」と表現しているので，イが合う。　⑵「ハングリー精神」は，厳しい現状をはね返して上を目ざそうとする向上心といえる。貧しい家に生まれ，さらには左手にハンディキャップを負ったという苦しい境遇《きょうぐう》にありながら，努力して偉大《いだい》な業績を残したというイが選べる。

**問６**　二段落前から直前までの内容をまとめる。直前の文にあるイネの「試練」は，田んぼから水を抜くことにあたる。水田から水を抜くのは，イネのハングリー精神を刺激《しげき》して「イネの根を強くたくましく」育て，秋に「垂れ下がるほどの重い穂」を支えられるような，強いからだをつくるためである。

**問７**　①　最後から三番目の段落に，直播《じかま》きでは「発芽しないタネがあったり，極端《きょくたん》に成長が遅《おく》れる苗《なえ》などが混じっていたり」すると書かれている。　②　同じように成長した苗を選んで植え，イネの成長をそろえれば，「いっせいに成熟した穂を刈《か》り取《と》る」ことができると，最後の段落に書かれている。

**問８**　「最初の工夫《くふう》」は，栄養の詰《つ》まったタネとそうでないタネとの選別，「二つ目の工夫」は，苗《なわ》代《しろ》で元気に成長した苗と成長が遅れた苗との選別である。どちらの工夫も，成長に適したものと適していないものとを選別するという点で共通しているといえる。

**問９**　本文の前半で，イネのひみつについて「一つ目は」「二つ目は」と項目《こうもく》立てて説明していること，「イネに試練が課せられ」「強いからだになる」など，イネを人間にたとえた表現が用いられていることから，ウは合う。また，イネについて順序立てて説明されており，「中干し」や「田植え」などの人間が工夫してきた栽培法についてもあわせて説明されているので，オもよい。なお，最後に書かれているのは，イネの成長をそろえることの大切さであり，イネが暮らしに与えた影《えい》響《きょう》ではないので，アは合わない。文章の前半と後半は対比された内容になっていないこと，イネと対照的な生態を持つほかの植物との対比はされていないことから，イとエも正しくない。

二　**出典：柚木麻子《ゆずきあさこ》『らんたん』**。女子英学塾《えいがくじゅく》に入学したゆりは，醜《みにく》いと思っていた自分のくせ毛を素敵《すてき》だとほめ，男性に頼《たよ》らない生き方を教えてくれた道《みち》先生と出会う。

**問１**　続く祖母の言葉と，ゆりの髪《かみ》についての説明から読み取る。ゆりの髪が生まれつき細かく波打っていることを悲観し，一人でも生きていける手段として，英語教師の免状《めんじょう》を必ずもらうようにと祖母はさとしているので，アが合う。

**問２**　二重線Ⅰの後に，入学式での「ミス・ツダ」の言葉が引用されている。当時はめずらしかった「学問をする女性」は一挙一動が注目の的だが，文句をつけられないように振《ふ》る舞《ま》えば，「これからの日本女性たちの生き方が拓《ひら》ける」未来につながると「ミス・ツダ」は考えていたのである。

**問３**　Ⅰ　「気が回らない」は，“細かいところまで気配りが行き届かない”という意味。　Ⅱ　「とっつきやすい」は，親しみやすいさま。理解しやすいようす。

**問４**　「まじまじ」は，じっと見つめるようす。母や祖母にもなげかれ，自分でも負い目に感じていたくせ毛を道先生に「素敵」だとほめられ，信じられない気持ちでいることが前後からわかる。

**問５**　「そんな生き方」とは，「結婚《けっこん》も恋愛《れんあい》もするつもりはない」と口にした道先生の，男性に頼らずに自分の力で生きていこうとする生き方を指す。くせ毛では結婚できないかもしれないと言われてきたゆりは，男性から選ばれて結婚することが女性の生き方だという考え方に染まっていたため，そのような生き方や考え方があるのだと知って驚《おどろ》いている。「目を丸くする」は，驚くようすを表す。これらをふまえ，「男性に頼ることなく自分の力で人生を切り開いていくという道先生の考えを聞き，自分がこれまで教わってきた価値観とは全く異なる生き方があることを知って驚いている」，「男性から選ばれて結婚することだけが女性の生き方だと考えるゆりには，男性に頼らずとも自分の力で生きていこうとする道先生の考え方が信じられずに驚いている」のようにまとめる。

**問６**　「この姿を一番見られたくない相手」とは，「全生徒の憧《あこが》れの的」だった河井《かわい》道先生を指す。自分のくせ毛を醜いと思いこみ，かくしてきたゆりは，憧れの先生に恥《は》ずかしい秘密を知られてしまったことに動揺《どうよう》している。「厳しいと評判」だったのは「ミス・ツダ」で，道先生ではないので，アが選べる。

**問７**　道先生の自室に向かうゆりは「廊下《ろうか》の電気ランプ」の灯《あか》りを頼りにしている。また，道先生に女性と男性は平等だと教わり，醜いと思っていた自分のくせ毛の美しさに気づかされた後，「廊下のランプ」はより優《やさ》しくゆりを照らしているのだから，「ランプ」はゆりの道しるべともなる道先生をたとえていると考えられる。よって，ウがよい。

**問８**　⑴　津田梅子《つだうめこ》は，「清楚《せいそ》な風貌《ふうぼう》で黒髪をきりりとまとめ，ふくよかな身体《からだ》にきっちり着付けた袴姿《はかますがた》」とあるので，アがよい。河井道は，「ブローチかネックレス」をつけ，「がっしりとした体つき」の日本人なので，エが選べる。　⑵　①　入学式での津田梅子は「文句がつけられないように振る舞」うようにと注意したのだから，完璧《かんぺき》な女性を目指すようにという内容のエがよい。②　道先生は，男性の顔色を気にしてビクビクし，自尊心をなくすのはよくないとゆりに語ったのだから，「自分らしさを大切にせよ」というアが合う。この考え方は，「他人からの評価」や「常識」は常に意識すべきだとした津田梅子の考え方とは対照的といえる。

## 三　漢字の読みと書き取り

①　惑星《わくせい》のまわりを回る天体。　②　生物の体の中で，ある決まったはたらきをする部分。　③　南北の方向に通りぬけること。　④　よく調べて考えること。　⑤　音読みは「エイ」で，「映写」などの熟語がある。訓読みにはほかに「は(える)」がある。　⑥　寒さと暖かさ。　⑦　音読みは「キョウ」で，「供給」などの熟語がある。訓読みにはほかに「とも」がある。　⑧　国の組織や構成などについて定めた，国のおおもととなるきまり。　⑨　所蔵している書物。　⑩　手軽なようす。　⑪　いくつか。多少。　⑫　船が通る海上の道。「待てば海路の日和《ひより》あり」は，“待っていればそのうち良いこともある”という意味のことわざ。

## Dr.福井の
# 入試に勝つ！脳とからだのウルトラ科学

### 睡眠時間や休み時間も勉強!?

みんなは寝不足になっていないかな？　もしそうなら大変だ。睡眠時間が少ないと，体にも悪いし，脳にも悪い。なぜなら，眠っている間に，脳は海馬《かいば》という部分に記憶をくっつけているんだから。つまり，自分が眠っている間も頭は勉強しているわけだ。それに，成長ホルモン（体内に出される背をのばす薬みたいなもの）も眠っている間に出されている。昔から言われている「寝る子は育つ」は，医学的にも正しいことなんだ。

寝不足だと，勉強の成果も上がらないし，体も大きくなりにくく，いいことがない。だから，睡眠時間はちゃんと確保するように心がけよう。ただし，だからといって寝すぎるのもダメ。アメリカの学者タウブによると，10時間以上も眠ると，逆に能力や集中力がダウンしたという研究報告があるんだ。

睡眠時間と同じくらい大切なのが，休み時間だ。適度に休憩するのが勉強をはかどらせるコツといえる。何時間もぶっ続けで勉強するよりも，50分勉強して10分休むことをくり返すようにしたほうがよい。休み時間は，散歩や体操などをして体を動かそう。かたまった体をほぐして，つかれた脳を休ませるためだ。マンガを読んだりテレビを見たりするのは，頭を休めたことにならないから要注意！

頭の疲れに関連して，勉強の順序にもふれておこう。算数の応用問題や理科の計算問題，国語の読解問題などを勉強するときには，脳のおもに前頭葉という部分を使う。それに対して，国語の知識問題（漢字や語句など）や社会などの勉強では，おもに海馬《かいば》という部分を使う。したがって，それらを交互に勉強すると，１日中勉強しても疲れにくい。

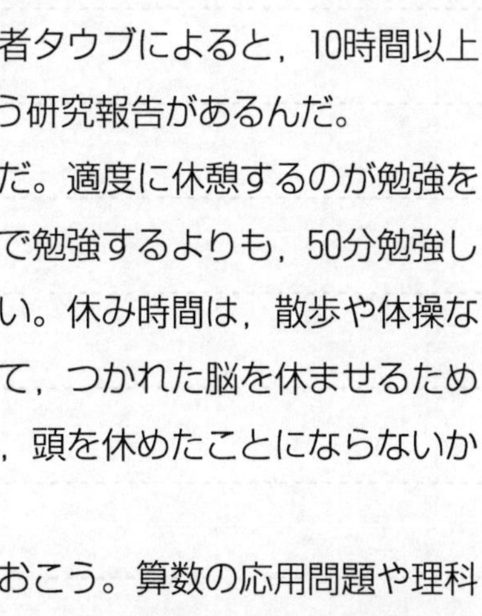


Dr.福井（福井《ふくい》一成《かずしげ》）…医学博士。開成中・高から東大・文Ⅱに入学後，再受験して翌年東大・理Ⅲに合格。同大医学部卒。さまざまな勉強法や脳科学に関する著書多数。

# Memo

# 2023年度 森村学園中等部

**【算　数】**〈第１回試験〉（50分）〈満点：100点〉

（注意）1　[1][2][3](1)(2)[4][5][6](1)の解答らんには，答のみ記入してください。[3](3)[6](2)(3)の解答らんには，答のみでもよいです。ただし，答を出すまでの計算や図，考え方がかいてあれば，部分点をつけることがあります。

2　円周率は3.14とします。

## [1]　次の計算をしなさい。

（１）　$50 - 5 \times 3 - (51 - 6) \div 5$

（２）　$0.125 \times 3 + 0.375 + 0.625 \times \frac{3}{5} + 0.875 \div 2\frac{1}{3}$

（３）　$2\frac{1}{7} \div 2 \times \left\{4\frac{2}{3} - \left(0.625 + \frac{1}{6}\right) \times 2\frac{10}{19}\right\}$

## [2]　次の問に答えなさい。

（１）　原価８００円の商品に４割の利益を見込《みこ》んで定価をつけ、定価の２５％引きで売りました。このときの利益はいくらですか。

（２）　森村君は片道１５km のランニングコースを往復しました。行きは時速１２km で走り、帰りは行きとは違《ちが》う速さで走ったところ、帰りは行きよりも１５分長くかかりました。帰りの速さは時速何 km ですか。

（３）　ある連続する４つの偶数《ぐうすう》の和は１４０です。この４つの偶数のうち、最も大きい数はいくつですか。

（４）　１５％の食塩水Ａと８％の食塩水Ｂを混《ま》ぜたところ、１０％の食塩水が１０５０g できました。１５％の食塩水Ａを何 g 混ぜましたか。

（５）　１００円玉と５００円玉が合わせて８７枚あり、１００円玉と５００円玉それぞれの合計金額の比は５：４です。１００円玉は全部で何枚ありますか。

**3**　次のように、２でも３でも割り切れない整数を小さい順に並べた数の列を考え、左から順に１番目の数、２番目の数、３番目の数、……と呼ぶことにします。

**1, 5, 7, 11, 13, 17, 19, 23, ……**

このとき、次の問に答えなさい。

（１）　１５番目の数を６で割ったときの余りはいくつですか。

（２）　５０番目の数はいくつですか。

（３）　１番目の数から51番目の数までの和はいくつですか。

**4** 普通《ふつう》列車はＡ駅を出発し、Ｂ駅で停車し、その後Ｃ駅へ向かいます。急行列車はＣ駅を出発し、Ｂ駅を通過し、Ａ駅へ向かいます。急行列車は時速７２kmで走り、普通列車はどの区間も一定の速度で走ります。下のグラフは、普通列車がＡ駅を出発してからＣ駅に着くまでの時間と、普通列車と急行列車それぞれのＡ駅からの距離《きょり》との関係を表したものです。

このとき、次の問に答えなさい。

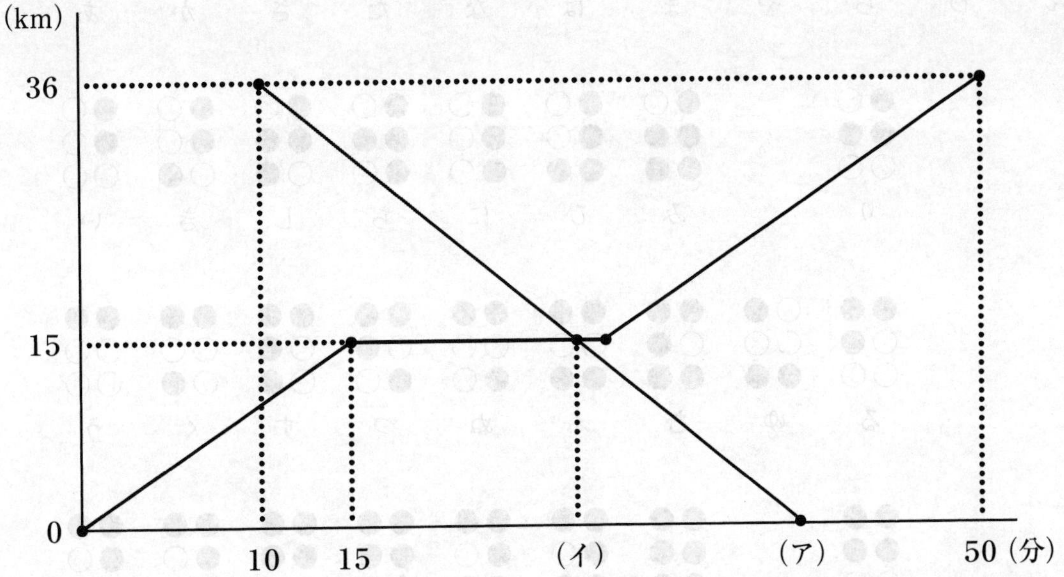


（１） グラフの （ア） にあてはまる数はいくつですか。

（２） グラフの （イ）にあてはまる数はいくつですか。

（３） 普通列車がＢ駅を出発したとき、急行列車はＢ駅から何 km 離《はな》れていましたか。

**5** 点字とは、指で触《さわ》って読むことのできる文字のことで、盛り上がった点と盛り上がっていない点の組み合わせでできています。下の表では、盛り上がった点の場所を黒く塗《ぬ》り、盛り上がっていない点は黒く塗らずに表しています。

【表】

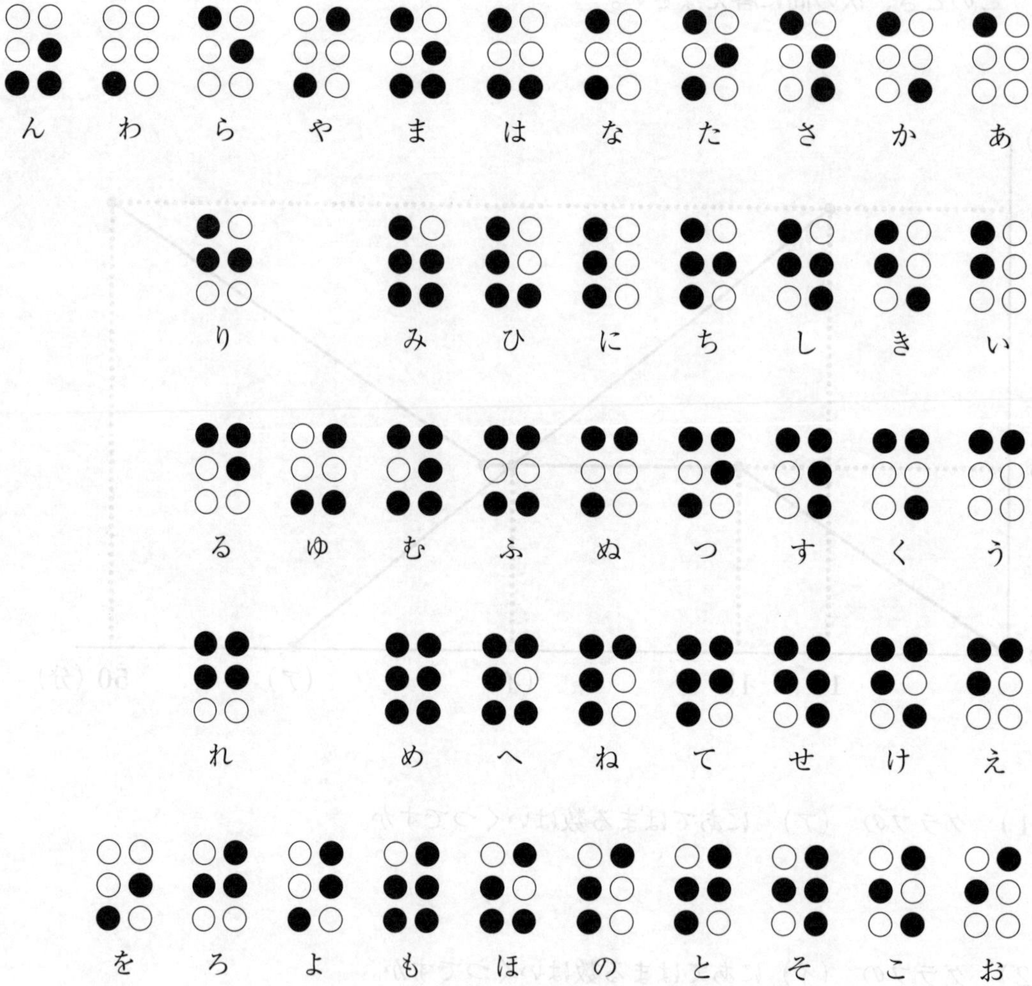

それぞれのひらがなを、下のルールに従って整数に変換《へんかん》します。表にあるひらがな４６個のみを考え、表にないひらがなは考えないものとします。

［ルール］

・図１のように６つの点それぞれに、１から６の数字を対応させます。

・１から３までで黒く塗《ぬ》られた点に対応する数字を足した数を、図２のＡに書きます。もし黒く塗られた点がなければ０を、１つしかなければその数をＡに書きます。

・次に、１から６までで黒く塗られた点に対応する数字を足した数を、図２のＢに書きます。１つしかなければその数をＢに書きます。

・書かれた数字は２けた、あるいは３けたの整数で表されます。

例えば、「か」は７１、「め」は２１６、「わ」は５０で表されます。なお、表のひらがなは、「や」「ゆ」「よ」「わ」「を」「ん」を除《のぞ》いて規則的に表されています。

【図１】

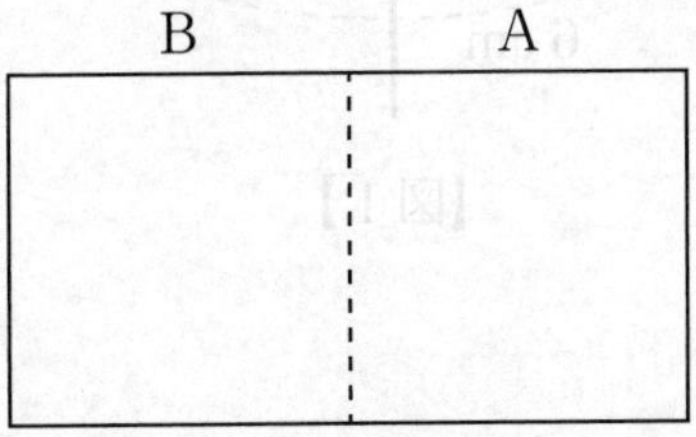

【図２】

このとき、次の問に答えなさい。

（１）「お」「こ」「そ」をルールに従って変換した整数は、それぞれいくつですか。

（２）ルールに従って変換した９４と１５４が表すひらがなをそれぞれ答えなさい。
また、ルールに従って変換した整数で、１の位が２である整数は全部でいくつありますか。

（３）ルールによって変換した整数のうち、奇数《きすう》は全部でいくつありますか。
また、これらの奇数をすべて足すといくつになりますか。

**6** 直角二等辺三角形を、直線 $\ell$ を軸《じく》として１回転させてできる立体の体積を考えます。

なお、円すいの体積は、$\dfrac{1}{3}$×（底面積）×（高さ）で求めることができます。

このとき、次の問に答えなさい。

（１）【図１】の斜線《しゃせん》で塗《ぬ》られた直角二等辺三角形を、直線 $\ell$ を軸として１回転させてできる立体の体積は何 $cm^3$ ですか。

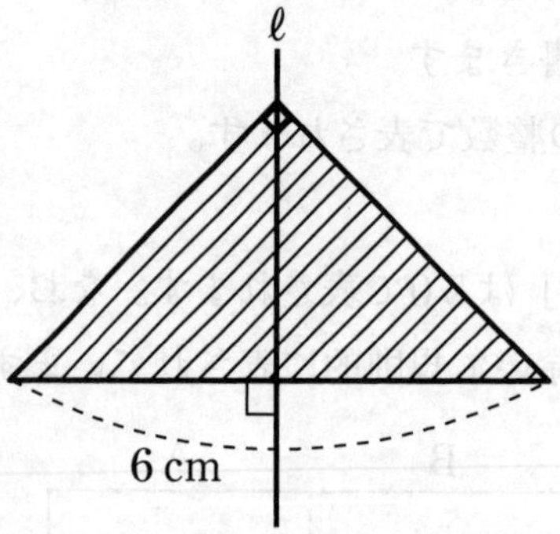


【図１】

（２）【図２】の斜線で塗られた直角二等辺三角形を、直線 $\ell$ を軸として１回転させてできる立体の体積は何 $cm^3$ ですか。

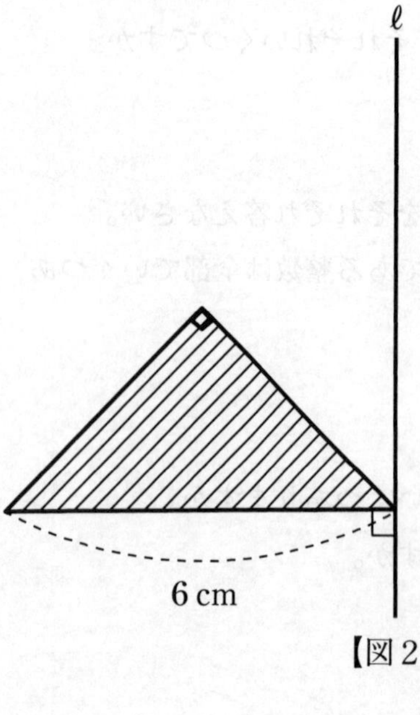


【図２】

（3）【図3】において、3点A，B，Cは一直線上に並んでいます。【図3】の斜線で塗られた直角二等辺三角形を、直線$\ell$を軸として1回転させてできる立体の体積は何$cm^3$ですか。

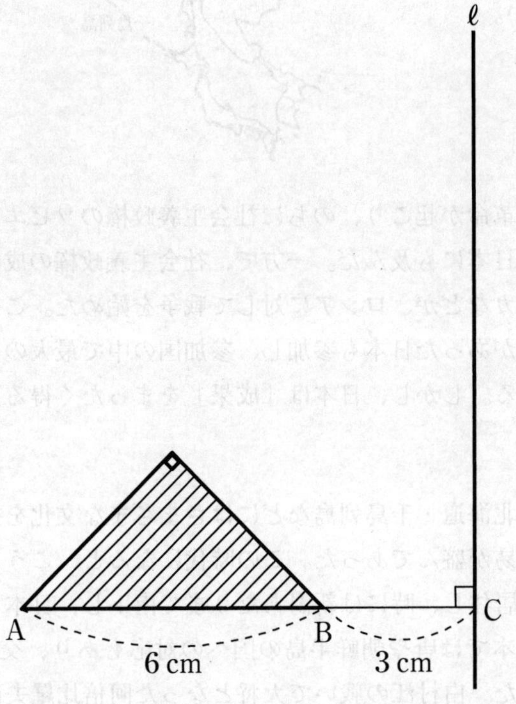


【図3】

**【社　会】〈第１回試験〉（40分）〈満点：75点〉**

（注意）解答は特に指定のないかぎり，漢字・ひらがなのどちらでもかまいません。

**1**　**以下の①から⑤の文は、樺太（サハリン）や千島列島などオホーツク海周辺についての歴史です。文を読み、各問いに答えなさい。**

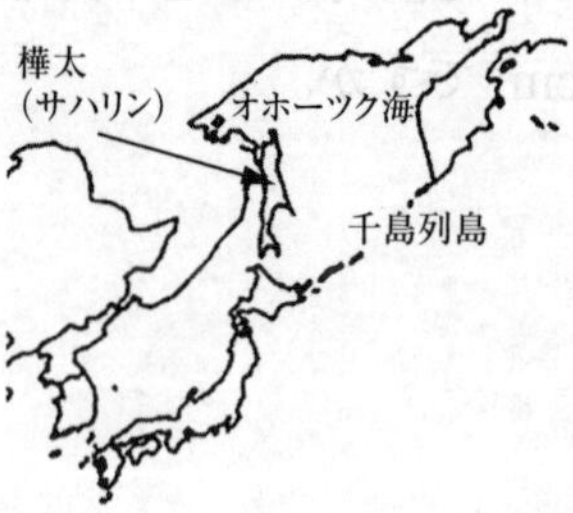


①　第一次世界大戦中にロシアにおいて革命が起こり、のちに社会主義政権のソビエト連邦が成立した。社会主義革命の影響は日本にも及んだ。一方で、社会主義政権の成立に反対するイギリス・フランス・アメリカなどが、ロシアに対して戦争を始めた。この戦争には、北東アジアへの領土的な野心があった日本も参加し、参加国の中で最大の兵力を派遣《はけん》した。これがシベリア出兵である。しかし、日本は「成果」をまったく得ることができずに、撤退《てったい》した。

②　古くからオホーツク海周辺の樺太・北海道・千島列島などにはさまざまな文化を持った人々が居住《きょじゅう》し、毛皮を中心とした交易が盛んであった。この時代になると、こうした地域にオホーツク人と呼ばれる人々が居住し、時には新潟あたりまで南下し、日本と交易を行っていたという。この時代、日本では唐や朝鮮半島の国への対応もあり、交易・国際関係の舞台が日本海側となっていた。白村江の戦いで大将となった阿倍比羅夫は、日本海側の東北・北海道への遠征を繰《く》り返し命じられ、オホーツク人と戦ったとされる。

③　日本に元が攻めてきたこの時代、元の皇帝である［　A　］の勢力はオホーツク海沿岸にも及び、この地域のさまざまな民族を支配下においていった。しかし、樺太に居住するアイヌ人は激しく抵抗し、モンゴルは樺太に上陸すらできなかった。このアイヌの激しい抵抗と、「元寇」に対する武士の抵抗は同じ時期の出来事であった。日本への攻撃と同様に、樺太のアイヌへの侵攻も繰り返された。日本への遠征は二度で終わったが、アイヌへの侵攻は五度に渡って繰り返され、最終的に樺太は征服されてしまった。

④　この時代の中頃になると、日本の近海には列強の国々が姿を見せるようになった。この頃、ロシア帝国は急速に領土の拡大を始め、ロシア南部から、北東アジア・オホーツク海周辺にまで及んだ。その中で、ロシア皇帝によって、［　B　］が日本に派遣された。［　B　］は根室に来港したが、この時期に幕府の権力を握っていた松平定信は、申し入れを受け入れることはなく、日露の交易が行われることはなかった。

⑤　この時代の初めの頃に、ロシアと日本の間に樺太千島交換条約という条約が締結された。対等に両国の領土問題を解決する条約であったが、古くから樺太に居住するアイヌ人の強制移住が行われるなど、地域の住民を無視したものでもあった。その後、日露間の領土をめぐる対立が深まり、日露戦争が始められた。この戦争は日本の勝利に終わり、アジアの小国がヨーロッパの大国を破ったことは世界に衝撃《しょうげき》を与えた。後にインドの首相となるネルーは、日本の勝利に喜び、その感動を娘に何度も話したと言われている。

問１　①から⑤はそれぞれ何時代の出来事ですか。次の中から選び、記号で答えなさい。
ア．旧石器時代　イ．縄文時代　ウ．弥生時代　エ．古墳・飛鳥時代
オ．奈良時代　カ．平安時代（院政期を除く）　キ．院政期・鎌倉時代
ク．室町時代（南北朝時代を含む）・戦国時代　ケ．安土桃山時代
コ．江戸時代　サ．明治時代　シ．大正時代
ス．昭和前期（第二次世界大戦敗戦まで）　セ．昭和後期（第二次世界大戦敗戦後）

問２　①の下線部について、シベリア出兵の影響による米騒動によって寺内内閣が総辞職した後、本格的な政党内閣が初めて成立しました。この内閣で首相を務めた人物は誰ですか。次の中から一人選び、記号で答えなさい。
ア．伊藤博文　イ．近衛文麿　ウ．山県有朋　エ．原敬

問３　②の下線部について、白村江の戦いで、日本と戦った朝鮮半島の国はどこですか。国名を答えなさい。

問４　③の［　A　］にあてはまる人物は誰ですか。答えなさい。

問５　④の［　B　］にあてはまる人物は誰ですか。答えなさい。

問６　⑤の下線部について、「君死にたもうことなかれ」を書き、日露戦争に反対した歌人は誰ですか。氏名を答えなさい。

問７　⑤の二重下線部について、当時のインドはイギリスの植民地となり、苦しめられていました。首相のネルーはイギリスからの独立運動の中心的な人物でした。このためネルーは日本の勝利を「ヨーロッパの大国のロシアが、アジアの小国に敗れた」と感動しました。しかし、ネルーはその後の日本を見る中で、この勝利について「**帝国主義国が一つ増えただけだった**」といい、日本の行動を強く批判しています。では、日露戦争後の日本のどのような行動が「帝国主義国が増えただけ」といわれるのでしょうか。そのようにいえる日本の行動を具体的に一つあげ、説明しなさい。

## 2　以下の文章を読み、問いに答えなさい。

地球上には知られているだけで数百万種の生き物が存在しており、未発見の種を含めると５００万種とも、3,000万種とも言われている。しかし、①人間の暮らしや活動に強い影響《えいきょう》を受け、数が減り、絶滅《ぜつめつ》する恐《おそ》れが高いとされている種類が多数ある。生物多様性が失われている状況が地球規模で進行しており、この数十年間、生物多様性の保全と生態系の再生の取り組みが進められてきたが、なかなか実現できていない。

このような状況において注目されているのが、昔ながらの伝統的な農法を行っている地域である。これらの地域で伝統的に受け継がれてきた特有の知識が、生物多様性の保全と生態系の再生に大きな役割を果たしているといわれている。そういった地域の伝統的な農法を次世代に継承《けいしょう》していくことを目的に、「世界農業遺産」として認定していく動きが今行われている。

世界農業遺産とは、伝統的な農業や文化、土地景観の保全と持続的な利用が図られている地域を国連食糧《しょくりょう》農業機関が認定しているものである。日本で初めて認定されたのは②「能登の里山里海」と「トキと共生する A の里山」の２つであり、その他にも全国で１０以上の地域が認定されている。

例えば、「能登の里山里海」では集落とそれを取りまく農地、林、ため池、水路などからなる里山が現在でも維持され、昔ながらの天日で稲穂《いなほ》を干す「はざ干し」や海女《あま》漁など、伝統的な農林漁法が今でも行われている。機械化され便利な世の中になった今でも、昔ながらの方法を守り続けることによって生態系が維持《いじ》されている。また、③この地域では１種類の米だけではなく、「こしひかり」や「ゆめみづほ」など複数の種類の米を生産し、農作物の多様性も維持している。世界農業遺産はこういった地域農業の営み全体を遺産として認定している。

生物多様性や生態系が失われることは、私たちの今後の生活にも大きな影響がある。それらの回復に社会全体で取り組むことが求められている。

問１　A にあてはまる、新潟県西部に位置し、金山があったことでも有名である島は何ですか。答えなさい。

問２　下線部①について、**直接的な要因としてはあてはまらないもの**はどれですか。次の中から一つ選び、記号で答えなさい。

ア．森林だったところに道路を建設すること。

イ．農作物の生育を促すために大量の農薬を使用すること。

ウ．外来種を地域に持ち込むこと。

エ．農地を風から守るために、農地を囲む防風林を作ること。

問３　下線部②について、以下の問いに答えなさい。

(１)　この地域には「白米千枚田」という棚田があります。棚田に関する説明として**誤っているもの**はどれですか。次の中から一つ選び、記号で答えなさい。

ア．山林に降った雨の一部を溜《た》め、直接河川へ流さない「治水ダム」の役割がある。

イ．平坦地の水田に比べ昼夜の温度差が大きいため、稲がゆっくりと生育し甘みが増す。

ウ．一つひとつの農地が狭《せま》いため、効率よく農作業ができ収量も見込める。

エ．棚田地域では過疎《かそ》・高齢化が一段と進み、耕作の担い手が少なくなっている現状がある。

(２)　この地域では伝統工芸品も盛んです。この地域で作られる漆器の名前は何ですか。答えなさい。

問４　下線部③について、地域で作る農作物が１種類のみではなく、複数の種類の品種を作ることは、世界農業遺産の認定基準の一つでもあります。なぜ１種類だけでなく複数の種類の品種を育てることが評価されるのですか。１種類のみ育てることの問題点を指摘しなさい。

**3**　**以下の文章を読み、問いに答えなさい。なお、憲法の条文はわかりやすく改めています。**

国の収入・支出は、４月から翌年３月までの期間（会計年度）で計算し、この１年間の収入を「歳《さい》入」、支出を「歳出」といいます。また、国の１年間の歳入と歳出の予定を示した計画のことを「予算」といいます。

私たちが納めた税金は、何に使われているのでしょうか。２０２２年度の歳出は約１０８兆円で、主に①A社会保障関係費（33.7%）、②［　B　］（22.6%）、③地方交付税交付金（14.8%）などに使われており、これらで約４分の３を占めています。

予算「案」を作るのは政府（内閣）の権限ですが、予算案を審議《しんぎ》し、予算を決定するのはC国会の権限です。日本国憲法８５条は、「国費を支出するには、国会の議決を必要とする」としており、税金の使い道はあらかじめ国会で決めておかなければなりません。毎年１月に召集される、会期が１５０日間の国会を［　D　］といいますが、ここでの審議の中心は、次年度（４月から）の予算案についてです。税金を何に、どれくらい使うことが適切なのか、与野党の間で激《はげ》しい議論が行われています。

一方、具体的に何に使うかをあらかじめ決めておかない「予備費」というものも予算の中で認められています（憲法８７条）。これは憲法８５条の「例外」で、自然災害や急激な景気悪化など緊急なことが起きて予算が足りなくなることに備えておくためのものです。この「予備費」は、使うも使わないも、また、具体的に何に使うかも、政府（内閣）の判断で決めることができます。近年、新型コロナウィルス対策や物価高対策を理由にして、この「予備費」が増えており、2020年以降で総額20兆円を超えています（従来は、1年間に3000億円から5000億円規模のものでした）。これについて、政府（内閣）は、何かが起こった時にすぐに対応する必要があるので、国会で議論するのではなく、あらかじめ「予備費」として確保しておく必要があると主張しています。

E そもそも、なぜ憲法85条において、国費の支出には国会の議決を必要としたのでしょうか。条文の趣旨《しゅし》を考えると、「予備費」が膨《ふく》らんでいくことは、大きな問題があると言えるかもしれません。

**問1**　下線部**A**について、国が社会保障に支出することは、国民の持つ「ある人権」を保障するために必要なことです。この人権とは何ですか。次の中からもっとも関係のあるものを一つ選び、記号で答えなさい。

ア．環境権　　イ．生存権　　ウ．財産権　　エ．請願権

**問2**　文中の［ B ］にあてはまるものは何ですか。次の中から一つ選び、記号で答えなさい。

ア．公共事業関係費　　イ．防衛関係費　　ウ．文教及び科学振興費　　エ．国債費

**問3**　下線部**C**について、国会の説明として、**誤っているもの**はどれですか。次の中から一つ選び、記号で答えなさい。

ア．憲法は、国会を「国権の最高機関」としている。

イ．憲法は、国会は「全国民を代表する選挙された議員」で組織されるとしている。

ウ．国会は、国政調査権を行使することで、政府（内閣）の活動を監視する。

エ．国会は、最高裁判所長官を指名することで、裁判所を統制する。

**問4**　文中の［ D ］にあてはまることばは何ですか。答えなさい。

**問5**　下線部**E**について、なぜ「予備費」が膨らむことは問題なのですか。憲法85条が定められた意味を考えて、説明しなさい。

**4** 下の言葉の中に、ある見方で見ると一つだけ性格の異なるものがあります。それはどれですか。記号で答えなさい。また、それ以外の言葉に見られる共通点は何ですか。説明しなさい。

例題〔ア．縄文　イ．奈良　ウ．鎌倉　エ．横浜〕

| | |
|---|---|
| ア | 他はすべて都市の名前 |

問１　ア．木戸孝允　イ．伊藤博文　ウ．大久保利通　エ．犬養毅

問２　ア．京都　イ．パリ　ウ．リオデジャネイロ　エ．北京

**5** 以下の問いに答えなさい。

問１　ロシアの侵攻によって始まった戦争をきっかけに、日本でのウクライナの首都の呼び方が変わりました。何という呼び方に変わりましたか。答えなさい。

問２　昨年の４月、観光船が沈没《ちんぼつ》し、乗客と乗員の全員が死亡・行方不明となる事故が起こりましたが、それは北海道のどこですか。解答らんに合うように答えなさい。

**6** 以下の文章を読み、問いに答えなさい。

皆さんが今受験している森村学園の女子制服はセーラー服です。これはいつから、また、どういった事情から導入されたのでしょうか。『森村学園の１００年』という本には、「大正７、８年頃」とありますが、これは誤《あやま》りと思われます。本の中に出てくる「セーラー服の販売権《はんばいけん》を持つ会社」は、この時期にはまだ存在していないからです。この会社は、もともと質屋を営んでいたのですが、関東大震災で被災し、大正１３(１９２４)年にアメリカからセーラー服を輸入販売する会社として再生したとのことです。

このナゾを解くヒントになるかもしれない書籍《しょせき》が、一昨年、発表されて話題となりました。刑部芳則さんが著した『セーラー服の誕生　女子校制服の近代史』(法政大学出版局)です。

この本が出版される前は、「日本で最初にセーラー服を制服にしたのは福岡女学院」という説と「平安女学院の方が早い」という説との間で論争になっていました。刑部さんは、事実の裏づけのない論争を「①邪馬台国論争のよう」とたとえ、この争いに終止符をうつべく、全国の学校を取材して記録を集めました。また、この本では、「和装《わそう》」から「セーラー服」に代わった理由が、「大正１２年の関東大震災で着物の女性が逃げ遅れたため、動きやすい服装への切り替えが図られたから」とする「通説」についても、再検証しています。

調査の結果、最初にセーラー服を制服として導入したのは、「福岡女学院」でも「平安女学院」でもなく、大正10（1921）年９月の「金城学院」で、その後「フェリス女学院」が続いた、ということをつきとめます。②セーラー服導入の理由も震災ではなく、③服装改善運動を背景とした洋装化の流れによるものではないか、と主張しています。

興味深いのは、同書の２３ページで「女子小学生の制服としてセーラー服を採用したのが東京私立南高輪尋常《じんじょう》小学校である」とし、続く２４ページには『目で見る金城学院の１００年史』を引用しつつ、「セーラー服を採用していたのは東京・南高輪（尋常）小学校一校のみだった」と記している点です。この南高輪の小学校が、太平洋戦争が始まる昭和16（1941）年に校名を変更したのが、森村学園です。刑部さんは、大正７（1918）・同８（1919）年の森村学園の卒業写真にセーラー服が見られるものの全員ではないことから、制服としたのは全員が制服で映っている昭和２（1927）年付近であろうと推論し、セーラー服を制服にしたのは金城学院の方が早かった、という先ほどの結論に至《いた》っています。実際はどうだったのでしょう。【資料１】は明治45（1912）年３月の写真、【資料２】は大正２（1913）年の第一回卒業式の際の記念写真、【資料３】は大正８（1919）年頃の写真です。おおむね上記の推論を裏づけますが、肝心な「制服化」が何年なのかは資料不足で謎のままです。④もっとも、【資料４】は昭和24（1949）年前後に在籍していた生徒の写真ですが、よく見るとセーラー服以外の服装の生徒がいます。制服と指定している時期でも、セーラー服以外での学園生活も認めていた様子が分かります。当時の社会状況をうかがわせる資料といえます。

これらの写真を見ていて気づくことは、男の子もセーラー服を着ている場合があることです。セーラー服は、１８００年代前半のヨーロッパでは男性、より限定していえば水兵が着ている服でした。１８００年代後半には、水兵をまねして男の子の子ども服になります。イギリスの皇太子が着たこともあって、日本でも皇族・華族などの富裕《ふゆう》な家庭の男の子が着用しました。昭和天皇や一橋（徳川）宗敏が子ども時代に着ています。やがて１９００年代になるとアメリカの女学生の間でセーラー服が広がります。「かわいい」のイメージが広がったものと思われます。金城学院、福岡女学院、平安女学院、いずれもアメリカからの宣教師によって創立されたのも偶然《ぐうぜん》ではないでしょう。キリスト教の教えを教育理念としているわけではない森村学園がセーラー服を早くに取り入れた理由は不明ですが、日本で最初に対米貿易を始め、アメリカに拠点を持っていた森村家のあゆみと関係があるのかもしれません。

セーラー服が男らしさを表したり、女らしさを表したり、時代によってそのイメージも変わっていくものです。大正時代、「女子の制服にしよう」と求めた女子生徒たちは、どんな気持ちでそでに腕《うで》を通したのでしょう。

【資料１】

修業記念（明治４５年３月）

【資料２】

大正２年（１９１３）、小学校第１回卒業生は８名

【資料３】

大正８年頃、幼稚園生と卒園生が集まって記念撮影。

【資料４】

問１　下線部①について、邪馬台国の女王とされる人物の名前を何といいますか。答えなさい。

問２　本文に登場する学校の所在地は、いずれも「四大工業地帯」に関連のある都市圏に含まれていることも興味深いといえます。福岡女学院は福岡、平安女学院は京都（大阪圏）、南高輪尋常小学校は東京です。では、金城学院の所在地はどこですか。次の中から一つ選び、記号で答えなさい。

ア．愛知県　　イ．愛媛県　　ウ．福島県　　エ．宮城県

問３　下線部②について、刑部さんは調査の結果、和装からセーラー服への移行は、服装改善運動を背景としたもので、「関東大震災の反省からとは考えにくい」と判断しています。その判断理由を本文の内容から説明しなさい。

問４　下線部③について、服装改善運動で洋装が目指されたこの時代の前後は、政治・社会・文化でも大きな変化を目指した動きがありました。それは何ですか。答えなさい。

問５　成人男性（ヨーロッパの水兵）が着るものだったセーラー服が、日本では女子生徒が着るようになるまでにはどのような過程をたどりましたか。解答欄にあうように説明しなさい。

問６　下線部④について、【資料４】の写真にあるように、「制服化」後であるにもかかわらず、撮影当時（昭和２４年前後）、全員がセーラー服を着ていない状況を認めざるを得なかったと思われます。それはなぜですか。当時の状況をふまえて説明しなさい。

**【理　科】〈第１回試験〉（40分）〈満点：75点〉**

（注意）１　解答は特に指定のないかぎり，漢字・ひらがなのどちらでもかまいません。
２　単位を必要とする問いには必ず単位をつけて答えてください。

**1**　次の会話は、児童と先生が以前行った実験についてのものです。これに関して次の問いに答えなさい。

児童：植物の葉のはたらきに関する実験、非常に興味深かったです。植物は動物のように心臓があるわけではないのに、水を移動させることができるんですね！
先生：そうですね。植物は動かないように見えて実はとても活発に生命活動を行っているんです。前回の実験のおさらいをしてみましょうか。
児童：お願いします。
先生：前回はホウセンカを使って、植物のからだの中を水がどのように移動するかを確かめる実験を行いました。水は根から吸収され、くきの中を通り、葉へと移動するのでしたね。
児童：はい。植物の根には２種類の形がありました。
先生：そうでしたね。では、図１の*a*のような根は何と言いましたか。

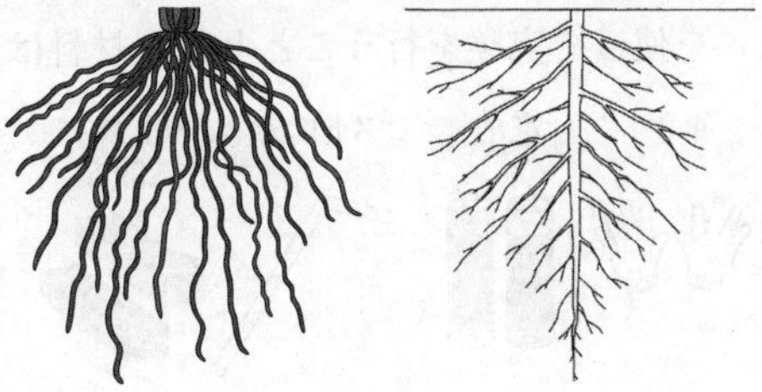

*a*　　b

図１

児童：［①］と言います。
先生：正解です。では、ホウセンカは*a*とbのどちらの仲間ですか。
児童：はい。［②］の仲間です。
先生：正解です。前回の実験ではホウセンカの根を観察した後、根から色水を吸わせて図２のようにくきを1cm 程度切り出し、真ん中を通るように縦《たて》に切りましたね。横と縦のそれぞれの断面図はどのようになりましたか。
児童：横に切った様子が［③］で、縦に切った様子が［④］でした。
先生：正解です。よく復習していますね。ここまでが前回の実験の復習です。では、植物のからだを通って、葉まで水が運ばれて植物の外に出ていくことを何と言いますか。

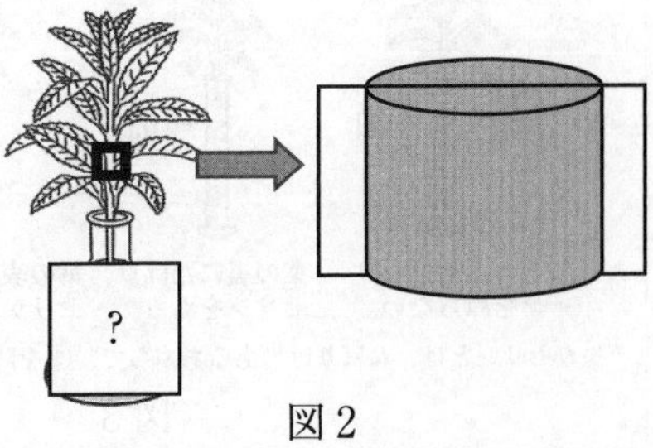


図２

児童：［⑤］ですね。［⑤］を行う小さな穴のことを［⑥］と言います。
先生：その通りです。前回の実験では水が運ばれることは確かめられましたが、植物が［⑤］をしているということまでは確かめられませんでした。では、植物の葉が［⑤］をしているということを確かめるためにはどうすればいいでしょうか。顕微鏡《けんびきょう》などは使ってはいけません。
児童：難しいですね。［⑦］。
先生：良い考えですね。それで結果が出るでしょう。
児童：ここまでで、植物の中の水の動きをおおまかにとらえることができました。今度は、植物のどこが水をもっとも体外に出しているのかをよりくわしく知りたくなってきました。
先生：実験を考えてみましょう。

問１　文中の①～⑥にあてはまる言葉もしくは記号を答えなさい。ただし、③、④に関しては、下の記号ア～シから１つずつ選び、記号で答えなさい。また、色水が通った部分は黒くぬりつぶしてあります。

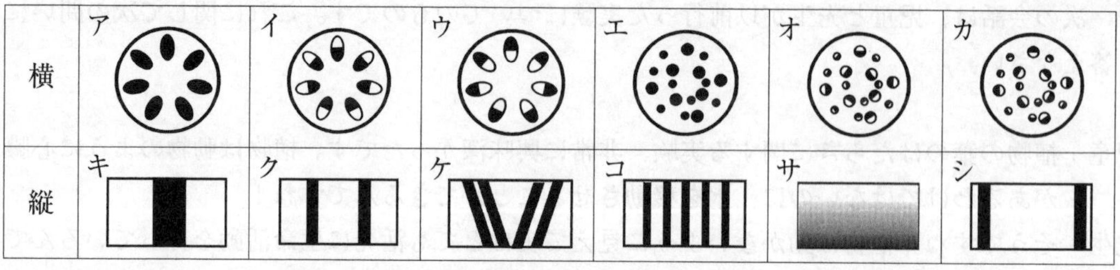


問２　⑦　に関して、植物の葉が⑤をしていることを、目で見て確かめるためには、どのような実験をしたらわかりますか。実験の仕方を文字で説明しなさい。ただし、以下の材料を使って実験を行うこととし、材料は何個使っても構わないものとします。

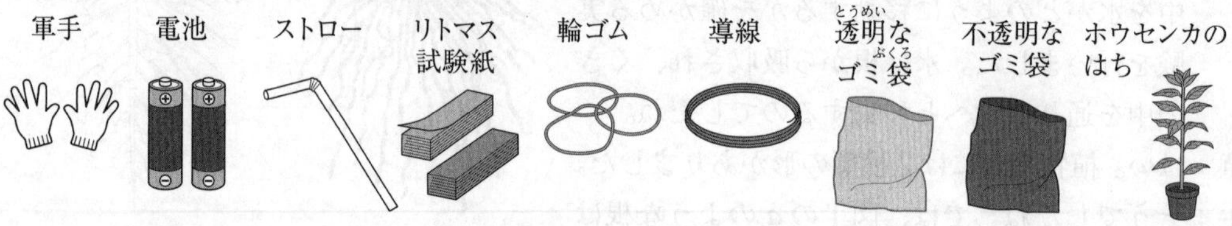


問３　以下の実験は児童が考えた「葉の表、葉の裏、くきのうちどこからもっとも水が出ているかを確かめるための実験」とその結果です。これに関して以下の問いに答えなさい。

**実験**

（　X　）を４本用意し、水を100mLずつ入れる。図３のように、同じ枚数、同じ大きさの葉がついているホウセンカを用意し、A～Dの条件で（　X　）に入れる。このとき、全ての（　X　）の水面に油を少量入れた。12時間後にA～Dの水の量をそれぞれ調べた。その結果を表１に示した。

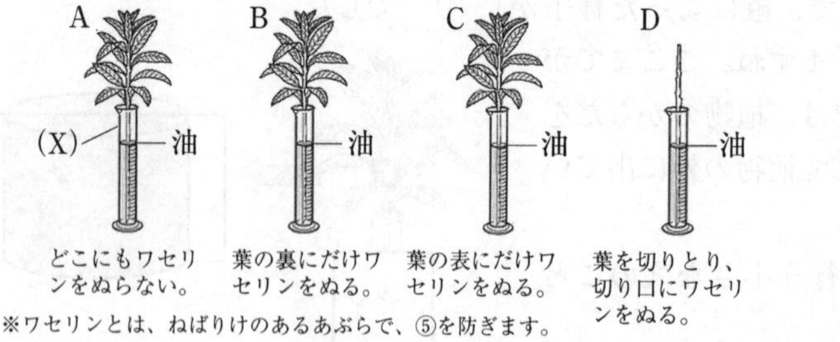


※ワセリンとは、ねばりけのあるあぶらで、⑤を防ぎます。

図３

| | 水の量（mL） |
|---|---|
| A | 82 |
| B | |
| C | 86.5 |
| D | 98.8 |

表１

（１）　水の量を正確に測るために使う器具（　X　）の名前を答えなさい。

（２）　以下のア～ウの中で、もっとも水が出ているのはどこからですか。１つ選び、記号で答えなさい。ただし、葉の表、葉の裏、くき以外から水は出ていないものとします。

ア：葉の表　　　　イ：葉の裏　　　　ウ：くき

（３）　Bの条件では、どこから水が出ていますか。（２）のア～ウからすべて選び、記号で答えなさい。

（４）　A～Dの結果から、葉の表から出ていく水の量を計算しなさい。

（５）　図中のBの試験管の水の量を計算しなさい。

**2** 太陽からの光の性質に関して、次の問いに答えなさい。

ある晴れた日に、図１のように、かげのある場所で、地面に置かれた鏡を使って日光（太陽の光）をかべに向かってはね返す実験を行いました。鏡とかべの間に半透《とう》明の下じきを入れて光を当て、当たった場所の下にカラーコーン①を置きました。この動作を、鏡から下じきを遠ざけながら、さらに２回くり返しました。このとき、カラーコーン②と③を置きましたが、①から③の間かくは等しいわけではありません。また、鏡から反射した光がかべに当たったとき、その中心の高さは1.5ｍでした。

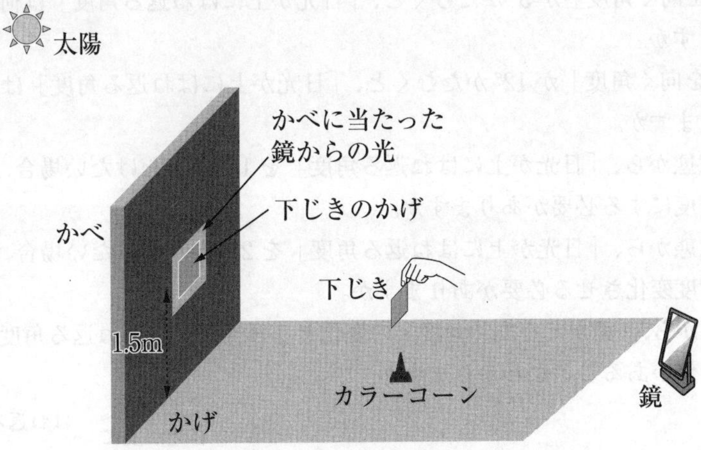


図１

問１　上の文章中の下線部について、次の問いに答えなさい。

（１）　この結果としてもっとも適切な図を、次のうちから１つ選び、記号で答えなさい。

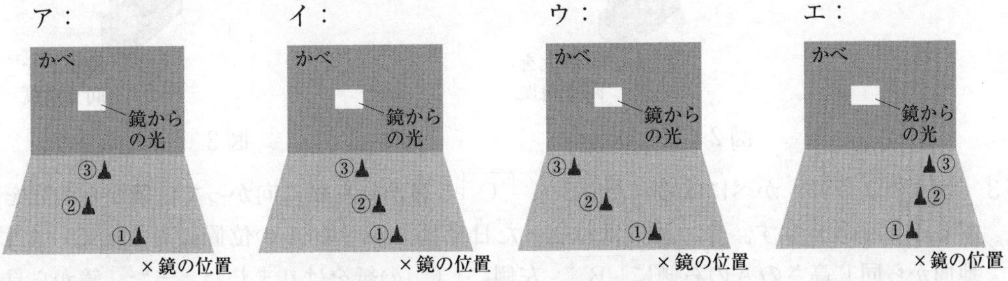


（２）　光が当たった下じきの、地面からの高さを測定しました。その結果のまとめとしてもっとも適切なものを、次のうちから１つ選び、記号で答えなさい。

| | カラーコーン③の位置での下じきの高さ | カラーコーン②の位置での下じきの高さ | カラーコーン①の位置での下じきの高さ |
|---|---|---|---|
| ア： | 1.8ｍ | 1.0ｍ | 0.5ｍ |
| イ： | 1.5ｍ | 1.5ｍ | 1.5ｍ |
| ウ： | 1.0ｍ | 0.8ｍ | 0.6ｍ |
| エ： | 0.8ｍ | 1.2ｍ | 0.5ｍ |
| オ： | 0.8ｍ | 0.4ｍ | 1.0ｍ |
| カ： | 0.8ｍ | 1.0ｍ | 1.5ｍ |

（３）　この実験は「何が」「どのような」性質を持っているかを調べるために行われた実験ですか。説明しなさい。

問２　図２のように、鏡の面に対して垂直に入ってくる日光は、鏡の面に対して垂直にはね返ります。このときの「鏡が上を向く角度」は 20° でした。しかし、図３のように、鏡が上を向く角度を少し大きくすると、はね返る日光の向きも上を向きます。このとき、「鏡が上を向く角度」と「日光が上にはね返る角度」には、次の表に示す関係があることがわかりました。

| | | | | | |
|---|---|---|---|---|---|
| 鏡が上を向く角度 | 20° | 25° | 30° | 35° | 40° |
| 日光が上にはね返る角度 | 0° | 10° | 20° | 30° | 40° |

（１）「鏡が上を向く角度」が 5° かたむくと、「日光が上にはね返る角度」は何度かたむくことがわかりますか。

（２）「鏡が上を向く角度」が 12° かたむくと、「日光が上にはね返る角度」は何度かたむくことがわかりますか。

（３）図２の状態から、「日光が上にはね返る角度」を 18° かたむけたい場合、「鏡が上を向く角度」は何度にする必要がありますか。

（４）図２の状態から、「日光が上にはね返る角度」を 24° かたむけたい場合、「鏡が上を向く角度」は何度変化させる必要がありますか。

（５）このことから、「鏡が上を向く角度」の変化と「日光が上にはね返る角度」の間には、どのような関係があることがわかりますか。

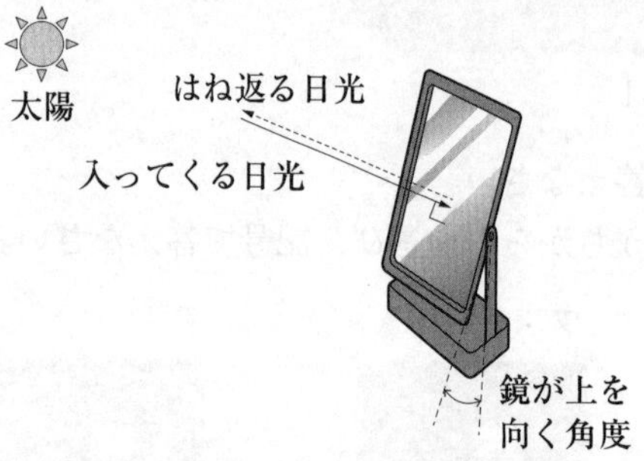

図２

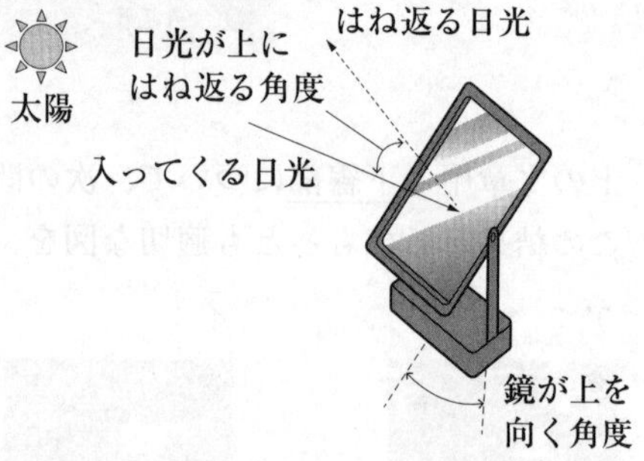

図３

問３　図４のように、かべにはられた B 、 C と書かれた紙に向かって、鏡からの光を当てることを考えます。今、鏡にはね返った日光は、かべのＡの位置に当たっています。地面から同じ高さのＡの右側に B 、左側に C の紙をはりました。また、鏡から見ると、 B の中央と C の中央の間は 20° の角度があり、Ａは B と C の真ん中にあります。

（１）この状態から鏡が向いている角度を右側に 4° かたむけると、鏡からはね返る光は、どの方向に何度かたむきますか。

（２）Ａの位置にあった光を B の紙の中央に移動させたいとき、鏡をどの方向に何度かたむける必要がありますか。

（３） B の紙の中央にあった光を C の紙の中央に移動させたいとき、鏡をどの方向に何度かたむける必要がありますか。

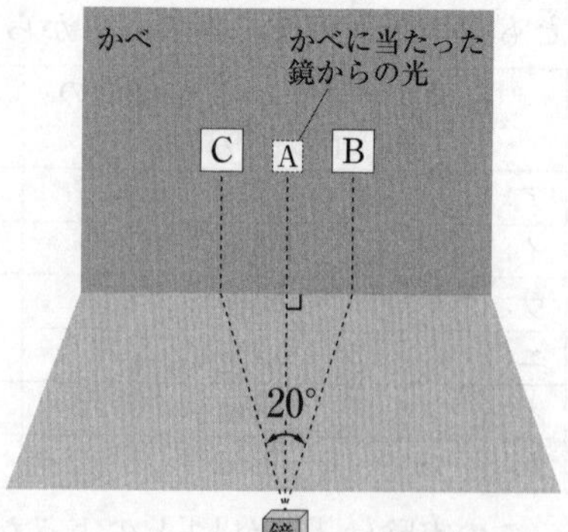

図４

**3**　表１は空気、酸素、水素、二酸化炭素、アンモニアの発生方法と性質をまとめたものです。次の問いに答えなさい。

表１：様々な気体の発生方法と性質

| | 空気 | 酸素 | 水素 | 二酸化炭素 | アンモニア |
|---|---|---|---|---|---|
| 発生方法（作り方） | （空気をそのまま採取する） | ① | ② | ③ | ④ |
| 空気と比べた重さ | | 少し重い | ⑤ | ⑥ | ⑦ |
| 水に対するとけやすさ | ほとんどとけない | ほとんどとけない | ほとんどとけない | 少しとける | よくとける |
| その他の性質 | （成分はちっ素がもっとも多い） | ものが燃えるのを助ける | 火をつけると燃える | ⑧ | ⑨ |

問１　表中の①～⑨にあてはまるものを、次から１つ選び、記号で答えなさい。

（１）　発生方法（①～④）

ア：アルミニウムはくを水酸化ナトリウム水よう液に入れる

イ：過酸化水素水を二酸化マンガンに注ぐ

ウ：アンモニア水を加熱する

エ：石灰石に塩酸を注ぐ

（２）　空気と比べた重さ（⑤～⑦）

ア：重い　　イ：軽い　　ウ：変わらない

（３）　その他の性質（⑧～⑨）

ア：石灰水を白くにごらせる　　　イ：ものが燃えるのを助ける

ウ：鼻をつくようなにおいがする　　エ：燃えているものの火を消す

問２　気体が試験管の中に入っていて、ゴムせんがしてあります。この気体の水に対するとけやすさを調べるための方法はどのようにすれば良いですか。用いる実験器具や操作方法などを具体的に書いて説明しなさい。

問３　同じ大きさ、同じ重さの風船Ａ～Ｅがあります。それぞれの風船に空気、酸素、水素、二酸化炭素、アンモニアのいずれかの気体を2.5L入れました。重さをはかった後、さらに同じ気体を同量入れ、合計5Lにしました。そのときの重さもはかりました。その結果を次の表２に示します。

表２：風船Ａ～Ｅに気体を入れたときの重さ

| 風船 | A | B | C | D | E |
|---|---|---|---|---|---|
| 2.5L入れたとき | 5.5g | 2.8g | 4.3g | 4g | 1.3g |
| 5L入れたとき | 7g | 1.6g | 4.6g | 4g | うき上がってはかれない |

（１）　Ａ～Ｅに入っている気体はそれぞれ何ですか。

（２）　この風船の重さは何ｇですか。

**4**　霧《きり》や雲について、次の問いに答えなさい。

問１　気温と水温の差が大きいときに日本各地で起こる「川霧」「海霧」のうち、水温より気温が低いときに発生する「川霧」と、気温より水温が低いときに発生する「海霧」について、次の問いに答えなさい。

(１)　霧は、水蒸気ですか、それとも水の粒《つぶ》ですか。

(２)　次の文章は、それぞれの霧について述べたものです。［　　　　］にあてはまる言葉をそれぞれ（　　）内から選び、答えなさい。

風がほとんど吹《ふ》いていないある日の朝、川岸から川を見ると霧がかかり、幻想的《げんそうてき》な光景が広がっていた。これが川霧である。川の水面から出てきた［①（ 水蒸気・水の粒 ）］が、その上の空気で［②（ あたためられて・冷やされて ）］現れる霧である。これに対し、別の季節のある日の朝に、海岸から海を見ると、海上が霧でおおわれていた。これが海霧である。海上に湿《しめ》った［③（ あたたかい・冷たい ）］空気が流れこむことによって発生する霧であり、この霧が発生すると船の航行に危険が生じることがある。

(３)　家の中の日常生活でどの季節でも起こる現象のうち、この川霧の発生としくみが同じ現象を１つ説明しなさい。

(４)　川岸や海岸に立っている人が息をはいたとき、息が白くなりやすいのは、この川霧が発生しているときと海霧が発生しているときのどちらですか。

(５)　太陽が昇《のぼ》るにつれて、霧が晴れやすいのはこの川霧と海霧のどちらですか。またその理由を説明しなさい。

問２　雲について、次の問いに答えなさい。

（1）　次の文章は、夏にみられる雲について述べたものです。①～⑥にあてはまるものを下から選び、記号で答えなさい。ただし、同じものをくり返し答えても構いません。また、A、Bにあてはまる言葉を答えなさい。

①によってあたためられた地面付近の②を含《ふく》んでいる空気が上昇《じょうしょう》していく。すると、上空ほど温度が③くなるので、上昇した空気に含まれる②が④に変わり始める。こうして雲が発生する。さらに上昇し、0℃を下回ると、⑤ができ始める。上昇する空気の流れが強いときは、雲は縦に長く成長する。また、それ以外にも、気温が高い空気と低い空気がぶつかると、すぐにはまじり合わないため、気温が⑥い空気が持ち上げられて、雲が発生し成長することもある。

日本の夏にみられるこの大きく成長した雲の中では、④や⑤が次第に大きくなり、（　A　）や（　B　）となって地上に落下する。その際、冷えた空気が（A）や（B）とともに、冷たい風となって地表に向かって吹き降りてくることがある。強い雨が降る前に、冷たい風を感じるのはこのためである。なお、この後この雲は小さくなりやがて消滅《しょうめつ》する。この雲の寿命《じゅみょう》は30分から１時間程度である。

ア：高　　イ：低　　ウ：水の粒　　エ：氷の粒　　オ：水蒸気
カ：海　　ク：風　　ケ：太陽

（2）　雲を流す上空の風と、地表近くを流れるあたたかい湿った風が同じ向きに吹き続けるとき、右の図のように、（1）の雲が一直線にたくさん連《つら》なることがあります。上空の風の速さは一定とし、この状態が続いている間について、次の問いに答えなさい。

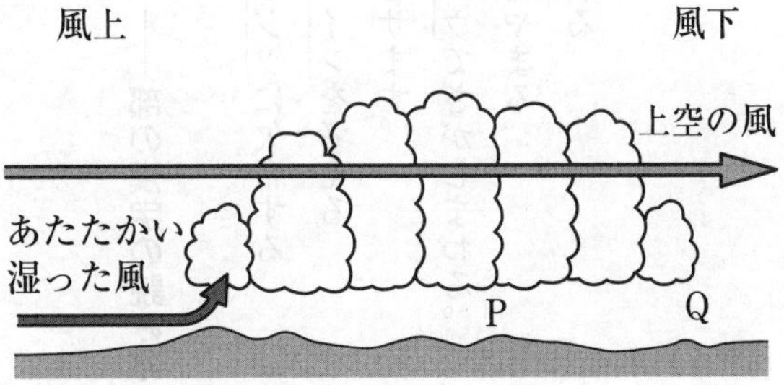


①　図はこの現象のしくみを表したものです。風上《かざかみ》から吹いてきたあたたかく湿った空気が、ある場所で向きを変えて上昇するため、雲が同じ場所で発生し続けます。その理由は、地形による影響もありますが、それ以外にこの空気を上昇させる原因を、（1）の文章を参考に答えなさい。

②　この１つ１つの雲の寿命は、発生から雨を降らすまでが30分、降り始めから消滅するまでが30分とします。最初、図の地点Ｐは強い雨、地点Ｑはくもりでした。では、この後どのような天気になると考えられますか。次から１つ選び、記号で答えなさい。

ア：１時間は天気は変わらず、１時間後からは地点Ｐがくもりで地点Ｑは強い雨が降る。
イ：30分後からは地点Ｐはくもりで地点Ｑは強い雨が降り、１時間後からは地点Ｐも地点Ｑもくもりになる。
ウ：30分後からは地点Ｐはくもりで地点Ｑは強い雨が降り、１時間後からは地点Ｐは強い雨が降り地点Ｑはくもりになる。
エ：30分後から地点Ｐも地点Ｑもくもりが続く。
オ：地点Ｑはくもりのままで、地点Ｐではこの後も強い雨が降り続く。

問八　——⑦「ただ、わたしが知らなかっただけです」とありますが、和泉は、自分がどのようなことを「知らなかった」と述べているのですか。その内容として**適当でないもの**を次から一つ選び、記号で答えなさい。

ア　児童養護施設で暮らしている子供といっても、それぞれに事情があり、その一つ一つは異なるのだということ。

イ　自分の世界を基準にして、それを満たしていない人を不幸だと決めつけるのは思い上がりなのだということ。

ウ　家に帰れば温かく迎《むか》えてくれる両親や家族がいるというのは、決して当たり前のことではないのだということ。

エ　住む世界に違いはあっても、人は互《たが》いに寄り添うことができれば、それを乗《の》り越《こ》えられるのだということ。

問九　——⑧「彼は、あなたのことが好きだったんだと思いますよ」とありますが、猪俣がこのように言ったのは、「彼」の行動をどのように理解したからですか。四十五字以上五十五字以内で説明しなさい。

問十　——⑨「児童福祉《じどうふくし》の世界で迷わないための羅針盤《らしんばん》だ」とありますが、ここでの「羅針盤」とはどういうことですか。和泉にとって猪俣が「羅針盤」であることが簡潔に述べられている二十五字以内の一文を【場面④】に求め、最初の五字をぬき出しなさい。

三　**次の①～⑧の——部のカタカナを漢字になおし、⑨～⑫の——部の漢字の読み方をひらがなで書きなさい。**

①　あの人は将来ユウボウである。　②　病気をコウジツに欠席する。

③　休日をヘンジョウして働く。　④　失敗のヨウインを考える。

⑤　ジュウギョウインをやとう。　⑥　物音で目をサます。

⑦　ゼンは急げ。　⑧　無我ムチュウでさがしまわる。

⑨　プロの選手としての自負がある。　⑩　不作法をあやまる。

⑪　性格は十人十色だ。　⑫　年賀状を刷る。

**問六** ――⑤「心の中にしまっておいた本当の動機を話す気になったのは、ニキビの一件があったからかもしれない」とありますが、和泉が猪俣に「本当の動機を話す気になった」のは、なぜだと考えられますか。その理由に**あてはまらない**ものを次から一つ選び、記号で答えなさい。

**ア** 大人から見ればたわいのない子供の悩《なや》みを、相手の立場に立って真面目に受け止めた猪俣なら、同じように自分のことも受け止めてくれるのではないかと思ったから。

**イ** 女子中学生の問題行動を処理した猪俣の対応の中に、子供の心に寄《よ》り添《そ》う真の優しさを感じ取り、同じ児童養護施設《じどうようごしせつ》で働く職員として親しみや敬意を感じていたから。

**ウ** 女子中学生の問題行動をめぐって、上司が自分とは異なる対応をしようとしても、自分を譲《ゆず》らずに指導を貫《つらぬ》いた猪俣のゆるぎない姿勢に、信頼《しんらい》を寄せ始めていたから。

**エ** ニキビの一件で尊敬するようになった猪俣に対して、過去の苦い体験に基づく「本当の動機」を隠《かく》し続《つづ》けることに、うしろめたさを感じるようになっていたから。

**問七** ――⑥「その理由が分からないまま」とありますが、当時分からなかった「その理由」を、現在の和泉はどのように考えていますか。その説明となる次の文の空欄《くうらん》には、いずれも本文中の言葉が入ります。（　１　）～（　３　）に入る言葉をあとのア～カの中から選び、記号で答えなさい。

> 高校時代、「彼」が自分を避《さ》けるようになったのは、自分の「（　１　）」という一言が原因で、自分はそれを相手に寄り添うつもりで口にしたのだが、一方の「彼」は（　２　）という意味でその言葉を受け止めたのだと気づき、当時の自分は（　３　）寄り添おうとしていただけなのだと、「その理由」を振《ふ》り返《かえ》っている。

**ア** お父さんとお母さん、亡くなってるの？

**イ** わたしはそんなこと気にしないよ

**ウ** やっぱり世界が違う

**エ** あなたが基準を満たしていなくても気にしないよ

**オ** 子供なりに、ちゃんと好きなつもりで

**カ** 優しさをひけらかすように

問四　――④「もう遠い日になった中学生の時分が巻《ま》き戻《もど》った」とありますが、この一文の効果や役割の説明として、最も適当なものを次から選び、記号で答えなさい。

ア　「明後日が遠足…」という言葉を聞いた和泉が、一瞬《いっしゅん》にして過ぎ去った日々に立ち返り、自分にも遠足を楽しみにしていた無邪気《むじゃき》であどけない日々があったことを思い出していることを読者に伝えている。

イ　「明後日が遠足…」という言葉を聞いた和泉が、遠足直前の浮《う》き立《た》つような子供心を今の自分が忘れていたことに気づき、今後は子供心を忘れずに彼《かれ》らに寄《よ》り添《そ》っていこうと決意したことを暗示している。

ウ　「憧《あこが》れの男の子と同じ班に…」という言葉を聞いた和泉の心に、異性へのあこがれに胸を痛める思春期の複雑な感情が一瞬でよみがえり、彼女がこのときはじめて女子中学生の行動に共感を寄せたことを印象づけている。

エ　「憧れの男の子と同じ班に…」という言葉を聞いた和泉が、自分にも異性にあこがれた淡《あわ》い初恋《はつこい》があったことを思い出し、自分には女子中学生を責める資格がないと、改めて猪俣の対応に感服したことを印象づけている。

問五　〜〜〜a「肩肘張《かたひじは》った」、b「風の便り」とありますが、それぞれどういう意味ですか。最も適当なものを次から選び、記号で答えなさい。

a「肩肘張った」

ア　体が固くなり、くつろげない様子で

イ　緊張《きんちょう》して、肩が凝《こ》るような様子で

ウ　普段《ふだん》とはちがう、取《と》り澄《す》ました様子で

エ　意気込《いきご》んで、強がって見せる様子で

b「風の便り」

ア　風のように姿形がなく、どこからともなく伝わってくる知らせ

イ　風のように吹《ふ》きすぎていく、すぐに忘れてしまうようなはかない知らせ

ウ　風が山や川を越《こ》えて吹いてくるように、遠くのほうから届けられる知らせ

エ　風が思い出を運んでくるように、なつかしさを呼び起こすような知らせ

問一　――①「貝になり」について、あとの問いに答えなさい。

(1)　これは、このときの「女子」のどのような様子を述べたものですか。その説明として最も適当なものを次から選び、記号で答えなさい。

ア　自分の感情を必死に押《お》し殺《ころ》している様子。
イ　心を閉ざして相手に応じない様子。
ウ　無表情で冷ややかに相手に応じる様子。
エ　相手への敵意を内に秘めている様子。

(2)　ここで用いられている表現法を何と呼びますか。最も適当なものを次から選び、記号で答えなさい。

ア　直ゆ（明ゆ）法　イ　隠《いん》ゆ（暗ゆ）法　ウ　擬人法《ぎじんほう》　エ　倒置法《とうちほう》

問二　――②「ここを先途《せんど》とばかりに声を荒《あら》げようとした梨田を、猪俣《いのまた》が手振《てぶ》りで止めた」とありますが、このときの「梨田」と「猪俣」の様子の説明として、最も適当なものを次から選び、記号で答えなさい。

ア　女子がようやく自分から謝ろうとしていることに気づいた梨田は、その前に懲《こ》らしめてやろうといきり立ったが、猪俣は、理由も聞かずに叱《しか》りつけるのは理不尽《りふじん》なことだといきどおって、梨田の行動を止めた。
イ　女子がようやく行き先を答えようとしているのに気づいた梨田は、先回りして彼女《かのじょ》を怒鳴《どな》りつけようとしたが、猪俣は、行き先よりもその理由や動機を聞いてやることのほうが大切だと直感して、梨田の行動を止めた。
ウ　女子がようやく口を利きそうになったことに気づいた梨田は、このタイミングを逃《のが》さずに女子を追及《ついきゅう》しようとしたが、猪俣は、梨田がそうすることで彼女が再び口を閉ざしてしまうと判断して、梨田の行動を止めた。
エ　女子がやっと何もかも白状しようとしているのに気づいた梨田は、すかさず叱りつけようと焦《あせ》ったが、猪俣は、せっかくつながり始めた自分と女子との関係を梨田によって壊《こわ》されたくなかったので、梨田の行動を止めた。

問三　――③「女子は泣きそうな顔で俯《うつむ》いた」とありますが、ここから読み取れる「女子」の心情の説明として最も適当なものを次から選び、記号で答えなさい。

ア　ダイコクに行きたかった本当の理由を打ち明けたいのにそれができない、やるせない気持ち。
イ　明後日の遠足までには、どんなことをしてでもニキビを治したいと、思《おも》い詰《つ》めたような気持ち。
ウ　無断外出を一方的に責めるばかりで、その理由をわかろうとしない大人たちに、いらだつ気持ち。
エ　他の大人とは違《ちが》って猪俣なら自分の気持ちをわかってくれるだろうと、甘えかかるような気持ち。

【場面④】

センチメンタルな志望動機を受け止めてもらった日から、猪俣が心の師になった。

猪俣の子供たちへの寄り添い方は、常に冷静さを失わないのに優しさが感じられた。

迷ったときは猪俣ならどうするのかを考えた。試し行動と呼ばれる子供たちの駆《か》け引《ひ》きに翻弄《ほんろう》されそうになったときも、持ちこたえられたのは猪俣の指導のおかげだ。

施設は家庭ではない。職員は家族ではない。猪俣は新人に繰《く》り返《かえ》しそう言った。

私たちは子供たちの育ちを支えるプロでなくてはならない。

その割り切った物言いは、ともすれば理想に燃えている新人の反発を買った。

施設の子供たちにも愛情は必要だと思います。――着任初日の三田村のようなことを言う新人は大勢いるのだ。

施設は家であるべきだ。職員は家族として子供たちに愛情を注ぐべきだ。その理想は、一見優しく、正しく聞こえる。

三田村と入れ違いで辞めた同期の岡崎は、正にその理想に燃えているタイプだった。

子供たちとの関係をビジネスライクに割り切れと言うんですか。

「語弊《ごへい》を恐れず言えば、そうです」

猪俣の言葉に揺《ゆ》るぎはなかった。（中略）

九十人の子供たちに家族のような愛情を与えることなど、一人の人間には不可能なことなのだ。求めのままに与え続けたらいつか枯渇《こかつ》する。

＊職能者たれと諭《さと》す猪俣の教えは、和泉の羅針盤《らしんばん》のように刻まれた。⑨児童福祉《じどうふくし》の世界で迷わないための羅針盤だ。

（有川《ありかわ》ひろ『明日の子供たち』より）

※　問題作成の都合上、文章の一部を省略したところがあります。

（注）＊貴賤《きせん》………尊いことと卑《いや》しいこと。身分が高い人と低い人。

＊職能者……職務を果たすことを第一に考えるプロフェッショナル。

家に帰れば当たり前のように両親がいて、家族がいて、その家の子供として当たり前のように愛してもらえる。育ててもらえる。それが世界のあり得べき基準であって、たまにその基準が欠落した不幸な人がいるだけだと、無邪気《むじゃき》に傲慢《ごうまん》にそう思《おも》い込《こ》んでいた。

わたしはそんなこと気にしないよ。——まるで慈悲《じひ》でも与《あた》えるように。一体何様か。

「ずいぶん無神経なことを言ったんだなぁって……」

わたしはあなたが基準を満たしていなくても気にしないよ。受け入れてあげるよ。彼にはきっとそう聞こえた。

「きっとね」

独り言のように、猪俣は和泉を見ずに呟いた。

⑧「彼は、あなたのことが好きだったんだと思いますよ」

「……そうでしょうか」

和泉も猪俣を見ずに呟いた。

「人の事情に＊貴賤《きせん》をつけるべきではないというのは理想です。しかし、やはりハンデはハンデで、引け目はどうしたって引け目です。彼は、自分の引け目をあなたに晒《さら》したくなかったんだと思います」

傷ついたような怒ったような顔で、やっぱり世界が違うと言った。彼にとって誇《ほこ》れない家族がいたことは確かだろう。

——もし、「気にしない」じゃなくて、

「分かったって言ってたら、わたしを振《ふ》り向《む》いてくれたでしょうか」

優しさをひけらかすように寄り添うのではなく、ただ率直に「分かった」と言っていたら。

分かった。でも好き。

今、巻き戻せるのならそれだけ言う。

「無理でしょう」

猪俣はそう言って、顔の造りでどうしたって陰気に見える笑みを浮《う》かべた。

「私にも覚えがありますがね。あの年頃の男というのは、好きな女の子の前でかっこつけることに命を懸《か》けているんです。自分のせいじゃないのにぶら下がってくる引け目は、あなたがどんなふうに告白していても、やっぱりあなたに晒したくなかったと思いますよ」

「猪俣先生も好きな女の子の前でかっこつけましたか？」

「すごくかっこつけて告白したんですが、顔が好みじゃないと言われました」

猪俣の眉《まゆ》は八の字に下がって、ますます陰気な顔になった。

それがおかしくて吹《ふ》き出《だ》したはずなのに、涙《なみだ》がやけに滲《にじ》んで困った。

告白したのはそれなりに勝算があるような気がしたからだ。相手にも気持ちがあるんじゃないかと期待するようなことはいくつかあった。

手応えが何もないまま気持ちを打ち明けられるほど、あの頃の自分は勇気のある少女ではなかった。

だが、返ってきたのは「ごめん」だった。

「俺《おれ》は和泉とは住む世界が違《ちが》うからって言われたんです。俺、施設で暮らしてるんだって」

施設の説明を聞いたところで、その頃の和泉には本やテレビのフィクションで漠然《ばくぜん》と培《つちか》った孤児院《こじいん》のイメージしか湧《わ》かなかった。

お父さんとお母さん、亡くなってるの？

そういう施設に入っているのなら、当然両親がいないのだろうと思ってそう尋《たず》ねた。

わたしはそんなこと気にしないよ。

むしろ相手に寄《よ》り添《そ》ったつもりで重ねると、相手は傷ついたような怒ったような顔になった。

ほらな。やっぱり世界が違うんだよ。

喋ったのはそれが最後になった。相手が避けるようになり、⑥その理由が分からないまま卒業を迎《むか》えて、そのまま相手の消息は途絶《とだ》えた。

よその県で就職して、社員寮《しゃいんりょう》に入ったらしいということだけb風の便りに聞いた。

何度か同窓会があったが、彼《かれ》が姿を現すことはなかった。

「子供なりに、ちゃんと好きなつもりでいたんです。それなのに、一方的に断ち切られた感じで、ずっと忘れられなくて……」

ほらな。やっぱり世界が違うんだよ。

最後に聞いたその言葉が胸に刺《さ》さって抜けない棘《とげ》になった。いつもは忘れている、しかし季節の変わり目などに時折《ときお》り存在を主張する柔《やわ》らかな棘――

「わたしと彼と、どう世界が違ったのか知りたくて……分からずじまいで引き下がりたくないっていうか」

もし、自分が彼の世界を分かっていたら、あの恋《こい》が実る可能性はあったのだろうか。――それを確かめたかったのかもしれない。

高校生の頃の失恋話《しつれんばなし》をくどくど語ってしまったことが急に恥《は》ずかしくなり、慌《あわ》てて目を伏《ふ》せた。

すると猪俣が世間話のままの口調で尋ねた。

「彼との世界の違いは分かりましたか」（中略）

――自然に「はい」と答えていた。

「違いはありませんでした。⑦ただ、わたしが知らなかっただけです」

人には人の数だけ事情があって、環境《かんきょう》がある。『あしたの家』だけとってみても、子供たちがここにやってきた理由は様々だ。

世界が違うのではなく、同じ世界に住まう人にもいろんな事情があることを知らなかった。

その代わり、と女子に向き直る。

「今度からはちゃんと言うんだぞ」

女子は輝《かがや》くような笑顔で頷いた。猪俣に連れていってもらったドラッグストアで緑と青のチューブの薬を買ってもらい、ご機嫌《きげん》で帰ってきた。

「イノっちに連れてってもらってよかった！　自分のお金じゃ足りなかった！」

そして、人生最大の仕事のように、洗面所で小鼻のニキビに薬を塗《ぬ》って、職員室で「ごめんなさい」と頭を下げて居室に戻《もど》った。

梨田が不機嫌に帰宅してから、和泉は猪俣に尋ねた。

「どうしてあの子のわがままを聞いてあげたんですか」

猪俣は陰気な顔で陰気に笑った。――顔の造りでだいぶ損をしている。

「明後日が遠足なんですよ。憧《あこが》れの男の子と同じ班になったそうです」

④もう遠い日になった中学生の時分が巻《ま》き戻《もど》った。ニキビがひとつできたかどうかで人生が憂鬱《ゆううつ》になった。好きな男子が同じクラスにいたらなおさら。――それが特別なイベントに絡《から》むなんて、人生が終わってしまうほどの絶望だった。

「子供が思《おも》い詰《つ》めているときは、子供なりの正当な理由があるものです。ニキビの薬一つで夜の抜け出しをしないと約束してくれるなら安いものでしょう」

その後しばらくして、梨田は救急箱に常備してほしい薬のアンケートを子供たちに取った。

「またあんなくだらない脱走騒《だっそうさわ》ぎが起きたら敵《かな》わん」と苦虫を噛《か》みつぶしながらではあったが。

今年で高校一年になるその女子は、それからは似たような騒ぎを一度も起こしていない。

【場面③】

「和泉先生はどうして児童養護施設で働こうと思ったんですか」

世間話で猪俣に問われたとき、採用面接用のａ肩肘張《かたひじは》った志望動機ではなく、⑤心の中にしまっておいた本当の動機を話す気になったのは、ニキビの一件があったからかもしれない。

中学生の女子のニキビの一大事を大真面目に処理した猪俣だったら、笑わず聞いてくれそうな気がした。

「高校生のとき、同じクラスに好きな男の子がいたんです。ちょっと陰《かげ》のある雰囲気《ふんいき》で……」

大人っぽくてかっこいい、と最初はそんな単純な憧れ方だった。クラスのイベントで同じ係になり、よく喋《しゃべ》るようになると話が合った。

思春期の好きが坂道を転がり落ちるきっかけなんて、それで充分《じゅうぶん》だ。

女子が呟《つぶや》いたのは、歩いてほんの十分ほどのところにあるドラッグストアの店名である。夜は十一時まで開いている。

「何でダイコク行きたかったんだ」

やっぱり世間話のように尋ねた猪俣に、女子はふて腐《くさ》れた様子で答えた。

「ニキビできたから」

言われてみると、小鼻の横にぽつんと赤いニキビがある。

「ニキビの薬、買いに行きたかったのか」

猪俣の問いに、女子はこくんと頷《うなず》いた。

梨田が苦々しそうに吐《は》き捨《す》てる。

「潰《つぶ》しとけ、そんなもん！」

「跡《あと》になっちゃうじゃん！」（中略）

「職員室の救急箱にもお薬あるよ」

和泉としては助け船のつもりで口を出したが、途端《とたん》に女子に睨《にら》まれた。

「あんなの効かないもん！」

苛立《いらだ》ったように梨田が息を吸った。「贅沢《ぜいたく》言うな」「わがまま言うな」辺りが飛び出すはずだったのだろうが、機先を制するようにまた猪俣が口を開いた。

「どれなら効くんだ？」

女子は救いの手が差《さ》し伸《の》べられたような眼差《まなざ》しで猪俣を見上げた。

「緑と青のチューブのやつ」

「名前は？」

「分かんないけど……見たら分かる。学校で友達が貸してくれたとき、すぐ治った」

そして③女子は泣きそうな顔で俯《うつむ》いた。「明後日までに治らないと」と呟いた。

「じゃあ先生と買いに行くか」

「猪俣先生！」

梨田は目を吊《つ》り上《あ》げて咎《とが》めたが、猪俣は「いいじゃないですか」と引かなかった。

「夜遊びが目的じゃなかったんだから、今回は大目に見ましょうよ。思春期の子供がたくさんいるんだから、救急箱にニキビの薬が入っててもいいでしょうし」

二　和泉和恵《いずみかずえ》は児童養護施設《じどうようごしせつ》「あしたの家」の職員です。以下は、和泉が新人だった頃《ころ》、彼女《かのじょ》の指導担当であった猪俣《いのまた》との思い出を振《ふ》り返《かえ》っている場面です。なお、児童養護施設とは、保護者がいない、保護者から虐待《ぎゃくたい》を受けている、などの事情により社会的な養護が必要な子供たちが生活している施設です。これを読んで、あとの問いに答えなさい。

【場面①】

和泉が『あしたの家』に就職したのは、二十五歳《さい》の頃だ。（中略）

指導職員は猪俣だった。痩《や》せぎすで顔の輪郭《りんかく》も尖《とが》っている猪俣は、一見すると陰気《いんき》でとっつきにくそうに見え、最初は苦手意識があった。

（中略）

【場面②】

ある日、中学生の女子が問題行動を起こした。門限後に施設を抜《ぬ》け出《だ》そうとしたのだ。門扉《もんぴ》を乗《の》り越《こ》えようとしているところを近隣《きんりん》の住民に通報され、門扉のてっぺんにまたがった状態で職員に取《と》り押《お》さえられた。

和泉は残業で居残っており、猪俣は宿直だったので聞き取りに立ち会った。副施設長の梨田も近所に住んでいたので駆《か》けつけ、鬼《おに》のような形相《ぎょうそう》で女子をとっちめた。

梨田は近隣からの評判を常日頃《つねひごろ》から気にかけており、子供の素行に厳しい。住民に通報されて夜遊びが発覚したとあってはなおさらだ。

どうしてこんなことをしたんだと薄《うす》い髪《かみ》から透《す》ける地肌《じはだ》が真っ赤になるほど怒《おこ》っている梨田に、女子は膨《ふく》れっ面《つら》のまま何も言わなかった。

「黙《だま》り込《こ》んでやり過ごせると思うな！　①どこに行こうとしてたんだ！」

梨田が怒鳴《どな》れば怒鳴るほど、女子は頑《かたく》なに貝になり、やがて梨田の怒声《どせい》にも疲《つか》れが見えはじめた。

そのときである。

「何しに行きたかったんだ？」

それまで黙《だま》っていた猪俣が、世間話のような口調で尋《たず》ねた。

すると、それまで断固として貝だった女子の唇《くちびる》が、物言いたげにもぐもぐした。

②ここを先途《せんど》とばかりに声を荒《あら》げようとした梨田を、猪俣が手振《てぶ》りで止めた。無言で片手を軽く挙げただけだ。その仕草に一体どんな魔法《まほう》が籠《こ》められていたのか、梨田は不本意そうにではあったが押し黙った。

「……ダイコク」

**問九**　次の会話は、この文章を読んだ先生と生徒が話をしている場面です。これを読んで、あとの⑴・⑵の問いに答えなさい。

Aさん「たしかに最近『人それぞれ』ってよく耳にするわ。」

Bくん「そうだね。きのう友だちに英会話を習おうってさそわれたけど、自分は英語のラジオ講座が気に入っているんだ。勉強法も『人それぞれ』ってことで盛り上がったな。」

Aさん「それはそうかもしれないけど、この間『学芸会のクラスの出し物』を決めるときに、なかなか決まらなくて『もう人それぞれでいいじゃん』って言われたときは困っちゃった……」

Bくん「ああ、『学芸会のクラスの出し物』は『人それぞれ』ってわけにはいかないよね。だって、【　A　】から。」

Cくん「そうか。『人それぞれ』だとよくないこともあるね。そういえば以前、アメリカの銃《じゅう》規制の問題について何かで読んだことがあるけど、武器をもつか、もたないかが『人それぞれ』だと問題があるんじゃないかな。」

先生「お、いいところに気づいたね。実は筆者は同じ本の中で、人びとが自由に行動した結果、社会としての損失が大きくなる現象を『社会的ジレンマ』と述べているんだ。護身用に『人それぞれ』の意志で銃をもつことはできても、全員が武器をもつとかえって社会の治安は悪化してしまう。また、武器の開発も活発になってしまう。こういう事態は、それぞれの人にとってよくない、というわけだね。」

Aさん「そういう『社会的ジレンマ』って、ほかにもありそうだわ。」

⑴　【　A　】にあてはまる理由を自分で考えて書きなさい。

⑵　『社会的ジレンマ』の例として**あてはまらないもの**を次から一つ選び、記号で答えなさい。

**ア**　人びとが混んだ電車を避《さ》け、マイカーで自由に移動すると、渋滞《じゅうたい》したり温室効果ガスが多く発生したりする。

**イ**　献血《けんけつ》をするかしないかは人それぞれだが、輸血用の血液が集まらないと患者《かんじゃ》が助からないこともある。

**ウ**　一人一人好きな職業をめざして努力することはできるが、芸人になろうとしても必ずしも売れるわけではない。

**エ**　ゴミの分別が面倒《めんどう》でまとめて処分してしまうと、リサイクルしにくかったりゴミの量が増えたりする。

**問六** ――⑤「コミュニケーションにまつわる人びとの不安」とありますが、人びとが抱《いだ》く不安とは、どのようなものですか。その内容として最も適当なものを次から選び、記号で答えなさい。

**ア** つながっていたい人に自分の言葉がどう伝わっているか簡単にはわからず、自分の本当の気持ちを理解してもらえないのではないかという不安。

**イ** つながっていたい相手にどうすれば自分との関係をよいものだと思ってもらえるか簡単にはわからず、いつかそのつながりを解消されてしまうのではないかという不安。

**ウ** つながっていたい人が濃密な関係をきらっているのかどうか簡単にはわからず、自分が相手にうっとうしいと思われているのではないかという不安。

**エ** つながっていたい人とどうすれば気楽に話せるのか簡単にはわからず、自分の喜怒哀楽《きどあいらく》の表現が不安定になってしまうのではないかという不安。

**問七** ――⑥「この厄介《やっかい》な状況に対処するにあたって重宝されてきたのが、『人それぞれ』を前提としたコミュニケーションです」とありますが、「『人それぞれ』を前提としたコミュニケーション」はなぜ「重宝」されているのですか。その理由を**二つ**、それぞれ二十字以上二十五字以内で答えなさい。

**問八** この文章の構成の特徴《とくちょう》として最も適当なものを次から選び、記号で答えなさい。

**ア** 最近さまざまな場面で使われる「人それぞれ」という言葉を取り上げ、その言葉の背後に潜《ひそ》む、現代人のコミュニケーションにまつわる不安な心理を科学的に解き明かし、筆者の考える望ましい人間関係のあり方を読者に訴《うった》えている。

**イ** 最近だれもが口にする「人それぞれ」という言葉に注目し、それを人びとが使うようになるまでの歴史的な経緯《けいい》を複数の資料を比《ひ》較《かく》しながら検証し、個人の意思が尊重される現代においてこの言葉が重宝される意義を明らかにしている。

**ウ** 最近よく耳にする「人それぞれ」という言葉に着目し、なぜ現代の人びとがこの言葉を多用するようになったのかを、現代と昔の人間関係を比較する中で明らかにし、不安定なつながりの中で生きる現代人が抱《かか》える問題を提示している。

**エ** 最近よく耳にする「人それぞれ」という言葉がどのような場面で使われるのかを例を挙げながら検証し、現代人が失った昔の濃密なつながりを取り戻すためにはどうすべきかを、昭和の人情劇を手がかりに読者に考えさせようとしている。

(2)　筆者がここで、この映画を紹介《しょうかい》したのは、どのような意図によりますか。筆者の意図の説明として最も適当なものを次から選び、記号で答えなさい。

ア　昔は人びとのつながりが濃密《のうみつ》だったことを例示し、現代人が失った人間関係の濃密さを取《と》り戻《もど》さなければならないという、自分の主張を印象づけるため。

イ　昔は感情表現が希薄《きはく》だったことを例示し、現代の人間関係を結びつけているものが生活の維持の必要性から感情へと変わってきたという自説を裏付けるため。

ウ　昔は地域の結びつきが強かったことを例示し、現代の人間関係が個々人の判断にゆだねられ、地域に縛《しば》られない気楽さを手に入れたことを再確認するため。

エ　昔の人間関係は気遣《きづか》いが乏《とぼ》しかったことを例示し、現代の濃密な気遣いによって結びつけられた人間関係と比較《ひかく》させ、理想的な人間関係のあり方を示すため。

**問四**　――③「この特性」とありますが、どのようなことを指していますか。その説明として最も適当なものを次から選び、記号で答えなさい。

ア　好きな相手と嫌《きら》いな相手とで、付き合いかたを自在に変えられるということ。

イ　感情によって結びついた人間関係は、言葉で表現しなくても深いということ。

ウ　人と人とがどんな関係を結ぶかは、お互いに相談して決められるということ。

エ　相手との関係を続けるのもやめるのも、本人の意思次第であるということ。

**問五**　――④「お互いに『よい』状況《じょうきょう》を更新《こうしん》してゆかねばなりません」とありますが、これは、どのようなことを指していますか。その事例として最も適当なものを次から選び、記号で答えなさい。

ア　ある会社では、顧客《こきゃく》へのサービスとして、毎年自社製品の優待セールを実施《じっし》して好評である。

イ　まもなく還暦《かんれき》を迎《むか》える父に贈《おく》るプレゼントを選ぶために、久しぶりに兄弟姉妹が集まって相談する。

ウ　メールでのやりとりが増えている今でも、大切な友人には自筆の年賀状を送るように心がけている。

エ　仲の良いグループ内のメールやＬＩＮＥには、たとえ勉強中であってもすぐに返信するようにしている。

**問一**　（　A　）〜（　C　）に当てはまる語として適当なものを次から選び、それぞれ記号で答えなさい。

**ア**　たとえば　**イ**　つまり　**ウ**　あるいは　**エ**　では　**オ**　しかし

**問二**　――①「生活維持《いじ》の必要性という、人と人を強固に結びつけてきた接着剤《せっちゃくざい》は弱まっています」とありますが、その原因を筆者はどのように考えていますか。最も適当なものを次から選び、記号で答えなさい。

**ア**　生活の維持のために必要だった社会の規範《きはん》が緩《ゆる》くなり、「やる」「やらない」の判断が個人にゆだねられるようになったから。

**イ**　生活の維持のために人々を結びつけていたサービスや社会保障が、今ではお金を払《はら》えば容易に得られるようになってきたから。

**ウ**　生活の維持はお金を払って得られるサービスや行政の社会保障にゆだねられ、身近な人と助け合う必要性が薄《うす》れてきたから。

**エ**　生活の維持のために不可欠だった自治会への加入が強制されなくなり、参加は個人の判断に任されるようになってきたから。

**問三**　――②「『長屋紳士録《ながやしんしろく》』という短い映画があります」についてあとの問いに答えなさい。

(1)　この映画の内容とそこから読み取れることの説明として**明らかに誤っているもの**を次の中から一つ選び、記号で答えなさい。

**ア**　再会の場面で親が近寄ってくる子どもを手で押《お》しのけて女性に挨拶《あいさつ》をしたことから、当時の人々は儀礼《ぎれい》を大切にしていたことが読み取れる。

**イ**　再会を果たした親子が互《たが》いに駆《か》け寄《よ》ることも抱《だ》き合《あ》うこともなかったことから、当時の親子の感情表現があまり豊かでなかったことが読み取れる。

**ウ**　長屋の住人は、鍵《かぎ》もかけずお互いの家にしょっちゅう行き来していたことから、当時は住人どうし密接な関わりがあったことが読み取れる。

**エ**　少年が「オバチャンサヨナラ」と別《わか》れ際《ぎわ》にぶっきらぼうに述べたことから、当時の少年は大人に対して礼儀《れいぎ》に欠ける態度をとっていたことが読み取れる。

が自身にとって理解できないものであっても、「人それぞれ」とすることで、問題化することを避《さ》けられます。（中略）個の尊重を前提とした「人それぞれの社会」では、相手を否定しないことに加え、自らの考えを押しつけないことも求められます。それぞれの意思を尊重する社会では、意見を押しつけず、それぞれの考え方を緩《ゆる》やかに認めることが肝要《かんよう》なのです。

このような環境では、たとえ、自身はオンラインを制限した方がよいと思っていたとしても、それを表明すると、考えの押しつけになってしまいます。「人それぞれ」のコミュニケーションは、このようなときにも重宝されます。というのも、「人それぞれ」という言葉を使っておけば、自らの立ち位置を守りつつ、相手の意思を尊重することも可能だからです。

不安定なつながりのなかを生きる私たちは、「人それぞれ」という言葉を使って、お互いの意見のぶつかり合いを避けています。このようななかで率直に意見を交わし、議論を深めるのは、そう簡単ではありません。

（石《いし》田《だ》光規《みつのり》『「人それぞれ」がさみしい』より）

※　問題作成の都合上、文章の一部を省略したところがあります。

（注）＊人情劇……人間の情感を表現している劇。
＊最適解……最もよい答え。
＊指南書……教え導く本。
＊コミュ力……言葉などによって、互《たが》いに考えなどを伝える力。
＊コミュ障……人と話したり人の話を聞いたりするのが苦手なこと。

詫《わ》びと御礼《おれい》の挨拶《あいさつ》をすることを優先させます。（　C　）、儀礼《ぎれい》を優先しているわけです。

子どもと女性の別れのシーンでも、涙《なみだ》や抱擁《ほうよう》はいっさい見られません。少年が「オバチャンサヨナラ」とぶっきらぼうに述べ、別れのシーンは終わります。ここから、「人情劇」と言われた映画でさえも、感情表現は非常に乏《とぼ》しいことがわかります。

この映画を見た学生は、「昔のつながりは濃密《のうみつ》だけど感情や気遣《きづか》いが薄《うす》く、今のつながりは希薄《きはく》だけど、感情や気遣いが濃《こ》い」と述べていました。この言葉は、感情に満たされた今の人間関係をよく表しています。

しかし、感情に補強されたつながりは、それほど強いものにはなりません。私たちは、相手とのつながりを「よい」と思えば関係を継続《けいぞく》させるし、「悪い」と思えば関係から退くこともできます。③この特性のおかげで、私たちは、無理して人と付き合わなくてもよい気楽さを手にしました。理不尽《りふじん》な要求や差別的な待遇《たいぐう》から逃《のが》れやすくなったのです。しかし、人と無理に付き合わなくてもよい気楽さは、つながりから切《き》り離《はな》される不安も連れてきてしまいました。

お互いに「よい」と思うことで続いていくつながりは、どちらか、または、両方が「悪い」と思えば解消されるリスクがあります。放っておいても行き来がある長屋の住人とは違うのです。このような状況《じょうきょう》で関係を継続させるには、④お互いに「よい」状況を更新《こうしん》してゆかねばなりません。つまり、つながりのなかに「よい」感情を注ぎ続けねばならないのです。

この特性は、その人にとって大事なつながりであればあるほど強く発揮されます。私たちは、大事なつながりほど「手放したくない」と考えます。しかし、あるつながりを手放さないためには、相手の感情を「よい」ままで維持しなければなりません。大事な相手とつながり続けるためには、関係からマイナスの要素を徹底《てってい》して排除《はいじょ》する必要があるのです。

とはいえ、個々人の心理に規定される「よい」状況は、社会に共有される規範ほどには安定していません。社会のルールはなかなか変わりませんが、個人の感情は日によって変わることもあります。何かの拍子《ひょうし》に、ふと、「悪い」に転じてしまうこともあるのです。つまり、人と無理に付き合わなくても良いつながりは、ふとしたことで解消されてしまう不安定なつながりとも言えるのです。

かといって、目の前のつながりを安定させる*最適解は、そう簡単に見つかりません。人の心を*覗《のぞ》くことはできませんから。⑤コミュニケーションにまつわる人びとの不安を物語っています。私たちは、人間関係を円滑《えんかつ》に進めてゆく行動様式がはっきり見えないまま、相手の心理に配慮《はいりょ》しつつ、コミュニケーションを行う厄介《やっかい》な状況にさらされているのです。

⑥この厄介な状況に対処するにあたって重宝されてきたのが、「人それぞれ」を前提としたコミュニケーションです。私たちは、たとえ相手の見解が、自身の見解と異なっていたとしても、「人それぞれ」と解釈《かいしゃく》することで、対立を回避《かいひ》することができます。あるいは、相手の行動

はもはや強制される時代ではありません。地域の自治会への加入も任意性が強くなりました。趣味《しゅみ》のサークルを続けるか続けないかは、まさに「人それぞれ」でしょう。

誰と付き合うか、あるいは、付き合わないかは、個々人の判断にゆだねられています。俗《ぞく》っぽく言えば、私たちは、（嫌《いや》な）人と無理に付き合わなくてもよい気楽さを手に入れたのです。人と人を結びつける接着剤《せっちゃくざい》は、着実に弱くなっているのです。

（　Ａ　）、このような社会で、つながりを維持するにはどうすればよいのでしょうか。①生活維持の必要性という、人と人を強固に結びつけてきた接着剤は弱まっています。そうであるならば、私たちは、目の前の関係をつなぎ止める接着剤を新たに用意しなければなりません。そこで私たちは、弱まってきた関係をつなぎ止める新たな補強剤として、つながりに大量の「感情」を注《そそ》ぎ込《こ》むようになりました。

このような傾向は、メディアからも読み取ることができます。日本映画界の巨匠《きょしょう》、小津安二郎監督《おづやすじろうかんとく》の作品に、②『長屋紳士録《ながやしんしろく》』という短い映画があります。この映画は、終戦から二年後の一九四七年に公開されました。当時は、東京下町を舞台《ぶたい》にした*人情劇と評価されています。簡単にあらすじを紹介《しょうかい》しましょう。

おもな登場人物は、長屋の住人と少年です。物語は、長屋に住む女性のところに、実の親とはぐれてしまった子どもが届けられるところから始まります。そのさい、長屋のその他の住人とひと悶着《もんちゃく》あるのですが、結局、女性が少年の面倒《めんどう》を見ることになります。最初は子どもの世話を嫌がっていた女性も、だんだんと情が移り、子どもをかわいらしく思ってきます。しかし、その矢先に、子どもを探していた実の親が登場し、女性と子どもの間に別れが訪れます。子どもが去った後、女性はあらためて親子のつながりのよさに気づく、というのが大まかなあらすじです。

長屋の住人は、鍵《かぎ》もかけず、お互《たが》いの家にしょっちゅう行き来をし、何かにつけ雑談をします。親子のつながりや、長屋の住人どうしの密接な交流。こういった言葉からは、「昔ながらの温かなつながり」を想像することができます。

（　Ｂ　）、今の人びとが見ると、この映画に対してかなりの違和感《いわかん》を抱《いだ》くでしょう。その理由は、登場する人びとの感情的な交流の少なさにあります。

人情劇であるこの映画のなかで、スキンシップと言いうる場面は、少年が女性の肩《かた》をたたくシーン以外、いっさいありません。感情的な交流の少なさは、実の親と子どもの再会のシーンに集約されます。

物語のクライマックスである親子の再会、および、少年と女性との別れは、現在の感覚からすると、さぞ感動的に演出されるのではないかと思います。しかし、『長屋紳士録』において、そのような表現はまったくありません。

再会を果たした親子は、互いに駆《か》け寄《よ》ることも、抱《だ》き合《あ》うこともありません。それどころか親は、近寄る子どもを手で押《お》しのけ、女性にお

# 2023年度 森村学園中等部

**【国　語】**〈第一回試験〉（五〇分）〈満点：一〇〇点〉

（注意）記述で答える問題は、特に指定のない場合、句読点《くとうてん》や符号《ふごう》は一字として数えるものとします。

**一　次の文章を読み、あとの問いに答えなさい。**

「今日のテーマは『私たちはオンラインの環境《かんきょう》を制限した方がよいのか』です。グループに分かれて、一〇分くらい議論してください」

教員の掛《か》け声《ごえ》とともに、学生が気だるそうに移動する。

「オンラインの制限だってよ。どうする？」

「どうしよっか」

「強制とか制限っていうより、人それぞれでよくね？」

「そうだよなぁ……」

皆《みな》さんも誰《だれ》かと話しているときに、つい「人それぞれ」と言ってしまうことはありませんか。ここにあげたような会話は、こんにちいたるところで見られます。この章では、あるていど顔を見知った関係のなかで展開される「人それぞれ」のコミュニケーションに注目していきます。

「一人」になれる条件が整い、人びとの選択《せんたく》や決定が尊重されるようになった社会では、さまざまな物事を「やらない」で済ませられるようになります。ある行為《こうい》を「やらねばならない」と迫《せま》る社会の規範《きはん》は緩《ゆる》くなり、何かを「やる」「やらない」の判断は、個々人にゆだねられるようになったのです。

この傾向《けいこう》は人間関係にも当てはまります。私たちが生きる時代は、閉鎖的《へいさてき》な集団に同化・埋没《まいぼつ》することで生活が維持《いじ》されてきたムラ社会の時代と違《ちが》います。生活の維持は、身近な人間関係のなかにではなく、お金を使って得られる商品やサービスと、行政の社会保障にゆだねられるようになったのです。

このような社会では、誰かと「付き合わなければならない」と強制される機会が、徐々《じょじょ》に減っていきます。会社やクラスの懇親会《こんしんかい》への参加

# 2023年度
# 森村学園中等部 ▶解説と解答

## 算　数　＜第１回試験＞（50分）＜満点：100点＞

**解　答**

**1** (1) 26　(2) $1\frac{1}{2}$　(3) $2\frac{6}{7}$　**2** (1) 40円　(2) 時速10km　(3) 38　(4) 300ｇ　(5) 75枚　**3** (1) 1　(2) 149　(3) 3901　**4** (1) 40　(2) 27.5　(3) 1.8km　**5** (1) **お**…55，**こ**…115，**そ**…155　(2) **94**…に，**154**…ひ／３個　(3) 24個，2592　**6** (1) 28.26cm$^3$　(2) 169.56cm$^3$　(3) 339.12cm$^3$

**解　説**

### 1 四則計算，計算のくふう

(1) $50-5\times3-(51-6)\div5=50-15-45\div5=50-15-9=26$

(2) $0.125\times3+0.375+0.625\times\frac{3}{5}+0.875\div2\frac{1}{3}=\frac{1}{8}\times3+\frac{3}{8}+\frac{5}{8}\times\frac{3}{5}+\frac{7}{8}\div\frac{7}{3}=\frac{3}{8}+\frac{3}{8}+\frac{3}{8}+\frac{3}{8}=\frac{12}{8}=\frac{3}{2}=1\frac{1}{2}$

(3) $2\frac{1}{7}\div2\times\left\{4\frac{2}{3}-\left(0.625+\frac{1}{6}\right)\times2\frac{10}{19}\right\}=\frac{15}{7}\div2\times\left\{\frac{14}{3}-\left(\frac{5}{8}+\frac{1}{6}\right)\times\frac{48}{19}\right\}=\frac{15}{7}\div2\times\left\{\frac{14}{3}-\left(\frac{15}{24}+\frac{4}{24}\right)\times\frac{48}{19}\right\}=\frac{15}{7}\div2\times\left(\frac{14}{3}-\frac{19}{24}\times\frac{48}{19}\right)=\frac{15}{7}\div2\times\left(\frac{14}{3}-2\right)=\frac{15}{7}\div2\times\left(\frac{14}{3}-\frac{6}{3}\right)=\frac{15}{7}\times\frac{1}{2}\times\frac{8}{3}=\frac{20}{7}=2\frac{6}{7}$

### 2 売買損益，速さ，和差算，濃度《のうど》，割合と比

(1) 原価800円の商品に４割の利益を見込《こ》んで定価をつけると，定価は，800×（１＋0.4）＝1120(円)になる。これを25％引きで売ると，売り値は，1120×（１－0.25）＝840(円)になるので，840－800＝40(円)の利益となる。

(2) 森村君は，行きに，15÷12×60＝75(分)かかったので，帰りには，75＋15＝90(分)かかったことになる。よって，帰りの速さは，時速，15÷90×60＝10(km)である。

(3) 連続する２つの偶数《ぐうすう》の差は２なので，連続する４つの偶数のうち，最も大きい数を□としたとき，残りの３つと□との差は，右の図Ⅰに示すように，それぞれ２，４，６となる。図Ⅰから，140＋２＋４＋６＝152が，□の４倍とわかるので，□＝152÷４＝38より，最も大きい数は38である。

図Ⅰ

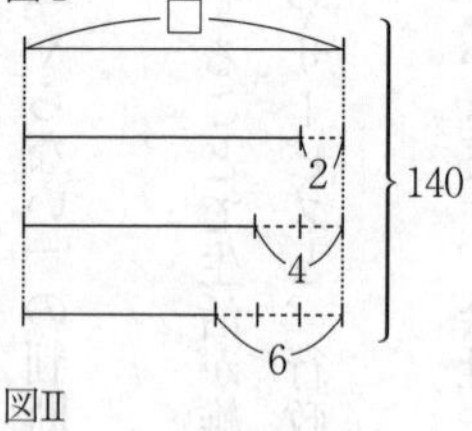


(4) 混ぜてできた食塩水の濃《こ》さを，図で表すと，右の図Ⅱのようになる。図Ⅱで，ア：イ＝(15－10)：(10－８)＝５：２なので，□：△＝$\frac{1}{5}$：$\frac{1}{2}$＝２：５である。□＋△＝1050(ｇ)だから，15％の食塩水Ａを，1050×$\frac{2}{2+5}$＝300(ｇ)混ぜたとわかる。

図Ⅱ

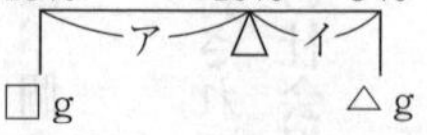


(5) 100円玉と500円玉それぞれの合計金額の比が５：４のとき，枚数の比は，$\frac{5}{100}$：$\frac{4}{500}$＝25：４である。この比の和の，25＋４＝29が87枚にあたるから，100円玉は全部で，87×$\frac{25}{29}$＝75(枚)ある。

## 3 数列

(1)　問題文中の数列に並んでいる数を，６で割ったときの余りで分類すると，右の表のように，余りが１になる数と，余りが５になる数が交互《こうご》に出てくることがわかる。また，余りが１になる数と，余りが５になる数それぞれにおいて，次の数は，前の数に６を足した数になっている。さらに，数列の奇数《きすう》番目の数は６で割った余りが１の数，偶数番目の数は余りが５の数である。よって，15は奇数だから，15番目の数を６で割ったときの余りは１になる。

| | | | | | |
|---|---|---|---|---|---|
| 余り１ | 1 | 7 | 13 | 19 | … |
| 余り５ | 5 | 11 | 17 | 23 | … |

(2)　50番目は，偶数番目の中では，50÷２＝25(番目)の数なので，５＋６×(25－１)＝149である。

(3)　51÷２＝25余り１より，１番目から51番目までに，奇数は，25＋１＝26(個)，偶数は25個ある。51番目の数は，１＋６×(26－１)＝151で，50番目の数は(2)より149だから，１番目の数から51番目の数までの和は，(１＋151)×26÷２＋(５＋149)×25÷２＝1976＋1925＝3901となる。

## 4 グラフ―速さ

(1)　急行列車の速さは，分速，72÷60＝1.2(km)なので，Ｃ駅を出発してからＡ駅に着くまでに，36÷1.2＝30(分)かかる。グラフより，普通《ふつう》列車がＡ駅を出発してから10分後に，急行列車がＣ駅を出発しているので，急行列車がＡ駅に着くのは，普通列車がＡ駅を出発してから，10＋30＝40(分後)となる。

(2)　急行列車は，Ｃ駅を出発してから，36－15＝21(km)離《はな》れたＢ駅を通過するまでに，21÷72×60＝17.5(分)かかる。これは，普通列車がＡ駅を出発してから，10＋17.5＝27.5(分後)である。

(3)　普通列車は，Ａ駅から15km離れたＢ駅に着くまでに15分かかっているので，速さは，分速，15÷15＝１(km)である。普通列車がＢ駅を出発して，Ｃ駅に着くまでに，21÷１＝21(分)かかるから，普通列車がＢ駅を出たのは，Ａ駅を出てから，50－21＝29(分後)のこととわかる。(2)より，そのとき急行列車は，Ｂ駅を出て，29－27.5＝1.5(分)たっているので，Ｂ駅から，1.2×1.5＝1.8(km)離れていた。

## 5 約束記号

(1)　問題文中のルールに従うと，「お」のＡは，２＋３＝５，Ｂも５なので，「お」は55で表される。また，「こ」のＡは，２＋３＝５，Ｂは，２＋３＋６＝11なので，「こ」は115で表される。さらに，「そ」のＡは，２＋３＝５，Ｂは，２＋３＋４＋６＝15なので，「そ」は155で表される。

(2)　問題文中の表にあるひらがなを，ルールに従って整数で表したとき，「や」「ゆ」「よ」「わ」「を」「ん」を除いた，あ段，い段，う段，え段，お段の各段のひらがなのＡは共通になっていて，あ段のひらがなのＡは１，い段のひらがなのＡは，１＋３＝４，う段のひらがなのＡは，１＋２＝３，え段のひらがなのＡは，１＋２＋３＝６，お段のひらがなのＡは，２＋３＝５となっている。よって，ルールに従って変換《へんかん》した94は，Ａ＝４＝１＋３より，い段のひらがなである。い段のひらがなの中で，Ｂが９になるようなものは，１＋３＋５＝９より，「に」があてはまる。また，ルールに従って変換した154も，Ａは４だから，い段のひらがなである。い段のひらがなの中で，Ｂが15になるようなものは，１＋３＋５＋６＝15より，「ひ」があてはまる。さらに，ルールに従って変換した整数で，一の位，つまりＡが２である整数は，これまでの各段のひらがなには存在しないので，例外の「や」「ゆ」「よ」「わ」「を」「ん」の中から探す。すると，「や」「ゆ」「よ」の３個は，ルールに従って変換した整数の一の位が２であることがわかる。

⑶　⑵より，ルールに従って整数に変換すると奇数になるひらがなは，あ段，う段，お段のひらがなである。例外の「や」「ゆ」「よ」「わ」「を」「ん」については，「や」「ゆ」「よ」のＡが２，「わ」「を」「ん」のＡが０で，いずれも偶数になるため，ふくまれない。よって，奇数の数は，８＋８＋８＝24(個)とわかる。次に，求める奇数の合計を考えるとき，まず各行の合計について考える。ルールに従って整数に変換すると，「あ」は11，「う」は33，「お」は55である。これに対し，「か」は71，「く」は93，「こ」は115である。あ行のひらがなの整数とか行のひらがなの整数では，段ごとに差をとると，71−11＝60，93−33＝60，115−55＝60と，いずれも60であることがわかる。これは，か行の点字が，あ行の点字に対して，６を追加で黒く塗《ぬ》っているからである。つまり，ある行の点字が，あ行の点字に対して，どこを追加で黒く塗っているかがわかれば，その行の整数の合計が，あ行の整数の合計よりどれだけ大きくなるかがわかる。か行は６，さ行は，４＋６＝10，た行は，４＋５＝９，な行は５，は行は，５＋６＝11，ま行は，４＋５＋６＝15，ら行は４を，あ行に追加で黒く塗っている。以上より，奇数をすべて足すと，(11＋33＋55)×８＋６×10×３＋10×10×３＋９×10×３＋５×10×３＋11×10×３＋15×10×３＋４×10×３＝99×８＋(60＋100＋90＋50＋110＋150＋40)×３＝792＋1800＝2592になる。

**6　立体図形―体積**

⑴　問題文中の図１の直角二等辺三角形を，直線ℓを軸《じく》として１回転させると，下の図Ⅰのような，底面の半径３cm，高さ３cmの円すいができる。この円すいの体積は，３×３×3.14×３×$\frac{1}{3}$＝９×3.14＝28.26(cm$^3$)である。

図Ⅰ

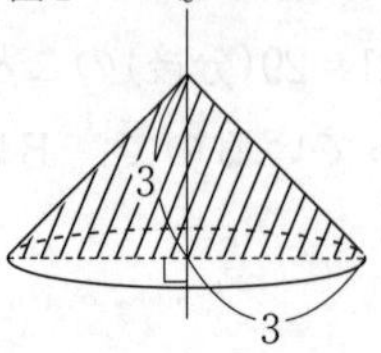


図Ⅱ

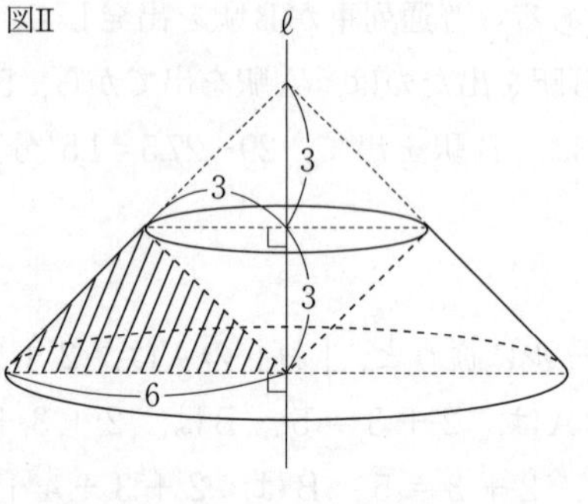


⑵　問題文中の図２の直角二等辺三角形を，直線ℓを軸として１回転させると，上の図Ⅱのような立体ができる。この立体は，底面の半径６cm，高さ６cmの円すいから，⑴で求めた，底面の半径３cm，高さ３cmの円すいを２つ除いたものなので，その体積は，６×６×3.14×６×$\frac{1}{3}$−９×3.14×２＝(72−18)×3.14＝54×3.14＝169.56(cm$^3$)である。

⑶　問題文中の図３の直角二等辺三角形を，直線ℓを軸として１回転させると，右の図Ⅲのような立体ができる。この立体は，底面の半径９cm，高さ９cmの円すいから，底面の半径６cm，高さ６cmの円すいと，「底面の半径６cm，高さ６cmの円すいから，底面の半径３cm，高さ３cmの円すいを除いた立体」を除いたものなので，その体積は，９×９×3.14×９×$\frac{1}{3}$−６×６×3.14×６×$\frac{1}{3}$−(６×６×3.14×６×

図Ⅲ

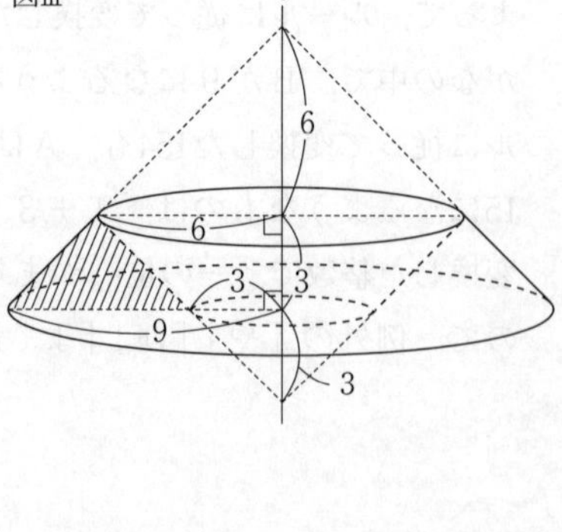

$\frac{1}{3}-3\times3\times3.14\times3\times\frac{1}{3}\Big)=243\times3.14-72\times3.14-(72\times3.14-9\times3.14)=243\times3.14-72\times3.14-(72-9)\times3.14=(243-72-63)\times3.14=108\times3.14=339.12(\mathrm{cm}^3)$と求められる。

## 社　会　＜第１回試験＞（40分）＜満点：75点＞

### 解　答

**1** **問１**　①　シ　②　エ　③　キ　④　コ　⑤　サ　**問２**　エ　**問３**　新羅　**問４**　フビライ＝ハン　**問５**　ラックスマン（ラクスマン）　**問６**　与謝野晶子　**問７**　（例）　韓国を併合するなど，アジアに植民地を広げていったこと。　**2** **問１**　佐渡(島)　**問２**　エ　**問３**　(1)　ウ　(2)　輪島塗　**問４**　（例）　伝染病の広がりや気候変動により特定の作物に被害が出ると，その地域で売ることのできる作物が全滅してしまう可能性がある。

**3** **問１**　イ　**問２**　エ　**問３**　エ　**問４**　通常国会　**問５**　（例）　税金の使い道を決めるのは，国民の代表からなる国会の権限であるにもかかわらず，内閣の権限になってしまっており，三権分立に反するため。　**4** **問１**　（例）　エ／(他はすべて)岩倉使節団の副使　**問２**　（例）　ア／(他はすべて)オリンピック開催地　**5** **問１**　キーウ　**問２**　知床(沖)

**6** **問１**　卑弥呼　**問２**　ア　**問３**　（例）　関東大震災の起こった年より前に，最初のセーラー服導入の事例があると書かれているから。　**問４**　大正デモクラシー　**問５**　（例）　(ヨーロッパの水兵が着ていた。→)ヨーロッパの男の子が水兵をまねて着るようになった。→日本の富裕な家庭の男の子も着るようになった。→アメリカの女子生徒が着るようになった。(→日本の女子生徒に広がった。)　**問６**　（例）　第二次世界大戦後の経済的混乱，物資不足で食糧のみならず，衣類も買えない家庭が多かったから。

### 解　説

**1** **各時代の歴史的なことがらについての問題**

**問１**　①　第一次世界大戦は1914～18年，ロシア革命は1917年のできごとなので，シの大正時代にふくまれる。　②　白村江《はくすきのえ》の戦いは663年のできごとなので，エの古墳・飛鳥時代にふくまれる。　③　「元寇《げんこう》」は鎌倉時代の13世紀後半のできごとなので，キの院政期・鎌倉時代にふくまれる。　④　松平定信は，江戸幕府の老中として寛政の改革(1787～93年)を行ったことで知られるので，コの江戸時代にふくまれる。　⑤　日本とロシアが樺太千島交換《こうかん》条約を結んだのは1875年，日露戦争は1904～05年のできごとなので，サの明治時代にふくまれる。

**問２**　1918年，米騒動《そうどう》の責任をとって寺内正毅《まさたけ》内閣が総辞職すると，立憲政友会総裁の原敬《はらたかし》が首相となった。原は日本初の本格的な政党内閣を組織し，爵位《しゃくい》を持たない「平民宰相《さいしょう》」として民衆の支持を集めた。

**問３**　日本と友好関係にあった朝鮮半島の百済《くだら》が，唐(中国)と結んだ新羅《しらぎ》によって660年に滅《ほろ》ぼされたため，663年に中大兄《なかのおおえの》皇子(のちの天智天皇)は百済復興のために援軍を送ったが，白村江の戦いで唐・新羅の連合軍に大敗した。

**問４**　モンゴル帝国を築いたチンギス＝ハンの孫のフビライ＝ハンは，中国北部を支配下に置いて国号を元と改め，日本もその支配下に置こうとしてたびたび使者を送ってきた。しかし，鎌倉幕府の第８代執権《しっけん》北条時宗がこれを拒否《きょひ》したため，文永の役(1274年)・弘安の役(1281年)の２度にわたって大軍を日本に派遣した。これを元寇といい，いずれも御家人たちがよく戦い，暴風雨が発生したこともあって元軍は引き上げていった。

**問５**　1792年，ロシア使節ラックスマン(ラクスマン)は，漂流《ひょうりゅう》民の大黒屋光太夫《こうだゆう》らを連れて北海道の根室に来航し通商を求めたが，鎖国中であった江戸幕府に通商を断られ，長崎への入港許可が与えられただけで帰国した。

**問６**　1904年に日露戦争が始まると，戦場にいる弟の身を案じた歌人の与謝野晶子《よさのあきこ》は，雑誌「明星」に「君死にたもうことなかれ」という詩を発表し，戦争に反対した。

**問７**　日露戦争後の日本は，1905年に韓国を保護国化し，1910年には韓国を併合するなど，アジアに植民地を拡大していった。そうした植民地を拡大していく動きに対して，インドのネルー首相は「帝国主義国が一つ増えただけだった」と日本の行動を強く批判したのである。

**２　世界農業遺産を題材とした地理についての問題**

**問１**　新潟県は日本海に面し，北方の沖合には日本海最大の島である佐渡《さど》島がある。この島は，かつて金山が発見されたことにより，江戸時代には徳川幕府の直轄《ちょっかつ》地とされた。また，国の特別天然記念物であるトキの保護センターがあり，トキの野生復帰をめざしてNPOなどによるえさ場の復元や里山の保全活動などの取り組みが行われている。

**問２**　農地を台風や季節風などの強い風から守るために，農地を囲む防風林をつくることは，生き物の生活する環境を守ることにもつながるので，エがあてはまらない。

**問３**　(1)　棚田は，山の斜面《しゃめん》や傾斜《けいしゃ》地に階段状につくられた田で，一枚一枚の面積が小さく大型の機械(トラクターやコンバインなど)を使用するには不便で，日当たりが悪いため平地の水田よりも生育条件は悪いが，平野の少ない日本でより多くの米を生産するためにつくられた。よって，ウが誤っている。　　(2)　能登半島は日本海に突《っ》き出た石川県北部の半島で，この地域に位置する輪島市では古くから漆器の生産がさかんで，輪島塗《ぬり》は伝統的工芸品に指定されている。

**問４**　ある地域で農作物を１種類のみ育てている場合，農作物に伝染病が広がったり，気候変動などによって農作物に被害が発生したりした場合にはその地域の農作物が全滅してしまう可能性がある。

**３　国の予算を題材とした政治についての問題**

**問１**　国が社会保障に支出することは，国民の持つ「健康で文化的な最低限度の生活を営む権利」である生存権を保障するために必要なことなので，イがふさわしい。なお，生存権は日本国憲法第25条に規定されており，２項で国に社会保障の向上や増進への努力が義務づけられている。

**問２**　2022年度の歳出のうち，社会保障関係費についで２番目に多いのはエの国債費である。国債費は，国債の返済に使われる費用のことである。

**問３**　ア　日本国憲法第41条では，「国会は，国権の最高機関であって，国の唯一《ゆいいつ》の立法機関」と規定されている。　　イ　日本国憲法第43条１項では，「両議院は，全国民を代表する選挙された議員でこれを組織する」と規定されている。　　ウ　国会は，国政調査権を行使することで，政府(内閣)の活動を監視《かんし》する。　　エ　最高裁判所長官を指名するのは内閣なので，誤っている。

**問４**　毎年１月に召集《しょうしゅう》される，会期が150日間の国会は通常国会(常会)とよばれ，おもに次年度の予算について話し合われる。

**問５**　予備費とは具体的に何に使うかをあらかじめ決めず，予算が足りなくなることに備えておくものであり，具体的に何に使うか(あるいは使わないか)は，事後に国会の承諾《しょうだく》が必要ではあるが，政府(内閣)の判断で決めることができる。しかし，日本国憲法第85条に「国費を支出し，又は国が債務を負担するには，国会の議決に基《もとづ》くことを必要とする」とあることから，予備費が膨《ふく》らみすぎると税金の使い道を決める権限の一部が実質的に内閣の権限になってしまうため，三権分立に反してしまうと考えられる。

## 4　歴史上の人物や都市に共通する性格についての問題

**問１**　木戸孝允，伊藤博文，大久保利通の３人は，岩倉使節団(1871～73年)の副使として欧米に派遣されているが，犬養毅は岩倉使節団にはかかわっていない。また，伊藤博文は1909年に満州(中国東北部)で，大久保利通は1878年に東京の紀尾井坂で，犬養毅は1932年の五・一五事件で暗殺されているが，木戸孝允は暗殺されていない。

**問２**　パリ，リオデジャネイロ，北京の３つの都市はいずれも夏季オリンピックの開催《かいさい》地(パリは1900年と1924年，リオデジャネイロは2016年，北京は2008年)であるが，京都では開催されていない。また，北京以外の３つの都市はいずれも地球環境問題に関する重要な条約などが採択《さいたく》された都市である(京都は1997年に京都議定書が，パリは2015年にパリ協定が，リオデジャネイロは1992年の地球サミット(国連環境開発会議)で気候変動枠組条約や生物多様性条約が採択されている)。

## 5　2022年のできごとを題材とした問題

**問１**　2022年２月にロシアがウクライナに侵攻《しんこう》すると，日本政府は翌３月，日本でのウクライナの首都の呼び方(表記)をロシア語のキエフから，ウクライナ語のキーウに改めると発表した。

**問２**　2022年４月に観光船が沈没《ちんぼつ》し，乗客・乗員全員が死亡・行方不明となる事故が起こったのは，北海道の知床《しれとこ》沖である。

## 6　セーラー服の歴史を題材とした総合問題

**問１**　中国の歴史書『魏志《ぎし》』倭人《わじん》伝によると，邪馬台国《やまたいこく》の女王卑弥呼《ひみこ》は弥生時代の３世紀に魏(中国)へ使いを送り，皇帝から「親魏倭王」の称号や金印，銅鏡などを授けられたとされている。卑弥呼の死後，しばらくしてから壱与《いよ》(台与《とよ》)とよばれる人物も邪馬台国の女王になったとされている。なお，「邪馬台国論争」とは邪馬台国の所在地をめぐって歴史学・考古学的な観点から交わされている議論のことで，おもに「畿内《きない》説」と「九州説」が有力とされているが，論争は現在も続いている。

**問２**　四大工業地帯とは京浜，中京，阪神，北九州の四つの工業地帯のことである。京浜工業地帯は東京圏《けん》(首都圏)に，阪神工業地帯は大阪圏(近畿圏)に，中京工業地帯は名古屋圏(中京圏)に，北九州工業地帯(地域)は北九州都市圏にそれぞれふくまれる。よって，金城学院の所在地はアの愛知県である。

**問３**　関東大震災は大正12(1923)年に起こったが，「最初にセーラー服を制服として導入したのは」「大正10(1921)年９月の『金城学院』で」あると書かれていることから，和装からセーラー服への移行が関東大震災の反省によるものとは考えにくい。

**問４**　服装改善運動で洋装がめざされた大正時代には，日本では護憲運動などの社会運動が活発になり，民主主義を求める大正デモクラシーの風潮が高まった。

**問５**　1800年代前半のヨーロッパでは「水兵」がセーラー服を着ており，1800年代後半になるとヨーロッパでは水兵のまねから「男の子の子ども服」としてセーラー服が着られていた。その後，「日本でも皇族・華族などの富裕《ふゆう》な家庭の男の子」がセーラー服を着用し，1900年代になると「アメリカの女学生」の間でセーラー服が広がった。セーラー服はかわいいというイメージが広がると，アメリカからの宣教師によって創立された学校に通う日本の女子生徒たちが，セーラー服を着るようになった。

**問６**　昭和24(1949)年ごろの日本は，第二次世界大戦後の経済的混乱，物資不足の状況にあったことから，食糧だけでなく衣類も買えない家庭が多かった。そのため，全員がセーラー服を着ることが難しい状況にあったと考えられる。

## 理　科　＜第１回試験＞（40分）＜満点：75点＞

### 解　答

**1**　**問１**　①　ひげ根　②　b　③　イ　④　ク　⑤　蒸散　⑥　気こう　**問２**　(例)　ホウセンカのはちを２つ用意し，片方は葉をすべてとり，もう片方はそのままにする。それぞれのはちに透明なゴミ袋をかぶせ，輪ゴムでしばる。　**問３**　(1)　メスシリンダー　(2)　イ　(3)　ア，ウ　(4)　4.5mL　(5)　94.3mL　**2**　**問１**　(1)　イ　(2)　ウ　(3)　(例)　鏡で反射した光が直進する性質　**問２**　(1)　10度　(2)　24度　(3)　29度　(4)　12度　(5)　(例)　比例の関係がある。　**問３**　(1)　右側に８度　(2)　右側に５度　(3)　左側に10度　**3**　**問１**　(1)　①　イ　②　ア　③　エ　④　ウ　(2)　⑤　イ　⑥　ア　⑦　イ　(3)　⑧　ア　⑨　ウ　**問２**　(例)　水そうに水をはって，そこに気体が入った試験管を入れる。その後，試験管をさかさまにして，ゴムせんをとる。　**問３**　(1)　A　二酸化炭素　B　アンモニア　C　酸素　D　空気　E　水素　(2)　４g　**4**　**問１**　(1)　水の粒　(2)　①　水蒸気　②　冷やされて　③　あたたかい　(3)　(例)　みそ汁やなべの上に湯気がたつ現象　(4)　川霧　(5)　川霧／**理由**…(例)　気温が上昇して，気温と水温の差が小さくなるから。　**問２**　(1)　①　ケ　②　オ　③　イ　④　ウ　⑤　エ　⑥　ア　A，B　(例)　雨，ひょう　(2)　①　(例)　積乱雲から吹き降りた冷たい風が，あたたかく湿った空気を持ち上げるため。　②　オ

### 解　説

**1**　**植物のはたらきについての問題**

**問１**　①，②　ユリやツユクサなどの，発芽のときに子葉を１枚出す単子葉類の根はaのひげ根で，ホウセンカやヒマワリなどの，発芽のときに子葉を２枚出す双子《そうし》葉類の根は，bのように主根と側根に分かれている。　③，④　双子葉類のくきは道管と師管の集まりが輪のように並んでいる。この集まりを維管束《いかんそく》といい，根から吸収した水は維管束の内側にある道管を通って葉まで運ばれるため，イとクのように染まる。　⑤，⑥　植物のからだを通って運ばれた水は水蒸気になって，気こうという小さな穴から出される。植物のこのようなはたらきを蒸散という。

**問２**　植物の葉で蒸散が起こっていることを確かめるには，次のような実験を行う。まず同じ大きさのホウセンカのはちを２つ用意し，一方は葉をすべてとり，もう一方はそのままにする。次にそ

れぞれのはちに透明《とうめい》なゴミ袋《ぶくろ》をかぶせて，くきのもとの部分を輪ゴムでしばり，日当たりのよいところに数時間放置する。この実験の結果，葉から蒸散した水蒸気は袋に水滴《すいてき》となってつけば，葉から蒸散していることを確かめられる。

**問３** (1) 水やアルコールなど，液体の量を正確に測るためにはメスシリンダーを使う。 (2)～(5) ワセリンをぬった場所からは蒸散しないので，それぞれの蒸散する場所は，Ａは，葉の表，葉の裏，くき，Ｂは，葉の表，くき，Ｃは，葉の裏，くき，Ｄは，くきとなる。よって，ＡとＣより，葉の表から出た水の量は，(100－82)－(100－86.5)＝4.5(mL)で，Ｄより，くきから出た水の量は，100－98.8＝1.2(mL)と求められる。よって，Ａより，葉の裏から出た水の量は，(100－82)－(4.5＋1.2)＝12.3(mL)となる。したがって，葉の裏からもっとも多く水が出ていることがわかる。また，Ｂは葉の表とくきから蒸散するので，12時間後の水の量は，100－(4.5＋1.2)＝94.3(mL)と求められる。

## ２ 光の性質についての問題

**問１** 光には空気中を直進する性質があるので，イのように，鏡の位置(×)と，かべ上の鏡からの光を示す場所を結んだ線上に①～③のカラーコーンがある。また，鏡で反射した光は，地面に置かれた鏡から，かべに向かって高くなるように進むので，①→②→③の順に下じきの高さは高くなっていく。

**問２** (1) 表より，鏡が上を向く角度が，25－20＝５(度)かたむくと，日光が上にはね返る角度は，10－０＝10(度)かたむくことがわかる。これは，鏡が上を向く角度が25度から30度，30度から35度にかたむいたときにも同じようになっている。 (2) (1)で調べたように，日光が上にはね返る角度は鏡をかたむけた角度の，10÷５＝２(倍)になっているので，鏡が上を向く角度が12度かたむくと，日光が上にはね返る角度は，12×２＝24(度)かたむく。 (3) 日光が上にはね返る角度を18度かたむけるには，鏡が上を向く角度を，18÷２＝９(度)かたむければよい。よって，鏡が上を向く角度を，20＋９＝29(度)にする必要がある。 (4) 日光が上にはね返る角度を24度かたむける場合には，鏡が上を向く角度を，24÷２＝12(度)変化させればよい。 (5) 鏡が上を向く角度(鏡をかたむけた角度)を５度から２倍，３倍…と変化させると，日光が上にはね返る角度も２倍，３倍…と変化していることから，比例(正比例)の関係があることがわかる。

**問３** (1) 問２より，鏡からはね返る光は鏡をかたむけた方向にずれ，光がはね返る角度は鏡をかたむけた角度の２倍になる。したがって，鏡を右側に４度かたむけると，鏡からはね返る光は右側に，４×２＝８(度)かたむく。 (2) Ｂの中央とＣの中央の間が20度で，ＡはＢとＣの真ん中にあるから，鏡からはね返る光を右側に，20÷２＝10(度)かたむけるとＢの中央に当たる。よって，鏡を右側に，10÷２＝５(度)かたむければよい。 (3) 鏡からはね返る光を左側に20度かたむければＣの中央に当たる。よって，鏡を左側に，20÷２＝10(度)かたむければよい。

## ３ 気体の性質についての問題

**問１** (1) ① 過酸化水素水を二酸化マンガンに注ぐと酸素が発生する。 ② アルミニウムはくを水酸化ナトリウム水よう液や塩酸に入れると水素が発生する。 ③ 石灰水に塩酸を注ぐと二酸化炭素が発生する。 ④ アンモニア水を加熱するとアンモニアが発生する。 (2) ⑤～⑦ 水素とアンモニアは空気より軽く，二酸化炭素は空気より重い。 (3) ⑧ 石灰水に二酸化炭素を通すと，水にとけない炭酸カルシウムが生じるため，石灰水が白くにごる。 ⑨ アンモニアには鼻をつくようなにおいがある。

**問２**　水を入れた水そうに，気体が入った試験管をさかさまにして入れ，ゴムせんをとって試験管の中に入る水の量を調べればよい。このとき，試験管の中の気体が水にとけると試験管内の気圧が下がり中に水が入るため，試験管の中に入る水の量が多い気体ほど，水にとけやすいといえる。

**問３**　Ｄは風船に入れる気体の量を多くしても風船全体の重さは４ｇで変わらないので，空気が入っていると考えられる。これより，実験で用いた風船の重さは４ｇとわかる。また，ＢとＥは風船全体の重さが軽くなっているので，空気より軽い気体が入っていると考えられ，ＡとＣは風船全体の重さが重くなっていることから，空気より重い気体が入っていると考えられる。したがって，それぞれの風船に入っている気体を同じ体積で比べたときの重さの関係は，Ａ＞Ｃ＞Ｄ＞Ｂ＞Ｅとなり，水素とアンモニアでは水素の方が軽いから，Ａは二酸化炭素，Ｂはアンモニア，Ｃは酸素，Ｄは空気，Ｅは水素となる。

### 4　霧《きり》と雲のでき方，線状降水帯についての問題

**問１**　⑴，⑵　空気中の水蒸気が冷やされて，小さな水の粒《つぶ》になって浮《う》かんでいるものを霧という。川霧は水温より気温が低いときに，川の水面から蒸発した水蒸気が水面付近の冷たい空気で冷やされて発生する霧である。また，海霧は気温より水温が低いときに，海上に流れこんだあたたかく湿《しめ》った空気が，冷たい水面付近で冷やされて発生する霧である。　⑶　水温より気温が低いときに見られる現象なので，あたたかいみそ汁《しる》やお茶の上に湯気がたつなどの現象があてはまる。

⑷　口からはいた息に含《ふく》まれている水蒸気が空気で冷やされて白く見えるので，川霧が発生するしくみと同じ現象といえる。　⑸　太陽が昇《のぼ》って気温が上がり，水温より高くなると，水温より気温が低いときに発生する川霧は晴れやすくなると考えられる。

**問２**　⑴　①～⑤　あたためられた空気は体積が大きくなり，同じ体積のまわりの空気より軽くなるため上昇《じょうしょう》する。夏は日ざしが強いので，地面付近の水蒸気を含んでいる空気が太陽によってあたためられて軽くなって上昇する。上空は温度が低いので，含んでいた水蒸気が冷やされて水の粒に変化して雲ができる。このとき，０℃を下回ると氷の粒になる。したがって，雲は水や氷の粒が空気中に浮かんだものだとわかる。　⑥　気温が高い空気と低い空気がぶつかると，同じ体積で比べたときに，気温が低い空気のほうが重いため，気温が高い空気の下に気温が低い空気が入りこみ，気温が高い空気が持ち上げられて雲ができることがある。　**Ａ**，**Ｂ**　水の粒が集まって大きくなって地上に落下するものを雨，氷の粒が集まって大きくなって地上に落下するものをひょうやあられという。　⑵　①　⑴の雲は積乱雲で，積乱雲から吹《ふ》き降りた冷たい風があたたかい空気の下に入りこみ，あたたかく湿った空気が持ち上げられ続けると，問題の図のように雲が同じ場所で発生し続ける。このため，線状に伸《の》びる地域で強い雨が降り続くことがある。このような雨域を線状降水帯という。　②　あたたかく湿った空気が同じ向きに吹き続けているので，発生した積乱雲が次々に地点Ｐの上空へ移動する。そのため，地点Ｐではこの後も強い雨が降り続く。また，ここでは雲の寿命《じゅみょう》は決まっているため，多くの雨は地点Ｑまでに降ってしまい，地点Ｑはくもりが続く。

## 国　語　＜第１回試験＞（50分）＜満点：100点＞

### 解　答

一　問１　Ａ　エ　Ｂ　オ　Ｃ　イ　問２　ウ　問３　⑴　エ　⑵　イ　問４　エ　問５　エ　問６　イ　問７　理由１…(例)　相手と見解が異なっていても対立を回避できるから。　理由２…(例)　自分の考えも相手の意思も尊重することができるから。　問８　ウ　問９　⑴　(例)　クラスの出し物は全員で一つの物をつくりあげる　⑵　ウ　二　問１　⑴　イ　⑵　イ　問２　ウ　問３　イ　問４　ウ　問５　ａ　エ　ｂ　ア　問６　エ　問７　１　イ　２　エ　３　カ　問８　エ　問９　(例)「彼」は自分の引け目を和泉にさらさないことで，好きだった和泉の前で精一杯かっこつけたのだと理解したから。　問10　迷ったとき　三　①～⑧　下記を参照のこと。　⑨　じふ　⑩　ぶさほう　⑪　といろ　⑫　す(る)

●漢字の書き取り

三　①　有望　②　口実　③　返上　④　要因　⑤　従業員　⑥　覚(ます)　⑦　善　⑧　夢中

### 解　説

一　**出典は石田光規《いしだみつのり》の『「人それぞれ」がさみしい―「やさしく・冷たい」人間関係を考える』による。**筆者は「人それぞれ」という言葉に表れる現代のコミュニケーションにまつわる心理について，昔と今の人間関係の変化も交えて論じている。

**問１**　**Ａ**　筆者は人付き合いが強制される社会ではなくなったと述べた後，そうした社会で「つながりを維持《いじ》する」方法について論じているので，前のことがらを受けて，それをふまえながら次のことを導く働きの「では」が合う。　**Ｂ**　映画のあらすじは「昔ながらの温かなつながり」を想像させる一方で，登場人物の「感情的な交流」は少ないと書かれているので，前のことがらを受けて，それに反する内容を述べるときに用いる「しかし」がよい。　**Ｃ**　子どもとの再会よりも大人への挨拶《あいさつ》を優先させる親の行動が短く言いかえられているので，“要するに”という意味の「つまり」がふさわしい。

**問２**　前の部分には，「生活の維持」が「商品やサービス」と「行政の社会保障」にゆだねられるようになり，人付き合いを無理にする必要がなくなったとあるので，ウがよい。「社会の規範《きはん》」が生活の維持に必要だったとは書かれていないので，アはふさわしくない。かつて人びとを結びつけていたものはサービスや社会保障ではなく「閉鎖的《へいさてき》な集団」だと書かれているので，イは正しくない。自治会への加入が強制されなくなったことは，人びとの結びつきが弱まったことの一例であり，原因ではないので，エは合わない。

**問３**　⑴　筆者は少年が「オバチャンサヨナラ」と述べる場面を，「『人情劇』と言われた映画でさえも，感情表現は非常に乏《とぼ》しい」例として紹介《しょうかい》しており，昔の少年が大人に礼儀《れいぎ》を欠いていたとは述べていないので，エが誤り。　⑵　ぼう線②の前の部分で筆者は，人間関係をつなぎ止めるものが「生活維持の必要性」から「感情」に変化しており，映画のような「メディア」からもその「傾向《けいこう》」が読み取れると述べている。空らんＣに続く部分には，昔と今の「つながり」の変化について述べた学生の感想も書かれており，筆者は人間関係の変化を論じるために映画を紹介したとわかるので，イがよい。

**問４**　前の部分で筆者は，相手との関係を「継続《けいぞく》させ」るか解消するかを自分で決められることが「今の人間関係」の特性だと述べているので，エが正しい。筆者が論じているのは好き嫌《きら》いによって態度を変える自由ではないので，アは正しくない。前の部分に「感情に補強されたつながり」は「それほど強」くないとあるので，イは合わない。関係の結び方を相談できるとは書かれていないので，ウはふさわしくない。

**問５**　続く部分で筆者は，「大事なつながり」を失わないためには，関係のなかから「マイナスの要素」を徹底《てってい》して排除《はいじょ》し，相手の感情を「よい」ままで維持する必要があると述べている。相手を不快な気持ちにさせることを恐《おそ》れ，自分の都合よりも相手への返信を優先しているエが選べる。会社と顧客《こきゃく》の関係は，感情にもとづく人間関係とは異なるので，アは合わない。筆者が論じているのは簡単に解消できてしまう「あるていど顔を見知った」者どうしの関係であり，家族関係ではないので，イはふさわしくない。メールではなく自筆の年賀状を送ることは，相手への配慮《はいりょ》というよりも自分のこだわりなので，ウは正しくない。

**問６**　前の部分で筆者は，「人と無理に付き合わなくても良い」関係は，裏を返せば「ふとしたことで」解消される「不安定なつながり」でもあると述べている。人びとは「何かの拍子《ひょうし》に」相手の感情を害して関係が終わってしまうことに「不安」を感じているとわかるので，イがよい。人びとが不安に思っているのは，理解してもらえないことや自分の感情表現ではなく相手の感情なので，ア，エはいずれも正しくない。濃密《のうみつ》な関係についての感じ方は論じられていないので，ウはふさわしくない。

**問７**　続く部分で筆者は，「人それぞれ」を前提としたコミュニケーションのよいところとして，「相手の見解」が「自身の見解」と異なっても「相手を否定」せずに済み，「対立を回避《かいひ》」できることをあげている。また，「自らの考えを押《お》しつけ」ることなく「相手の意思を尊重することも」できる，とも述べている。

**問８**　筆者は「人それぞれ」という言葉を導入として，「昔」に比べて「今の人間関係」は「気楽さ」と「不安定」さがあると論じ，人びとがコミュニケーションに持つ不安を説明している。よって，ウがよい。現代人の心理について科学的な説明はないので，アはふさわしくない。筆者が紹介した資料は映画のみなので，イは正しくない。筆者は昔のような関係性を取り戻《もど》すよう主張してはいないので，エは合わない。

**問９**　⑴「クラスの出し物」を決めるためには「人それぞれ」という言葉では解決できない理由を簡単に説明する。「クラスの出し物」は一つの物をつくるために全員で協力するものであり，個人の活動ではないことがあげられる。　⑵　会話のなかで先生は，「社会的ジレンマ」とは「人びとが自由に行動した結果，社会としての損失が大きくなる現象」だと論じている。個人が芸人として売れないことは，社会としての損失が大きいとはいえないので，ウがふさわしくない。

二　**出典は有川《ありかわ》ひろの『明日の子供たち』による。**児童養護施設《しせつ》で働く和泉《いずみ》は，指導担当の猪俣《いのまた》の仕事ぶりを見たり，猪俣に過去の話を聞いてもらったりするうちに，猪俣を心の師として尊敬するようになる。

**問１**　⑴　前の部分で「女子」は，梨田からどれほど怒鳴《どな》られても，「膨《ふく》れっ面《つら》のまま何も言わ」

ずに「黙《だま》り込《こ》んで」いる。　⑵「まるで」や「〜のようだ」といった表現を用いずに「貝」にたとえられているので，隠《いん》ゆ(暗ゆ)法だとわかる。

**問2**　前の部分では，それまで黙っていた女子が何かを話し出しそうな気配を見せている。梨田も猪俣もこの機会をとらえて話を聞こうとしているが，「声を荒《あら》げ」て無理やり聞き出そうとした梨田に対し，猪俣は女子が再び心を閉じてしまうと考えて制止したと想像できるので，ウがよい。猪俣は「無言で」手を「軽く」挙げており，いきどおったようすはないので，アは合わない。女子は「何しに行きたかったんだ？」という猪俣の質問に反応しているが，何を言いかけているかは読み取れないので，イ，エは正しくない。

**問3**　続く部分では，中学生の女子が「明後日《あさって》」の遠足までにニキビを治したくて「思い詰《つ》めてい」たことが猪俣の口から明かされているので，イがよい。女子は猪俣の問いかけに答えて自分の意図を少しずつ話しているので，アはふさわしくない。女子は梨田や和泉に対しては「睨《にら》」んだり言い返したりしているが，猪俣には素直《すなお》に「頷《うなず》い」たり「救いの手が差し伸《の》べられたような眼差《まなざ》し」を向けたりしているので，ウは正しくない。女子の泣きそうな顔や「明後日までに治らないと」という呟《つぶや》きには切実さが表れており，甘《あま》えかかるような気持ちは読み取れないので，エは合わない。

**問4**　続く部分で和泉は，「好きな男子」を意識してニキビひとつで一喜一憂《いっきいちゆう》していた思春期のころの気持ちを思い出している。中学生の女子が問題行動を起こした理由を理解できていなかった和泉が，猪俣の説明によって女子の気持ちを自分ごととしてとらえることができたとわかるので，ウがふさわしい。和泉が思い出したのは自分の初恋《はつこい》そのものというよりも，異性にあこがれるあまり，ささいなことも人生の一大事のように考える中学生の気持ちなので，エは合わない。

**問5**　**a**　「肩肘《かたひじ》張った」は，自分を大きく見せようと張り切り，つっぱるさま。　**b**　「風の便り」は，風のように出どころが不確かなうわさ。

**問6**　続く部分で和泉は，「中学生の女子のニキビの一大事を大真面目に処理した猪俣」なら，自分が児童養護施設で働くことにした動機も「笑わず聞いてくれそう」だと考えている。猪俣が中学生の女子に同じ目線で寄り添《そ》い心を開かせたようすを見て，和泉も高校時代の失恋《しつれん》を猪俣になら打ち明けてもいいと思ったことが想像できる。和泉が猪俣にうしろめたさを感じるようすはないので，エが正しくない。

**問7**　**1**　前の部分には，施設で暮らしているという「彼《かれ》」に和泉が「寄り添」うつもりで「わたしはそんなこと気にしないよ」と発言したところ，「彼」が表情を変えたことが書かれている。

**2**　ぼう線⑧に続く部分で和泉は，高校時代の自分は家族や家庭について当たり前の「基準」があると思いこんでおり，自分の発言は「彼」からは「あなたが基準を満たしていなくても気にしないよ」という意味にとられたのだろうと考えている。　**3**　2でみたように，和泉は高校時代の自分は「彼」に「まるで慈悲《じひ》でも与《あた》える」かのように，「優《やさ》しさをひけらかす」ようなことを言ってしまったと振《ふ》り返っている。

**問8**　直後の部分で和泉は高校時代の自分が「知らなかった」こととして，「人の数だけ事情があ」り，子供たちが児童養護施設に来る理由は「様々」であること，かつて自分が「基準」にしていた家庭や家族のあり方は当たり前のものではなかったことなどを思い浮《う》かべている。住む世界が「違《ちが》うのではなく」，「同じ世界」のなかで人によって事情が異なるのだと和泉は考えているので，エはふさわしくない。

**問９**　続く部分には，「好きな女の子の前でかっこつけ」たがる年ごろだった「彼」は，和泉を好きだったからこそ，自分の事情という「引け目」を和泉に「晒《さら》したくなかった」のだろう，という猪俣の考えが書かれている。

**問10**　【場面④】のはじめと終わりでは，猪俣の揺《ゆ》るぎない教えや「子供たちへの寄り添い方」が和泉の心に刻まれ，「迷ったとき」にも心の支えとなったことが書かれている。猪俣の存在が和泉を支えた事実が書かれている文を探せばよい。なお，「羅針盤《らしんばん》」は方角や自分の進むべき方向を知るための道具。

**三　漢字の書き取りと読み**

①　将来に期待できること。　②　ある行動をとったことの言い訳。　③　もらったものを返すこと。　④　ものごとの原因。　⑤　雇《やと》われて働く人。　⑥　音読みは「カク」で，「感覚」などの熟語がある。　⑦　よいことやもの，性質。　⑧　「無我夢中《むがむちゅう》」は，我を忘れるほど必死になるさま。　⑨　自分自身に対する誇《ほこ》りや信頼《しんらい》。　⑩　礼儀や作法が身についていないこと。　⑪　「十人十色」は，一人ひとり個性が異なるさま。　⑫　音読みは「サツ」で，「刷新」などの熟語がある。

## Dr.福井の
# 入試に勝つ！脳とからだのウルトラ科学

### 寝る直前の30分が勝負！

みんなは，寝る前の30分間をどうやって過ごしているかな？　おそらく，その日の勉強が終わって，くつろいでいることだろう。たとえばテレビを見たりゲームをしたり――。ところが，脳の働きから見ると，それは効率的な勉強方法ではないんだ！

実は，キミたちが眠っている間に，脳は強力な接着剤を使って海馬《かいば》(脳の，知識をためる倉庫みたいな部分)に知識をくっつけているんだ。忘れないようにするためにね。もちろん，昼間に覚えたことも少しくっつけるが，やはり夜――それも“寝る前”に覚えたことを海馬にたくさんくっつける。寝ている間は外からの情報が入ってこないので，それだけ覚えたことが定着しやすい。

もうわかるね。寝る前の30分間は，とにかく勉強しまくること！　そうすれば，効率よく覚えられて，知識量がグーンと増えるってわけ。

では，その30分間に何を勉強すべきか？　気をつけたいのは，初めて取り組む問題はダメだし，予習もダメ。そんなことをしても，たった30分間ではたいした量は覚えられない。

寝る前の30分間は，とにかく「復習」だ。ベストなのは，少し忘れかかったところを復習すること。たとえば，前日の勉強でなかなか解けなかった問題や，１週間前に勉強したところとかね。一度勉強したところだから，短い時間で多くのことをスムーズに覚えられる。そして，30分間の勉強が終わったら，さっさとふとんに入ろう！

ちなみに，寝る前に覚えると忘れにくいことを初めて発表したのは，アメリカのジェンキンスとダレンバッハという２人の学者だ。

Dr.福井(福《ふく》井《い》一成《かずしげ》)…医学博士。開成中・高から東大・文Ⅱに入学後，再受験して翌年東大・理Ⅲに合格。同大医学部卒。さまざまな勉強法や脳科学に関する著書多数。

*Memo*

# 2022年度　森村学園中等部

〔電　話〕　(045) 984－2505
〔所在地〕　〒226－0026　横浜市緑区長津田町2695
〔交　通〕　東急田園都市線 —「つくし野駅」より徒歩５分
JR横浜線・東急田園都市線 —「長津田駅」より徒歩13分

**【算　数】**〈第１回試験〉（50分）〈満点：100点〉

（注意）１　1 2 3 (1) 4 (1) (2) 5 (1) (2) 6 の解答らんには，答のみ記入してください。3 (2) (3) 4 (3) 5 (3) の解答らんには，答のみでもよいです。ただし，答を出すまでの計算や図，考え方がかいてあれば，部分点をつけることがあります。

２　円周率は3.14とします。

**1**　次の計算をしなさい。

（1）　$7+3\times5-(12-2\times5)$

（2）　$(0.23\times1400+2.3\times320+23\times54)\div100$

（3）　$3.6-\left\{2\frac{5}{12}-\left(3.75-2\frac{1}{6}\right)\right\}\times2\frac{2}{5}$

**2**　次の問に答えなさい。

（1）　15％の食塩水400gから80gの食塩水をくみ出し、かわりに80gの水を加えると、濃度《のうど》は何％になりますか。

（2）　A組の人数は30人、B組の人数は20人です。A組とB組で算数のテストをしたところ、A組の平均点はB組の平均点よりも５点高く、A組とB組を合わせた平均点は72点でした。B組の平均点は何点でしたか。

（3）　袋の中に、赤玉と白玉が合わせて60個入っています。赤玉の個数の$\frac{1}{4}$と白玉の個数の$\frac{3}{8}$が等しいとき、赤玉は何個入っていますか。

（４） 家からおじさんの家までの道のりの$\frac{1}{3}$を自転車で走り、残りはバスに乗り移動しました。自転車で走った時間はバスに乗っていた時間の２倍です。自転車とバスの速さの比を、最も簡単な整数の比で答えなさい。

（５） ある数に$\frac{3}{4}$をかけても$2\frac{2}{5}$をかけても積は整数になります。このような数のうち、もっとも小さいものを答えなさい。

**3** 図のような直方体ABCD-EFGHがあります。直線$\ell$を回転の軸《じく》として、この直方体を１回転させます。

このとき、次の問に答えなさい。

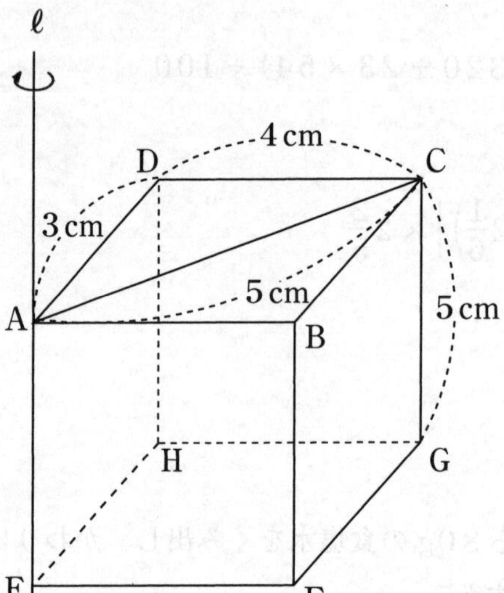


（１） 面AEFBが通過する部分の体積は何$cm^3$ですか。

（２） 面BFGCが通過する部分の体積は何$cm^3$ですか。

（３） 面DBFHが通過する部分の体積は ア $\times 3.14cm^3$です。 ア にあてはまる数を答えなさい。

**4** 次のように、ある規則に従って並んでいる数の列があります。

**1,4,9,16,25,36,……**

この列の各数を６で割った余りを左から順番に並べて、新しい数の列を作ります。
　この新しい数の列について、次の問に答えなさい。

（１）　はじめから数えて１００番目の数はいくつですか。

（２）　３が10回目に現れるのは、はじめから数えて何番目ですか。

（３）　はじめの数から１９１０番目の数までの和はいくつですか。

**5** 　森村くんの町内会は、お祭りでかき氷の屋台を出すことにしました。販売《はんばい》数を予測して準備します。準備にかかる費用は、材料費とかき氷機のレンタル費用の合計です。かき氷１杯に必要な材料は、氷、シロップ、容器です。材料費は表１のようになっています。また、かき氷機は表２のように予測する販売数によってレンタルする機械をかえます。かき氷は１杯１００円で販売します。材料は、表１のように単位ごとに買わなければならないものとします。
　このとき、次の問に答えなさい。

【表１】

| 材料 | 単位 | 単価 | 分量 |
|---|---|---|---|
| 氷 | １貫《かん》 | ５１０円 | ３０杯分 |
| シロップ | １本 | ７００円 | １００杯分 |
| 容器 | １セット | ３００円 | ５０杯分 |

【表２】

| 予測販売数 | 機械 | レンタル費用 |
|---|---|---|
| 60 杯以下 | 機械Ａ | 3000 円 |
| 61 杯以上 | 機械Ｂ | 6000 円 |

（１）　予測する販売数が４５杯のとき、準備にかかる費用はいくらですか。

（２）　利益が出るのは、最も少なくて何杯販売したときですか。

（３）　機械Ｂをレンタルして販売したときの利益が、機械Ａをレンタルして販売したときの最大の利益をこえるのは、最も少なくて何杯販売するときですか。

**6**　ある鉄道の線路に図のようなトンネルがあり、電車Ａは西から東へ秒速４０mの速さで、電車Ｂは東から西へ一定の速さで、このトンネルを通過します。このトンネルに電車Ａが入り、少し後に電車Ｂがトンネルに入りました。電車Ａと電車Ｂはトンネル内で出会ってすれ違い、そして同時にトンネルを抜けました。下のグラフは、電車Ａがトンネルに入り始めてからの時間と、電車Ａと電車Ｂのトンネルの外にある部分の長さの和との関係を表したものです。

このとき、次の問に答えなさい。

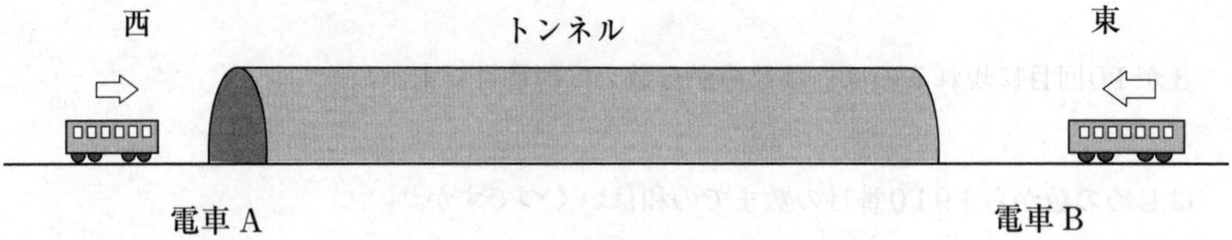


【図】

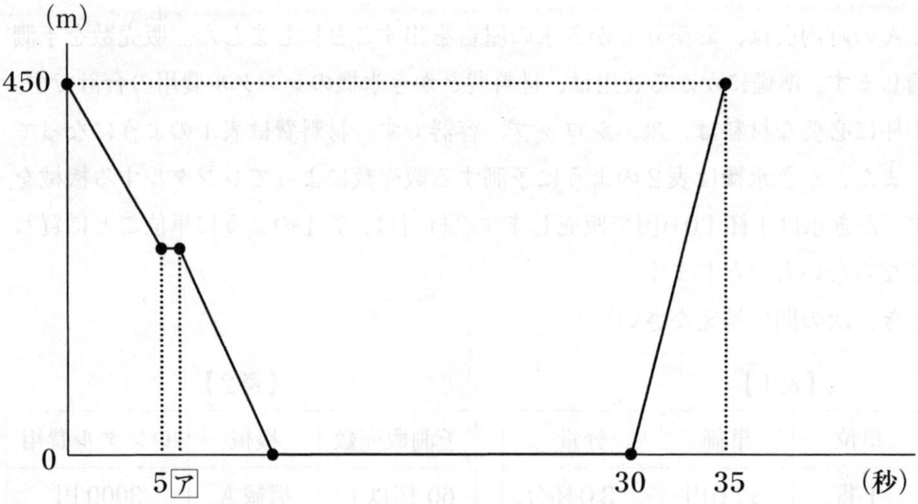


【グラフ】

（１）　電車Ａ，Ｂの長さはそれぞれ何 m ですか。

（２）　このトンネルの長さは何 m ですか。また、電車Ｂの速さは秒速何 m ですか。

（３）　グラフの ア にあてはまる数はいくつですか。また、電車Ａ，Ｂが出会ったのは、電車Ａがトンネルに入り始めてから何秒後ですか。帯分数で答えなさい。

**【社　会】**〈第１回試験〉（40分）〈満点：75点〉

（注意）解答は特に指定のないかぎり，漢字・ひらがなのどちらでもかまいません。

**1**　**以下の①から⑤の文章は、現在、クルーズ船で訪日する外国人旅客数がトップクラスの九州にある「ある都市」（文中では「この地」と表現しています）に関する歴史です。文章を読み、各問いに答えなさい。**

①　この時代、中央集権国家の建設に向けて唐の律令制度や文物《ぶんぶつ》を導入するために、遣隋使や遣唐使、遣新羅使が派遣された。唐や新羅へ向かう彼らが出発したのが、大宰府の外港である**この地**である。また、大宰府はこの地から16kmほど内陸に入ったところに立地していたため、**この地**には、唐や新羅からの使節を接待・宿泊させるための施設が設けられた。

②　この時代、中国（宋）との貿易が盛んになると、**この地**は大輪田泊とならんで日宋貿易の拠点《きょてん》となり、後に「大唐街」と呼ばれる中国人街も形成された。また、栄西は**この地**に日本最初の禅宗寺院を建立しており、当時、この地は中国の港町を思わせる景観だったといわれている。しかし、二度にわたる元軍の襲撃《しゅうげき》により、**この地**は焼き払われ、大唐街も壊滅《かいめつ》した。

③　この時代、農業が本格的に始まったことにともない、貧富の差や身分差が生まれるようになり、各地にクニができるようになった。中国の歴史書（『後漢書』東夷伝）には、**この地**の周辺にあったとされる「奴国」の王が中国に使いを送り、「漢委奴国王」という文字が刻《きざ》まれた金印を中国の皇帝から与えられたことが記されている。

④　この時代、日本は大陸への侵略を進め、中国東北部に満州（洲）国を建国した。当時、この地域の貿易港の中心は、近くに筑豊炭田や八幡製鉄所のある門司港であったが、満州国との貿易を推進するべく、国は**この地**を国際港として整備した。そのため、この地は門司港と並ぶ国の重要な国際港となった。

⑤　この時代、**この地**の商人・肥富《こいつみ》の勧《すす》めもあり、足利義満は中国（明）に使者を派遣して日明貿易を開始した。幕府が明に派遣した船には**この地**の商人も多く便乗しており、**この地**はその貿易港として繁栄《はんえい》した。しかし、この時代の末に来航したヨーロッパ人は、**この地**を貿易港として利用しなかった。**この地**は水深が浅く、彼らが乗っている喫水《きっすい》※の深い大型船では座礁《ざしょう》する可能性があったからである。

※喫水……船が水に浮かんでいる時の、船の最下面から水面までの長さ

**問１**　①から⑤はそれぞれ何時代の出来事ですか。次の中から選び、記号で答えなさい。

ア．旧石器時代　　イ．縄文時代　　ウ．弥生時代　　エ．古墳・飛鳥時代
オ．奈良時代　　カ．平安時代（院政期を除く）　　キ．院政期・鎌倉時代
ク．室町時代（南北朝時代を含む）・戦国時代　　ケ．安土桃山時代
コ．江戸時代　　サ．明治時代　　シ．大正時代
ス．昭和前期（第二次世界大戦敗戦まで）　　セ．昭和後期（第二次世界大戦敗戦後）

問２　①から⑤の文にある「**この地**」とはどこですか。都市の名前を次の中から一つ選び、記号で答えなさい。

ア．大分　　　イ．鹿児島　　　ウ．長崎　　　エ．博多

問３　①の下線部について、遣隋使派遣の頃、国内で政治を**担当していない**人物は誰ですか。次の中から一人選び、記号で答えなさい。

ア．推古天皇（大王）　　イ．中臣鎌足　　ウ．厩戸王（聖徳太子）　　エ．蘇我馬子

問４　②の下線部について、元軍の襲来より**後に**起こった出来事は何ですか。次の中から一つ選び、記号で答えなさい。

ア．平治の乱が起こる　　　　イ．承久の乱が起こる

ウ．永仁の徳政令が出される　エ．御成敗式目が出される

問５　③の下線部について、これと**関係のないもの**を一つ選び、記号で答えなさい。

ア．骨角器　　　イ．石包丁　　　ウ．杵《きね》　　　エ．高床倉庫

問６　④の下線部について、八幡製鉄所の操業開始より**前に**起こった出来事は何ですか。次の中から一つ選び、記号で答えなさい。

ア．米騒動が起こる　　　　イ．日比谷焼き討ち事件が起こる

ウ．日清戦争が起こる　　　エ．普通選挙が実施される

問７　⑤の下線部について、「**この地**」と並んで日明貿易の拠点として栄えた港町はどこですか。答えなさい。

問８　「**この地**」の歴史に着目した旅行のパンフレットを作ることになったとします。あなたは、「この地」にどのようなキャッチフレーズ・広告文をつけますか。①から⑤の文すべてをふまえ、以下の○○（字数は問いません）に合うように、自分で考えて答えなさい。また、そのキャッチフレーズをつけた理由を説明しなさい。

「○○○○○○」港町

**2** **以下の文章を読み、各問いに答えなさい。**

世界の平均気温は、２０世紀末と比較して、２１世紀末には2.6～4.8℃上昇するとの予測がある。日本の平均気温は、3.4～5.4℃上昇すると予測されており、世界より速いペースで気温が上昇するといわれている。

このような気候変動の影響は、日本でどのようなものがあるか。まず農業への影響では、①米の収穫《かく》量や品質の低下がすでに表れている。気温の高い日が続くと、米が白くにごったり、ひびが入ったりし、見た目や品質への悪影響が見られる。野菜や果物でも、強い日射と高温により樹木が枯《か》れてしまったり、実が小さくなったりするなどの障害がすでにおきており、環境省のレポートで②ぶどう、りんご、みかん、ももなどでそのような報告がなされている。畜産業では家畜が、夏の暑さからストレスを受け、食欲が減るなどして肉の付き方が悪くなったり、牛乳の生産量が減ったりすることが挙げられている。ある研究では、③九州の南部では２０６０年代には牛の体重増加が２１～２５％も低下すると予測している。また、強い雨が年々増加しており、土砂崩れや洪水の被害は今後ますます増えると考えられており、また本州の内陸部や北海道の内陸部では、１０年に一度しか発生しない大雪が現在より高頻《ひん》度であらわれるという予測がされている。これらの変化は農産物の生産や畜産業において大きな障害となる恐れがある。

気候変動による日本への影響は、こうした日本で直接あらわれる被害だけではなく、諸外国が気候変動によって受ける被害によるものもある。例えば、④アメリカの小麦生産は21世紀末までに現在より７０％減少するといわれており、世界的な穀物生産の減少が日本の農業や関連産業へ与える影響が心配されている。

**問１**　下線部①について、平成３０年度の米の収穫量は、都道府県別では１位が新潟県、２位が北海道、３位が秋田県でした。このうち、秋田県の稲作を支える、秋田平野を流れる河川として正しいものは次のうちどれですか。１つ選びなさい。

ア．石狩川　　イ．雄物川　　ウ．利根川　　エ．木曽川

**問２**　下線部②について、次の表はこれらの果物の生産量１位から３位を順に示したものです。A から D に当てはまる都道府県の組み合わせとして正しいものは次のうちどれですか。１つ選びなさい。

〔表〕

| | １位 | ２位 | ３位 |
|---|---|---|---|
| ぶどう | A | B | 山形 |
| りんご | C | B | 岩手 |
| みかん | D | 愛媛 | 静岡 |
| もも | A | 福島 | B |

（出典：２０１９年　農林水産省ホームページ）

ア．A　山梨　　B　長野　　C　青森　　D　和歌山
イ．A　長野　　B　山梨　　C　青森　　D　和歌山
ウ．A　山梨　　B　長野　　C　和歌山　　D　青森
エ．A　長野　　B　山梨　　C　和歌山　　D　青森

**問３**　下線部③について、九州南部に広がる、火山の噴火によって降り積もった火砕《さい》流・火山灰などの堆積《たいせき》により形成された畜産業が盛んな台地の名前は何ですか。答えなさい。

**問４**　下線部④について、これについて述べた次の文のうち、**誤っているもの**はどれですか。１つ選びなさい。

ア．小麦価格の上昇が心配される。

イ．小麦は飼料用としても輸入されているので、畜産業への影響が心配される。

ウ．日本の小麦の自給率は現在約９０％だが、これが落ち込むことが心配される。

エ．小麦を原料とする食品を製造・販売する国内企業の業績悪化が心配される。

**問５**　波線部について、温暖化によって海面水温も上昇しており、それが、強い雨や記録的な大雪の増加に影響していると考えられます。それはなぜですか。説明しなさい。

## 3　以下の文章を読み、問いに答えなさい。

「社会意識に関する世論調査」（２０１９年度版）によると、「国の政策に国民の考えや意見がどの程度反映されていると思うか」という質問に対し、以下のグラフのように全体の約７割が「自分の考えや意見が反映されていない」と答える結果となった。

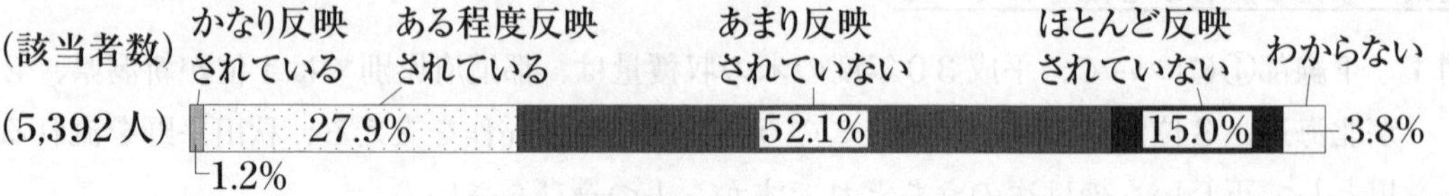


内閣府「社会意識に関する世論調査」（２０１９年度版）より

国民の考えや意見が政治に反映するためには、反映するためのしくみを整えることが重要となる。その１つに国民の代表となる国会議員を選ぶ①選挙がある。日本国憲法第４３条には「両議院は、全国民を代表する選挙された議員でこれを組織する」とあるが、現在の選挙ではこの条文通りになっているのだろうか。

②２０２１年１０月３１日に行われた衆議院議員総選挙における投票率は約５６％であり、戦後３番目に低い結果となった。また、③小選挙区制はそのしくみ上、死票が多くなってしまう。今後、投票率を上げていき、より良い選挙制度を模索《もさく》していく必要があるだろう。

**問１**　下線部①に関して、以下の問いに答えなさい。

（１）　国民が持っている権利の１つに国会議員を選挙したり議員に立候補したりする権利があります。それらの権利をまとめて何と言いますか。以下の中から正しいものを選び、記号で答えなさい。

ア．参政権　　　イ．請求権　　　ウ．社会権　　　エ．行政権

（２）　選挙以外にも政治に参加する方法は多くあります。その例を１つ書きなさい。

**問２**　下線部②について、この衆議院議員選挙で採用されている選挙制度は２つあります。小選挙区制ともう１つは何ですか。答えなさい。

**問３**　下線部③について、以下の問いに答えなさい。

（１）　ある小選挙区の結果が以下の表のようになった場合、この地区における死票はこの地区全体の投票数の何％ですか。当てはまる数字を答えなさい。

| 候補者 | 獲得投票数 | 得票率* |
|---|---|---|
| A | 52,000 | 52% |
| B | 40,000 | 40% |
| C | 6,000 | 6% |
| D | 2,000 | 2% |

＊得票率……獲得投票数÷この地区全体の投票数×100

（２）（１）の選挙の投票率が５６％だとすると、当選した国会議員でも、有権者の半数以上から支持を受けたわけではないとも言えます。なぜそう言えるのですか。説明しなさい。

## 4

**下の言葉の中に、ある見方でみると一つだけ性格の異なるものがあります。それはどれですか。記号で答えなさい。また、それ以外の言葉に見られる共通点は何ですか。説明しなさい。**

例題〔ア．縄文　イ．江戸　ウ．鎌倉　エ．横浜〕

| | |
|---|---|
| ア | 他はすべて都市の名前 |

**問１**　ア．奈良　イ．滋賀　ウ．京都　エ．和歌山

**問２**　ア．種子島　イ．西表島　ウ．奄美大島　エ．屋久島

## 5

**以下の問いに答えなさい。**

**問１**　昨年８月、小笠原諸島・福徳岡ノ場の海底火山噴火によって発生したとみられる□が沖縄など南西諸島を中心に各地へ押し寄せ、船舶《せんぱく》の航行、漁業、観光などに様々な被害を及《およ》ぼしました。□に当てはまる言葉は何ですか。答えなさい。

**問２**　昨年３月、日本の企業が所有するコンテナ船が座礁《ざしょう》し、世界の物流に大きな影響を与えた場所は何という運河ですか。答えなさい。

**6**　以下の会話文を読み、各問いに答えなさい。

**先生**　今日は森村さんに自分の住んでいる地域を調べたレポートの発表をしてもらいます。

**森村**　今年度も大きな土砂災害や水害が相次ぎました。「数十年に一度」といわれる雨が毎年のように降るようになっています。僕の家の近くには恩田川が流れています。この恩田川は鶴見川の支流です。今、この鶴見川が注目されています。そのことをレポートにまとめてみました。

鶴見川については「流域治水」という取り組みが注目されています。治水とは水害を防ぎ、川を様々なことに利用するため、整備・保全などを行うことです。では、みなさんに質問します。みなさんは「流域」という言葉を知っていますか。流域とは、降った雨がその地形に集まる範囲・領域のことを言います。この図①を見て下さい。雨が降ってくると、その雨はその地形によって、低い方に集まっていきます。これが川になります。この真ん中のところですね。

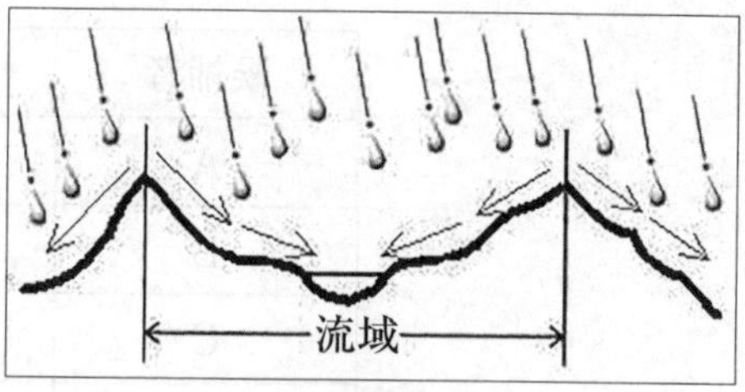

図①

だから１つの川には様々な場所からの雨水が集まってくることになります。A図②のような感じです。この範囲を「流域」と言います。

図②
「鶴見川流域ネットワーキングホームページ」より改変

2019年10月、台風19号の直撃によって関東地方は大きな被害が発生しました。多摩川・利根川・荒川など多くの河川で水があふれ出しました。でも、鶴見川は大丈夫でした。みなさんはなぜだと思いますか。

**北上**　それは鶴見川の対策が進んでいたからですか。

**森村**　確かに対策は進んでいました。でも、鶴見川はもともと大規模な氾濫《はんらん》が続発してきた川でした。1980年代から鶴見川流域全体で対策にあたるようになりました。鶴見川の流域は横浜市、川崎市、稲城市、町田市に広がっています。これらのB自治体が協力することで水害を防ぐことができたのです。

まずは鶴見川流域の大半をしめる中下流域の住宅地を考えます。私達の住む長津田付近もそうですね。最近ではこうした住宅地での水害が多発しています。住宅地ではC地面がアスファルトでおおわれているため暖まりやすく、豪雨が起こりやすい。いわゆる「ゲリラ豪雨」です。アスファルトの地面は地下に雨水が浸透しないため、流域内の多くの水が川に流れ込んでいきます。

**吉野**　それじゃあ川の水はどんどん増えてしまう。

**森村**　そうなんです。そのため住宅地での対策は川の水を減らすことです。そこで、川の水があふれそうな時のための一時的な貯水機能を持った施設をつくることになりました（写真①）。この競技場の下と周辺の公園はいざという時には巨大な遊水地になります（図③）。２０１９年の台風の翌日には、こんな様子になっていたそうです（写真②）。

**吉野**　すごい！　水の中にスタジアムが浮いているみたいだ。

**森村**　この台風上陸の翌日にはこの競技場でラグビーのワールドカップの試合が行われました。この遊水地は保水量が最大３９０万$m^3$の巨大なものです。ですから、多くのマスコミは、鶴見川で水害が起こらなかったのはこの施設のおかげだと報道しました。

**木曽**　そうなんですね。競技場ありがとう！

**北上**　でも、森村君は「自治体の連携」って言ってたよね。

**森村**　そうなんです。あの時の台風は横浜市がつくったこの施設だけでも大丈夫だったかもしれません。でも、鶴見川の対策はこれだけではないんです。次は池です。町田・横浜には一時的に雨水を入れる雨水調整池が約４４００もつくられました。これを見てください（図④）。この点がすべて雨水調整池です。調整池の貯水可能な水は３００万$m^3$を超えるといわれています。

**吉野**　すごい数だな……。でも、川に近くないけど……。

**森村**　川から離れていても［　　　D　　　］だから、調整池が必要なんです。

**吉野**　そうか、一時的に水を集めて、川に入れないことで川の増水は防げるんだ！

**森村**　そうなんです。大切なのは増水している時に、川の水を増やさないために、一時的に水を集めておく場所です。調整池だけでなく、水田なども大きな力になります。さらに重要なのが森や雑木林です。どうしてだと思いますか。

**北上**　森や林は「自然のダム」と呼ばれているんだ。川に水が出ていくのを遅らせるなら十分だと思う。

**森村**　その通りです。上流域の町田では森林や雑木林を保全・整備するなどの対策を行っています。農地や

写真①
「横浜市ホームページ」より

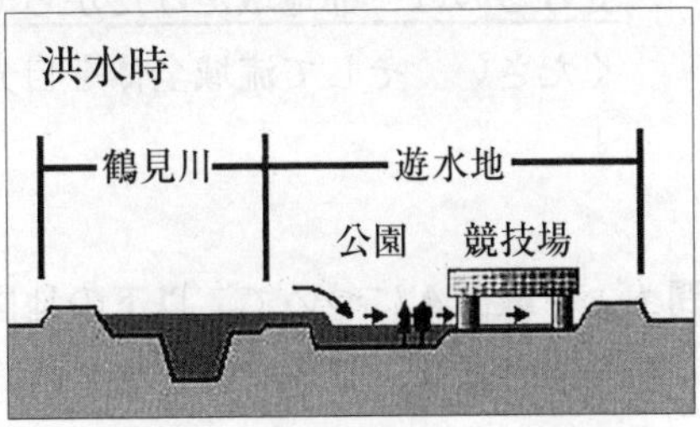


図③
「国土交通省ホームページ」より改変

写真②
「Yahoo災害カレンダー」より

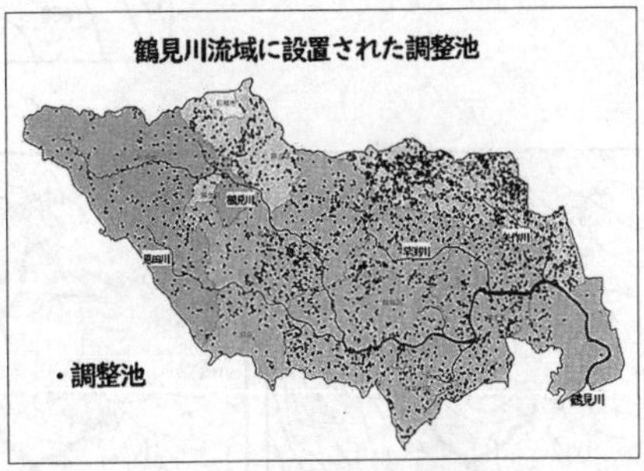


図④
「国土交通省京浜河川事務所ホームページ」より改変

森や林の保水量は町田市だけでも２００万$m^3$になるといわれています。

**木曽**　競技場が３９０万$m^3$、調整池で３００万$m^3$、農地や森は町田だけで２００万$m^3$。水害などの対策というと川の対策だけを考えるけど、「流域」全体で協力しないといけないんですね。

**北上**　だから E自治体の連携は大切なんですね。

**森村**　もう一つ流域の対策で大切なことがあります。それは「自然を保護すること」です。自然保護によって緑地を増やすことは治水面の安全対策にもなります。さらに、「流域」は一つの生態系でもあります。一部の地域で自然破壊が進むことが、川全体に大きな影響を与えます。だから、流域全体で自然を守ることが大切なのです。F でも、治水のために数多くの自治体が協力するのはなかなか難しいようです。水を出すのは流域全体でも、被害を受けるのは一部地域だけだからです。みなさんも自分の家の近くの川の流域を調べてみてください。そして流域全体を自分の目で見てください。きっと新しい発見があると思います。

（参考文献『生きのびるための流域思考』岸由二）

**問１**　下線部Ａについて、以下の地図における川の流域はどこまでになりますか。アからエより１つ選び、記号で答えなさい。（地図の等高線は２００m間隔《かく》です。▲および・の横の数字は標高（m）を表しています。）

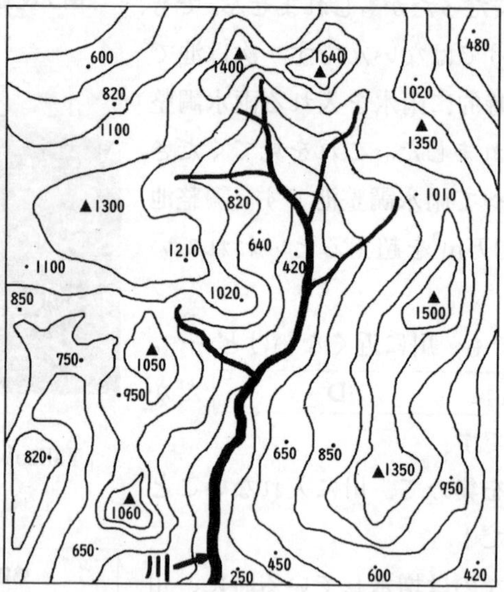


ア

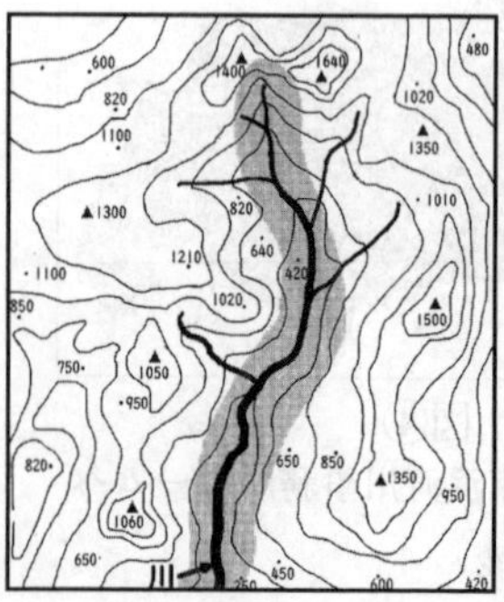

イ

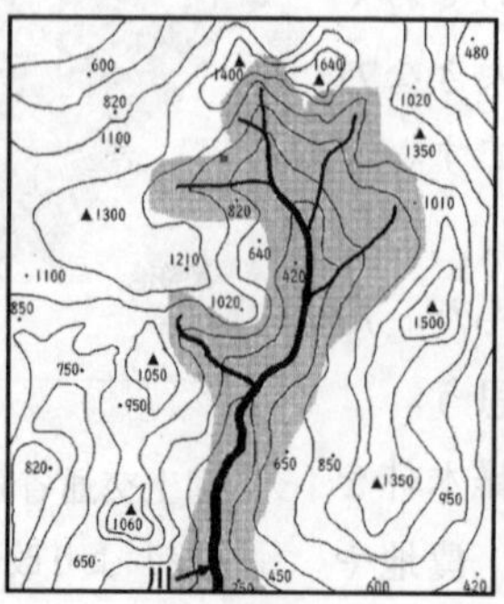

ウ

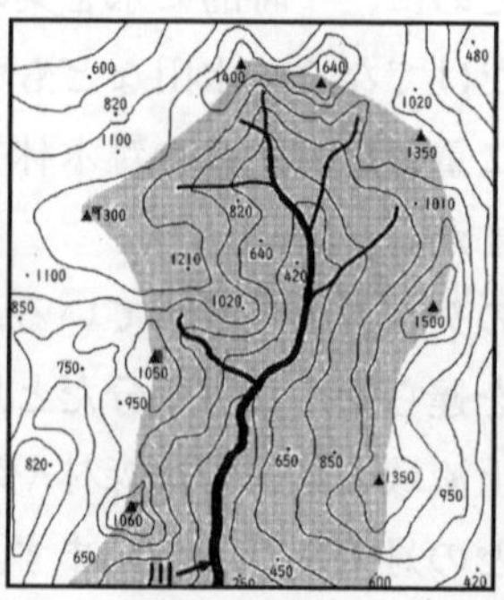

エ

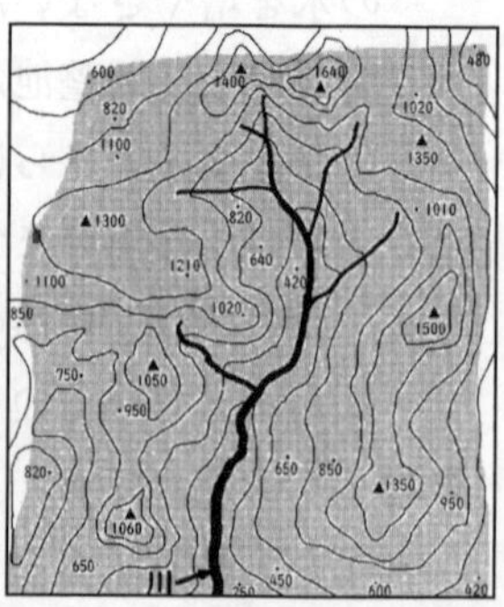

**問２**　下線部**B**について、以下の中から、地方公共団体についての説明として**明らかな誤り**のある文を１つ選び、記号で答えなさい。

ア．地方公共団体の長を「首長」といい、住民の直接選挙で選ばれる。

イ．地方議会の議員は住民の直接選挙によって選ばれる。被選挙権は２５歳以上である。

ウ．地方公共団体には地方議会があり、国会と同様に二院制で衆議院と参議院がある。

エ．地方の政治には直接民主制が取り入れられている。住民には直接請求権が認められている。

**問３**　下線部**C**について、地面がアスファルトで固められているため、都市部で周りの地域よりも気温が高くなることを何と言いますか。答えなさい。

**問４**　［　**D**　］について、調整池や水田は川から離れていても、なぜ治水に効果があるのですか。必ず「流域」ということばを使用して、［　**D**　］に当てはまる文を入れなさい。

**問５**　下線部**E**について、なぜ治水には自治体の連携が大切なのですか。本文を読み、連携が大切な理由を説明しなさい。

**問６**　下線部**F**について、治水は、関連する自治体や住民は多くても、被害が一部の地域や人々に限定され、それ以外の地域に住む人々が自分の問題だと思わず、地域全体に関心が広がらないために、対策が遅れることがよくあります。こうした例を水害以外に１つあげ、説明しなさい。

【理　科】〈第1回試験〉（40分）〈満点：75点〉

（注意）1　解答は特に指定のないかぎり，漢字・ひらがなのどちらでもかまいません。
　　　　2　単位を必要とする問いには必ず単位をつけて答えてください。

**1**　動物のからだのつくりとしくみに関して、次の問いに答えなさい。
右の図１は、ヒトの体内の臓器を模式的に表したものです。

問１　次の問いに答えなさい。

（１）　Ａで分ぴつされる（出される）液体は、何という栄養分を消化しますか。

（２）　図中のＢ、Ｄ、Ｆの名前を答えなさい。

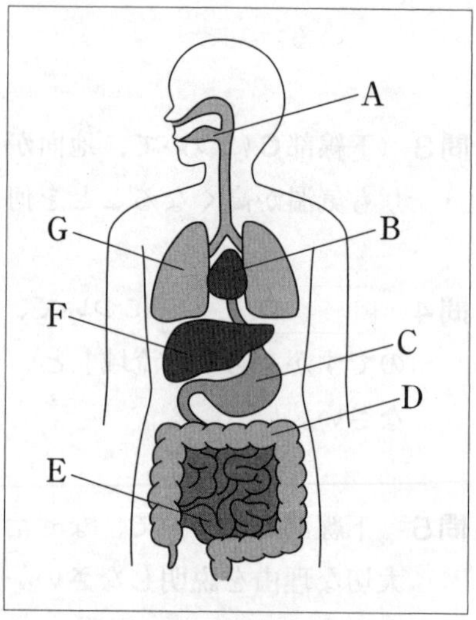


図１

問２　Ｇは、外から見ると大きな袋《ふくろ》のように見えますが、実際は小さな袋がたくさん集まってできています。これに関して次の問いに答えなさい。

（１）　この小さな袋は何というか答えなさい。

（２）　この小さな袋には血管が張りめぐらされています。この袋に張りめぐらされている血管のはたらきを説明しなさい。

問３　Ｅの臓器についての次の問いに答えなさい。

（１）　Ｅにはたくさんの血管が張りめぐらされています。Ｅに流れこむ血液に関して述べたものとして正しいものを次から１つ選び、記号で答えなさい。

ア：酸素が少なく、養分は多い。
イ：酸素が多く、養分も多い。
ウ：酸素が少なく、養分も少ない。
エ：酸素が多く、養分は少ない。

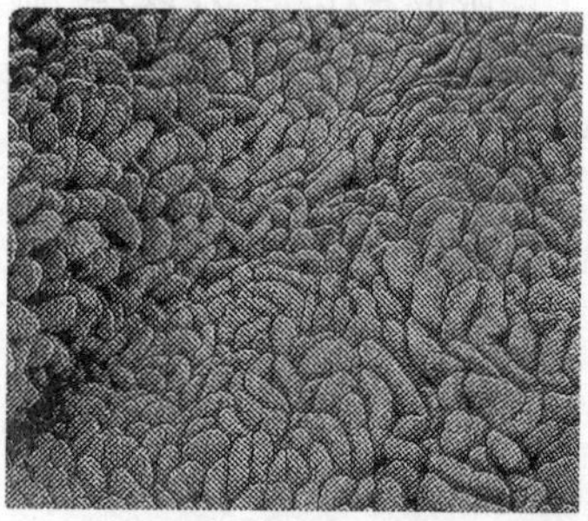

図２

（２）　Ｅの表面は、拡大すると右の図２のようになっています。このような形であることはＥのはたらきを有利にしています。どのようにＥのはたらきを有利にするのかを説明しなさい。

（３）　Ｅにはたくさんの血管が張りめぐらされていますが、Ｅから出た血管は次に、どの臓器とつながりますか。Ａ～Ｇから１つ選び、記号で答えなさい。

問４　図１は、ヒトのからだを腹側から見た図です。もし、背側から見るとここにはかかれていない臓器が見えます。この臓器の名前を答えなさい。

問５　ヒトのからだと他の動物のからだの内部を比べると、その特徴《とくちょう》のちがいに気がつきます。下の図３・図４は、東京都の国立科学博物館に展示されている２種類の陸生動物の食物を消化する臓器をのばした標本のスケッチです。ただし、図３・図４の縮尺は同じです。また、図３・図４中のＣは図１のＣと同じ名称の臓器です。

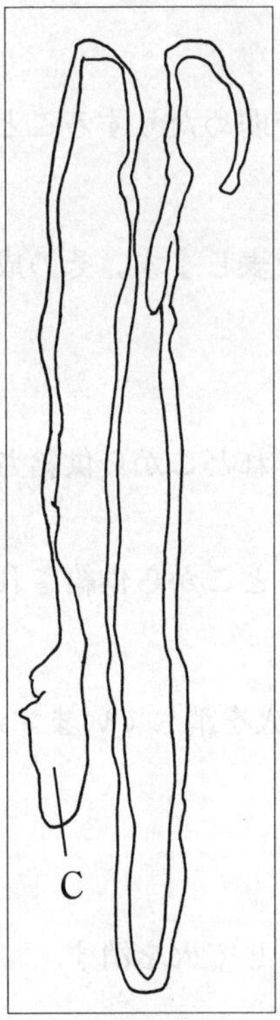


図３

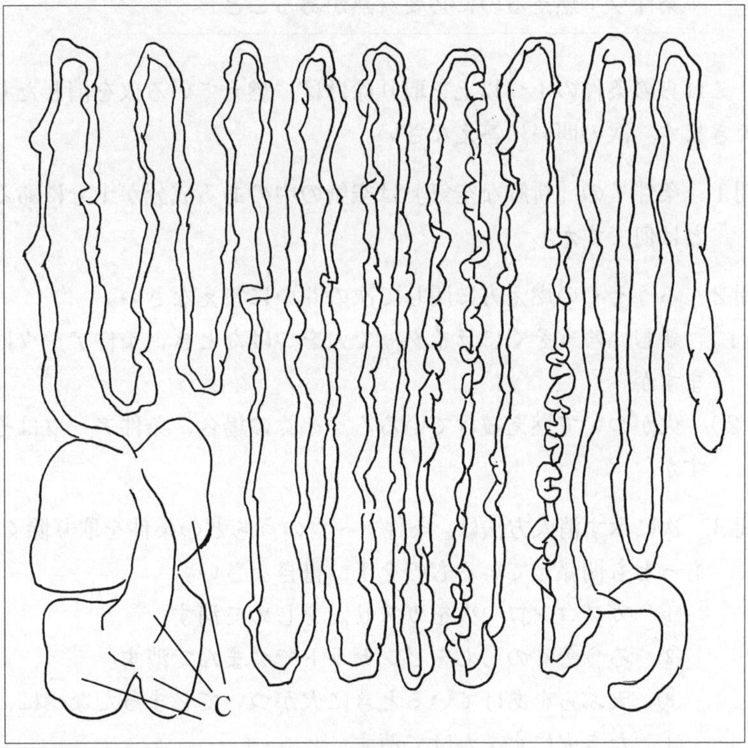


図４

（１）　図３・図４の内臓を持つ動物はそれぞれ何を主食としている動物だと考えられますか。次からそれぞれ１つずつ選び、記号で答えなさい。

ア：草　　イ：微生物《びせいぶつ》　　ウ：他の動物　　エ：土

（２）　図４の動物は次のア～エの内どれだと考えられますか。次から１つ選び、記号で答えなさい。

ア：ライオン　　イ：ゴリラ　　ウ：ヒグマ　　エ：ウシ

（３）　動物の食物を消化する臓器の長さは、からだの長さと一定の関係があります。図３の動物は、からだの長さの約４倍であり、図４の動物は、からだの長さの約20倍です。ヒトの食べるものから推測して、ヒトの腸の長さはどれくらいだと考えられますか。次から１つ選び、記号で答えなさい。

ア：からだの長さの４倍より短い。

イ：からだの長さの４倍程度。

ウ：からだの長さの４倍より長く、20倍より短い。

エ：からだの長さの20倍程度。

オ：からだの長さの20倍より長い。

**2** ものが燃焼するためには３つの条件がそろう必要があります。

条件ア：燃料となるものがあること
条件イ：ちょうどよい量の新鮮《しんせん》な空気があること
条件ウ：燃えるのに必要な熱があること

これらの条件の１つ以上を取り除けば、燃えている火を消したり、火を弱めたりすることができます。次の問いに答えなさい。

問１　条件イの「新鮮な空気」は空気の中のある成分が十分にあることを表します。その成分とは何ですか。

問２　ろうそくの燃え方に関して次の問いに答えなさい。

（１）　新しいろうそくにライターで火をつけたとき、条件ア～ウはそれぞれどこから供給されますか。

（２）　火がついて燃え続けているろうそくの場合、条件ア～ウはそれぞれどこから供給されますか。

問３　次に示す消火方法は、条件ア～ウのうちどの条件を取り除くことで火を消していますか。もっとも関係しているものを１つ書きなさい。

①　ガスコンロの火をガスせんをしめて消す。
②　ろうそくのしんをピンセットでつまんで消す。
③　天ぷらをあげているときに火がついてしまったなべに、ふたをして火を消す。
④　たき火に水をかけて消す。

問４　先生と児童が、テレビで放送されていた山火事のニュースのことを話しています。問いに答えなさい。

先生：ものが燃えるのをきちんとコントロールできないと、大きな災害になるよね。

児童：火事ですね。

先生：そうだね。多くの火事は火の不始末だったり、放火だったりと人災で起こるものが多いけれど、自然災害の火事があることを知っているかな。

児童：山火事ですね。去年は世界中でずいぶんたくさん山火事が起こったニュースがありましたね。

先生：アメリカやオーストラリアはずいぶん大きな被害《ひがい》を受けていたよね。その原因は森に入った人の火の不始末もあるけれど、自然に火がつくこともあるんだ。今日学習した、ものが燃えるための条件から考えてみよう。

児童：はい。

先生：まず、山火事が増えてきている原因についてオーストラリアの山火事についての研究は、気温の上昇《じょうしょう》、湿度《しつど》の低下、降雨量の低下、強風をあげている。これと、ものが燃える３つの条件を結びつけてみよう。一つずつ考えてみよう。

児童：まずは燃料ですね。これは森の中の木が燃料になりますね。

先生：うん、その通り。しかも気温が高くて、湿度が低く、雨も降らない気候だと、木は燃えやすくなっているね。次の条件は新鮮な空気だ。これは十分にあるといえるね。では、熱についてはどうだろう。

児童：気温の上昇ではないのですか？

先生：気温は高いところで40℃くらいのようだね。でも、木が燃えはじめる温度は250℃をこえる必要があるんだ。そうなると気温が高いだけで火がつくかな。

児童：ちがいますね。

先生：うん、そうなるとどうして温度が高くなるのだろう。研究結果の中でまだ結びつけていない原因があるね。

児童：強風ですか。

先生：森に強い風がふくと木はどうなる？

児童：木が風でゆられますね。そうなると、ああそうか［　　　］火がつくのか。

先生：そうだね。よく気がついた。この方法は、人類が火をつける技術を手に入れるようになったきっかけだったね。

（１）［　　　］に入る、木が強風でゆらされた結果起こることを書きなさい。

（２）自然に発生する山火事が起きるのを防ぐために、あらかじめできることは何か書きなさい。

**3**　電熱線やコンデンサーをつなげた電気回路を用いた〈実験１〉～〈実験３〉について、次の問いに答えなさい。

〈実験１〉

図１のように、太さのみが異なる２つの電熱線をそれぞれ電池につなぎ、この電熱線に流れる電流を電流計で測定しました。このとき、細い電熱線に流れる電流は１Ａであり、太い電熱線に流れる電流は1.5Ａでした。

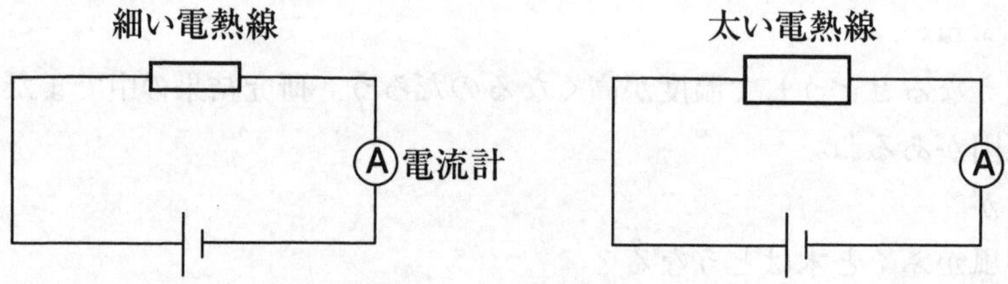


図１

問１　電流の大きさを示《しめ》す「Ａ」の読み方を答えなさい。

問２　〈実験１〉の内容と結果から分かることとして適切な文を、次から１つ選び、記号で答えなさい。

ア：電熱線が細いほうが、電流は流れやすくなる。
イ：電熱線が太いほうが、電流は流れやすくなる。
ウ：電熱線が長いほうが、電流は流れやすくなる。
エ：電熱線が短いほうが、電流は流れやすくなる。

〈実験２〉

コンデンサーに電気をたくわえることを充電《じゅうでん》と言います。図２のように、〈実験１〉で用いた細い電熱線とコンデンサーを電池につなぎ、この回路に流れる電流を電流計で測定しました。このコンデンサーは充電率（電気のたまり具合）が分かるようになっており、完全に充電された場合は、メーターに「100％」と表示されます。

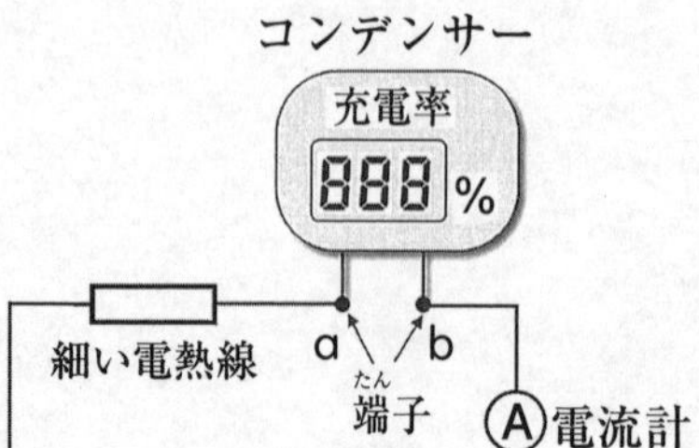


図２

| 経過時間 | 0秒 | 0.29秒 | 0.7秒 | 1.39秒 | 7.6秒 |
|---|---|---|---|---|---|
| 充電率 | 0％ | 25％ | 50％ | 75％ | 100％ |
| 電流 | 1Ａ | 0.748Ａ | 0.497Ａ | 0.249Ａ | 0Ａ |

表１

問３　表１は、コンデンサーに電流を流し始めてからの時間と、コンデンサーに表示される充電率と回路に流れる電流の関係を表したものです。

（1） 図２のａとｂは、コンデンサーの端《たん》子の位置を示しています。ｂ側の端子は＋ですか、－ですか。

（2） 充電率が0%から50%になるまでの時間を答えなさい。

（3） 充電率が50%から100%になるまでの時間を答えなさい。

（4） コンデンサーに電流を流し始めてからの時間と、コンデンサーに表示される充電率の関係を表したグラフとして適切なものを、次から１つ選び、記号で答えなさい。

ア：
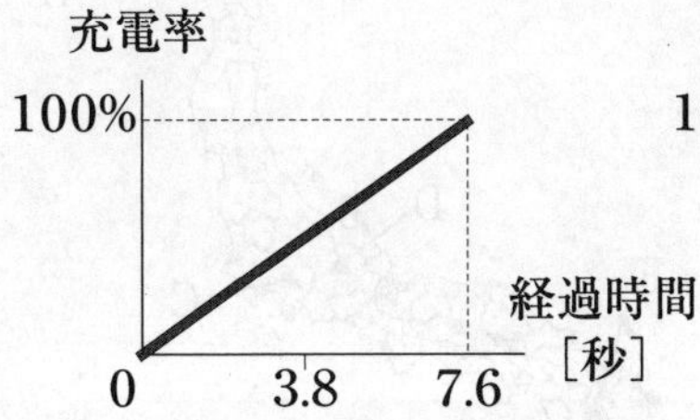


イ：
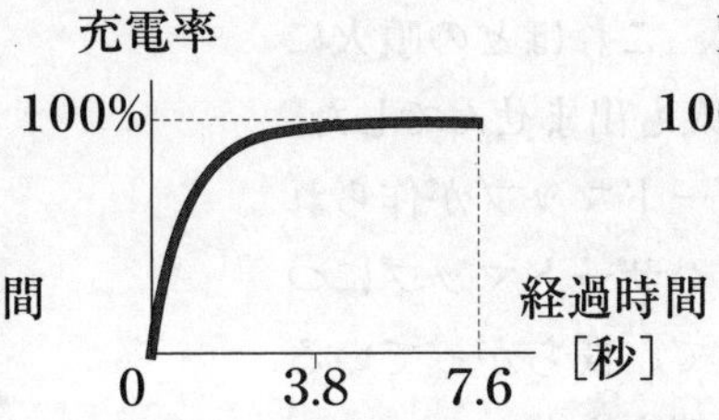


ウ：
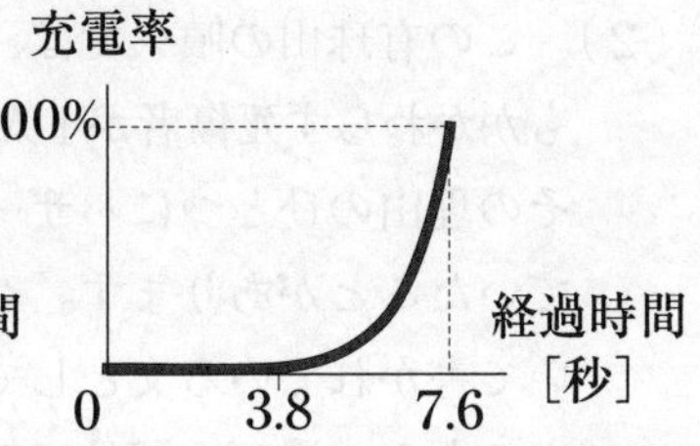


（5） コンデンサーに電流を流し始めてからの時間と、回路に流れる電流の大きさの関係を表したグラフとして適切なものを、次から１つ選び、記号で答えなさい。

ア：
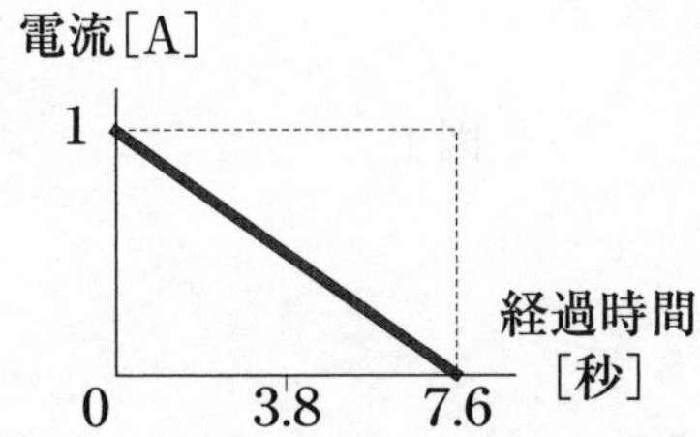


イ：
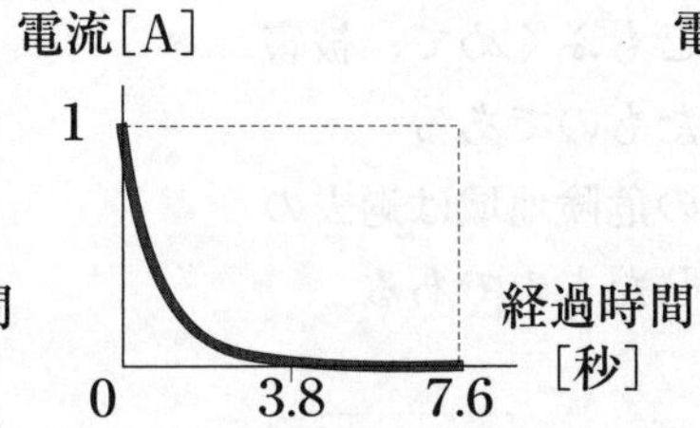


ウ：
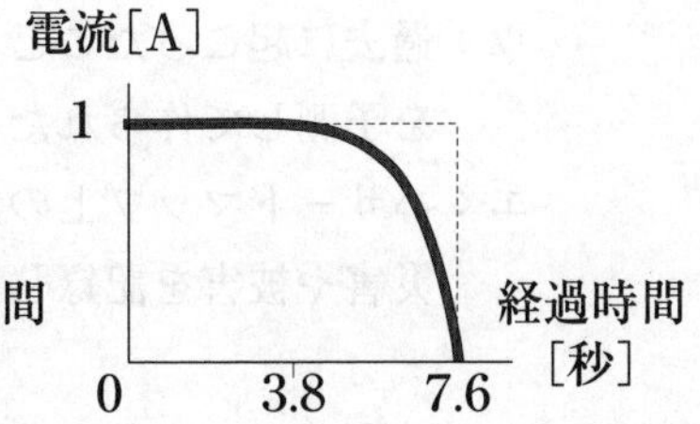


（6） （2）～（5）より、時間がたつにつれて、充電率の増え方と電流の減り方はどうなりますか。充電開始直後での様子と、充電完了直前での様子に分けて説明しなさい。

（7） 次に、〈実験１〉で用いた太い電熱線とコンデンサーを電池につなぎかえ、〈実験２〉と同様の実験を行いました。コンデンサーの充電率が100%になるまでの時間は、細い電熱線の場合に比べてどうなると考えられますか。解答として適切な言葉を、次から１つ選び、記号で答えなさい。また、そのように解答した理由を説明しなさい。

ア：早くなる　　イ：おそくなる　　ウ：変わらない

〈実験３〉

〈実験２〉で100%まで充電したコンデンサーを図３のように豆電球につなげ、豆電球を光らせました。しばらくすると、コンデンサーの充電率は減っていき、0%になったときには、豆電球の光は消えていました。

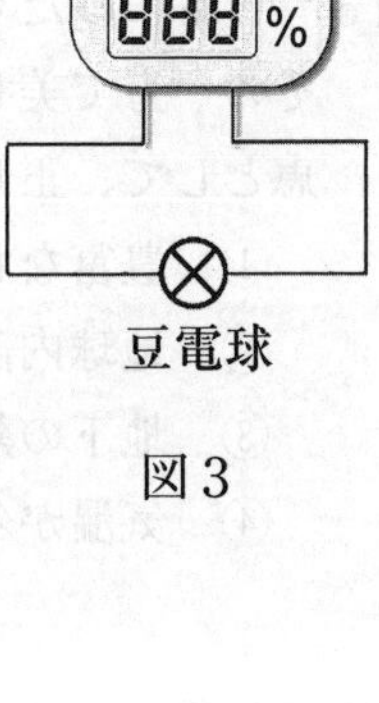

図３

問４ 同様の実験を、豆電球でなく、LEDにして行いました。すると、LEDは豆電球と同じ明るさで光りましたが、点灯時間は長くなりました。そのようになる理由を説明しなさい。

**4** 火山について、次の問いに答えなさい。

問1　2000年3月、有珠《うす》山が23年ぶりに噴《ふん》火しました。この噴火では、大量の水分をふくんだ噴出物が山を流れ下り、ふもとの町をうめ、多くの被害《ひがい》が出ました。

（1）有珠山は、図1のどこにありますか。A～Fの記号で答えなさい。

（2）この有珠山の噴火では、これほどの噴火にもかかわらず死傷者が1人も出ませんでした。その理由のひとつにハザードマップが作られていたことがあります。ハザードマップについて書かれている文として、間ちがっているものを1つ選び、記号で答えなさい。

ア：災害の被害を最小限にするために作られている。

イ：災害時のひ難場所が書かれている。

ウ：過去に起こったこともふくめて、被害を予測して作られたものである。

エ：ハザードマップ上の危険地域は過去の災害や被害を記録したものである。

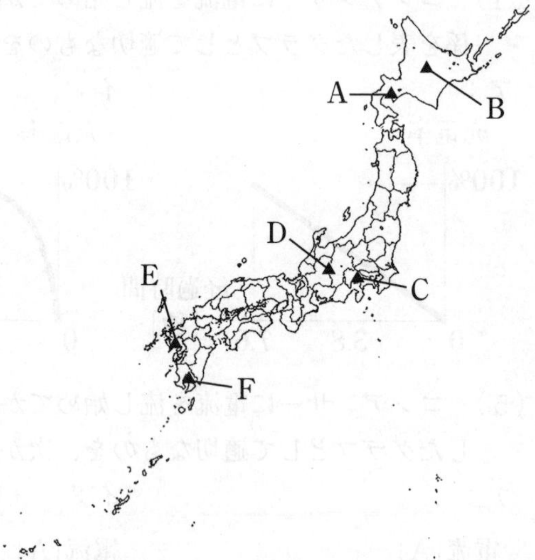


図1

問2　図2は富士山が噴火した際に、[ X ]が積もると予想される範囲《はんい》と厚さについて示されたものです。

（1）[ X ]にあてはまる言葉を答えなさい。

（2）このマップでは、富士山の西側よりも東側に[ X ]が広い範囲に積もると示されています。その理由として考えられることを書きなさい。

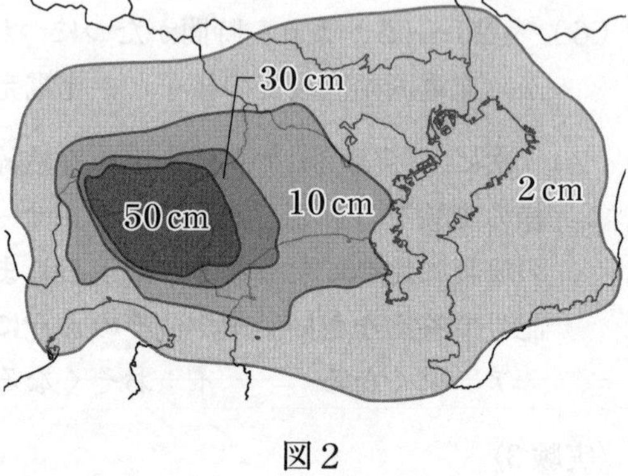


図2

問3　日本にはたくさんの火山があり、それらはときに噴火し、災害を起こすことがあります。その一方で美しい景観や温泉など、私たちに恩恵《けい》も与《あた》えてくれます。次の中から火山の恩恵として、正しければ○、間ちがっていれば×と答えなさい。

① 豊富なわき水がある。

② 地球内部から出てきた金属資源が取れる。

③ 地下の熱を利用して、地熱発電ができる。

④ 気温が冬でも氷点下になることがない。

問４　図３は、地球観測衛星「だいち２号」です。この衛星は、地表の動きをくわしく観測でき、火山の地下にある Y の動きをとらえることができます。このことは噴火による大きな被害を防ぐためにも大切な観測です。

（１） Y にあてはまる言葉を答えなさい。

（２） 地表の小さな動きを観測することがなぜ火山による災害の対策になるのですか。考えて答えなさい。

© 宇宙航空研究開発機構（JAXA）

図３

問５　昨年８月、 Z にある海底火山、福徳岡ノ場の噴火で出た大量の軽石が、10月に入って沖縄や奄美《あまみ》に漂着《ひょうちゃく》しました。この軽石によって、漁港内の海面に設置したいけすで育てている魚が大量に軽石をのみこんで死ぬ被害が確認されました。次の問いに答えなさい。

（１） Z にあてはまる言葉を次の中から１つ選び、記号で答えなさい。

ア：オホーツク海　　イ：日本海　　ウ：沖縄諸島　　エ：小笠原諸島

（２） 魚が死ぬ以外に軽石によって引き起こされる被害を１つ説明しなさい。

（３） この噴火による噴煙《ふんえん》が確認された時刻は分単位でかなり正確に知られています。どのようにして時刻がわかるのでしょうか。説明しなさい。

**問九** この物語の内容や表現の特徴《とくちょう》の説明として**適当でない**ものを次から**二つ**選び、記号で答えなさい。

**ア** 物語は、一貫《いっかん》して主人公「律」の視点から語られており、他の登場人物の行動や様子も「律」の視点を通して描《えが》かれている。

**イ** 「律」と少年との出会いの背景には、宅地開発が進められるなど、当時の、地方の農村が都市化の波によって変化しつつある時代の動きがうかがわれる。

**ウ** 母から音楽にちなんだ名前を付けてもらった二人の姉「琴音《ことね》」と「歌子」は、その名前の通り明るく活発な人物として、「律」とは対照的に描かれている。

**エ** 「その日から、栗の味が変わった。」という一文は、少年との出会いを境に「律」の内面が変化したことを印象づけるとともに、「律」の少年に対する好意やあこがれを象徴《しょうちょう》している。

**オ** 「律」が少年のことを思い出す場面では、「律」の心の中のつぶやきがそのまま書かれているが、それによって、彼女《かのじょ》の内気で夢見がちな少女としての一面が伝わってくる。

**カ** 物語の初めでは、お地蔵さんのことをまったく気にかけていなかった「律」だが、少年がおさい銭箱を作ってくれたことをきっかけに、初めてお地蔵さんを大切に思うようになる。

**三** **次の①から⑧の――部のカタカナを漢字になおし、⑨から⑫の――部の漢字の読み方をひらがなで書きなさい。**

① 先生のオンジョウに報いる。

② 足をぶつけてゲキツウが走る。

③ ザぶとんを差し出す。

④ ハイは重要な臓器の一つだ。

⑤ 彼《かれ》は医者のタマゴだ。

⑥ ほおをコウチョウさせて走る。

⑦ 説明が的をイる。

⑧ 王様にツカえて十年たつ。

⑨ 車窓から景色をながめる。

⑩ 教育に従事する。

⑪ 老若男女

⑫ 米食こそ日本の味だ。

**問四** ［１］から［３］に当てはまる語句として最も適当なものを次から選び、それぞれ記号で答えなさい。

**ア** 下を向いた　**イ** 顔をあげた　**ウ** 腹が立つ　**エ** 首をふった
**オ** 声をあげた　**カ** 小さくうなずく　**キ** 立ちつくした　**ク** 目を閉じた

**問五** ――④「このこと」とは、どのようなことを指しますか。その内容として最も適当なものを次から選び、記号で答えなさい。

**ア** 以前よりもましな格好をして外に出ていること
**イ** 毎朝外に出ても期待外れの結果になっていること
**ウ** ある日栗を拾ったときに少年と出会ったこと
**エ** 最近栗をおいしく感じるようになったこと

**問六** ――⑤「あまったるい後悔《こうかい》」とは、どのような気持ちですか。その説明として最も適当なものを次から選び、記号で答えなさい。

**ア** 少年と次に会ったらちゃんと話せるだろうという期待と、一度チャンスを逃《のが》した不甲斐《ふがい》なさの入り混じった気持ち
**イ** 少年との会話を想像して感じる淡《あわ》いときめきと、彼ともっとうまく話したかったという思いの入り混じった気持ち
**ウ** 少年と偶然《ぐうぜん》に出会えたことに対する喜びと、彼とはおそらくもう会えないのだという寂《さび》しさの入り混じった気持ち
**エ** 少年にかける言葉を想像することの楽しさと、彼に嫌《きら》われるようなことをしてしまったという反省の入り混じった気持ち

**問七** ――⑥「母、ハルは、そんな人だ」とありますが、「ハル」の様子や人柄《ひとがら》を述べた文として**適当でない**ものを次から一つ選び、記号で答えなさい。

**ア** 律にとっては反抗《はんこう》したくもなる口うるさい存在であるが、陽気な冗談《じょうだん》で笑わせてくれる一面もある。
**イ** 自らは台所仕事が苦手で「ヨシ」に任せているのに、娘《むすめ》には家庭的で女の子らしいふるまいを求めている。
**ウ** 本人は自覚していないが、男勝りでたくましい働き手であるところを、「律」にはかっこいいと思われている。
**エ** 今は農業に専念しているが、結婚《けっこん》前には音楽の先生になるという夢があり、それを娘たちに何度も語っている。

**問八** ――⑦「律はしどろもどろでいった」とありますが、「律」はなぜ「しどろもどろ」になったのですか。その理由を六〇字以上七十字以内で答えなさい。

問一　――①「いそいそとひろいにいった」とありますが、この時の「律」の様子の説明として最も適当なものを次から選び、記号で答えなさい。

ア　栗《くり》の木が周囲の迷惑《めいわく》になるほどに実を落としたのを、まるで子どものいたずらのようだと思いながら、いらだたしそうに栗をひろいにいく様子

イ　栗の木が道路にまで落ちるほど実をつけたことを、子どもの成長を誇《ほこ》らしく思うような気分で眺《なが》めては、得意そうに栗をひろいにいく様子

ウ　栗の実が敷地《しきち》の外にまで落ちるので、人にひろわれないようにするのは手が焼けることだと思いながらも、楽しそうに栗をひろいにいく様子

エ　栗の実が自宅の外の道路に落ちてしまったために、近所の人に先にひろわれてしまうのではないかとあせって、あわただしそうに栗をひろいにいく様子

問二　――②「少年はハッとしたように立ちつくした」とありますが、この時の少年の心情の説明として最も適当なものを次から選び、記号で答えなさい。

ア　朝早ければ誰《だれ》もいないと思っていたのに、栗の実を盗《ぬす》んだことがざるをもった女の子に見つかってしまい、気が動転した。

イ　知り合いに田舎の子があまりいないため、栗をひろいにやってきた女の子を見てそのだらしない姿に驚《おどろ》きあきれた。

ウ　たくさん栗をもち帰りたかったのに、ざるをもった女の子と出くわして、二人で分けなくてはいけないと思ってがっかりした。

エ　栗の木の持ち主の家の子どもと思われる女の子が現れることは全く予想していなかったので、ひどく驚いた。

問三　――③「顔をあげずに、小さくうなずいた」とありますが、この時の「律」の心情の説明として最も適当なものを次から選び、記号で答えなさい。

ア　話しかけてきた少年の言葉遣《ことばづか》いや雰囲気《ふんいき》が、みすぼらしい自分とはかけ離《はな》れていてひけめを感じている。

イ　知らない少年に耳慣れないきつい口調で質問され、不審《ふしん》に思われているのだろうかと感じて緊張《きんちょう》している。

ウ　知り合いでもない少年が親しげに話しかけてきたため、彼《かれ》を無礼でなれなれしいと感じて警戒《けいかい》している。

エ　栗を早くひろいきって帰りたいのに少年に話しかけられたため、話を長引かせたくないと考えて焦《あせ》っている。

栗のお礼なんだ。そうにきまっている。

（中略）

「どうしたが《どうしたの》、律。ほっぺたがりんごみたい」

歌子にいわれた。

「あつて《あつくって》……」

頭に雪をかぶりながら、律は顔をぱたぱたとてのひらであおいだ。

「そお？」

「へんな律」

ふたりの姉たちが、ぷっとふきだした。

「そお？　やって、なにきどっとんがけ《なにをきどっているの》」

「だって、うれしいよ。うちのお地蔵さんに、こんなんつくってもろて。うちのお地蔵さん、えらなった《えらくなった》みたいで」

⑦律はしどろもどろでいった。律の返事は、姉たちの質問の答えになっていなかったが、律の意見にはふたりとも「ほんとにそうやねえ」と、深く同意してくれた。

そうじが終わったお地蔵さんに、律は手を合わせ、心をこめておまいりをした。

（杉本《すぎもと》りえ『１００年の木の下で』より）

※問題作成の都合上、文章の一部を省略したところがあります。

耕運機を動かす女の人は、この村では母だけだ。

　そんな母でも、むすめ時代は歌を歌うことが大好きで、音楽の先生になりたいという夢があったのだと、律たちは何度もきかされている。早く結婚して、すぐに子どもができて、夢はかなわなかったけれど、あんたたちが夢のかわりだから、あんたたちに、音楽にちなんだ名前をつけたのだ、と。

　何回もきいた話だけど、信じられない。見るからに、いなかのおっかさんという感じの母が、音楽の先生になりたかったなんて。うちにはピアノもオルガンもないのに。

　母もそのへんのところは心得ていて、「音楽の先生」という言葉を出すときは、つんと気どったポーズをとる。律たちが、ドッとわらうと「なに、おかしい？」と、わざと怒《おこ》ってみせる。律たちは、「なあん《ぜんぜん》」といいつつ、またドッとわらう。

⑥母、ハルは、そんな人だ。

　律は、そういう母を、表向きでは「口うるさい」だの「いなかくさい」だの「かあちゃんみたいにはなりたくない」だのと、反抗的《はんこうてき》なことをいいつつも、心の底では、ちょっとかっこいいとも思っている。母は、律には「女の子らしくしろ」といつもいうが、母こそ、男まさりで、そのことに自分で気づいていないのだ。

（中略）

　その年の大みそかのことだ。

（中略）

　お堂の中の、お地蔵さんのちょうど前に、大型のマッチ箱ほどの大きさの、長方形の木の箱がおいてあるのに気づいた。

（中略）

　ここにままごとの道具のようなものとはいえ、おさい銭箱ができてみると、このお地蔵さんの格があがったように見えた。

「でも、だれ、こんなんつくったが《こんなものをつくったの》？」

といいつつ、琴音が思い出したように、もってきたぞうきんでお堂の中のそうじをはじめた。律もわれにかえって、お地蔵さんをふくことにした。

「お地蔵さん、教えて」

　歌子がおどけて、お地蔵さんをのぞきこんでたずねかける。

　だれがつくったのか、律には、心あたりがあった。

　きっと、あの少年だ。

　ほかにだれがいる？

なさけないことに「ふん」しかいえない。

「ありがとう」

彼は、両手にいっぱいの栗を、学生服のポケットに入れ、立山に背を向けて、このごろ宅地が建てこんできている方向へと、自転車でさっていった。彼のすがたはすぐに視界から消えたけれど、記憶《きおく》にやきついたその笑顔がまぶしくて、律はいつまでも目をほそめていた。

その日から、栗の味が変わった。毎日食べていた、同じ栗なのに、世の中にこんなにおいしいものがあるのかと思うほどおいしい。

彼はそれっきり、栗の木の下にあらわれることはなかった。

期待しないでおこうとは思いつつも、律は寝《ね》ぐせのついた髪《かみ》をとかし、寝まきより少しはましな服に着がえて外にでるようにしたが、毎朝、がっかりした。たとえあらわれたとしても、話なんかどうせできなかったのに。

もちろん、④このことは家族にも友だちにもだれにもいわず、自分だけの大切な秘密としてかかえこんだ。そして、上等なあめを口の中でころがしながら、ゆっくりと楽しんで味わうように、何度もうっとりと思い出にひたった。

妄想《もうそう》や空想の中では、いいたいことはいっぱいあったし、なんでもいえた。

「道におちとるもんは、だれがひろてもいいがや《いいのよ》ぜ」

と、教えてあげたかったし、

「おいしかろ《おいしいでしょう》、この栗。わたしも大好き」

と、ちょっとしたうそをついてもよかったし、

「また、とりにきて」

そうさそってみてもよかった。

じっさいには、ぜったい、いえっこないことばかりだったというのに、律は⑤あまったるい後悔《こうかい》にひたった。

（中略）

うちはいわゆる兼業《けんぎょう》農家で、田んぼはおもに母のハルと祖父の栄太郎《えいたろう》じいちゃんの担当で、父の忠直は会社勤めをしながらの、休みの日だけの働き手だ。琴音《ことね》ねえさんは、結婚《けっこん》したら仕事をやめて家庭にはいる予定だけど、今はまだ市内の会社で事務職についており、仕事が休みの日曜日は農作業にかりだされる。高校生の歌子ねえさんや、律にも、年齢《ねんれい》相応の手伝えることは、いつもたくさんあった。

そういうときでも、ヨシばあちゃんはもっぱら、台所などの家事を担当し、父や姉たちや律は、あくまで手伝いで、農作業の中心は栄太郎じいちゃんと母のハル、どちらかというと母だ。わがやは、ハルかあちゃんでまわっている。

母はじっさい、よく働き、たくましく、力持ちでもある。

そういう「賭《か》け」みたいなところもあったから、律はつい、栗ひろいに夢中になってしまったのかもしれない。

（中略）

その朝、はちあわせしたのは、律より少し年上の少年だった。制服と帽子《ぼうし》で、中学生のようだ、ということぐらいはわかったが、はじめて見る顔だった。

こんな時間に、もう通学なのだろうか。それとも、新聞配達でもしていて、その帰りなのだろうか。生垣にたてかけるように、自転車が止めてあった。そのころ、新品の自転車にのっているのは、よほどのお金持ちしかいなかったから、まあ、ふつうのポンコツっぽい自転車だった。

ざるをもってあらわれた律を見て、②少年はハッとしたように立ちつくした。

ものすごく、バツが悪かった。

うちの栗をひろうのに、なんで律がこんなに、居心地の悪い思いをしなければならないのか、自分で自分に腹が立つほど。

本当はにげてもどりたかったけど、そんなことをするのは、もっとバツが悪いので、なんとかがんばってふみとどまり、律は無言で、栗をひろいはじめた。さっさとひろって、早くもどろう……と思っているのに、こういうときにかぎって、たくさん落ちているのだ。

「ここのうちの人？」

と、彼《かれ》はいった。あまりきいたことのない標準語で。③律は顔をあげずに、小さくうなずいた。どうりで、こぎれいで都会っぽい雰囲気《ふんいき》がただよっているわけだと、納得しながら。

いっぽうの律は、姉たちのおさがりの、よれよれ寝《ね》まきと、足にはすりへった下駄《げた》、頭はぼさぼさ……。朝早いうえに、寝《ね》おきだからというわけではなく、律のかっこうはいつだって、だいたいこんなようなものだ。顔がこんなに熱いから、きっとほっぺたはまっ赤だろう。絵にかいたような、いなかの子。

「もらってもいい？」

また［　1　］。だめといえるはずもなく、だいいち、たとえだめだと思っていても、それをどうやってつたえればいい？　律は、方言以外では話ができない。

「この前も、一度、学校の帰りに通りかかって、ひろったんだ」

［　2　］まま「ふん」とだけ答えた。

「ここの栗、おいしいね。これまで食べた栗の中で、一番おいしかった」

律は思わず［　3　］。その瞬間《しゅんかん》、律は、うちの栗が大好きになった。けれども、

「ふん」

**二** 次の文章は、一九五〇年代の富山県のある町を舞台《ぶたい》にした物語で、主人公「律」は十二歳《さい》の少女である。これを読んで、あとの問いに答えなさい。

ここまでがうちの敷地《しきち》だという境界としてつくられた垣根《かきね》は、生垣《いけがき》とよばれるもので、下半分は石をつみあげた、厚みのある石垣になっていて、そこに土をうめこみ、杉《すぎ》が植えられている。

それまでは、地面に直接置かれていた、石のお堂にはいったお地蔵さんは、石垣の上に、両わきを杉の木にはさまれるようなかっこうですえおかれた。今までと同じように、道路がわに向け、正面に立山を見るような位置に。栗《くり》の木と、すこしはなれた同じならびで。

このお地蔵さんは、母、ハルの弟たちの供養につくられたものだ。祖母のヨシにとっては、息子たちで、亡くなったのはずいぶん前だけど、今でも母とヨシばあちゃんは、ときどき手を合わせているし、近所の人も手を合わせているのをときどき見かける。

かやぶきだった屋根が、瓦《かわら》にふきかえられたのも、このころで、この生垣と瓦屋根で、わがやはずいぶん、ていさいがよくなった。

律は生垣の内がわで、栗の木が道路のほうに枝をのばすのを、ききわけのない子どもが、勝手な行動をとるのを見まもる親の心情でながめ、道路に実をおとすと、その子がしでかしたいたずらの、後始末でもするように、①いそいそとひろいにいった。

道におちている分をひろい集めたあと、ゆっくり安心して、敷地内、つまり生垣の内がわにおちた分をひろう。ざるにいっぱいになることもあれば、十個ほどしかとれないときもある。

それを台所においておくと、学校から帰ったころには、ヨシばあちゃんがゆでておいてくれるというわけだ。

いつもはねぼうな律が、栗の季節になると、夜明けとともに起きだすものだから、家族はだれもが、律はよほど栗が好きなのだろうと思いこんでいた。

じつは、人にとられるのがいやな、ただのよくばりでケチンボなだけだ。でも、そう思われるのがはずかしかったから、あえて否定せずに、そのままにしておいた。

早起きといったって、どのみち栗が落ちる時期は、せいぜい二週間ほどで、その間だけ、ちょっとがんばればいいのだし、本来ひろうのが楽しいのだから、ちっとも苦ではなかった。

前の晩に風がふいたりすると、明日の朝はどんなにたくさん落ちているだろうと、わくわくしたものだ。

栗はもちろん、律が学校にいっているあいだの、昼にも落ちる。

枝の下で見上げてみて、ぱっくりと開いた緑色のイガの中に、つやつやした栗の実が、今にもこぼれ落ちそうになっているのを見つけたとしても、それは落ちてくるのをまつしかなく、タイミングよく、そこを通りかかった人がひろったとしたら、それはそれでしかたがないと、あきらめるしかない。

| 【事例】 | 【意図】 | 【行為】 | 【結果】 | 【要因】 |
|---|---|---|---|---|
| A　害虫と殺虫剤《さっちゅうざい》 | 害虫を殺そう。 | 殺虫剤をまく。 | 天敵まで殺してしまい、害虫が大発生する。 | 殺虫剤が害虫だけに効くと早合点していたから。 |
| B　荒《あ》れ地《ち》の緑化 | 荒れ地を緑化しよう。 | 生長の早い草や木を外部から持《も》ち込《こ》んで植える。 | 生息する動植物が変わってしまい、環境に悪影響《あくえいきょう》を与《あた》える。 | 生態系のバランスを考えずに、植物の種類が変わっても環境が変化しないと誤解していたから。 |
| C　シカとオオカミ | シカを保護しよう。 | オオカミを駆除《くじょ》する。 | 増えたシカが草を食《た》べ尽《つ》くして、飢《う》えて大量死する。 | （　ア　） |
| D　再生紙 | （　イ　） | 再生紙を作る。 | 莫大《ばくだい》なエネルギーを消費するなど、かえって資源を無駄遣《むだづか》いする。 | リサイクルされるもの以外に資源の無駄遣いが生じることを忘れていたから。 |

(1)（　ア　）・（　イ　）に入る文を、自分で考えてそれぞれ記しなさい。

(2) AからDの事例と同じような出来事が、かつて中国で起こっています。農作物を守るために、農作物を食《く》い荒《あ》らすスズメを大量に駆除したところ、逆に農作物の収穫が大幅《おおはば》に減ってしまったのです。なぜ、そのような結果になってしまったのでしょうか。この表を参考にしながら、考察できることを述べなさい。

(3) これらのような「思いもかけぬ結果」を招かないようにするには、環境問題に対してどのような姿勢で向き合うべきだと筆者は考えていますか。本文中の語句を用いて、五十字以上六十字以内で答えなさい。

問九　この文章において筆者は、「割り箸」を通してどのようなことを主張していますか。最も適当なものを選び、記号で答えなさい。

ア　割り箸を大量に使用することは森林破壊《はかい》につながるので、小さな木片《もくへん》ではあるが大きな視点で考えなければならない。

イ　割り箸の、資源を消費する木製品としての一面だけを取り上げて論じることは、環境問題に関する判断を誤る原因となる。

ウ　環境問題を考える一例としてではなく、日本人の食生活との関わりから、割り箸自体について考えることが大切である。

エ　割り箸は資源の無駄遣いの象徴としてではなく、それを取り巻く日本の歴史や文化の象徴として論じるべきである。

問六　――⑥「割《わ》り箸《ばし》は、端材商品の最後の砦《とりで》と言えるかもしれない」とありますが、筆者が「割り箸」を「最後の砦」と考えているのはなぜですか。その理由として最も適当なものを次から選び、記号で答えなさい。

ア　割り箸は、数ある端材商品の中でも木材の量に比して高価格で売れるため、不振にあえぐ林業を再生させる切り札となり得る商品だから。

イ　割り箸は、別の素材や安い輸入材では作ることのできない日本固有のものであり、古くから日本林業の象徴的《しょうちょうてき》な存在と言える商品だから。

ウ　割り箸は、林業に不可欠な間伐材利用の最終商品であり、木材を捨てるところなく商品化してきた日本林業の精神を代表している商品だから。

エ　割り箸は、小さな木工品とは言え、長い期間をかけて生育された貴重な森林資源であり、日本の食文化にとっても欠かせない商品だから。

問七　――⑦「その末端《まったん》に、割り箸も引っかかった」とは、どういうことですか。その説明として最も適当なものを次から選び、記号で答えなさい。

ア　森林問題を解決するための手段を次々と考えていった結果、割り箸の使用をやめるべきだという最終的な結論にたどり着いたということ

イ　森林問題が生じる原因を次々とさかのぼっていった結果、割り箸の使用もその原因であるとすぐに結び付けられてしまったということ

ウ　森林の危機という大きな問題を解決するためには、まずは割り箸の使用を見直し、身近なことから始めるべきだと誰《だれ》もが考えたということ

エ　森林の危機を救うための方法を考えていく過程で本来の目的がすり替《か》わって、割り箸にまで議論の矛先《ほこさき》が向けられてしまったということ

問八　――⑧「実際に、環境によかれと思って行った行為《こうい》が、思いもかけぬ結果につながったことも少なくない」とありますが、次の表は、本文中のＡからＤの４つの【事例】について、「よかれと思って行った行為」【意図・行為】、「思いもかけぬ結果」【結果】と、なぜそのような結果を招いてしまったのか【要因】をまとめたものです。これについて、次の問いに答えなさい。

問四　――④「大きなホンマグロを釣《つ》り上《あ》げたのに、食べるのはトロの部分だけ。赤身は捨てているに等しい」とありますが、これは、どのようなことをたとえているのですか。その説明として最も適当なものを次から選び、記号で答えなさい。

ア　「ホンマグロ」を林業に秘められた可能性にたとえて、「赤身」をその可能性を生かし切れていない現状にたとえている。

イ　「トロ」を林業がもたらす収入の全体にたとえて、「赤身」をその収入の大半を無駄《むだ》にしている現状にたとえている。

ウ　「ホンマグロ」を樹木の中の太くてまっすぐな部分にたとえて、「赤身」をそれ以外の根株や枝のような端材《はざい》にたとえている。

エ　「ホンマグロ」を一本の樹木にたとえて、「トロ」をその中で最大の収入をもたらす太い丸太の部分にたとえている。

問五　――⑤「それは大きな勘違《かんちが》いだ」とありますが、ここから読み取れる筆者の考えはどのようなものですか。その説明として最も適当なものを次から選び、記号で答えなさい。

ア　日本の林業の不振《ふしん》の理由を安い輸入材のせいにするのは単純な発想で、かつては間伐材を利用して作られていた道具類が別の素材に置《お》き換《か》わっていく中で、新たな木材商品を生み出せなかったせいでもあると考えている。

イ　日本の林業の不振の理由を安い輸入材のせいにするのは誤りであり、実際は、本来の林業のあり方を忘れて、目先の利益ばかりを追求してきた、現代日本の経済システムに要因があると考えている。

ウ　日本の林業がかつてに比べて不振なのは、国内産木材の代わりに輸入された安い木材によって、身の回りの家具や道具類が作られたせいであり、それをただ一方的に非難してみても問題は解決しないと考えている。

エ　日本の林業がかつてに比べて不振なのは、安い輸入材のせいというよりも、時代の変化とともに人々《ひとびと》が「もったいない」精神を失ったせいで、山の産物を最大限に利用する努力をしなくなったせいだと考えている。

＊片翼飛行《かたよくひこう》……本来左右両方ある翼《つばさ》が片方しかない状態で飛行することから、バランスの取れていないこと。
＊耐性《たいせい》………一定の薬物に対して示す抵抗力《ていこうりょく》。

**問一** ――①「現代社会の経済に馴染《なじ》まないという意見もある」とありますが、林業が「現代社会の経済に馴染まない」のは、なぜですか。その理由として最も適当なものを次から選び、記号で答えなさい。

**ア** 林業は農業と違《ちが》って、安定した収穫《しゅうかく》を見込《みこ》めないから。
**イ** 林業は農業と違って、収穫量に比して利潤《りじゅん》が低いから。
**ウ** 現代社会の経済は、短期間で成果を求める傾向《けいこう》にあるから。
**エ** 現代社会の経済は、確実に資金を回収することを優先するから。

**問二** ――②「本来の林業はそうではなかった」とありますが、筆者は吉野《よしの》林業を例に挙げて、「本来の林業」がどのようなものであったと述べていますか。その説明として最も適当なものを次から選び、記号で答えなさい。

**ア** 植える本数を多くしながらも、頻繁《ひんぱん》に間伐《かんばつ》を繰《く》り返《かえ》して徐々《じょじょ》に本数を減らすことで、一〇〇年後には見事に育った大径木の主伐《しゅばつ》によって、大きな収入を得ていた。
**イ** 植栽《しょくさい》本数を多くすることによって節のない幹を育て、大径木に育つまでの長い期間にも間伐によって出る木材を有効に利用して、安定した雇用《こよう》と収入を得ていた。
**ウ** 数々《かずかず》の商品に開発するためにあえて植栽本数を多くして、頻繁に間伐を行うことで大量の間伐材を商品化し、それらによって主伐でもたらされる以上の収入を得ていた。
**エ** 木を植えてから一〇年間は収入がないが、それ以降は木の成長に合わせて、細い間伐材から太い間伐材までをそれぞれ用途《ようと》に応じた商品に開発して、定期的に収入を得ていた。

**問三** ――③「森の産物を徹底的《てっていてき》に利用し尽《つ》くす」とありますが、林業において、森の産物が「徹底的に利用し尽く」されたのは、どのような考え方がその背後にあったからだと筆者は考えていますか。次の文の［　　　］に当てはまる三十五字以上四十字以内の部分をこれ以降の本文中に求め、最初と最後の五字をぬき出しなさい。

［　　　］**があったからだと考えている。**

食品の添加物《てんかぶつ》は危険、農薬は危険、といった指摘《してき》も、添加物を使わないことで品質の劣化《れっか》が早く進んだり、無農薬だと虫の食害のため人々の口に入る前に破棄《はき》する食物が増える可能性の方が高い。逆に特定の食物の機能性に注目が集まりがちだが、それが極端《きょくたん》になると、これさえ食べていれば癌《がん》が治るとか、ダイエットできる……という話になる。こうした短絡《たんらく》思想は、結局何ももたらさないだろう。

結局、どんな行為でも、そこには必ず利益と不利益が生じる。片方だけを取り上げるのではなく、両者を比べて、どちらが総体として有利か十分に検討する必要がある。そんな大きな視点を持って判断しなければ、環境問題は理解できない。森林と人間社会の関係もその中には含《ふく》まれる。

割り箸も、その大きな広がりと密な結びつきによって存在していることを忘れるべきでないだろう。たかが割り箸、たかが塗《ぬ》り箸《ばし》だが、それらを通して世間を見たら、新たな世界が見えてくるかもしれない。小さな木片《もくへん》の後ろには、大きな地球環境と人間社会が広がっているのだから。

私は、何も割り箸が絶対に必要だと決めつけているわけではない。もしかしたら日本人の食生活自体が大きく変化して、割り箸が廃《すた》れて消えてしまう時代が来るかもしれない。それが時代の流れなら、私はとくに抵抗《ていこう》しようと思わない。

しかし、間違《まちが》った認識で割り箸が攻撃《こうげき》されるのは不本意である。また割り箸を取り巻く歴史や文化が失われるのは残念だと思っている。何より割り箸自体の価値を、私は高く評価している。

小さな木工品が、日本の山を考え、世界の森林を想像し、環境問題までに思いを馳《は》せるきっかけになれば、幸いである。

（田中淳夫《たなかあつお》『割《わ》り箸《ばし》はもったいない？』より）

※　問題作成の都合上、文章の一部を省略したところがあります。

（注）＊吉野《よしの》林業……奈良県の吉野川上流の地域で行われている林業。長年日本の林業の模範《もはん》とされてきた。吉野杉《よしのすぎ》の産地として有名。

＊間伐《かんばつ》……「主伐《しゅばつ》」の対語で、主伐に至るまでの途中《とちゅう》で行われる伐採《ばっさい》。森林が混みすぎて不健全になるのを防ぎ、良い木を育て森林の価値を高める作業。

＊大径木……幹の径が太く育った、樹齢《じゅれい》の長い木。

＊主伐《しゅばつ》……一定の林齢《りんれい》に生育した立木を、用材等で販売《はんばい》するために伐採すること。

＊樽丸《たるまる》……酒樽《さかだる》に用いる木材。

＊三宝《さんぼう》……神仏に物を供えたり、儀式《ぎしき》の時に物を載《の》せたりするのに使用する供物用の台。

＊下市……奈良県南部の町、下市町。吉野地方の主要商業地として古くから栄えた。

せて切り……としていると、結果的に一本の樹木のうち、本当に使われるのは一割程度だったことがある。

たとえるならば、④大きなホンマグロを釣《つ》り上《あ》げたのに、食べるのはトロの部分だけ。赤身は捨てているに等しい。いくらトロの身が高くても、それでは漁獲《ぎょかく》するためにかけた経費を賄い、漁師の生活を維持《いじ》することはできない。

現在、日本の林業は不振《ふしん》を極《きわ》めている。その理由は、すぐに「安い輸入材」のせいにされがちだが、⑤それは大きな勘違《かんちが》いだ。時代に合った木材商品を開発できなかったことも重大な要因なのである。

その中で⑥割《わ》り箸《ばし》は、端材商品の最後の砦《とりで》と言えるかもしれない。それも失うようだったら、本当に日本の林業は壊滅《かいめつ》しかねない。

(中略)

改めて割り箸と森林問題を振《ふ》り返《かえ》ると、「風が吹《ふ》けば桶屋《おけや》が儲《もう》かる」的な発想で登場したものだった。

多くの人は、森林が危機だと聞けば、木が減っている、だから木を伐るのに反対し、目先の木製品を使わない方がよいと考える。少しでも木を使わなければ、伐られる山の木の量が減る、木を伐らなければ森は守れるし、森林があれば二酸化炭素の排出《はいしゅつ》は減る……このような連想が働く。⑦その末端《まったん》に、割り箸も引っかかったのだ。

しかし、環境《かんきょう》問題をあまり単純化して考えるのは危険である。実際の自然環境や社会の仕組みは複雑で、何がどこに影響《えいきょう》を与《あた》えるか一概《いちがい》には言えない。一つの行為には多岐にわたる背景と複雑な関係が潜《ひそ》んでいる。(中略)

何がどこに関わっているか、十分に解明できないケースも少なくない。それを単純化した発想で行動を起こしても、望んでいたような結果を生むとは限らない。

⑧実際に、環境によかれと思って行った行為《こうい》が、思いもかけぬ結果につながったことも少なくない。

**A** たとえば害虫を殺そうと殺虫剤《さっちゅうざい》を撒《ま》いたら、害虫の天敵も殺してしまうことが多い。また害虫が、薬剤《やくざい》への*耐性《たいせい》を身につけて薬が効かなくなることも起こっている。そうなると、殺虫剤を撒けば撒くほど害虫が大発生するという事態になりかねない。

**B** ある特定の植物、あるいは動物を保護したことで、そのほかの動植物が圧迫《あっぱく》される事例も少なくない。荒《あ》れ地《ち》を緑化しようと、生長の早い草や木を外部から持《も》ち込《こ》んで植えた場合、在来の植物を圧迫する可能性がある。これまでなかった植物が繁茂《はんも》することで、生息する昆虫《こんちゅう》も変わるだろう。そして悪影響を広げてしまうこともあるのだ。

**C** シカを保護しようとオオカミを駆除《くじょ》したら、増えたシカは草を食べ尽くして、飢《う》えて大量死したケースもアメリカで起きた。

**D** リサイクル活動も、十分に考えたうえで行わないと逆効果になる。たとえば再生紙を作るには、紙を繊維《せんい》にもどすために莫大《ばくだい》なエネルギーを消費するとともに、漂白《ひょうはく》のための薬品類も必要とする。その排水《はいすい》の処理にも、馬鹿にならないコストがかかる。リサイクルすることによって資源の無駄遣《むだづか》いを抑《おさ》え環境を改善しようという思いとは別に、往々にして、その過程で多くの環境負荷を生じるのである。

繰《く》り返《かえ》し、徐々《じょじょ》に本数を減らしていく。だいたい八～一〇回以上の間伐を経て、最後は*大径木になった一〇〇本くらいを残す。この時点で一〇〇年以上たっているのである。最後の木を伐るのが*主伐《しゅばつ》だ。もし主伐しか収入にならないのなら、植えた苗の数の八〇分の一以下しか収益につながらないことになる。

だが、そうではなかった。吉野林業というのは、主伐だけでなく、間伐も大きな収入源だったのだ。なぜなら間伐材をちゃんと商品化したからである。

植栽後一〇年目の細い間伐材もちゃんと利用した。たとえば足場丸太や稲穂の干架用《ほしかよう》に販売《はんばい》していた。もう少し太くなると、薄《うす》い板や小角材に製材した。樹齢《じゅれい》三〇年～四〇年の間伐材は、磨《みが》き丸太にした。床柱《とこばしら》にすると、非常に高価格商品となった。

いや、間伐材だけではない、スギ皮は屋根葺《やねふ》き材《ざい》になったし、スギの葉を乾燥《かんそう》して粉にしたものが線香の材料に回された。③森の産物を徹底《てってい》的《てき》に利用し尽《つ》くすことで収入を上げるのが、林業だったのである。

植えてから一〇〇年間収入がないわけではない。むしろ一〇年後から始まる間伐材収入で、最初の植え付けや下刈《したが》り経費などは全部賄《まかな》える。当然、山村の人々《ひとびと》の雇用《こよう》も途切《とぎ》れることなく続く。最後に残された大径木の主伐はボーナスのようなもので、山里に大きな収入をもたらした。

大径木が、建築材のほか*樽丸《たるまる》に加工されたことは、すでに記したとおりである。製材したら出る端材《はざい》・廃材《はいざい》も重要な商品だった。大きな板や柱はとれなくても、経木や菓子箱《かしばこ》、野菜箱、かまぼこ板、神具の*三宝《さんぽう》などになる。割り箸産地の*下市は、実は三宝の産地でもある。そうした端材・廃材利用の中でも小さな端材から作られたのが割り箸だ。最後の最後まで木材を利用した最終商品なのである。しかも木材の量に比して高価格で売れた。

つまり吉野林業は、廃材の利用技術で成り立っていたといっても過言ではない。だからこそ、割り箸は吉野林業の象徴的な存在であり、林業の真髄と言えるではないか。

このような多岐《たき》にわたる商品開発が行われた理由はいろいろ考えられる。しかし、やはり山のものは一切無駄《むだ》にせずに利用しなければ「もったいない」と思う精神風土があったからだと思う。割り箸はその精神を代表している。

一般の林業地でも同じだ。森林から伐りだす木を、建築材、それも柱材だけといった単体の商品にしていると、森林経営としては、*片翼飛《かたよくひ》行《こう》であり収益は上がらない。捨てるところなく商品化して、初めて林業が産業となれるのだ。

ところが現在は、従来の間伐材や端材から作った商品が売れなくなってしまった。かつては木製品だった身の回りの建築物や家具、道具類が、金属やコンクリート、ガラス、プラスチックなどの素材に置《お》き換《か》わってしまったからだ。そのため大径木の太くてまっすぐな部分だけを抜き取って商品にしている。

大雑把《おおざっぱ》な計算だが、根株や梢《こずえ》、枝を伐り捨て、太い根元の丸太だけを伐出《ばっしゅつ》して、製材加工の際には端材を捨て、柱も建築の際に寸法に合わ

# 二〇二二年度　森村学園中等部

【国　語】〈第一回試験〉（五〇分）〈満点：一〇〇点〉

（注意）記述で答える問題は、特に指定のない場合、句読点《くとうてん》や符号《ふごう》は一字として数えるものとします。

**一**　次の文章を読んで、あとの問いに答えなさい。

割《わ》り箸《ばし》は林業と切っても切れない関係にある。（中略）実は、割り箸こそ日本の林業の真髄《しんずい》であり象徴《しょうちょう》とも言えるのだ。

（中略）

林業といえば、チェーンソーで木を伐《き》っている映像ばかり思《おも》い浮《う》かべがちだ。そして自然破壊《はかい》だと連想する。たしかに木材を得るためには、生えている木を伐らねばならない。生きた木を倒《たお》すということは木の生命を奪《うば》うということだ。しかし、日本の林業は大半が育成林業であり、伐採《ばっさい》の前に長い時間をかけて木を育ててきたことを忘れている。伐採は、そうして育てた木の最後の収穫《しゅうかく》行為《こうい》なのである。畑を耕して、種をまき、草取りもして、病害虫から守り、ようやく育てた米や野菜を収穫するのと同じだ。稔《みの》った稲穂《いなほ》を刈《か》り取《と》ったら、あるいは畑でダイコンを引《ひ》き抜《ぬ》いたら「自然破壊だ」と叫《さけ》ぶだろうか。

ただ農業と林業が違《ちが》うのは、その育成期間の長さである。農作物なら種子を播《ま》いてから収穫まで数カ月、長いものでも数年だ。果樹の場合は多少延びるが、それでも十数年。実がなるまで育てば、その後はほぼ毎年収穫できる。しかし木材が収穫できるまで植林してから短くても四〇年、長いところでは一〇〇年を超《こ》える。若いころに植えた木を老齢《ろうれい》の域に達してようやく収獲できる、もしかしたら収獲は子供か孫の代になるかもしれないのが林業だ。植林を投資とすると、伐採は資金の回収と利潤《りじゅん》を得る行為《こうい》に当たるが、その期間が非常に長い。だから①現代社会の経済に馴染《なじ》まないという意見もある。

しかし、②本来の林業はそうではなかった。

割り箸の故郷でもある*吉野《よしの》林業を例にとってみよう。特徴的《とくちょうてき》なのは、植える本数だ。一ヘクタール当たり八〇〇〇本から一万二〇〇〇本もあるのだ。現在の一般的《いっぱんてき》な植栽《しょくさい》本数が、三〇〇〇本を基準としていることを考えれば、非常に多いと言えるだろう。密植すると、幹が通直になって枝も出づらく節を作らない効果があるから行うのである。

もちろん高密度のまま植えっぱなしにしては、苗《なえ》は育たない。そこで頻繁《ひんぱん》な*間伐《かんばつ》が行われた。植えつけ後一〇年くらいから弱度の間伐を

2022年度

# 森村学園中等部　▶解説と解答

## 算　数　＜第１回試験＞（50分）＜満点：100点＞

### 解　答

[1] (1)　20　(2)　23　(3)　1.6　[2] (1)　12%　(2)　69点　(3)　36個　(4)　1：4　(5)　$6\frac{2}{3}$　[3] (1)　251.2cm³　(2)　141.3cm³　(3)　51.2　[4] (1)　4　(2)　57番目　(3)　4139　[5] (1)　5020円　(2)　54杯　(3)　111杯　[6] (1)　A…200m，B…250m　(2)　1200m，秒速50m　(3)　ア…6／$16\frac{2}{3}$秒後

### 解　説

**[1] 四則計算，計算のくふう**

(1)　$7+3\times5-(12-2\times5)=7+15-(12-10)=7+15-2=22-2=20$

(2)　$(0.23\times1400+2.3\times320+23\times54)\div100=(0.23\times100\times14+2.3\times10\times32+23\times54)\div100=(23\times14+23\times32+23\times54)\div100=23\times(14+32+54)\div100=23\times100\div100=23$

(3)　$3.6-\left\{2\frac{5}{12}-\left(3.75-2\frac{1}{6}\right)\right\}\times2\frac{2}{5}=3.6-\left\{2\frac{5}{12}-\left(3\frac{3}{4}-2\frac{1}{6}\right)\right\}\times2\frac{2}{5}=3.6-\left\{\frac{29}{12}-\left(\frac{15}{4}-\frac{13}{6}\right)\right\}\times\frac{12}{5}=3.6-\left\{\frac{29}{12}-\left(\frac{45}{12}-\frac{26}{12}\right)\right\}\times\frac{12}{5}=3.6-\left(\frac{29}{12}-\frac{19}{12}\right)\times\frac{12}{5}=3.6-\frac{10}{12}\times\frac{12}{5}=3.6-2=1.6$

**[2] 濃度《のうど》，平均，比の性質，速さと比，分数の性質**

(1)　15%の食塩水400ｇから80ｇをくみ出すと，15%の食塩水が，400－80＝320(ｇ)残るので，その中に食塩は，320×0.15＝48(ｇ)ふくまれる。その後，80ｇの水を加えると，食塩の重さは，48ｇで変わらず，食塩水の重さは，320＋80＝400(ｇ)になるから，濃度は，48÷400＝0.12より，12%になる。

(2)　(平均点)×(人数)＝(合計点)より，平均点を縦の長さ，人数を横の長さ，合計点を面積として右の図のように表すことができる。この図で，かげをつけた部分の面積は，Ａ組の合計点とＢ組の合計点の和を表し，太線で囲んだ部分は，全体の合計点を表すから，これらの面積は等しい。すると，アとイの部分の面積も等しくなり，アとイの横の長さの比は，30：20＝3：2だから，縦の長さの比は，$\frac{1}{3}:\frac{1}{2}=2:3$となる。よって，イの縦の長さは，$5\times\frac{3}{2+3}=3$(点)だから，Ｂ組の平均点は，72－3＝69(点)と求められる。

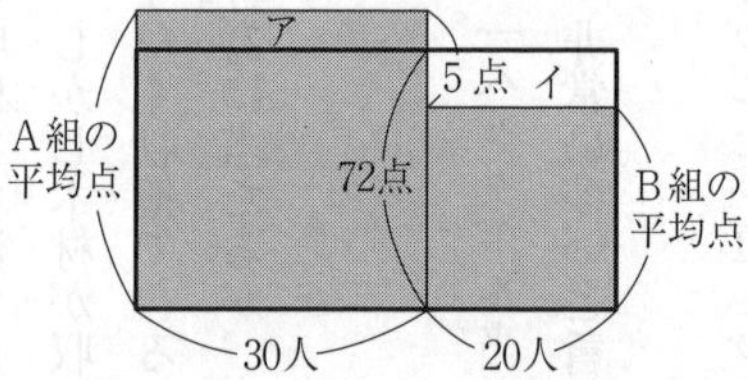


(3)　(赤玉の個数)×$\frac{1}{4}$＝(白玉の個数)×$\frac{3}{8}$だから，(赤玉の個数)：(白玉の個数)＝$\left(1\div\frac{1}{4}\right):\left(1\div\frac{3}{8}\right)=4:\frac{8}{3}=3:2$となる。赤玉と白玉の合計は60個なので，赤玉の個数は，$60\times\frac{3}{3+2}=36$(個)と求められる。

(4)　全体の道のりの$\frac{1}{3}$は自転車で進み，全体の道のりの，$1-\frac{1}{3}=\frac{2}{3}$はバスで進んだので，自転車とバスで進んだ道のりの比は，$\frac{1}{3}:\frac{2}{3}=1:2$である。また，自転車とバスで進んだ時間の比

は2：1だから，(速さ)＝(道のり)÷(時間)より，自転車とバスの速さの比は，(1÷2)：(2÷1)＝$\frac{1}{2}$：2＝1：4とわかる。

(5) かけられる数を$\frac{B}{A}$とする。$\frac{B}{A}\times\frac{3}{4}$が整数になるとき，$B$と4，3と$A$がそれぞれ約分されて，分母が1になるから，$B$は4の倍数，$A$は3の約数となる。同様に，$\frac{B}{A}\times2\frac{2}{5}=\frac{B}{A}\times\frac{12}{5}$が整数になるとき，$B$は5の倍数，$A$は12の約数となる。したがって，$B$は4と5の公倍数，$A$は3と12の公約数とわかる。また，もっとも小さい数を答えるので，$B$はなるべく小さく，$A$はなるべく大きい方がよい。よって，$B$は4と5の最小公倍数の20，$A$は3と12の最大公約数の3となるので，$\frac{20}{3}=6\frac{2}{3}$である。なお，求める数は0と考えることもできる。

## 3 立体図形―体積

(1) 面AEFBが通過する部分は，辺ABが通過してできる円を底面とし，高さがBFの円柱になる。つまり，底面の半径が4cm，高さが5cmの円柱になるから，体積は，4×4×3.14×5＝80×3.14＝251.2(cm$^{3}$)と求められる。

(2) 面BFGCが通過する部分は，辺BCが通過する部分を底面とし，高さがBFの立体となる。右の図1で，辺BC上にある点のうち，点Aから最も近いのは点Bで，点Aから最も遠いのは点Cだから，辺BCが通過する部分は，点Bが通過してできる円と点Cが通過してできる円の間にはさまれた部分(かげをつけた部分)となる。よって，面BFGCが通過してできる立体は，底面積(かげをつけた部分の面積)が，5×5×3.14－4×4×3.14＝25×3.14－16×3.14＝9×3.14(cm$^{2}$)で，高さが5cmだから，体積は，9×3.14×5＝45×3.14＝141.3(cm$^{3}$)と求められる。

図1

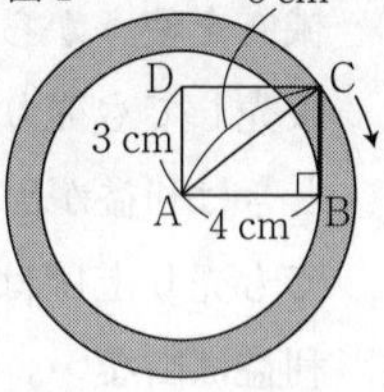


(3) 面DBFHが通過する部分は，対角線BDが通過する部分を底面とし，高さがBFの立体となる。右の図2で，点AからBDに垂直な直線を引き，BDと交わる点をHとすると，BD上にある点のうち，点Aから最も近いのは点Hで，点Aから最も遠いのは点Bだから，BDが通過する部分は，点Hが通過してできる円と点Bが通過してできる円の間にはさまれた部分(かげをつけた部分)となる。ここで，三角形ABDの面積は，3×4÷2＝6(cm$^{2}$)であり，三角形ABDは底辺をBDとみると，高さはAHだから，AHの長さを□cmとすると，5×□÷2＝6(cm$^{2}$)と表せる。したがって，□＝6×2÷5＝2.4(cm)だから，かげをつけた部分の面積，つまり，面DBFHが通過してできる立体の底面積は，4×4×3.14－2.4×2.4×3.14＝16×3.14－5.76×3.14＝10.24×3.14(cm$^{2}$)とわかる。よって，体積は，10.24×3.14×5＝51.2×3.14(cm$^{3}$)である。

図2

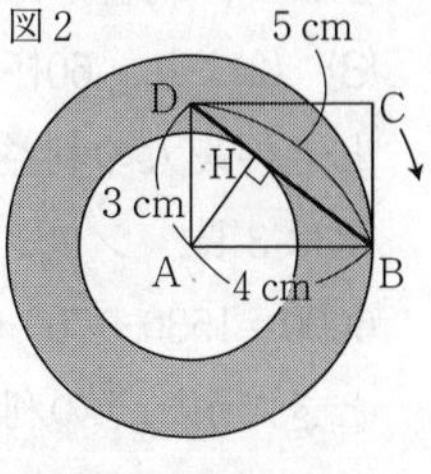


## 4 数列，周期算

(1) もとの数の列では，1番目が，1×1＝1，2番目が，2×2＝4，3番目が，3×3＝9，…のように，□番目には(□×□)が並んでいるから，36の続きは，7×7＝49，8×8＝64，9×9＝81，10×10＝100，11×11＝121，12×12＝144，…となる。したがって，もとの数を6で割った余りを左から順番に並べて新しい数の列を作ると，右の図のようになる。この図より，新しい数の列では，1，4，3，4，1，0の6つの数がくり返されるとわか

| | |
|---|---|
| もとの数の列 | 1，4，9，16，25，36，49，64，81，100，121，144，… |
| 新しい数の列 | 1，4，3，4，1，0，1，4，3，4，1，0，… |

る。よって，はじめから100番目の数は，100÷６＝16余り４より，１，４，３，４，１，０の中の４番目と同じ４になる。

⑵　３が10回目に現れるのは，１，４，３，４，１，０の６つの数が９回くり返された後，１，４，３の３つの数が並んだときである。よって，はじめから，６×９＋３＝57(番目)となる。

⑶　１，４，３，４，１，０の６つの数の和は，１＋４＋３＋４＋１＋０＝13である。また，1910÷６＝318余り２より，はじめの数から1910番目の数までには，６つの数が318回くり返された後，１，４の２つの数が並ぶ。よって，はじめの数から1910番目の数までの和は，13×318＋１＋４＝4139と求められる。

## 5　条件の整理，調べ

⑴　予測販売《はんばい》数が45杯《はい》のとき，問題文中の表１より，氷は，45÷30＝１余り15から２貫《かん》，シロップは１本，容器は１セット必要で，表２より，かき氷機は機械Ａを使うことになる。よって，準備にかかる費用は，510×２＋700×１＋300×１＋3000＝1020＋700＋300＋3000＝5020(円)となる。

⑵　販売数が30杯以下のとき，氷は１貫，シロップは１本，容器は１セット必要で，かき氷機は機械Ａを使うから，費用は，⑴のときと比べて氷１貫分少なく，5020－510＝4510(円)となる。30杯販売しても売り上げは，100×30＝3000(円)となり，4510円より少ないので，販売数が30杯以下のときは利益が出ない。販売数が31～50杯のとき，費用は⑴のときと同じ5020円となる。50杯販売しても売り上げは，100×50＝5000(円)となり，5020円より少ないので，販売数が31～50杯のときも利益は出ない。販売数が51～60杯のとき，氷は２貫，シロップは１本，容器は２セット必要で，かき氷機は機械Ａを使うから，費用は，⑴のときと比べて容器１セット分多く，5020＋300＝5320(円)となる。したがって，5320÷100＝53余り20より，販売数が54～60杯のとき，利益が出る。以上より，利益が出るのは最も少なくて54杯販売したときとわかる。

⑶　⑵より，60杯販売したときの利益は，100×60－5320＝680(円)だから，機械Ａをレンタルしたときの最大の利益は680円である。一方，機械Ｂをレンタルする場合，販売数が61～90杯のとき，氷は３貫，シロップは１本，容器は２セット必要だから，費用は，510×３＋700×１＋300×２＋6000＝1530＋700＋600＋6000＝8830(円)となる。このとき，利益が最大になるのは，90杯販売したときだが，その利益は，100×90－8830＝170(円)となり，680円より少ない。販売数が91～100杯のとき，61～90杯のときと比べて氷が１貫多く必要だから，費用は，8830＋510＝9340(円)となる。このとき，利益が最大になるのは，100杯販売したときだが，その利益は，100×100－9340＝660(円)となり，680円より少ない。販売数が101～120杯のとき，91～100杯のときと比べて，シロップが１本，容器が１セット多く必要だから，費用は，9340＋700＋300＝10340(円)となる。したがって，売り上げが，10340＋680＝11020(円)をこえると，利益は680円をこえるから，11020÷100＝110余り20より，販売数が111～120杯のとき，利益は680円をこえる。よって，機械Ｂをレンタルしたときの利益が680円をこえるのは，最も少なくて111杯販売するときとわかる。

## 6　グラフ―通過算，旅人算

⑴　右の図１より，Ａがトンネルに入り始めたとき，トンネルの外にある部分の電車の長さの和は450ｍだから，ＡとＢの長さの和は450ｍである。また，５秒後からア秒後まで，外の部分の長さの和が変わっていないので，５秒後に

図１

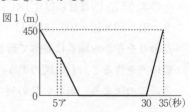

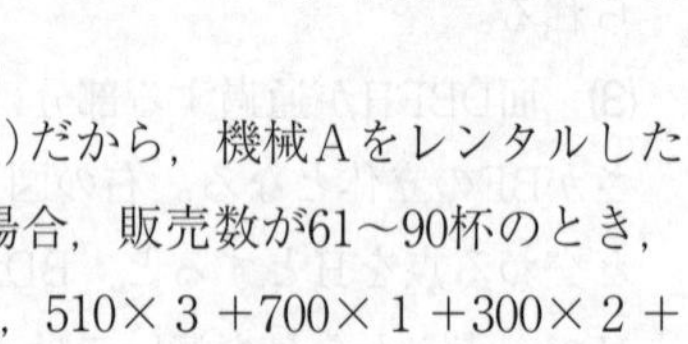

Aがトンネルに入り終わり，それからア秒後までBはトンネルにまだ入っていないことがわかる。つまり，Aはトンネルに入り始めてから入り終わるまでに５秒かかったことになる。電車がトンネルに入り始めてから入り終わるまでに進む距離《きょり》は，その電車の長さに等しいから，Aの長さは，40×５＝200(m)と求められる。よって，Bの長さは，450－200＝250(m)となる。

(2) AとBは同時にトンネルを抜《ぬ》けたので，Aはトンネルに入り始めてから35秒後にトンネルを抜け終わったことになる。トンネルに入り始めてから抜け終わるまでに進む距離は，トンネルの長さと電車の長さの和に等しいから，トンネルの長さとAの長さの和は，Aが35秒間に進む距離と等しく，40×35＝1400(m)となる。よって，トンネルの長さは，1400－200＝1200(m)と求められる。次に，30秒後から35秒後までの間，グラフは一直線になっている。もし，AとBがトンネルを抜け始めたのが同時ではないとすると，AとBの一方だけが抜けている間と，両方が抜けている間で，外の部分の長さの和の増え方が変わるから，グラフは途《と》中《ちゅう》で折れ曲がることになる。したがって，AとBは30秒後に同時にトンネルを抜け始めたことがわかるので，Bは抜け始めてから抜け終わるまで，35－30＝５(秒)かかったことになる。この間にBが進む距離はBの長さと等しく，250mだから，Bの速さは秒速，250÷５＝50(m)と求められる。

(3) 図１のアは，Bがトンネルに入り始めた時間を表している。Bはトンネルに入り始めてから抜け終わるまでに，1200＋250＝1450(m)進むので，その時間は，1450÷50＝29(秒)となる。よって，ア＝35－29＝６(秒)である。つまり，Bがトンネルに入り始めたとき，右の図２のように，Aはトンネルに入り始めてから６秒進んでいる。このとき，AとBの先頭は，1200－40×６＝1200－240＝960(m)離《はな》れているので，この後，AとBは，960÷(40＋50)＝$10\frac{2}{3}$(秒後)に出会う。よって，Aがトンネルに入り始めてから，６＋$10\frac{2}{3}$＝$16\frac{2}{3}$(秒後)に出会う。

図２
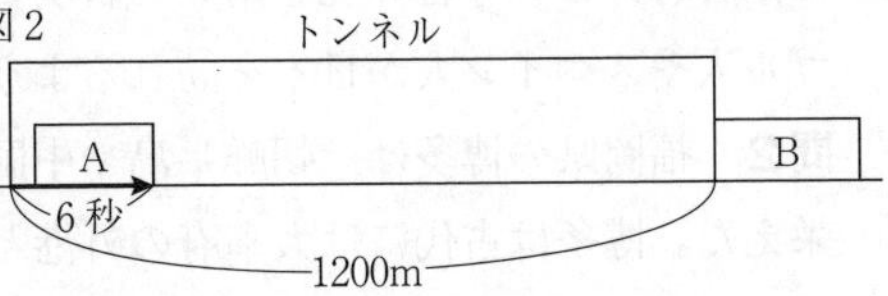


## 社 会 ＜第１回試験＞(40分) ＜満点：75点＞

**解 答**

[1] **問１** ① エ ② キ ③ ウ ④ ス ⑤ ク **問２** エ **問３** イ **問４** ウ **問５** ア **問６** ウ **問７** 堺 **問８** (例) 「大陸と日本をつないだ」港町／文章はすべて中国との関わりがあり，この港から新しいものが入ってきてそこから日本が導入したものが多くあることがわかるから。 [2] **問１** イ **問２** ア **問３** シラス台地 **問４** ウ **問５** (例) 海面水温上昇により，空気中の水蒸気量が増えているから。 [3] **問１** (1) ア (2) (例) 署名活動に参加する。 **問２** 比例代表(制) **問３** (1) 48(%) (2) (例) 投票率が56%で，得票率が52%だから，全有権者の３割程度の支持しか得られていないため。 [4] **問１** (例) エ／(他はすべて)宮・都となったことがある。 **問２** (例) ア／(他はすべて)世界遺産がある。 [5] **問１** 軽石 **問２** スエズ(運河) [6] **問１** ウ **問２** ウ **問３** ヒートアイランド現象 **問４** (例) 流域内の調整池や水田に一時的に水をためておくことで，河川に集まる水の量を減らすことができる。 **問５** (例) １つの自治体だけが水害対策を行ったとしても，他の自治体が取り組まないと水害対策は

十分ではなく，どこで水害が起こるかはわからないから。　**問６**　（例）気候変動問題への取り組み／温暖化による海面上昇の影響を受ける国は必ずしも多くないため，取り組みの真剣さに大きな差が出てしまう。

**解　説**

### 1　各時代の歴史的なことがらについての問題

**問１**　①　隋(中国)の進んだ制度や文化を取り入れようと，飛鳥時代には遣隋使が派遣され，その後，隋(中国)の滅亡《めつぼう》にともない，630年からは遣唐使として派遣されるようになった。　②　院政が行われていた平安時代後期，平清盛は大輪田泊《おおわだのとまり》(現在の神戸港の一部)を修築するなどして宋(中国)との貿易を積極的に行い，大きな利益をあげた。また，この時期に宋に渡った僧の栄西は禅《ぜん》宗《しゅう》を学んで帰国すると，日本における臨済宗の開祖となった。　③　弥生時代に稲作が広まると，貧富の差や身分の差が生まれ，争いも起こるようになった。また，強力な指導者を中心として各地にクニが形成されていった。　④　昭和時代前期にあたる1931(昭和６)年，日本軍は南満州鉄道の線路を爆破すると(柳条湖《りゅうじょうこ》事件)，これをきっかけとして中国東北部(満州)で軍事行動を起こし，半年あまりでこの地域を占領した。そして翌32年に満洲国の建国を宣言した(満州事変)。
⑤　足利義満は室町幕府の第３代将軍で，将軍職をしりぞいたあとも実権をにぎり続け，1404年から勘合《かんごう》(符《ふ》)という合い札を用いて日明貿易を開始した。また，室町時代後半(戦国時代)にはポルトガル人やスペイン人が日本を訪れるようになり，彼らとの間で南蛮《なんばん》貿易が行われた。

**問２**　福岡県の博多は，朝鮮半島や中国に近かったことから，古代より博多湾に面する港町として栄えた。博多は古代には大宰府《だざいふ》の外港として，中世には中国との貿易港としてにぎわい，現在は福岡市の行政区の１つとなっている。

**問３**　中臣鎌足《なかとみのかまたり》は中大兄《なかのおおえの》皇子(のちの天智天皇)とともに，当時皇室をしのぐほどの権力をふるっていた蘇我蝦夷《そがのえみし》・入鹿《いるか》父子を645年に滅《ほろ》ぼし，大化の改新とよばれる一連の政治改革をおし進めた。中臣鎌足は，669年に亡くなる直前，その功績をたたえられて天智天皇から藤原姓をたまわり，藤原氏の祖となった。なお，推古天皇(大王)と厩戸《うまやと》王(聖徳太子)，蘇我馬子を中心とする政権は607年に小野妹子を遣隋使として隋に派遣した。

**問４**　元軍の襲来《しゅうらい》は，1274年(文永の役)と1281年(弘安の役)の２度にわたって行われた。アは1159年，イは1221年，ウは1297年，エは1232年のできごとである。

**問５**　骨角器は動物の角や骨でつくられた道具で，稲作が本格的に始まった弥生時代の前から，漁のさいの釣《つ》り針や装飾品などさまざまなものに用いられた。なお，石包丁は稲刈《いねか》りに，杵《きね》は臼《うす》とともに精米に，高床倉庫は収穫物の保管に用いられた。

**問６**　八幡製鉄所は，日清戦争(1894～1895年)の講和条約である下関条約(1895年)で獲得《かくとく》した賠《ばい》償《しょう》金の一部を用いて建設され，1901年に操業を開始した。なお，アの米騒動《そうどう》は1918年，イの日比谷焼き討《う》ち事件は1905年，エの普通選挙の実施は男子が1928年，男女が1946年のできごと。

**問７**　堺《さかい》(大阪府)は大阪湾に面する港町で，古代には百舌鳥《もず》古墳群を形成する多くの巨大古墳が築かれた。戦国時代には，日明貿易や南蛮貿易の拠点《きょてん》となったほか，鉄砲の産地としても栄えた。

**問８**　①から⑤の文は，博多が中国と関わっていたという点で共通している。古代から中世において，日本は中国から多くの文物を取り入れ，それが政治や文化に強い影響《えいきょう》を及《およ》ぼした。博多は長い間，こうしたものが日本に入ってくる窓口としての役割をになってきたといえる。

**2　日本の自然や産業，気候変動についての問題**

**問１**　雄物《おもの》川は，秋田県と山形県にまたがる大仙山を水源として秋田県内をおおむね北に向かって流れ，支流を合わせながら横手盆地を通ったあと，秋田平野で日本海に注ぐ。なお，石狩川は北海道を，利根川は群馬・埼玉・茨城・千葉の各県を，木曽川は長野・岐阜・愛知・三重の各県を流れている。

**問２**　ぶどうとももの生産量は山梨県が全国第１位，りんごの生産量は青森県が全国第１位，みかんの生産量は和歌山県が全国第１位となっている。長野県も果物の栽培がさかんで，ぶどうとりんごの生産量は全国第２位である。統計資料は『日本国勢図会』2021／22年版による(以下同じ)。

**問３**　九州南部には，シラスとよばれる火山灰などの火山噴出物が堆積《たいせき》してできたシラス台地が広がっている。シラスは水持ちが悪いため稲作には不向きで，農業は畑作や畜産を中心に行われている。シラス台地が広がる鹿児島県や宮崎県は，豚や肉牛，肉用若鶏の飼養頭(羽)数が多い。

**問４**　日本は小麦の大部分を輸入に頼っており，そのほとんどをアメリカ・カナダ・オーストラリアから輸入している。なお，2019年の小麦の自給率は16％であった。

**問５**　温暖化によって海面水温が上昇《じょうしょう》すると，より多くの水が蒸発《じょうはつ》して空気中の水蒸気量が増加する。これによって雲が発生しやすくなり，強い雨や大雪をもたらすおそれがある。

**3　選挙に関する問題**

**問１**　(1)　選挙で投票する権利である選挙権や，選挙に立候補する権利である被選挙権など，政治に参加する権利をまとめて参政権という。　(2)　選挙以外で政治に参加する方法としては，署名活動に参加することが考えられる。また，憲法改正のさいに行われる国民投票や，最高裁判所裁判官の国民審査《しんさ》なども，参政権を行使する重要な機会といえる。

**問２**　衆議院議員選挙の選挙制度は小選挙区比例代表並立制とよばれ，１つの選挙区から１人が当選する小選挙区制で289名が，政党の得票数に応じて議席が配分される比例代表制で176名が選出される。

**問３**　(1)　死票とは落選者に投じられた票のことで，小選挙区制の場合は最も得票数の多かった１名だけが当選者となるため，死票が多くなるという問題がある。表では，Ａが当選でＢ～Ｄは落選なので，Ｂ～Ｄに投じられた票の割合の合計にあたる48％が死票となる。　(2)　投票率が56％で当選者の得票率が52％の場合，有権者のうち当選者に投票した人の割合は，0.56×0.52×100＝29.12(％)となるので，当選者が有権者全体の約３割からしか支持を得なかったとも考えられる。

**4　地名に共通する性格についての問題**

**問１**　奈良県には平城京など，滋賀県には近江《おうみ》大津宮など，京都には平安京と長岡京といったように，これらの府県には都が置かれたことがあるが，和歌山県に都が置かれたことはない。また，京都は府だがほかの３つは県であること，京都には政令指定都市の京都市があるが，ほかの３県には政令指定都市がないこと，滋賀県は県庁所在地が大津市で府県名と異なるが，ほかの３つは一致することなどもあげられる。

**問２**　屋久島は1993年に「屋久島」として，西表《いりおもて》島と奄美《あまみ》大島は2021年に「奄美大島，徳之島《とくのしま》，沖縄島北部及び西表島」としてユネスコ(国連教育科学文化機関)の世界自然遺産に登録されたが，種子島は世界自然遺産の登録地になっていない。また，西表島は沖縄県に属しているが，ほかの３

つは鹿児島県に属している。

**5 2021年のできごとを題材とした問題**

**問１**　2021年８月，小笠原《おがさわら》諸島の南に位置する福徳岡ノ場で海底火山が噴火した。この噴火にともなって発生したと考えられる大量の軽石が，南西諸島を中心とする各地の海岸に漂着《ひょうちゃく》し，船舶《せんぱく》の航行や漁業，観光などにさまざまな被害を及ぼした。

**問２**　2021年３月，日本の企業が所有する大型コンテナ船がエジプトのスエズ運河で座礁《ざしょう》し，スエズ運河をふさいでしまった。スエズ運河は紅海と地中海を結ぶ国際的に重要な航路で，これが１週間ほど閉鎖されたことにより，世界の物流に大きな影響が出た。

**6 河川の流域を題材とした問題**

**問１**　会話文より，「流域とは，降った雨がその地形に集まる範囲・領域のこと」だとわかる。川の周りにある山の山頂と山頂を，尾根に沿うようにつないだ線の川側が流域となる。地形図でこれを確認すると，ウで色がつけられた部分の一番外側が，山頂を尾根で結んだ線になっていることがわかる。

**問２**　地方公共団体にある地方議会では，一院制が採用されている。

**問３**　都市部では，地面がアスファルトでおおわれていて熱がこもりやすいことや，建物が密集して風通しが悪いこと，建物や工場，自動車などからの排熱が多いことなどを原因として，周辺よりも気温が高くなる現象が起こることがある。この現象は，等温線を結ぶと都市部が島（アイランド）のように見えることから，ヒートアイランド現象とよばれる。

**問４**　調整池や水田は，降った雨水を一時的にためておけるので，河川に集まる水の量を減らすことができる。また，川から水があふれたとき一時的に水をたくわえ，洪水の被害を減らすことができる。こうした点で，調整池や水田はその流域内の治水において，重要な役割を果たしているといえる。

**問５**　会話文から，鶴見《つるみ》川の流域が複数の自治体にまたがっていることがわかる。水害がいつ，どこで起こるかはわからないので，流域の１つの自治体だけで水害の対策を行っても，ほかの自治体の対策が不十分だった場合には，被害が減らないことも考えられる。そのため，水害対策には，流域の自治体の連携《れんけい》が大切になる。

**問６**　気候変動への取り組みや生態系の保全などの地球環境問題においても，すぐに直接的な影響を受ける国や地域は多くないため，それぞれの取り組みには差が生まれやすい。このように，当事者でありながら意識の差が生まれやすい問題を指摘《してき》し，説明すればよい。

## 理　科　**＜第１回試験＞**（40分）＜満点：75点＞

**解　答**

**1** **問１** (1)　でんぷん　(2)　**B**　心臓　**D**　大腸　**F**　かん臓　**問２** (1)　肺ほう　(2)（例）　血液中の二酸化炭素と空気中の酸素を交かんする。　**問３** (1)　エ　(2)（例）　表面積を大きくして，養分の吸収効率を上げる。　(3)　F　**問４**　じん臓　**問５** (1)　図３…ウ　図４…ア　(2)　エ　(3)　ウ　**2** **問１**　酸素　**問２** (1)　条件ア…ろうそ

くのろう　**条件イ**…まわりの空気　**条件ウ**…ライターの火　(2) **条件ア**…ろうそくのろう　**条件イ**…まわりの空気　**条件ウ**…ろうそくの火　**問３**　①　ア　②　ア　③　イ　④　ウ　**問４**　(1)　(例)　木や枝がこすれ合って，まさつ熱で　(2)　(例)　密生している木を切って，間かくをあける。　**3**　**問１**　アンペア　**問２**　イ　**問３**　(1)　－　(2)　0.7秒　(3)　6.9秒　(4)　イ　(5)　イ　(6)　**充電開始直後での様子**…(例)　充電率は急激に増え，電流は急激に減少する。　**充電完了直前での様子**…(例)　充電率の増え方はゆるやかになり，電流の減少もゆるやかになる。　(7)　ア／**理由**…(例)　太い電熱線のほうが多くの電流が流れ，電気が早くたまるから。　**問４**　(例)　電気が流れることで生じる熱が少なく，効率よく光に変かんできるから。　**4**　**問１**　(1)　A　(2)　エ　**問２**　(1)　火山灰　(2)　(例)　火山灰がへん西風によって西から東に飛ばされるから。　**問３**　①　○　②　○　③　○　④　×　**問４**　(1)　マグマ　(2)　(例)　マグマのたまり具合を知ることで，噴火の予知につながるから。　**問５**　(1)　エ　(2)　(例)　軽石がモーターに入り，漁船が故障してしまうこと。　(3)　(例)　衛星がとっていた写真から時刻がわかる。

## 解　説

### 1　動物のからだのつくりとしくみについての問題

**問１**　(1)　Aの口ではだ液が分ぴつされ，だ液に含《ふく》まれるアミラーゼという消化こう素のはたらきで，でんぷんが消化される。　(2)　Gは胸部に左右１対ある肺で，その間にあるBは心臓，下にあるFはかん臓である。また，Aの口から取り入れた食物は，食道を通ってCの胃に入り，さらにEの小腸，Dの大腸を通ってこう門から排出《はいしゅつ》される。

**問２**　(1)　Gの肺は，肺ほうという小さな袋《ふくろ》のようなつくりが多数集まってできている。　(2)　肺ほうのまわりには毛細血管が張りめぐらされていて，そこを流れる血液は，肺ほう内の空気から酸素を取り入れるとともに，血液中の二酸化炭素を放出している。

**問３**　(1)　Eの小腸に流れこむ血液は，肺から心臓を通ってやってくるので，肺で取り入れた酸素を多く含む。また，小腸で養分を取り入れる直前なので，含む養分は少ない。　(2)　小腸の内部のかべはひだ状になっていて，無数の柔毛《じゅうもう》が生えている。このようなつくりは，食物を消化したものとふれ合う表面積が広くなり，養分の吸収を効率的に行うのに役立っている。　(3)　小腸で養分を取り入れた血液は，小腸とかん臓をつなぐ門脈という血管を通って，かん臓に流れていく。かん臓ではやってきた血液中に含まれる養分の一部をたくわえる。

**問４**　じん臓は，背中側の腰《こし》のあたりに左右１対あり，血液中に含まれる不要物をこし取って尿《にょう》をつくる。

**問５**　(1)　図３は他の動物を食べる肉食動物の消化器官，図４は草などを食べる草食動物の消化器官と考えられる。肉は消化しやすいため，肉食動物の消化器官は長くないが，草は非常に消化しにくいため，草食動物の消化器官はとても長い。　(2)　図４は草食動物の消化器官なので，ウシが選べる。なお，図４を見ると，Cの胃が４つあるが，これはウシやヤギ，ヒツジなどの草食動物に見られる特色である。　(3)　ヒトは雑食性で肉も草も食べるため，からだの長さに対する消化器官の長さの割合(倍率)は，図３の肉食動物よりも大きく，図４の草食動物よりも小さいと考えられる。

**2 ものの燃焼についての問題**

**問１**　ものが燃えるには酸素が必要である。ここでいう「新鮮《しんせん》な空気」とは，酸素を十分に含む空気のことである。

**問２**　ろうそくが燃えるとき，条件アの燃料となるものはろうそくのろう，条件イの新鮮な空気はろうそくのまわりにある空気である。また，条件ウについて，火がつくまでは燃えるのに必要な熱をライターから得ているが，火がついた後はろうそくが燃えているときの炎《ほのお》の熱で燃え続ける。

**問３**　①　ガスせんをしめると，条件アにあたる燃料のガスがなくなるため，火が消える。　②　ろうそくは，炎で熱せられて固体のろうが液体になり，液体のろうがしんを伝ってのぼり，しんの先で気体のろうになって燃える。よって，しんをピンセットでつまむと，液体のろうがしんを伝ってのぼれなくなるため，条件アの燃料がなくなり，火が消える。　③　ふたをすると，燃えているところに条件イの新鮮な空気が届かなくなり，火を消すことができる。　④　たき火に水をかけると，燃えているところの熱が下がり，条件ウの燃えるのに必要な熱がたりなくなって，火が消える。

**問４**　(1)　会話文中に「人類が火をつける技術を手に入れるようになったきっかけ」とあることから，まさつ熱により火がつくと考えられる。森に強い風がふくと，木が風でゆらされて，枝どうしがこすれ合う。すると，まさつ熱で火が発生することがある。　(2)　枝どうしがこすれ合うのを防ぐ方法として，枝を落として少なくしたり，木と木の間かくをあけたりすることがあげられる。

**3 電気回路についての問題**

**問１**　電流の大きさを示す単位の「A」は，アンペアと読む。

**問２**　実験１で，細い電熱線には１A，太い電熱線には1.5Aの電流が流れているので，電熱線が太いほうが，電流は流れやすくなると考えられる。

**問３**　(1)　図２で，コンデンサーのａ側の端子《たんし》は，電池の＋極側につながっているので，＋端子である。よって，ｂ側の端子は－端子となる。　(2)　表１より，充電《じゅうでん》率が０％から50％になるまでの時間は，0.7－０＝0.7(秒)である。　(3)　充電率が50％から100％になるまでの時間は，7.6－0.7＝6.9(秒)とわかる。　(4)　電流を流し始めてから0.7秒後には充電率が50％になるので，イのグラフがふさわしい。　(5)　電流を流し始めてから0.7秒後には流れる電流の大きさが１Aの約半分(0.497A)にまで減るので，イのグラフがふさわしい。　(6)　充電率は，(4)のイのグラフより，開始直後は増え方が急である(グラフのかたむきが急になっている)が，完了《かんりょう》直前は増え方がゆるやかになっている(グラフが平らに近くなっている)。一方，電流は，(5)のイのグラフより，開始直後は減り方が急であるが，完了直前は減り方がゆるやかになっている。このことを開始直後と完了直前に分けて説明する。　(7)　細い電熱線を太い電熱線につなぎかえると，問２より，回路に流れる電流が多くなるので，早く充電ができる。

**問４**　LED(発光ダイオード)は，豆電球に比べて光るために必要な電気が少なくてすむため，点灯時間が長くなる。これは，豆電球が光るときには電気が光だけでなく熱にも変かんされてしまうが，LEDが光るときには電気から熱に変かんされる量が豆電球と比べてかなり少ないからである。

**4 火山についての問題**

**問１**　(1)　有珠《うす》山は北海道の南西部にある活火山で，近くには昭和新山や洞爺《とうや》湖がある。定期的に大きな噴火《ふんか》を起こす火山として知られる。　(2)　ハザードマップには，過去の記録だけでなく将来の予測も含めて検討された危険地域が示されている。

**問２** ⑴ 火山が噴火すると，大量の火山灰などが噴《ふ》き上げられて，周辺の広い範囲《はんい》に降り積もる。図２には関東地方南部が示されているが，この一帯の地層には，大昔に富士山などからの火山灰が降り積もってできた火山灰層がある。 ⑵ 日本の上空には，へん西風と呼ばれる強い西風がつねにふいている。そのため，日本では火山が噴火すると，噴き上がった火山灰がへん西風に乗って東側に運ばれ，火山の東側の地域のほうが西側よりも火山灰が厚く積もりやすい。

**問３** ④について，たとえば富士山は活火山であるが，山頂の月平均気温は夏の時期を除いて氷点下になる。

**問４** ⑴ 火山の地下にある，岩石がとけてどろどろになった高温の物質をマグマという。火山が噴火してマグマが地上に噴き出すと，よう岩となる。 ⑵ 噴火が近い火山の地下では，マグマがたまったり移動したりする。それによって土地がわずかに変形することがわかっており，この変形の様子を観測することで，噴火を事前に予測できる。

**問５** ⑴ 福徳岡ノ場《ふくとくおかのば》は，東京の南方約1300kmに位置する海底火山で，小笠原諸島《おがさわらしょとう》がある太平洋の海域にある。2021年８月に噴火し，そのとき噴き出された軽石が沖縄や奄美《あまみ》諸島などに流れ着いた。 ⑵ 細かい軽石が海にただよっていると，船体に傷がついたり推進装置(スクリューなど)がこわれて航行できなくなったりする。 ⑶ 今回の福徳岡ノ場の噴火は，日本の気象衛星「ひまわり」から届く画像から，分単位で発生時刻を導き出せた。

## 国 語 ＜第１回試験＞（50分）＜満点：100点＞

**解 答**

□一 **問１** ウ **問２** イ **問３** 山のものは～う精神風土 **問４** エ **問５** ア **問６** ウ **問７** イ **問８** ⑴ **ア** （例） 生態系のバランスを考えずにシカの保護のみを優先してしまったから。 **イ** （例） 資源の無駄遣いを抑えよう。 ⑵ （例） スズメは，農作物だけでなく農作物に被害を及ぼす害虫も食べていたため，スズメがいなくなったことで害虫が大量に発生してしまったから。 ⑶ （例） 利益と不利益の両者を比べて，どちらが総体として有利かを検討するために，大きな視点を持って環境問題に向き合うべきである。 **問９** イ □二 **問１** ウ **問２** エ **問３** ア **問４** **１** カ **２** ア **３** イ **問５** ウ **問６** イ **問７** イ **問８** （例） 好意を抱いている少年のことを思い出して頬が赤くなってしまったのを姉に指摘されて恥ずかしかったので，あわててごまかそうとしたから。 **問９** ウ，カ □三 ①～⑧ 下記を参照のこと。 ⑨ しゃそう ⑩ じゅうじ ⑪ なんにょ ⑫ べいしょく

**●漢字の書き取り**

□三 ① 恩情(温情) ② 激痛(劇痛) ③ 座 ④ 肺 ⑤ 卵 ⑥ 紅潮 ⑦ 射(る) ⑧ 仕(えて)

**解 説**

□一 **出典は田中淳夫《たなかあつお》の『割り箸《ばし》はもったいない？― 食卓《しょくたく》からみた森林問題』による。**筆者は，割り

箸が日本の林業の象徴《しょうちょう》といえる存在であること，環境《かんきょう》問題を単純化した発想でとらえて割り箸の使用をひかえることは危険であることを説明し，割り箸を通じてその背景にある自然環境や社会に目を向けるよう訴《うった》えている。

**問１**　前で筆者は，林業は「植林」してから「木材が収穫《しゅうかく》できるまで」，すなわち「投資」から「資金の回収と利潤《りじゅん》を得る行為《こうい》」までの期間が「非常に長い」と述べている。このことが，林業が現代社会の経済にそぐわない理由にあたるため，ウがふさわしい。

**問２**　筆者の説明によると，吉野《よしの》林業では「植栽《しょくさい》本数」を「非常に多」くして「密植」することで，最後の「主伐《しゅばつ》」のためのまっすぐで「節」のない「大径木」を育てていた。さらに，密植によって生じる大小さまざまな間伐材も「商品化」することで収入源となり，「山村の人々の雇用《こよう》も途切《とぎ》れることなく続」いていたと述べている。つまり，筆者は「主伐」と「間伐」の両方が「大きな収入」源だったと主張しているため，イがふさわしい。

**問３**　吉野林業において間伐材やスギの皮，葉などを徹底《てってい》的に使った「多岐《たき》にわたる商品開発」が行われた理由について筆者は，「山のものは一切《いっさい》無駄《むだ》にせずに利用しなければ『もったいない』と思う精神風土」があったためだと考えている。

**問４**　ぼう線④の前の部分に，現在の林業では「太い根元の丸太」で「太くてまっすぐな部分だけを抜《ぬ》き取って商品」にしており，「根株や梢《こずえ》，枝」や製材加工のさいに出る「端材《はざい》」などは捨ててしまうため，一本の樹木で「本当に使われるのは一割程度」とある。「間伐材」や「端材・廃材《はいざい》」も商品化していた「本来の林業」からはかけ離《はな》れた現状であり，このことを筆者は「大きなホンマグロ」の中でも「トロの部分だけ」を食べ，「赤身」は捨ててしまうことにたとえている。「ホンマグロ」が森林から収穫した木材，「トロ」が太い根元の丸太，「赤身」が捨てられる根株や梢，枝，端材などにあたるため，エが正しい。

**問５**　筆者の説明によると，「かつては木製品だった身の回りの建築物や家具，道具類」が，現在は「金属やコンクリート」をはじめとした別の素材に置き換《か》わり，「従来の間伐材や端材から作った商品が売れなく」なってしまった。このことをふまえ，日本の林業がふるわないのは「安い輸入材」のせいだとする意見を筆者は「大きな勘違《かんちが》いだ」として否定し，「時代に合った木材商品を開発できなかった」ことも一因だと主張している。よって，アがふさわしい。

**問６**　割り箸について筆者は，林業の「端材・廃材利用」の中でも特に「小さな端材から作られた」ものであり，「最後の最後まで木材を利用した最終商品」だと述べている。筆者は割り箸を従来の林業の背景にあった「もったいない」と思う精神を代表するものであり，「日本の林業の真髄《しんずい》であり象徴」といえると考えているのである。よって，ウがよい。

**問７**　ぼう線⑦の前の部分では，「割り箸と森林問題」を関係づける考えとして「『風が吹《ふ》けば桶屋《おけや》が儲《もう》かる』的な発想」があると説明している。すなわち，多くの人が環境問題の原因を考えるさいに，「二酸化炭素の排出《はいしゅつ》」を減らすためには「森林」を守る必要がある，そのためには木の消費量を減らして森林の伐採を少なくすればよい，だから割り箸のような「目先の木製品」は使わないほうがよい，というように物事を「単純化」して考えたのである。よって，イが合う。

**問８**　⑴　**ア**　事例ＢとＣについて筆者は，「特定の植物，あるいは動物を保護したことで，そのほかの動植物が圧迫《あっぱく》される事例」としてまとめている。よって，Ｃの要因もＢと同じく，生態系のバランスを考えなかったことである。　**イ**　再生紙をつくる背景には「リサイクルすることによって資源の無駄遣《づか》いを抑《おさ》え環境を改善しようという思い」があると筆者は述べているので，この部分をまとめる。　⑵　中国でのスズメ駆除《くじょ》が意図しない結果を招いた要因について，筆者があげた事例を参考に考察する。事例Ｂ，Ｃのように自然界の生態系のバランスや食物連鎖《れんさ》を考えずにスズメを駆除した影響《えいきょう》を考えると，本来はスズメが食べていた害虫が大発生し，かえって農作物の被害《ひがい》が増えたと推測できる。　⑶　事例Ａ～Ｄをふまえて筆者は，「どんな行為でも，そこには必ず利益と不利益が生じる」と述べたうえで，「片方だけを取り上げるのではなく，両者を比べて，どちらが総体として有利か十分に検討《けんとう》する」という「大きな視点」を持つ必要があると結論づけている。

**問９**　これまでの主張をもとに，筆者は日本の「林業の真髄」である割り箸を「単純化」した発想で「攻撃《こうげき》」することに疑問を示し，「小さな木片《もくへん》」の背景にある「大きな地球環境と人間社会」へ視点を向けるべきだとしめくくっているため，イがふさわしい。なお，割り箸の使用が森林破壊《はかい》につながるという考えを筆者は「間違った認識《にんしき》」としているので，アは誤り。筆者は割り箸が環境問題について考える「きっかけ」になればと述べていることから，ウも正しくない。筆者は「割り箸を取り巻く歴史や文化が失われるのは残念だ」と考えているが，割り箸を日本の歴史や文化の象徴として論じるよう主張しているわけではないので，エもふさわしくない。

**二**　**出典は杉本《すぎもと》りえの『100年の木の下で』による。**富山県にくらす十二歳《さい》の律は，自宅の庭に生えた栗《くり》の木の栗ひろいがきっかけで，都会的な雰囲気《ふんいき》を持つ見知らぬ少年と出会う。律は再会を期待しながら，栗の味をほめてくれた少年への淡《あわ》い気持ちを心の中でひそかに育てていく。

**問１**　律は木が道路に栗を落とすことを「ききわけのない子ども」の「しでかしたいたずら」のように感じており，ほほえましく思いながら「いそいそと」ひろいに行っているため，ウが合う。

**問２**　続く部分で少年が，無言で栗をひろう律に対し，「ここのうちの人」かを確認したうえで，自分も栗を「もらってもいい」か尋《たず》ねていることをおさえる。少年は「自転車」を止めて栗をひろおうとしたところ，その土地に住む子とおぼしき律に出くわしておどろいたことが読み取れるので，エがよい。

**問３**　律は少年が発した「あまりきいたことのない標準語」や「こぎれいで都会っぽい雰囲気《ふんいき》」に気後《きおく》れしており，対照的に「絵にかいたような，いなかの子」で「方言以外では話ができない」自分が少し恥《は》ずかしくなっている。よって，アがふさわしい。

**問４**　**１**　直後に「だめといえるはずもなく」，また「だめだと思っていても」伝え方がわからないとあることから，律が無言で肯定《こうてい》の意思を伝えたとわかる。よって，カがよい。　**２**　前の部分で律が「顔をあげずに」いるようすが描《えが》かれていることから，アがふさわしい。　**３**　律は「これまで食べた栗の中で，一番おいしかった」という少年の言葉に思わず反応し，「ふん」としか言えないながらも喜んでいる場面なので，イがふさわしい。

**問５**　ぼう線④の前後では，律が少年との再会を期待して身なりを整えるようになったことや，次に会ったときの会話を空想するようすが描かれている。律が栗のことで少年に話しかけられた思い出を「自分だけの大切な秘密《ひみつ》」としていることが読み取れるので，ウが合う。

**問６**　律は「妄想《もうそう》や空想の中」では少年に話したいことを自由に話しかけることができ，「上等なあめを口の中でころが」すような甘美《かんび》な気持ちになっている。一方で，実際に以前少年と会ったときには，ろくに言葉を発することもできず，「後悔《こうかい》」もかかえている。よって，イがふさわしい。

**問７**　律の母のハルは，村の女性の中で唯一《ゆいいつ》耕運機を動かす「力持ち」であり，家の農作業を担《にな》っていることが描かれているが，台所仕事が苦手であるという記述はない。よって，イが誤り。

**問８**　律はお地蔵さんの前に置かれた見覚えのないおさい銭箱を見て，「栗のお礼」として少年がつくったものだと確信し，心を弾《はず》ませている。しかし，少年と出会ったことや，少年に惹《ひ》かれている自分の気持ちはだれにも話さず秘密にしていたため，顔が赤くなったことを指摘《してき》されても姉たちに理由をうまく説明できず，なんとかごまかそうとしたのである。

**問９**　ウでは二人の姉についてだけ音楽にちなんだ名前だと述べられているが，それは律にもあてはまるため，二人の姉と律が対照的に描かれている説明としてふさわしくない。また律は，お地蔵さんが律の母の弟たちの供養《くよう》を目的としてつくられたこと，母や祖母，近所の人たちがときどき手を合わせていることなどを認識しており，お地蔵さんのことをまったく気にかけていなかったわけではないので，カも合わない。

## 三　漢字の書き取り

①　目下の者，あるいは弱い立場にある人に対する情け深い心。あたたかく寛大《かんだい》な心。　②　突発《とっぱつ》的な激しい痛みのこと。　③　「座ぶとん」は座るときにしく小さなふとん。　④　呼吸するための臓器。　⑤　将来一人前になることを目指して修行中であること。　⑥　赤くほてらせたさま。　⑦　「的を射る」は矢を的にあてること，転じて言葉や表現が的確で核心《かくしん》をついているさま。　⑧　音読みは「シ」で，「奉仕《ほうし》」などの熟語がある。　⑨　電車や自動車など乗り物の窓。　⑩　仕事や活動に，時間を割《さ》いて取り組むこと。　⑪　「老若男女《ろうにゃくなんにょ》」は年齢《ねんれい》や性別を問わずあらゆる人を指す。　⑫　米を食べることや，米を中心とした食事のこと。

# 2021年度　森村学園中等部

〔電　話〕　(045) 984－2505
〔所在地〕　〒226－0026　横浜市緑区長津田町2695
〔交　通〕　東急田園都市線 ―「つくし野駅」より徒歩５分
JR横浜線・東急田園都市線 ―「長津田駅」より徒歩13分

**【算　数】**〈第１回試験〉（50分）〈満点：100点〉

（注意）１　$\boxed{1}\boxed{2}\boxed{3}\boxed{4}\boxed{5}$(1) $\boxed{6}$ の解答らんには，答のみ記入して下さい。$\boxed{5}$(2)(3)の解答らんには，答のみでもよいです。ただし，答を出すまでの計算や図，考え方がかいてあれば，部分点をつけることがあります。
２　円周率は3.14とします。

## $\boxed{1}$ 次の計算をしなさい。

（１）　$19+\left\{18-7\times(6-4)\right\}\div 2$

（２）　$21\times 21+42\times 42+63\times 63+84\times 84$

（３）　$1.5\div\dfrac{6}{13}-\left\{12\times\left(\dfrac{1}{3}-0.3\right)-0.15\right\}$

## $\boxed{2}$ 次の問に答えなさい。

（１）　４枚のカード$\boxed{0}$，$\boxed{1}$，$\boxed{2}$，$\boxed{2}$があります。この中から３枚を取り出して３けたの整数をつくると全部で何個できますか。

（２）　１２で割っても１５で割っても７余る３けたの整数のうち、最も大きい整数はいくつですか。

（３）　１０％の食塩水１２０ｇから水を何ｇか蒸発させた後、食塩を６ｇ加えたところ、食塩水の濃度は１８％になりました。蒸発させた水は何ｇですか。

（４）　周りの長さが１６００mある池の周りを、同じ場所から兄弟が同時に出発して同じ方向に進むと４０分で兄は弟に追いつきます。反対方向に進むと、１０分で出会います。兄の速さは分速何mですか。

（５）　あるクラスで、国語と算数のテストを行いました。国語の合格者数と、算数の合格者数の比は４：５でした。国語だけ合格した生徒は７人、国語も算数も合格した生徒はクラス全体の$\frac{1}{3}$にあたる１３人でした。国語も算数も不合格だった生徒は何人ですか。

**3**　図のように、１辺の長さが１cmの立方体を複数個用いて、上から１段目、２段目、３段目、……　と下へつなげて立体を作っていきます。

このとき、次の問に答えなさい。

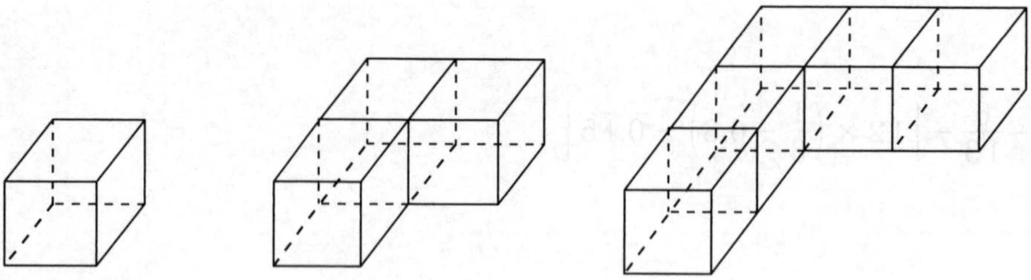

１段目　　　２段目　　　３段目

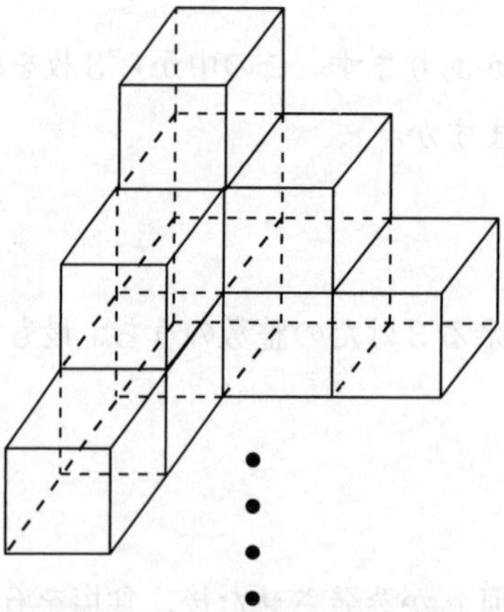

（１）　５段目まで立体を作ったときと１０段目まで立体を作ったときの立体の体積は、それぞれ何$cm^3$ですか。

（2）　立体の体積が５７６$cm^3$となるのは、立体を何段目まで作ったときですか。

（3）　１０段目まで立体を作ったとき、その立体の表面積は何$cm^2$ですか。

**4**　次の会話文を読んで、問に答えなさい。

Ａさん：ハチの巣って見たことある？

Ｂ君：　ある！　家にハチの巣ができて駆除《くじょ》してもらったんだ。

Ａさん：ハチの巣の断面《だんめん》って六角形がたくさん並んでいるよね。でも、なんで六角形なんだろうね？　円でも四角でもなく六角形なのにはちゃんと理由があるんだよ。

Ｂ君：　へー。どんな理由？

Ａさん：ハチの気持ちになって考えてみよう！　まず、同じ形のものを作る方が作りやすいよね。だから同じ形を並べて巣を作っていくと、円を並べると隙間《すきま》ができちゃうんだ。巣を作るときに余計な隙間は作りたくないよね。

Ｂ君：　確かにそうだね。使えない隙間はもったいないもんね。

Ａさん：だから隙間なく同じ形のものを並べるために正多角形の形で考えてみると、すべて同じ形で隙間なく並べられる正多角形は３種類しかないんだよ。

Ｂ君：　えーっと、正三角形と正方形と正六角形だね。

Ａさん：そう！　頂点を合わせたときに角の和が（　ア　）度になるような正多角形じゃないとダメなんだね。この３種類の中から正六角形が選ばれた理由も考えてみよう。

Ｂ君：　正六角形を作るのが一番大変そうだけど……。

Ａさん：ハチの巣の材料は、ミツロウといってハチミツから作られているんだ。できるだけ少ない材料で大きな巣を作れたらいいよね。

Ｂ君：　そうだね。

Ａさん：どの形が一番いいか、考えてみよう。正三角形と正方形と正六角形の周の長さがそれぞれ１２cmのとき、どの形が一番面積が大きくなるかな？

Ｂ君：　正方形は簡単だ！　１辺の長さが３cmだから面積は９$cm^2$だね。

Ａさん：そうだね。正三角形はちょっと計算が難しいけど、正三角形の高さは１辺の長さの０.８６倍と考えてやってみよう！

Ｂ君：　えーっと、正三角形だと１辺の長さは（　イ　）cmだから、高さは（　ウ　）cmだね。だから面積は……（　エ　）$cm^2$だ。

Ａさん：正解！　では、正六角形はどうだろう？

Ｂ君：　正六角形だと１辺の長さは（　オ　）cm。正六角形の面積の計算は……。

Ａさん：計算の式を作れたかな？

Ｂ君：　正六角形を分割して考えたらできたよ！　面積は（　カ　）$cm^2$ だね！

Ａさん：正解！　よくできたね。３つの面積を比べると正六角形が一番大きくなるでしょう？だから少ない材料で大きな巣を作るのに適しているんだよ。このハチの巣の形を「ハニカム構造」っていうんだ。実はすごく丈夫《じょうぶ》な作りだから、私たちの身の回りでもいろいろなところで使われているんだよ。

Ｂ君：　そうなんだ！　どこに使われているか探してみるよ！

（１）（ア）に当てはまる数はいくつですか。

（２）（イ）～（エ）に当てはまる数はそれぞれいくつですか。

（３）「１辺の長さ」という言葉を使って、正六角形の面積を求める式をつくりなさい。また、（オ），（カ）に当てはまる数はそれぞれいくつですか。

**5**　半径１cm の円を１辺８cm の正方形の内側に沿って転がします。

（１）図のＡの位置からＢの位置まで円を転がしたとき、円が通過した斜線《しゃせん》部分の面積は何 $cm^2$ ですか。

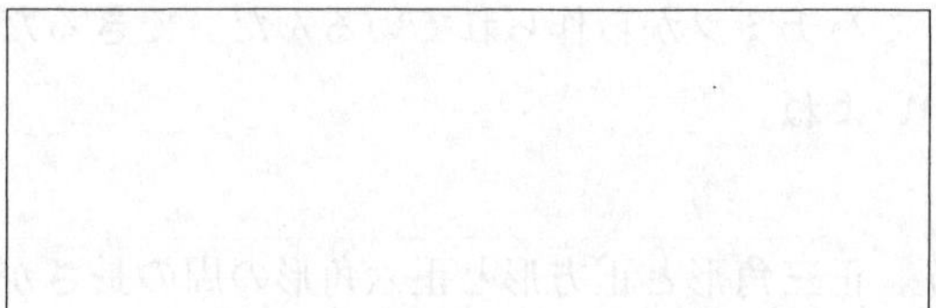

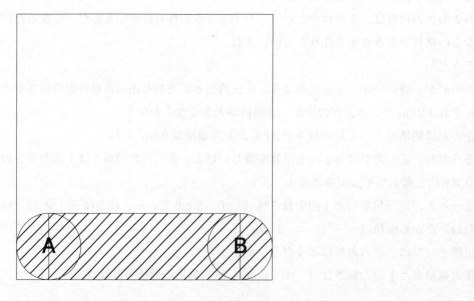

（２）　図のＡの位置から円を正方形の内側に沿って１周転がしたとき、円が通過した部分の面積は何 cm$^2$ ですか。

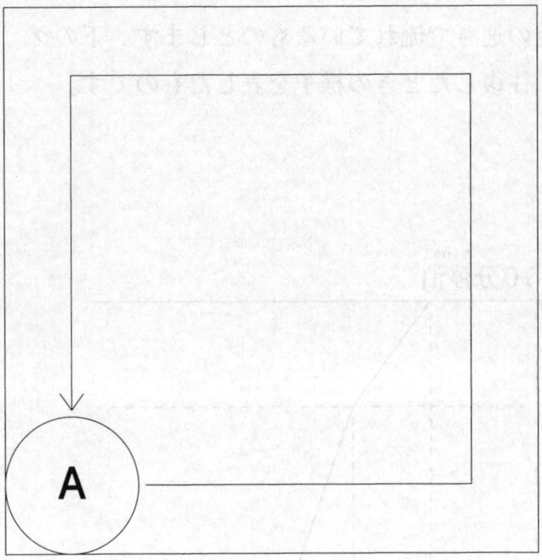


（３）　図のように１辺８cm の正方形から１辺２cm の正方形を４つ切り取ります。このとき、円をこの図形の内側に沿って１周転がしたとき、円が通過した部分の面積は何 cm$^2$ ですか。

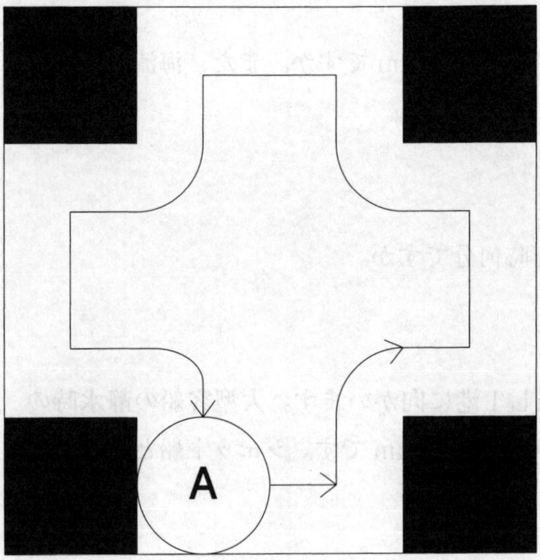

**6** Ｔ港とＯ島の間をジェット船が往復しています。このジェット船はＴ港からＯ島の３３km 手前までは高速運行し、Ｏ島の３３km 手前からＯ島までは海洋生物の保護のために低速運行します。高速運行と低速運行の静水時の速さはそれぞれ一定とします。また、海流はＯ島からＴ港に向けて、一定の速さで流れているものとします。下のグラフは、ジェット船がＴ港とＯ島の間を１往復したときの様子を表したものです。

このとき、次の問に答えなさい。

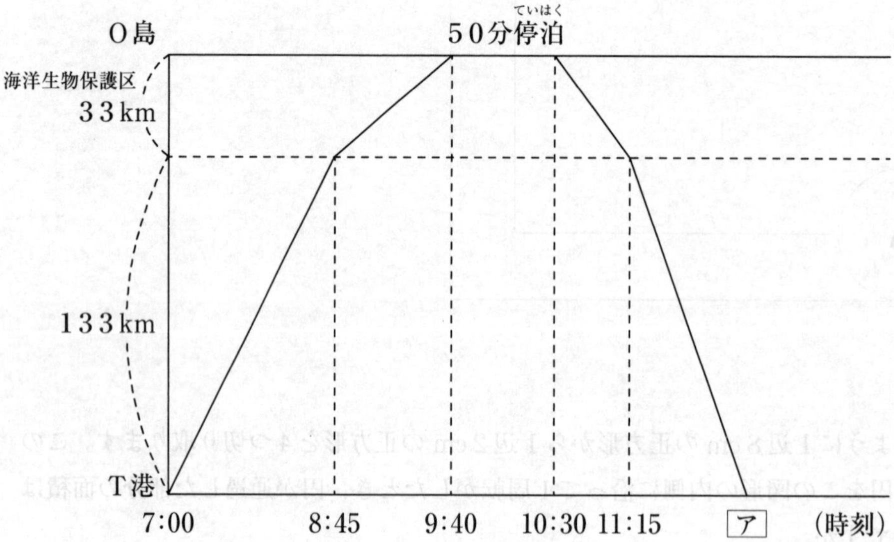


（１） ジェット船の低速運行の静水時の速さは時速何 km ですか。また、海流の速さは時速何 km ですか。

（２） グラフの［ア］に当てはまる時刻は何時何分ですか。

（３） 大型客船が、８時１５分にＯ島を出発しＴ港に向かいます。大型客船の静水時の速さは、海洋生物保護区でもそれ以外でも時速３２km です。ジェット船と大型客船がすれ違《ちが》う時刻は何時何分何秒ですか。

**【社　会】〈第１回試験〉（40分）〈満点：75点〉**

（注意）解答は特に指定のないかぎり，漢字・ひらがなのどちらでもかまいません。

**1**　**世界では、小麦・大麦などの麦を主食とする人が多数を占《し》め、米を主食とする人々は少数派です。日本料理には小麦や大麦を使った食品がたくさんあるにもかかわらず、食生活の中心は麦よりも米だったといえるでしょう。以下は、麦と日本の関《かか》わりについて書かれた文です。問いに答えなさい。**

①　この時代には、畿内や西日本一帯では、麦を裏作とする二毛作が普及《ふきゅう》した。寒さに強く、秋に種をまき、梅雨《つゆ》の時期に収穫《しゅうかく》をする麦は、米との二毛作に好都合であった。この時代の中頃《なかごろ》には、幕府は地頭に対して、「裏作の麦に年貢をかけてはいけない」という法を出している。麦は冷害に強く、台風が来る時期の前に収穫が終わるなど収穫が安定していた。このため二毛作の登場は飢饉《ききん》対策にもなったといわれている。

②　この時代には、新たな都が造営され、律令も定着が図られた。しかし、疫病《えきびょう》や災害、戦乱も続き、飢《う》える農民も多かった。その中で三世一身法など開墾《かいこん》を奨励《しょうれい》する法令が出された。また、太政官からは「救荒《きゅうこう》（飢饉や災害に備えて、備蓄《びちく》すること）のために大麦小麦を栽培《さいばい》し、貯蔵しなさい」といった文書が出されており、麦は緊急《きんきゅう》の備蓄食料として考えられていた。しかし、この時代に有力豪族《ごうぞく》が収穫前の麦を馬の飼料にすることが行われており、食料としての麦が軽視されていたことがわかる。

③　戦争に敗れたあとの食料難の中で、当時の大蔵《おおくら》（現財務）大臣の池田勇人は「所得の少ない方は麦、所得の多い方は米を食う」と発言し、大問題となった。この発言からもわかるようにこの時代になっても、麦は米よりは下のものという考えがあった。その後、アメリカから食料援助《えんじょ》や学校給食などで、急速にパン食が広がった。日本の小麦は粘《ねば》り気が足りず、パンには適さなかったこともあり、小麦の大半は輸入することになり、日本の小麦生産量は急速に減少していった。

④　二毛作が関東にまで広がるようになったこの時代、京都に幕府ができ、畿内の武士・僧侶《そうりょ》などの上流階級を中心に茶の文化が流行した。この時、宇治などの抹茶《まっちゃ》をひくために石臼《いしうす》が広まったといわれる。こうした石臼を利用して、小麦を粉にして利用することも広がり、小麦からつくられるまんじゅうやうどんが一部の人々に食べられるようになった。

⑤　この時代には幕府は農民たちの食料として麦の裏作を奨励した。麦作が拡大したことや石臼が一般《いっぱん》に広がったことで、小麦粉を使ったさまざまな料理が広まっていった。特に、醤油《しょうゆ》にも小麦を加えることで、現在の濃口醤油《こいくちしょうゆ》がつくられるようになった。また、参勤交代によって幕府が置かれた都市には武士が集まるようになったこともあり、この時代の中頃には、天ぷら・うどん・そば・うなぎ・にぎり寿司《ずし》などがつくられていった。一方、この時代の農村では繰《く》り返《かえ》し飢饉が起こるなど、麦などの雑穀には救荒作物としての役割もあった。

問１　①から⑤はそれぞれ何時代の出来事ですか。次の中から選び、記号で答えなさい。

ア．旧石器時代　　イ．縄文時代　　ウ．弥生時代
エ．古墳・飛鳥時代　　オ．奈良時代　　カ．平安時代（院政期を除く）
キ．院政期・鎌倉時代　　ク．室町時代（南北朝時代を含む）・戦国時代
ケ．安土桃山時代　　コ．江戸時代　　サ．明治時代　　シ．大正時代
ス．昭和前期（第二次世界大戦敗戦まで）　　セ．昭和後期（第二次世界大戦敗戦後）

問２　①の下線部について、二毛作が普及したのは、当時の農業技術の進歩も関係しています。当時の農業技術の進歩といえるものはどれですか。次の中から１つ選び、記号で答えなさい。

ア．石包丁の利用　　イ．千石どおしの使用　　ウ．とうみの利用
エ．草木灰の使用

問３　②の下線部について、疫病や災害などに苦しむ人々を救済するために施薬院や悲田院を設置した皇后は誰《だれ》ですか。名前を答えなさい。

問４　③の下線部について、池田勇人はその後、首相になります。この首相の在任中の**出来事ではないもの**はどれですか。次の中から１つ選び、記号で答えなさい。

ア．所得倍増計画の発表　　イ．東京オリンピック開催《かいさい》　　ウ．消費税導入
エ．東海道新幹線開業

問５　④の下線部について、茶の文化や絵画にも影響を与えた仏教の宗派を何といいますか。答えなさい。

問６　⑤の下線部について、この時代の中頃には、東北を中心に大きな飢饉が起きました。この大飢饉への対応により、白河藩主松平定信の手腕が評価されましたが、この大飢饉は何と呼ばれていますか。飢饉の名前を答えなさい。

問７　歴史の中では、幕府や政府によって麦の栽培が繰り返し奨励されてきました。なぜ麦の栽培が奨励されたのですか。説明しなさい。

**2**　**以下の文章を読み、問いに答えなさい。**

現在使用できる５円硬貨《こうか》の発行は、今から約７０年前の昭和２４年に始まります。横線が波を表すことで海を表現し、稲穂《いなほ》とともに①第一次産業を象徴《しょうちょう》しています。内側の丸い穴を囲む凹《おう》凸《とつ》は歯車を表現し②第二次産業を象徴しています。硬貨を縁《ふち》取《ど》る円は新しい日本を表します。

戦争が終わってまだ数年の日本が、従事する人口の多さや生み出す利益の大きさから③当時の中心産業と見られたこれらの産業を中心にして復興をとげていこうという考えがこめられています。

※５円硬貨は「五」「国」の字体の違《ちが》いなどにより旧５円と新５円に分けられますがデザインは同じなのでここでは同じものとして扱《あつか》います。

**問１**　下線部①について、水産業や農業以外にも第一次産業に区分される産業は多くあります。その例を１つ書きなさい。

**問２**　下線部②について、５円硬貨が発行された当時の日本の第二次産業の中心として輸出額の上位をしめていたのは次のどの産業ですか。１つ選び記号で答えなさい。

ア．繊維《せんい》産業　　イ．自動車産業　　ウ．家電産業　　エ．コンピューター産業

**問３**　当時の第一次産業の中には食料生産を目的としたものの他《ほか》に、日本の中心的輸出用工業製品の原料の生産に必要であったものもありました。現在より多くの耕地で栽培《さいばい》されていたこの作物は何ですか。答えなさい。

**問４**　「○○を表すのでこういうデザインになっている」と理由を理解しながら記号を覚えていくことは地図記号の理解でも役に立ちます。これに関し、右の記号はタービンを表しています。何の地図記号ですか。答えなさい。

**問５**　下線部③に関して、上の文章中にある硬貨デザイン選定の考え方と同様の考え方で令和版の新しい硬貨を発行するとします。あなたはどのような産業・業種を取り上げ、どのようなデザインにしますか。そのデザインを描《えが》き、なぜそのようなデザインにしたのか理由を説明しなさい。

※解答欄にはまずデザインを描いてもらいますが、穴のない硬貨とし、硬貨の金額を描く必要はありません。また、デザインの描写の出来は採点の対象ではありません。理由をしっかり論述してください。

## 3　以下の文章を読み、問いに答えなさい。

民主主義の国では、国の政治を最終的に決定する権利を国民が持つ。日本では日本国憲法において民主主義が保障されている。日本国憲法では、前文で「そもそも国政は、国民の厳粛《げんしゅく》な信託《しんたく》によるものであって、その権威《けんい》は国民に由来し、その権力は国民の（　①　）がこれを行使し、その福利は国民がこれを享受《きょうじゅ》する」と明記され、また第１条でも「天皇は、日本国の象徴であり日本国民統合の象徴であって、この地位は、（　②　）の存する日本国民の総意に基《もとづ》く」と記されている。

また、日本国憲法では第１１条で「国民は、③すべての基本的人権の享有《きょうゆう》を妨《さまた》げられない」と記し、第１１条から第４０条まで、④様々な人権を定めている。さらに第１１条では「⑤この憲法が国民に保障する基本的人権は、侵《おか》すことのできない永久の権利として、現在及び将来の国民に与えられる」と定めている。

問１　（　①　）にあてはまる言葉は何ですか。次の中から１つ選び、記号で答えなさい。

ア．成年者　　イ．全員　　ウ．代表者　　エ．納税者

問２　（　②　）にあてはまる言葉は何ですか。答えなさい。

問３　下線部③は、人権のどのような性質を示していますか。次の中から正しいものを１つ選び、記号で答えなさい。

ア．人権はすべての人間が生まれながらにして持っている。
イ．人権はすべての人間が法律で定めた範囲内《はんいない》で持つことができる。
ウ．人権は一定の資格を与《あた》えられた人だけが持つことができる。
エ．人権は必要とするすべての人間が役所の許可を得ることで持つことができる。

問４　下線部④「様々な人権」のうち、「集会・結社・表現の自由（第21条）」は自由権に分類されますが、自由権に分類されるものとして**ふさわしくないもの**はどれですか。次の中から１つ選び、記号で答えなさい。

ア．奴隷《どれい》的拘束《こうそく》及び苦役《くえき》からの自由（第１８条）　イ．最低限度の生活を営む権利（第２５条）
ウ．法定手続きの保障（第３１条）　エ．拷問《ごうもん》および残虐刑《ざんぎゃくけい》の禁止（第３６条）

問５　下線部⑤に関して、民主主義をかかげる日本国憲法は、基本的人権の一つである「表現の自由」を保障し、政府に対して批判する権利を保障することで、どのような政治の実現を目指しているといえますか。説明しなさい。

**4** 下の言葉の中に、ある見方でみると一つだけ性格が異なるものがあります。それはどれですか。記号で答えなさい。また、それ以外の言葉に見られる共通点は何ですか。説明しなさい。

例　題〔ア．縄文　　イ．江戸　　ウ．鎌倉　　エ．横浜〕

| | |
|---|---|
| ア | 他はすべて都市の名前 |

問１　ア．十和田湖　　イ．摩周湖　　ウ．洞爺湖　　エ．サロマ湖

問２　ア．板垣退助　　イ．伊藤博文　　ウ．原敬　　エ．黒田清隆

**5** 以下の問いに答えなさい。

問１　昨年４月、新型コロナウイルスの感染《かんせん》の拡大を受けて、［　　　］が出され、都道府県知事は、住民に対して不要不急の外出を自粛《じしゅく》するよう要請《ようせい》できるほか、事業者などに対して店舗《てんぽ》や施設《しせつ》の使用制限を要請することができるようになりました。再び、今年１月７日、［　　　］が出されました。［　　　］に共通して当てはまる言葉は何ですか。答えなさい。

問２　昨年６月末、中国で可決されたある法律により、香港の反体制運動への取《と》り締《し》まりが強化され、香港に中国本土とは異なる制度の適用を認め高度な自治を認めていた一国二制度がおびやかされる事態となりました。この法律を何といいますか。答えなさい。

**6** **以下の森村家の会話文を読み、問いに答えなさい。なお、文中の森村さんの会話を「森」、お父さんの会話を「父」、お母さんの会話を「母」と表記します。**

**森** えーん！ 学校の宿題が終わらなくて辛《つら》いよぉー！

**父** そんなことで泣くんじゃない！ 男らしくないぞ！

**母** あなた！ 「男らしくない」なんて、そんなこと言わないでよ！

**森** 泣《な》き止《や》むから夫婦《ふうふ》ゲンカはやめてよ。それより、「男らしさ」って何なんだろう……。

**母** 「男らしさ」かぁ。日本では①１９８５年に仕事に関する男性と女性の平等を具体化する法律が定められたんだけど、その頃《ころ》から、男女平等を実現するべきだという風潮が高まってきたのは確かで、「男らしさ」や「女らしさ」といった考え方も、今では問題視されるようになってきたよね。

**森** そもそもこういう「男らしさ」っていつ頃《ごろ》から規定されはじめたんだろう。

**父** 今に続く意味での「男らしさ」ということで考えるなら、１９世紀の初め頃からだろうな。その頃、ヨーロッパの国々では、大きな戦争や革命が続き、その中で「この国を守るのは、自分たちだ」という意識が強くなっていったんだ。その中で、人々の中に「私はフランス人だ」、「私はドイツ人だ」というような国民意識が持たれ始めた。これらの国々では、国家を守るため、国の軍事力を高めるため、②徴兵制《ちょうへいせい》が導入されていることが常だった。「自分の国を守るのは私たち国民なんだ」ということを一番感じられる場が、自分の国の軍隊だったんだな。軍隊に所属できたのはもっぱら男性だったから、国家のために厳しい訓練を積み、努力し、強くたくましくなって、戦いに勝って栄誉《えいよ》を得て評価されること、そういう高い向上心や愛国心を持つことが、「男らしさ」として定着していったんだ。

**母** 戦場という命の危険を伴《ともな》う場では、仲間同士の連帯感だとか友愛精神などもはぐくまれたから、男同士の絆《きずな》というものも、「男らしさ」の要素に加わってきたんだよ。集団性を伴った「男らしさ」は、「そうではないもの」を集団で嫌悪《けんお》するようになった。ちょうど、③ナチス＝ドイツが、ホロコーストと呼ばれる「ユダヤ人絶滅《ぜつめつ》計画」の中で、ユダヤ人だけでなく、同性愛者や障がい者たちをも、強制収容所に送り大量虐殺《ぎゃくさつ》した背景の１つにも、「男らしくない者は国家のために戦えない弱い存在」と捉《とら》えていたことがあげられるよ。

**森** 「男らしさ」っていうのは、国家とのつながりがとても強いんだね。でもそういうのって、もう昔の話じゃない？

**母** 確かに、戦争が身近でなくなってからは、「男らしさ」と国家とのつながりを強く感じる場面は少ないかもしれないね。でも、今でも、「戦場」という舞台から「会社」や「社会」という競争の場に舞台を移して、そういう「男らしさ」は残り続けているんじゃないかな。例えば子ども達《たち》に将来の夢をきいた調査では、男の子は「スポーツ選手」、「刑事《けいじ》」、「学者」などを挙げることが多いけど、それらは④そういう「男らしさ」の表れだという研究者もいる。それに、結婚《けっこん》のプロポーズって、女性からすべきだとあなたは思う？

**森** それは……男がすべきって感覚があるなぁ。

**母** ２０１４年に大学生に行った調査では、「プロポーズは男性がすべき」という回答が、男女ともに９０％を超《こ》えていたそうだよ。世代を超えて最近の若者たちの間にまで、「男性はリードする側」という思《おも》い込《こ》みが残っているんだね。

**父**　そりゃそうだ！　か弱い女性をかっこよくリードしてこそ男だろ！　お父さんだって、お母さんにかっこよくプロポーズして以来、今日まで、泣き言も言わずに一生懸命《いっしょうけんめい》働いて、たくさん収入を得て、家族を支えてきたんだ……。これが男ってもんだろ？

**母**　あなたったら……。そういう「男は一生懸命働き、たくさん収入を得て家族を支えなきゃ」という価値観が、男性を苦しめていることもあるんだよ。例えばブラック企業《きぎょう》を辞《や》めたくても、無職になったり、正社員じゃなくなったりするよりはましだ、と辞めずに過労に苦しみ続ける男性は多いらしいよ。

**森**　女性の社会進出が進んだ今では、夫婦共働きというあり方も一般化《いっぱんか》してきているし、男性が家の外で働かずに家事に専念する「主夫」というあり方が社会的にも認知《にんち》されてきているんだから、そんなに男だからって「俺《おれ》が俺が」って頑張《がんば》りすぎなくていいのにね。

**父**　でも「主夫」は全国的にもまだごく少数だろ？　一昔前は、妻には家で専業主婦をしていてほしいって考える男性も多かったし、今でも「男の自分こそが働かなきゃ」、「自分の稼《かせ》ぎが悪いせいで、家族に苦労をかけたり『普通《ふつう》』の暮らしをさせられないのは男として情けない」と考えプレッシャーを感じたり苦労したりしている男性は多いんだよ……。

**母**　そういう価値観が今も残っている背景には、男女の賃金格差の問題などが指摘《してき》されているよ。２０１８年度でも女性の平均賃金は男性の７３.３％しかない。総務省による２０１９年の調査によれば、正社員より待遇《たいぐう》が劣《おと》るパートや派遣《はけん》社員などに就《つ》いている割合が、男性は２３％、女性は５６％で女性の方が多いことが分かっているし、また民間企業で給与《きゅうよ》が多いとされる部長、課長、係長などに占《し》める女性の割合も、２０１９年は平均７.７％で圧倒的《あっとうてき》に男性より少ない。こんな状況《じょうきょう》だから、「男が稼がなければいけない」という風潮が生まれてしまうんだね。

**森**　女性が家族の中でも立派な稼ぎ手となるよう、女性がもっと社会で働きやすくなるように⑤女性の活躍《かつやく》を進めることは、女性のためばかりでなく、「男らしさ」に苦しんでいた男性を解放することにもつながるかもしれないんだね。男性の問題を考えることと女性の問題を考えることは、お互《たが》いに補いあい助けあい、男女ともに生きやすくするような感じなんだね。

**母**　そうだね。本来は夫婦のどっちが家計収入の主体になったっていいし、各家庭がそれぞれで決めればいいことだよね。専業主婦の家庭もあれば専業主夫の家庭もあり、夫婦共働きでどちらが家計収入の主体になっても、その家庭が、うちにはこの形が合っていると納得《なっとく》していればそれでいい。そういう選択《せんたく》が自然とできる社会であるべきだよね。

**森**　それに、「男らしさ」や「女らしさ」といったようなものによって、各個人がどう生きるか、どう行動したいかとかが固定させられちゃうのは、おかしくない？

**母**　そうだね。ピンクが好きという時期もあれば青が好きな時期もあるし、泣き言を言いたいときもあれば、弱音を吐かずにたくましく努力を重ね続けるときもある。そういう、動的に変化するのが人ってものなんだから、⑥「男らしさ」や「女らしさ」にとらわれたり「これってなんか自分にはしっくりこないな」と思いながら生きたりすることから解放され、ありのままの自分が好むものを選択でき、したいと思ったことができるような社会になったら、どんな人も、もっと生き生き過ごせるかもしれないね。

**森**　そっか。やっぱり僕、泣きたい時には思いっきり泣くよ！　えーん宿題が終わらない！

**父**　わかったわかった！　泣いているお前もちゃんと受け止めるから、宿題はちゃんと終わらせるんだぞ！

**問１**　下線部①について、この法律を何と言いますか。答えなさい。

**問２**　下線部②について、日本でも「徴兵令《ちょうへいれい》」の導入により国民に兵役《へいえき》が課せられましたが、日本で徴兵令が初めて出されたのはいつの時代のことですか。次の中から正しいものを１つ選び、記号で答えなさい。

ア．戦国時代　　イ．江戸時代　　ウ．明治時代　　エ．大正時代

**問３**　下線部③について、第２次世界大戦では、ナチス=ドイツとイタリアとある国が三国同盟を結び、アメリカやイギリスなど連合国側と戦いました。そのある国とはどこの国ですか。答えなさい。

**問４**　下線部④について、「そういう『男らしさの表れ』」とは、どういう「男らしさ」の表れですか。答えなさい。

**問５**　下線部⑤「女性の活躍を進めることは、女性のためばかりでなく、『男らしさ』に苦しんでいた男性を解放することにもつながる」とはどういうことですか。説明しなさい。

**問６**　下線部⑥に関連して、「男らしさ」「女らしさ」を意識することで、自分らしく生きることや自分らしくふるまうことができない事例を、本文中に挙げられているもの以外で挙げなさい。

**【理　科】**〈第1回試験〉（40分）〈満点：75点〉

（注意）1　解答は特に指定のないかぎり，漢字・ひらがなのどちらでもかまいません。
　　　　2　単位を必要とする問いには必ず単位をつけて答えて下さい。

**1**　我々が住んでいる日本列島では化石が多く発掘《はっくつ》されています。また、火山も多く存在し、地震《じしん》もよく起こっています。図1中の［A］は北海道の内陸にある三笠《みかさ》市、［B］は鹿児島《かごしま》県の桜島、［C］は福島県いわき市の位置を示しています。これらについて、次の問いに答えなさい。

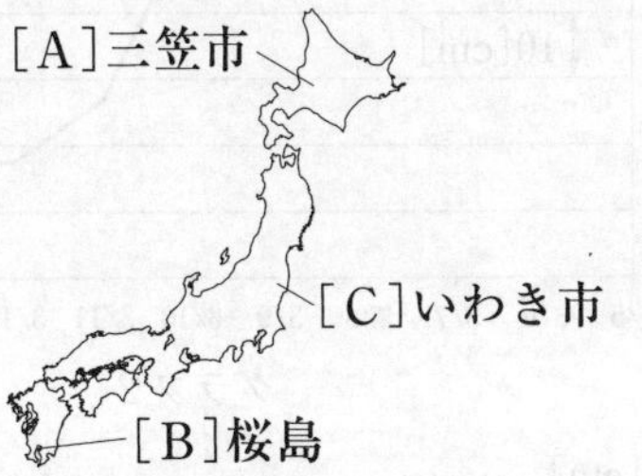


図1

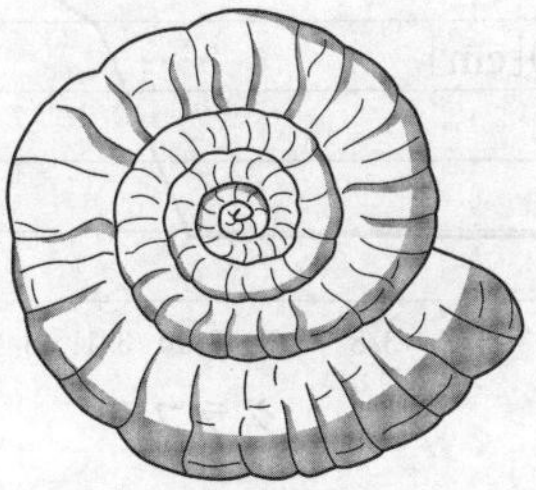

図2

問1　図1中の［A］三笠市では、図2に示す化石が多く発掘されています。

（1）　これは何の生物の化石ですか。

（2）　この化石のもととなった生物の特ちょうとして正しいものを、次から1つ選び、記号で答えなさい。

ア：山の中に生息していて、現在も生息している。
イ：山の中に生息していたが、現在は生息していない。
ウ：湖や川の中に生息していて、現在も生息している。
エ：湖や川の中に生息していたが、現在は生息していない。
オ：海の中に生息していて、現在も生息している。
カ：海の中に生息していたが、現在は生息していない。

（3）　この化石が多く発掘されることから、［A］三笠市の過去の様子について、説明しなさい。

問2　図1中の［B］桜島は世界的にも有名な火山です。

（1）　桜島について述べられた文としてもっとも正しいものを、次から1つ選び、記号で答えなさい。

ア：今も火山活動を続けており、噴煙《ふんえん》は上空5000m以上に達することもある。
イ：元々は島であったが、火山活動による地震によって地面がせりあがり、大隅《おおすみ》半島と陸続きになった。
ウ：桜島では多くの化石が発掘されている。
エ：百万年前から火山活動はしていない。



図3

（2）　図3は桜島の東岸にある神社の鳥居の様子を示しています。このように、鳥居が地面にうまった理由を説明しなさい。

（3）　火山は、私たちの生活にとって有益になることもあります。その例を1つ答えなさい。

問３　下の３つのグラフ１、２、３は、２０１１年３月５日から３月１５日までに、図１中の［C］いわき市のある地点がどのくらい東西・南北・上下方向に変動（移動）したかを示したグラフです。グラフ１は、「３月１０日まではあまり変動していないが、１１日の地震によって東に大きく変動した」様子を表しています。

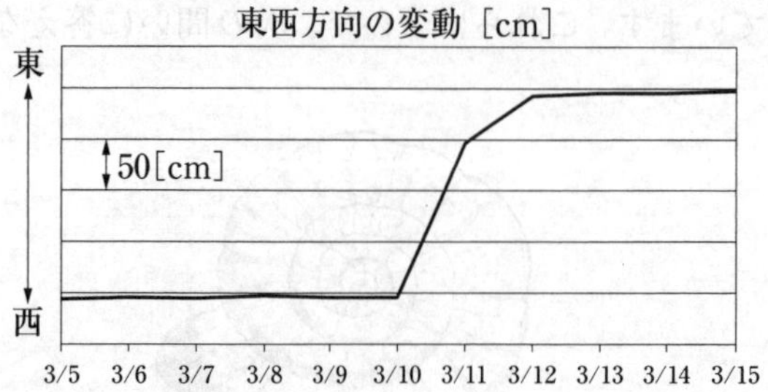


グラフ１

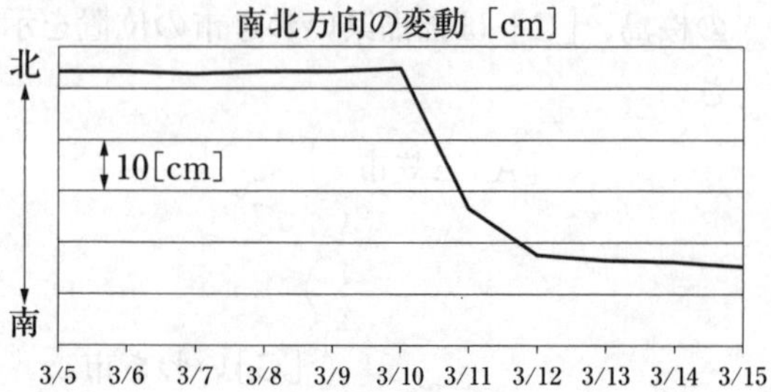


グラフ２

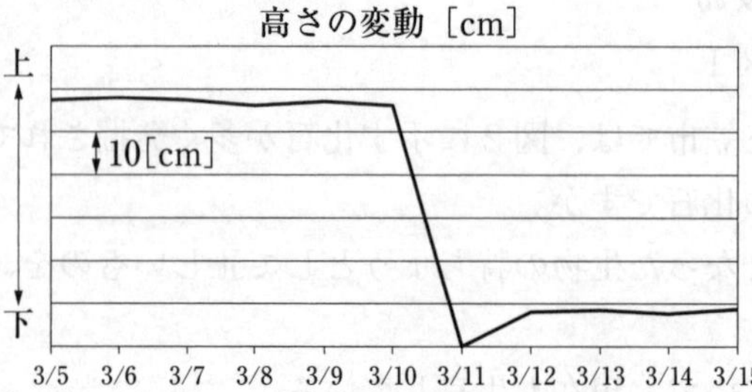


グラフ３

（１）　下の図４中にある点★は、３月１０日時点での［C］いわき市のある地点の位置を真上から表しています。３月１１日の地震によって、いわき市のある地点★はどのように変動したことがわかりますか。図４中のア～コから１つ選び、記号で答えなさい。ただし、「●」は★の位置からのせり上がり、「◎」は沈《しず》みこみを意味し、実線（——→）の矢印は上向き、破線（------→）の矢印は下向きの変動を示しています。

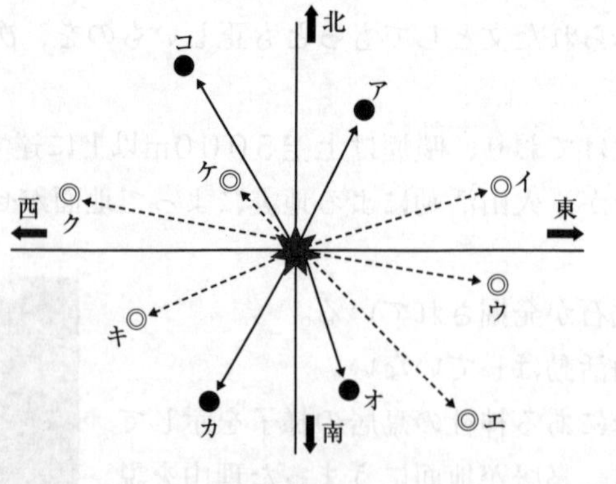


図４

（２）　３つのグラフをよく見てみると、３月１２日にも変動していることがわかります。この原因は何だと考えられますか。説明しなさい。

**2**　ある濃《こ》さの塩酸（塩酸Ａとします）と、ある濃さの水酸化ナトリウム水よう液を下の表のように混ぜ合わせて、①～⑤の５種類の水よう液を作りました。また、その水よう液にBTB液を加えたときの色の変化も記しています。次の問いに答えなさい。

| | ① | ② | ③ | ④ | ⑤ |
|---|---|---|---|---|---|
| 塩酸Ａ〔mL〕 | 10 | 10 | 10 | 10 | 10 |
| 水酸化ナトリウム水よう液〔mL〕 | 0 | 5 | 10 | 15 | 20 |
| BTB液の色 | 黄 | 黄 | 黄 | 緑 | 青 |

問１　塩酸Ａと水酸化ナトリウム水よう液が完全に中和しているのはどの水よう液ですか。①～⑤から選びなさい。

問２　塩酸などの薬品はガラスびんに保存しますが、水酸化ナトリウムの固体はプラスチックの容器に保存します。それはなぜですか。説明しなさい。

問３　次の中からBTB液の色が、（１）黄色になるもの、（２）青色になるものをすべて選び、記号で答えなさい。

ア：炭酸水　　イ：石けん水　　ウ：食塩水　　エ：石灰水　　オ：砂糖水　　カ：酢《す》
キ：アンモニア水　　ク：重そう水　　ケ：レモン汁《じる》

問４　水よう液が何性か調べたいとき、リトマス紙を使うことがあります。これについて次の問いに答えなさい。

（１）　リトマス紙を持つときはピンセットを使います。それはなぜですか。説明しなさい。

（２）　①と⑤の水よう液を赤色リトマス紙にガラス棒を使ってつけました。それぞれ何色になりますか。その色を答えなさい。ただし、変化しない場合は「変化なし」と答えなさい。

問５　①～⑤の水よう液にアルミはくを入れると、アルミはくがあわを出してとけるのはどれですか。①～⑤からすべて選び、記号で答えなさい。

問６　①～⑤の水よう液を加熱して水を蒸発させると何が残りますか。次の中から**残るものを**それぞれすべて選び、記号で答えなさい。何も残らない場合は「×」としなさい。

ア：塩化水素　　　イ：水酸化ナトリウム　　　ウ：食塩

問７　10mLの塩酸Ａと10mLの水を混ぜました。これを塩酸Ｂとします。

（１）　10mLの塩酸Ｂを完全に中和するには、この実験で使った水酸化ナトリウム水よう液は何mL必要ですか。小数第１位まで求めなさい。

（２）　５mLの塩酸Ａと５mLの塩酸Ｂを混ぜました。これを完全に中和するには、この実験で使った水酸化ナトリウム水よう液は何mL必要ですか。小数第２位まで求めなさい。

**3** 熱の伝わり方について、次の問いに答えなさい。

問1　金属棒がどのように温まっていくかを調べるために、図1のように金属棒をななめに固定し、「×」の位置を小さい炎《ほのお》で熱しました。

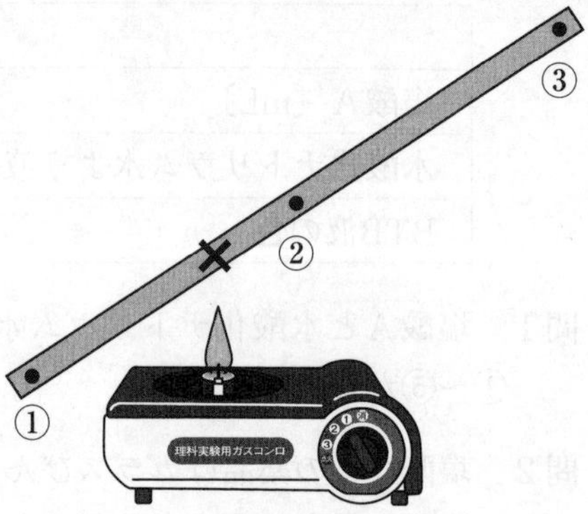

図1

（1）　熱し始めた後の熱の伝わり方を調べる方法として適するものを次から2つ選び、記号で答えなさい。

ア：金属棒に手で触《さわ》ってみる。
イ：金属棒に水をかける。
ウ：金属棒にガラスの棒温度計をあてる。
エ：金属棒に磁石を近づける。
オ：熱し始める前に金属棒に示温テープをはる。
カ：熱し始める前に金属棒に油をぬる。
キ：熱し始める前に金属棒にろうをぬる。

（2）　熱が早く伝わる順に、図1の①～③を並べなさい。

問2　図2、図3のような金属の板を水平に固定して、「×」の位置を小さい炎で熱しました。熱が早く伝わる順に、それぞれ①～③を並べなさい。

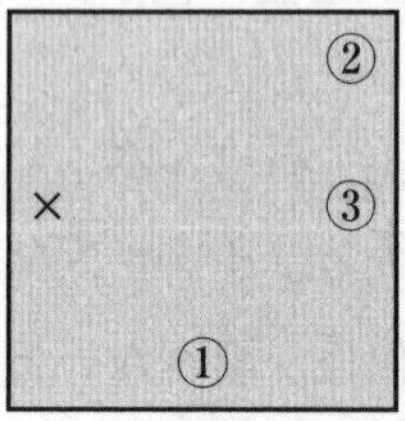

図2

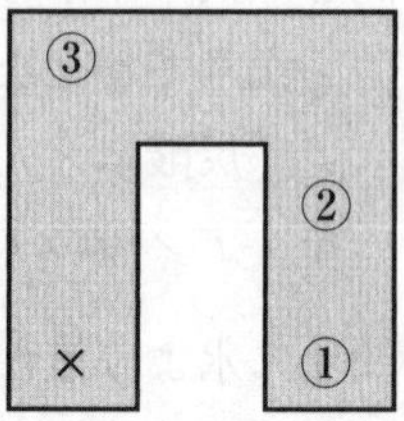

図3

問3　次の文章は児童と先生の会話です。これについて次の問いに答えなさい。

児童：先生、この前の日曜日、公園の鉄棒をにぎった時、とてもひんやりしました。公園の木の柱を触ってもそれほど冷たくなかったけれど、鉄棒がとても冷たく感じたのはなぜですか。

先生：いい質問ですね。一緒に考えてみましょう。去年、授業で熱の伝わり方を勉強したよね。

児童：はい。その授業では金属の熱の伝わり方を学んだあとに、フライパンに木の取っ手がついている理由を考えました。そこから鉄と木では［ ① ］の方が熱が伝わりにくいことを知りました。

先生：そうですね。では、そこから鉄棒が冷たく感じた理由を考えましょう。私たちの体の表面から熱がうばわれると［ ② ］く感じ、熱をもらうと［ ③ ］く感じます。

児童：だから、____A____のような［②］いものに触《ふ》れると［②］く感じるのですね。

先生：そうです。例えば次のようなことを考えてみましょう。部屋の温度が15℃のとき、ゆかの上に置いてあった、鉄の板と木の板も同じ15℃とします。その板の上に裸足《はだし》で乗ると、どちらが冷たく感じるでしょうか。

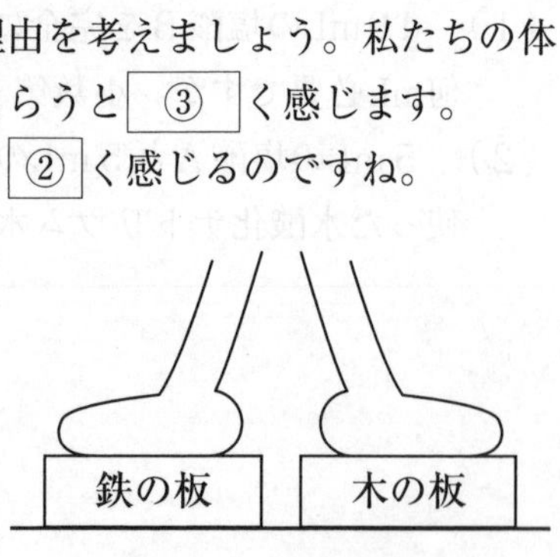


児童：この時、体の温度と板の温度では［ ④ ］の温度の

方が高いため、それに従って［⑤］から［⑥］へ熱は伝わっていきます。このとき、熱の伝わりやすさの違《ちが》いから、鉄と木では［⑦］の方が体から熱をうばいやすいため［②］く感じられるのですね。

先生：その通りです。ところで鉄と木の熱の伝わり方の違いはどこから生まれてくるのでしょう。身の回りの木に注目して考えてみましょう。

児童：木には他とは違う特ちょうがあるのですか。

先生：はい。木の中にはたくさんの小さなすき間があり、そのすき間には私たちの身近な物質の中で最も熱を伝えにくい空気が入っています。

児童：空気はとても熱を伝えにくいのですね。そういえば、私の部屋のガラス窓は、２枚重なった二重窓ですが、お父さんから「ガラスの間の空気のおかげで、＿＿B＿＿のだよ。」と言われたことを思い出しました。

先生：良いところに気が付きましたね。他にもこの性質を利用しているものがありますよね。魚屋さんでも、空気をたくさんふくんだ材質を使った箱を利用していますね。

児童：＿＿C＿＿ですね。熱を伝えにくいから魚がいたみにくいのですね。

先生：その通りです。もう１つ、問題です。熱い鍋《なべ》をつかむときには、ぬらしたふきんと乾《かわ》いたふきんのどちらでつかみますか。

児童：もちろん、［⑧］ふきんですね。その理由は、＿＿D＿＿です。

先生：素晴らしい。正解です。

（1）　文中の①～⑧に適する言葉を答えなさい。同じ言葉をくり返し用いてもかまいません。

（2）　文中の＿＿A＿＿に適する言葉を、下からすべて選び、記号で答えなさい。

ア：氷　　　　　　　　　　　　　　イ：つくりたての焼きいも

ウ：冷蔵庫から出した缶《かん》ジュースの缶　　　エ：ふかした肉まん

（3）　文中の＿＿B＿＿に最も適する文を、下から１つ選び、記号で答えなさい。

ア：部屋の温度は一年を通して変わらない

イ：夏の部屋の中は涼《すず》しいだけでなく、乾燥《かんそう》する

ウ：冬の部屋の中はあたたかいだけでなく、結露《けつろ》も生じにくい

エ：部屋の中では、家の外の音もよく聞こえる

オ：日光が当たっても、まぶしくない

（4）　文中の＿＿C＿＿に適するものを、答えなさい。

（5）　文中の＿＿D＿＿に適する文を書きなさい。

**4** 植物の光合成に関して実験を行いました。次の文を読み、以下の問いに答えなさい。

植物は光合成を行い、生きるために必要な物質を作り出しています。花子さんは、光合成の活発さに関する実験を行いました。これに関して太郎君との議論を見てみましょう。

太郎：光合成はすごい仕組みだよね。植物は光が当たっているときに、根から吸収した［①］と気こうから取り入れた［②］を使って、［③］と酸素を作り出しているんだよね。ぼくは感動してしまったよ。

花子：そうね。とても完成度の高い仕組みよね。光合成についてもっと知りたかったので、私は光が強くなればなるほど光合成は活発に行われると仮説を立てて、それに関して実験をしたよ。

太郎：どんな実験をしたの？

花子：水草のオオカナダモを切って、図のようにさかさまにして水そうに入れたよ。その水そうに当てる光の強さを少しずつ変えてみたんだ。こうすると、茎《くき》から泡《あわ》が出てくるので、１分間あたりの泡の個数を数えて光合成の活発さを推定したんだ。

太郎：そんな実験ができるんだね。茎から出る泡は酸素ということだよね。

花子：そうそう。この泡の数と、発生する酸素の量は比例していると考えられるんだ。このときに、あらかじめ水そうの水にストローで息をふきこんでおいたんだけど、なぜだかわかるかな？

太郎：【　　　　　　　　X　　　　　　　　】

花子：その通り。さすが太郎君。

太郎：ありがとう。それで、実験結果はどうなったの？

花子：グラフのようになったよ。仮説通りの結果にはならなかったけど、面白いことがわかったよ。ここからは【　　　　　　　　Y　　　　　　　　】という結果が読み取れるよ。

太郎：これは面白いね。

花子：そうなの。さらに、光の強さがある程度をこえないと、泡が発生しなかったの。

太郎：本当だね。なぜだろう。植物についてはまだまだ知らないことがたくさんあるね。

花子：そうだね。中学校に入って、もっとたくさんのことを知りたいな。

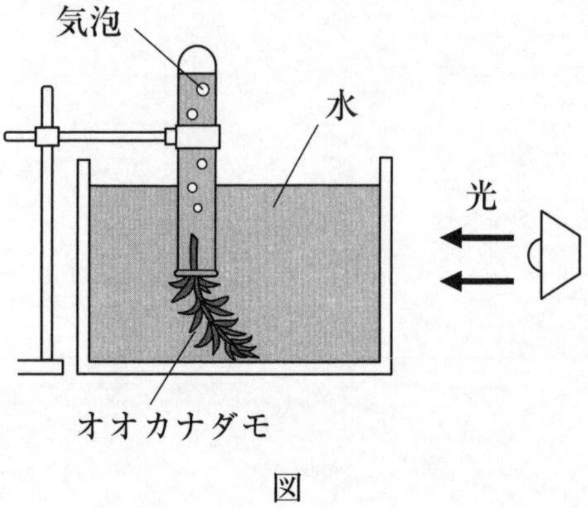


図

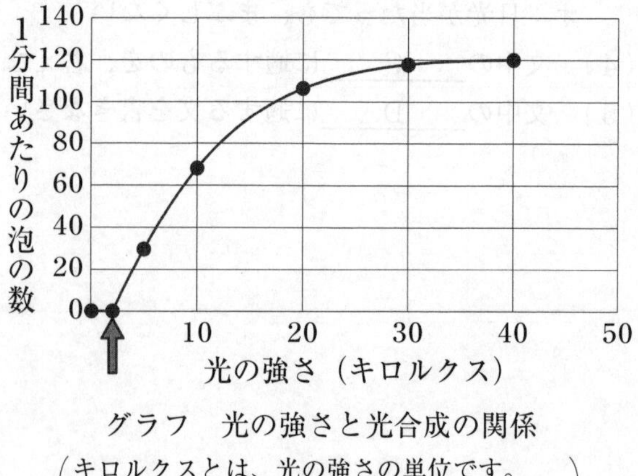


グラフ　光の強さと光合成の関係

（キロルクスとは、光の強さの単位です。
値が大きいほど、光が強いことを示します。）

問１　光合成に関する ① ～ ③ に当てはまる言葉を答えなさい。

問２　 ③ があるかどうかを調べるために使われる薬品を答えなさい。

問３　【　X　】にあてはまる適切な文を答えなさい。

問４　この実験において、水そうの水を少し取り出し、以下の（１）、（２）の時点でBTB液を加えると、よう液の色はどう変化するか答えなさい。

（１）　水そうに息を十分にふきこんだ直後

（２）　光を当てたまま半日おき、十分に光合成させたあと

問５　この実験を行う際には、白熱電球ではなくてLED電球を用いて実験を行いました。これは白熱電球とLED電球ではある点が異なり、それがこの実験を行う上で必要だからです。どのような点が異なるか答えなさい。

問６　花子さんが、はじめに立てた仮説と得られた結果は違《ちが》っていました。このことと実験結果のグラフを参考にして、【　Y　】にあてはまる適切な文を１つ選び、記号で答えなさい。

ア：光の強さと光合成の活発さは比例している

イ：光の強さと光合成の活発さは反比例している

ウ：光が強くなるにつれて光合成は活発になるが、やがて一定になる

エ：光合成の活発さは光の強さとは関係がない

問７　実験結果のグラフにおける矢印の光の強さでは、オオカナダモから泡が発生しませんでした。この理由として、どのようなことが考えられるでしょうか。正しいものをすべて選び、記号で答えなさい。

ア：光合成が行われ酸素は作られているが、同時に呼吸も行われその酸素は消費されているので、泡としては出てこない。

イ：光合成が行われていない。

ウ：呼吸が行われており、二酸化炭素が作られているが、二酸化炭素は水にとけたので泡として発生しない。

エ：呼吸と光合成は同時には行えないので、呼吸のみが行われている。

三

次の①～⑧の――部のカタカナを漢字になおし、⑨～⑫の――部の漢字の読み方をひらがなで書きなさい。

① いままで食べずにケイエンしていたトマトを食べた。
② ヒャッカ店に行く。
③ 不動産のバイバイには、注意が必要だ。
④ ソシキ的な犯行として警察は動いているようだ。
⑤ 鳥にはスに帰る本能がある。
⑥ お正月にはキセイする人が多い。
⑦ 退職した父は、シンキ一転新しい習い事を始めた。
⑧ ヤサしい問題から解く。
⑨ 今回の台風は前回のものと類似点が多い。
⑩ 大きな川の河口の近くに家がある。
⑪ 桃《もも》の節句のおいわいをする。
⑫ 中学生なら、もう分別がつくはずだ。

**問七**　――⑤「神様みたいなでーっかい目ん玉で見たら」とありますが、それはどのような見方ですか。その説明として最も適当なものを次から選び、記号で答えなさい。

**ア**　人の生と死は一対のものであり、死んでいく人がいるからこそ新たに産まれる命もあるのだと考えること。

**イ**　人の生や死に直面するたびに感情に振《ふ》り回《まわ》されることなく、人間の誕生も死も全てが自然の営みであると心静かに受け止めること。

**ウ**　人の生死は人間の医療《いりょう》の力ではどうにもならないこともあるので、最後は神様に祈《いの》ることしかできないのだと悟《さと》ること。

**エ**　人の誕生や死は本来喜んだり悲しんだりといった感情に左右されるものではなく、神聖で気高いものであると捉《とら》えること。

**問八**　――⑥「それを知っただけで、もう十分だった」とありますが、「私」は何を理解したのですか。三十字以上三十五字以内で説明しなさい。

**問九**　本文の内容と表現の特徴《とくちょう》の説明として**適当でない**ものを次から一つ選び、記号で答えなさい。

**ア**　「体中の血液が～涙になって体の外に出ていってしまったようだ」や「体中をロープでしばられているような重たい気持ち」など前半部では直喩《ちょくゆ》を多用し、長老の死に直面した「私」の心情が分かりやすく表現されている。

**イ**　「私」の心情は直接的に描写《びょうしゃ》されている一方で、「パクチー嬢《じょう》も、一晩中寝返《ねがえ》りを打っていた」や「先生は、一瞬《いっしゅん》くしゃっと表情を崩《くず》した」とあるように、その他の登場人物の心情は行動や表情によって間接的に描《えが》かれている。

**ウ**　長老の死を経験したことで、同じように大切な娘《むすめ》を失った「安西夫妻」の深い悲しみを理解できるようになった「私」が、「この子が生まれたら、きっとまた会いに行こう」と前向きに未来に向かって生きていく姿を暗示している。

**エ**　長老の無事を祈る皆に対してエミリーが言った「大丈夫、大丈夫」や「先生」が「私」をなぐさめていた時の「いい子だいい子だ」などのように、話し手が同じ言葉を繰《く》り返《かえ》すことで、自分自身に言い聞かせていることが読み取れる。

**オ**　養父母からの手紙にある「孫を抱《だ》っこさせてもらえたら、どんなに幸せか…。」という表現からは「安西夫妻」が「私」のことを実の娘のように心から大切に思っている愛情が印象付けられている。

ウ　長老になにかあったのならば一体どうしたらいいのか、という不安が大きくなってしまい、考えていた質問が適当なのか、皆がわからなくなっているから。

エ　長老の安否を直接尋《たず》ねて、もしも先生から決定的な返事が返ってくれば、長老の死が動かしがたい事実になってしまうと皆がおそれたから。

**問四**　――③「サミーが、いきなり叫《さけ》んで壁《かべ》を思いっきり蹴飛《けと》ばした」とありますが、この時の「サミー」の様子を説明したものとして最も適当なものを次から選び、記号で答えなさい。

ア　長老の死の知らせを聞いても、昨日まで元気だった長老が死んでしまった現実に納得できずに心が乱れている様子。

イ　長老の死の知らせを聞き、医師であるにもかかわらず長老を助けられなかった先生に対して怒《いか》りをあらわにしている様子。

ウ　長老の死の知らせを聞いても、まだどこかで長老が生きているかのように思えて、この状況が現実か夢かと混乱している様子。

エ　長老の死の知らせを聞き、長く海を愛してきた長老の命をあっさりと奪《うば》ってしまった自然に対していきどおっている様子。

**問五**　――A・Bの「涙《なみだ》がこぼれ」た時の「私」の心情には違《ちが》いがあります。A・Bの違いがわかるようにそれぞれの心情を説明しなさい。

**問六**　――④「泣きそうになるのを必死にこらえ、再びにっこり笑おうとする」とありますが、この時の「先生」の表情からは、どのようなことが読み取れますか。その説明として最も適当なものを次から選び、記号で答えなさい。

ア　若い女の子にいいところを見せようとした長老をなさけなく思うのだが、それもまた「長老らしいな」と、その死をなんとか受け入れようと思っている。

イ　長老の死の原因があまりにささいなことだったことに驚《おどろ》くが、間接的に自分が長老を殺したのだと思っている「私」を、これ以上責めるのはやめようと思っている。

ウ　長老の優しい人柄《ひとがら》を改めて思い出し、長老を失った悲しみがこみあげるが、目の前にいる「私」の気持ちを思い、「自分を責める必要はないよ」となぐさめたいと思っている。

エ　長老と自分とのつきあってきた年月の長さを重く受け止めているが、「私」がこのまま自分を責め続ける人生の長さを思い、「早く忘れなさい」と勇気づけようと思っている。

私は初めて、安西夫妻に心から感謝する気持ちになった。この子が生まれたら、きっとまた会いに行こう。たくさんたくさん抱っこしてもらって、おじいちゃん、おばあちゃんだと教えてあげよう。その時、どさくさにまぎれてでも、安西夫妻に抱きついてみよう。

（小川　糸『つるかめ助産院』より）

※問題作成の都合上、文章の一部を省略したところがあります。

**問一** ――Ⅰ「はじけるように」・Ⅱ「ただならぬ空気」のここでの意味として最も適当なものを次から選び、それぞれ記号で答えなさい。

Ⅰ　はじけるように

**ア**　心配している様子で
**イ**　あわてている様子で
**ウ**　勢いのある様子で
**エ**　とびはねる様子で

Ⅱ　ただならぬ空気

**ア**　どことなく暗い雰囲気《ふんいき》
**イ**　いつもとは違《ちが》った様子
**ウ**　悪いことが起こりそうな気配
**エ**　緊張感《きんちょうかん》で張《は》り詰《つ》めた状況《じょうきょう》

**問二** ――①「エミリーがそう言いながら、私達の肩《かた》を軽く叩《たた》く」とありますが、「エミリー」はなぜ「私達の肩を軽く叩」いたのですか。その理由として最も適当なものを次から選び、記号で答えなさい。

**ア**　この場にいる人たちの中で一番年長である自分が、皆《みな》の肩を叩いて力づけたいと考えたから。
**イ**　皆の肩を叩くことで自分自身にも「大丈夫《だいじょうぶ》」だと言い聞かせて、自分にのしかかる不安をぬぐい去りたかったから。
**ウ**　なんの確信もない「大丈夫」という言葉だけでは皆を納得させられないので、具体的な行動で補いたかったから。
**エ**　長年、海と共に生きてきた長老が海で亡くなるはずがないという強い信念のもとに皆の不安を取り除きたかったから。

**問三** ――②「怖《こわ》くて誰《だれ》も聞くことができない」とありますが、それはなぜですか。その理由として最も適当なものを次から選び、記号で答えなさい。

**ア**　長老の死を誰よりも一番つらく思っている先生に、長老のことを思い出させてしまうのは、かろうじて保っている先生の心を傷つけてしまうと、皆が心配したから。
**イ**　長老がどうなったのかが一番聞きたいことではあるが、疲《つか》れ切《き》った様子の先生に、自分たちの関心だけを優先して聞くのは失礼だと皆がためらったから。

一部を口に含《ふく》み、眠っている間も、決して手から離《はな》そうとしなかったそうです。

（中略）

あなたが小学校四年生の時、ご存じの通り、あなたは私達の元に里子《さとご》に来てくれました。伝わっていなかったことは残念に思うけれど、私達は本当にうれしかったのです。あなたがかわいくてかわいくて、本当に亡くなった娘が天国から舞《ま》い戻《もど》ってきたように感じていました。あなたには辛い過去があるというのに天真爛漫《てんしんらんまん》で、私達は二人とも、すっかりあなたに魅了《みりょう》されました。愛おしくて仕方なかったの。あなたが家にいてくれることがうれしくて、夜中に寝顔を見に部屋に忍《しの》び込《こ》んだのも、一回や二回ではありません。

でも一方で、娘に対して申し訳ない気持ちになったのも事実です。娘は苦しい思いをしてこの世を去ったというのに、その命を助けられなかった私達がこんなに幸せになって良いのかしら？って。それで、いつも娘のことを忘れずにいようと思うあまり、あなたには辛い思いをさせていたのかもしれません。

あなたがそんな思いで過ごしていたなんて、先日お手紙を頂戴《ちょうだい》して初めて知りました。すべてが言い訳になってしまうかもしれませんが、どうか、私達のことを許してください。娘にしてあげられなかったことを、あなたにしようとすることが、あなたの気持ちを逆に傷《きず》つけてしまっていたのですね。二度と娘を失いたくないあまりに、あなたを海から遠ざけてしまったこと、私も主人も、心から申し訳なく思っております。

もしも私達の過ちを許してくださるなら、一度でいいから、私達にもあなたの赤ちゃんを見せてください。孫を抱《だ》っこさせてもらえたら、どんなに幸せか……。

まりあさん、どうか、お幸せに。（中略）」

最後に、里父《さとちち》と里母の名前が記されていた。

産着には、動物達の絵が刺繍《ししゅう》されている。生まれたての私は、かわいい産着に包まれていた。⑥それを知っただけで、もう十分だった。私は、母親にとって単なるゴミではなかったのだから。わざわざゴミに、素敵な衣装を着せる人はいないだろう。私は、決して誰からも愛されずに今まで生きてきたわけではないのだ。安西夫妻も、私のことを疎《うと》ましく思っていたわけではないのだ。

赤ちゃんが生まれたら、この産着に包んであげようと思った。この産着を選んだのは、おなかの子のおばあちゃんに当たる人だ。きっとその人も、この産着を選ぶ時、幸せだったに違いない。どんな子が生まれてくるんだろうと想像しながら、どれが似合うか一生懸命《いっしょうけんめい》に選んでくれたはずだから。

産着は優しく手洗いして、つるかめ助産院の洗濯物《せんたくもの》と一緒に日向《ひなた》に干しておいた。生まれた時、私はこんなにも小さかったのだ。そして今、大人になり、母親になろうとしている。

し、生まれる時は生まれる。

　でもやっぱり私は、神様みたいにはなれないから、人の死も動物の死も、いちいち悲しんじゃうし、ずっと引きずってしまうんだけど」

（中略）

　親しい人との別れがこんなにも辛《つら》いなら、もう誰とも親しくなどなりたくない。誰かを愛しく思えば思うほど、その悲しみは大きくなる。

　ああ、そういうことだったんだ。私は、今やっと気がついた。安西夫妻の、深い深い悲しみについて。それでも私を迎え入れようとしてくれた、優しさについて。抱きしめてほしかったのなら、どうして私はあの時、自分の両手を差し出さなかったのだろう。悲しみに暮れる二人をこの私が抱きしめていたら、もっと違った関係が築けたかもしれないのに。たった数カ月一緒にいた長老を失っただけで、こんなにも苦しいのだ。おなかを痛めて産み、日々育ててきた実の娘を亡くした安西夫妻の絶望は、どれほどだっただろうか。私は自分の淋《さび》しさばかりに目を向けて、安西夫妻の気持ちなど考えようともしていなかったのだ。

**〈長老の死から数日たったある日のこと〉**

　その日、私宛《わたしあて》に小包が届けられた。私がこの島にいることを知っている人はほとんどいないし、今まで私宛ての荷物が届いたことなど一度もない。何かの間違いじゃないかと思った。けれど、先生からその箱を受け取ると、確かに私の名前が書いてある。なんとそれは、安西夫妻からの届け物だった。

（中略）

　人目につかない水中出産用の浴室にこもり、丁寧《ていねい》に包み紙を解いた。箱の蓋《ふた》を開けると、出てきたのはファスナー付きのビニール袋《ぶくろ》に入った布だった。そうそう、里母《さとはは》は食品以外の物でも、何か保管する時はいつもこの袋を利用するのだ。一緒に、手紙も入っている。緊張《きんちょう》しながらファスナーを開けると、ふわりと安西家の匂《にお》いがして、なぜだか胸が苦しくなった。中に入っていたのは、小さな小さな産着《うぶぎ》だった。

　私は、パソコンからプリントアウトしたらしい、一枚の手紙を読み始めた。

「まりあさん、お元気ですか?

　妊娠《にんしん》のこと、私どもにまでお知らせいただき、ありがとうございました。

　主人と相談し、この産着を今回、あなたにお戻しすることに決めました。

　これは、あなたが最初に保護された時、着せられていたものだそうです。

　お母様の匂いが染みついていたのかしら? 私も直接聞いたわけではありませんが、乳児院の方の話によると、あなたは、この産着に包まれている時は、泣きやんだのだそうですよ。体が大きくなってからも、あなたはこれを手放そうとせず、眠りに入る時はいつもこの布の

「ごめんなさい……」

私は、ようやく一言だけつぶやいた。

「マリリンが謝ることないじゃない」

事情を知らないパクチー嬢が、泣きじゃくる私の背中をゆっくりとさすってくれる。けれど、慰《なぐさ》めの言葉をかけられればかけられるほど、ますます罪悪感が押し寄せた。

（中略）

夕方、どうしようもない気持ちを抱《かか》えて診察室《しんさつしつ》に行った。（中略）

「どうした？」

すっかり疲れ切った表情で、先生はメガネ越《ご》しに私を見る。何も言えず、ただその場に突っ立っていると、（中略）

「何かあったのなら、話してごらん」

泣き笑いの表情で、私をうながした。体中をロープでしばられているような重たい気持ちを自ら解放したくて、私は一昨日のことを先生に話した。

「私が悪いんです。長老がとったタコを食べたいなんて言ったから。だから長老は、無理してそんな危険なところまで行ってしまったのかもしれない。私のせいで……」

私が、間接的に長老を海に突き落としたのだ。

先生は、一瞬《いっしゅん》くしゃっと表情を崩《くず》した。④泣きそうになるのを必死にこらえ、再びにっこり笑おうとする。震《ふる》える唇《くちびる》を無理に動かし、話し始めた。（中略）

「長老、まりあちゃんのこと、すっごく褒《ほ》めてたんだよ。いい子だいい子だ、って。どんな小さなことにでも、ありがとうって言ってくれる、って。一人でもちゃんと子供を産もうとしていて、偉《えら》いって。もし自分がまりあちゃんの立場だったら、絶対に一人で産んで育てようなんて思えないって。勇気があって、強い子だって、よく言ってたの」

いつになく、穏《おだ》やかな声で話してくれる。そのまま黙って先生の言葉に耳を傾《かたむ》けた。あれだけ泣いたのに、長老のことを思い出すと、また涙が込み上げてしまう。

（中略）

「長年こういう仕事をしていると、ふと感じることがあってね。⑤神様みたいなでーっかい目ん玉で見たら、生まれることも死ぬことも、そんなに変わらないんじゃないのかなーって。生まれる現場と亡くなる現場って、不思議なんだけど空気のトーンが一緒なのよ。厳《おごそ》かっていうか、神聖っていうか。とにかく人間の手にはどうしたって及《およ》ばない神様の領域って気がするよ。サバサバしているようだけど、死ぬ時は死ぬに長く感じられた。

先生が戻《もど》ってきたのは夕方だった。私とパクチー嬢とサミーは、同時に立ち上がって玄関へと向かう。エミリーは家で待機すると言い、一度島民アパートに戻っている。

どうでしたか？　長老、助かったんですよね？

先生が戻ったら真っ先にたずねようと思っていたのに、②怖《こわ》くて誰《だれ》も聞くことができない。（中略）でも、まさか、長老に限って……。

「漁師仲間が見つけた時には、もう息をしてなかったんだって」

先生は肩を落としてそうつぶやくと、

「ちょっと疲《つか》れたから休んでくる」

背中を丸め、とぼとぼとツリーハウスの方へ向かう。数秒後、

「なんでだよっ！」

③サミーが、いきなり叫《さけ》んで壁《かべ》を思いっきり蹴飛《けと》ばした。それでも気持ちが収まらないのか、今度は柱を拳《こぶし》で殴《なぐ》る。

「昨日まで、ちゃんと生きてたくせに！」

私だって、それは全く同じ気持ちだった。イザリ漁に行ったのは、夢なんかじゃない。ちゃんと、現実なのだ。

私とパクチー嬢は、肩を抱《だ》き合《あ》い、お互《たが》いを支えるようにして泣いた。二人とも、A滝《たき》のように涙《なみだ》がこぼれて、いつまでたっても止まらない。

（中略）

今すぐ長老に会いたい。そして、あの笑顔を見たい。

体中の血液が、すべて涙になって体の外に出ていってしまったようだった。その夜は泣きすぎて、少しも眠《ねむ》れなかった。隣《となり》の布団で横になっているパクチー嬢も、一晩中寝返《ねがえ》りを打っていた。パクチー嬢は助産院で働いている期間が長いから、私やサミーよりももっとたくさんの思い出があるに違《ちが》いない。

翌朝、先生が腫《は》れぼったい顔であらわれ、事情を説明してくれた。

長老は、リーフの先端部分《せんたんぶぶん》まで歩いていき、そこで足元のリーフが割れてしまい、海に落下してしまったらしい。ベテランの漁師でも、そんな危ない場所に一人では行かないそうだ。

「長老、自分の親父さんも海で亡くしているから、人一倍海の怖さを知っていたのよ。だからいつもはすごく慎重《しんちょう》なのに。どうして、そんな危険を冒《おか》してまで行っちゃったかね」

先生は不思議そうな表情を浮《う》かべていた。ふと、私の中にあるB予感が突《つ》き上《あ》げてきた。そうだと気づいたとたん、全身の血が引いていく。立っているのも苦しくなり、その場にぺたんと座《すわ》り込《こ》んでしまった。涙がこぼれるのを止められない。

## 二　次の文章を読んで、あとの問いに答えなさい。

登場人物

私……小野寺まりあ（マリリン）　生まれてすぐに教会の前に捨てられていたが、小学校四年生の時に、海の事故で実の娘《むすめ》を亡くした安西夫妻に養女として迎《むか》えられる。しかし夫妻との関係がうまく結べず、家出同然のように安西家を去る。その後結婚《けっこん》するが、黙《だま》って家を出て行った夫を捜《さが》すために、彼《かれ》との思い出の島を訪れ、「つるかめ助産院」の「先生」と偶然《ぐうぜん》出会う。「先生」から赤ちゃんが出来ていることを教えられ、そこを手伝いながら子供を産もうとしている。

先生……長く勤めていた都会の産婦人科の病院を辞め、旅で訪れた島で「つるかめ助産院」を立ち上げた女性。

エミリー（あだ名）……「つるかめ助産院」を手伝っているベテランの助産師。

サミーとパクチー嬢《じょう》（どちらもあだ名）……二人とも「つるかめ助産院」で働いている。パクチー嬢はベトナムから来ている。

「長老がー、長老がー」

先ほど帰ったはずの男性が、そこまで言って玄関《げんかん》から地下足袋《じかたび》のまま入ってくると、

「海で溺《おぼ》れたって……」

それだけ口にして、苦しそうに呼吸を整えている。

「今どこにいるの！」

Ⅰ先生ははじけるように母屋《おもや》を飛び出し、呼びに来た男性と共にそのまま走って出ていった。

確かに、今日のランチパーティーを楽しみにしていたはずなのに、言われてみれば、長老の姿を見かけていない。けれど、台所の方が忙《いそが》しくて、気にとめていなかった。昨日の夜のイザリ漁で一緒《いっしょ》だったのに。あの長老が、海で溺れるなんて……。事情がわからないだけに、どうすることもできない。

（中略）

Ⅱただならぬ空気を察したのか、最後まで残っていた数人の泥酔客《でいすいきゃく》も、みんないつの間にか引き上げていた。エミリーが、台所にいる火の神様に手を合わせたので、私とパクチー嬢も二人並んで同じようにする。パクチー嬢が、ベトナム語で何かお祈《いの》りのような言葉をささやいていた。

①「長老さんは島一番の海の人なんだから、大丈夫《だいじょうぶ》、大丈夫」

エミリーがそう言いながら、私達の肩《かた》を軽く叩《たた》く。本当はみんな不安で、押《お》し潰《つぶ》されそうなのだ。（中略）一秒一秒が、まるで永遠のよう

ウ　身近な機器を利用してさまざまな情報が得られるために、だれもが平等に課題に取り組めるから。
エ　広い分野の情報が得られ、他の人との情報交換《じょうほうこうかん》も可能なので、独自のレポートが作成できるから。

**問八**　【文章Ⅰ】と【文章Ⅱ】の内容の説明として**適当でない**ものを次から一つ選び、記号で答えなさい。
ア　【文章Ⅰ】では、情報を得るまでの苦労や情報の背後にある努力を感じ取ることで、自分も一生をかけて研究に取り組みたいと思う人が育つことを期待している。
イ　【文章Ⅱ】では、ウェブでの学習に対する批判を認識しつつも、プラス面をいかしつつ上手に活用していくことを提案している。
ウ　【文章Ⅰ】ではネット環境では欲しいものだけが手に入り、「寄り道」は起こり得ないだろうと述べているが、【文章Ⅱ】ではネット環境でも「寄り道」はできると述べている。
エ　インターネットを利用した調べ学習について、【文章Ⅰ】ではインターネットが世間に広まったスピードを否定しているが、【文章Ⅱ】ではこれからの時代に必要な方法だと高く評価している。

**問九**　次に示すのは、【文章Ⅰ】と【文章Ⅱ】を読んだ生徒が話している場面である。生徒Ｄになったつもりで、（　）にあてはまるあなたの経験を具体的に書きなさい。

**生徒Ａ**　文章Ⅰではネット環境では「寄り道」なんてないと書いてあったけど、ぼくはネットで調べたついでについゲームをしちゃうんだよね。
**生徒Ｂ**　調べものをしていてゲームで遊んじゃうのって、「寄り道」とはちがうんじゃないの？
**生徒Ｃ**　そうね。たとえば私は、この前、課題図書を買おうと思って本屋に行ったんだけれど、「ざんねんな生き物事典」っていう本を見たとき、「ざんねん」っていう言葉が面白くて買っちゃったの。生き物には興味ないと思っていたのに、読んでみたら、夢中になっちゃった。こういうことって、「寄り道」だと思うわ。
**生徒Ａ**　あっ、そういうことか。だったらぼくは、勉強ではないけど、サッカーのドリブルがうまくなりたくて動画を見ていたら、足の動きが気になって、人間の筋肉のしくみに興味を持つようになったんだよね。「寄り道」は世界が広がるね。
**生徒Ｂ**　「寄り道」って、勉強だけじゃなくてもいいのか。勉強でもスポーツでもほかの分野でも、自分が何かこんな「寄り道」をして、こんなふうに良かったと思える経験、あるかなあ。
**生徒Ｄ**　う～ん、そういえば、（　　　　）
**生徒Ｂ**　そうだね。それも「寄り道」だ。

ア　言葉の背後にひそむ深い思いを想像するあまり、表現する言葉を選べなくなっていると人々が思い込んでいること。

イ　複雑な内容や細かい心情が表現できないのは、順を追って考えていないからだと人々が勘違《かんちが》いしていること。

ウ　実際には時間をかけて努力しないと進歩はないのに、学び始めはすぐに上達すると人々が期待しがちであること。

エ　本当は言葉で表現しようとする中身が充実《じゅうじつ》していないのに、表に出る言葉だけに人々がこだわりがちであること。

**問三**　＝＝線「漠然《ばくぜん》と」とありますが、この言葉は、次の①～④のどこにかかっていますか。最も適当なものを次から選び、番号で答えなさい。

我々は　④漠然と　深遠なことを　①考えているように　②勘違《かんちが》いしているが、実はほとんど何も　③考えていないことのほうが　多いのである。

**問四**　――線部③「私自身がそうなのである」とありますが、「そうなのである」の部分をわかりやすく言いかえている二十三字の部分を**これよりあとの**[2]の部分から探し、最初と最後の五字をぬき出しなさい。

**問五**　――線部④「それでいいのかとも思う」とありますが、筆者は、インターネットの普及《ふきゅう》にともなって、どのような問題が生じることを心配しているのですか。その問題点を二つ、「……によって……こと」という形になるように、三十字以上四十字以内でそれぞれ答えなさい。

**問六**　（　Ｘ　）にあてはまる慣用表現として最も適当なものを次から選び、記号で答えなさい。

ア　千里の道も一歩から

イ　犬も歩けば棒に当たる

ウ　かわいい子には旅をさせよ

エ　急がば回れ

**問七**　【文章Ⅱ】の～～部「手軽になったことが全面的に悪いとは思いません」とありますが、筆者がそのように考えるのはなぜですか。その理由として最も適当なものを次から選び、記号で答えなさい。

ア　節約できた時間で、調べる内容や方向性などについて議論したり考えたりすることができるから。

イ　ウェブで調べることによって、大量の価値ある情報を、苦労せずに探し当てることができるから。

寄り道で自分の知識や世界を広げながら、必要なときには検索エンジンで一直線に目的の情報にたどり着く、これがウェブとつきあっていくための最大のコツかもしれません。

（大向一輝《おおむかいいっき》『ウェブがわかる本』より）

（注）【文章Ⅰ】
＊結社誌《けっしゃし》……短歌を発表する雑誌。
＊喝破《かっぱ》……大声でしかりつける。
＊漠然《ばくぜん》と……ぼんやりとはっきりしないさま。
＊深遠……奥深《おくぶか》いさま。
＊可視化《かしか》……見えるようにすること。
＊（辞書を）繰《く》る……（辞書を）ページをめくって調べる。
＊不寛容《ふかんよう》……心がせまく、受けいれないさま。
＊証左《しょうさ》……事実を明らかにする証拠。
＊アウトライン……だいたいの内容。
＊危惧《きぐ》……うまくいかないのではとおそれること。
＊営々とした……休まず自分の仕事にはげむさま。
＊恩恵《おんけい》を蒙《こうむ》る……ありがたい影響《えいきょう》を得る。

【文章Ⅱ】
＊直截性《ちょくせつせい》……まわりくどくなく、ずばりというさま。
＊ウェブ……ワールド・ワイド・ウェブ。インターネットの上で情報を公開したり、公開された情報を読んだりするためのしくみ。

※問題作成の都合上、原文の表記を一部改めたり、文章の一部を省略したりしたところがあります。

**問一** ――線部①「なんとも爽快《そうかい》な、いかにも文明さんらしいひと言である」とありますが、筆者はなぜそのように感じたのですか。その理由として最も適当なものを次から選び、記号で答えなさい。

**ア** 文明さんがいかにも上下関係を重んじる人間らしく、入門者を力強くしかっていて、すっきりしたから。
**イ** 文明さんがいかにも大物歌人らしく、筆者自身が日頃《ひごろ》考えていることを的確に言い得ていて、さすがだと思ったから。
**ウ** 文明さんがいかにも歌の実力者らしく、人にこびない堂々とした意見を述べていて、おそれいったから。
**エ** 文明さんがいかにも厳しい指導者らしく、初心者へのはげましの思いを込《こ》めていて、ありがたかったから。

**問二** ――線部②「それは錯覚《さっかく》である」とありますが、筆者は、どのようなことを「錯覚」だととらえているのですか。その説明として最も適当なものを次から選び、記号で答えなさい。

れて、思わず買ってしまったなどという経験は、多くの人にあったはずだ。

この（　X　）式の、偶然《ぐうぜん》の出会いという形での「知」への遭遇《そうぐう》は、ネット環境下では、まず起こり得ないものだろう。一直線に、いま求めている情報へと私たちを導いてくれる。アマゾンで本を注文すれば、欲しい本だけが見える仕組みになっている。意識の外側にあって、普《ふ》段《だん》は現れてこないのだけれども、背表紙を見ていて不意に自分の別の興味に火がつくといった形での、「知」へのアクセスの仕方、実は読書や調べものの楽しみは、こんな思わず入った横道での出会いにこそあるのかもしれないと、私は思っている。

「待つ」という時間にたえられないで為《な》す知識や情報へのアクセスは、効率的ではあろうが、幅《はば》ということからはきわめて限定的と言わざるをえない。読書の豊かさといったものは、そんな寄り道にこそあるのだから。

（永《なが》田《た》和宏《かずひろ》『知の体力』より）

【文章Ⅱ】

*ウェブによって、調べるということ自体がものすごく手軽になりました。また、それによって得られる情報の量も膨大《ぼうだい》です。そのことを批判する人がいないわけではありません。苦労して得た情報でなければその価値を判断しにくいし、身につきにくいというのも確かです。ただ、ぼくは手軽になったことが全面的に悪いとは思いません。

これまでは、情報そのものを見つけるのがとてもむずかしいことだったので、レポート課題でもそれを探し当てる能力が問われてきました。しかし、ウェブが普及したいまは違います。情報を見つけるための道具は、すべての人に与《あた》えられています。そこで必要とされるのは、同じ道具を使っていかに深い議論をし、ほかの人とは異なる結論を導けるかどうかという能力です。

（中略）

ウェブによって、調べものをするための時間は劇的に短くなりました。そのぶん、何を調べるべきか、調べたものをどう組みあわせるかを考えるために時間を使ってください。いまのところ、ウェブには、自分で何かを考える機能はありません。人間の仕事は、考えることにあるのです。

ウェブの世界はどこまでもつづいています。レポートのためにヴェネツィアのことを調べていたはずが、ガラス工芸の話になっていたり、ヨーロッパの戦乱の歴史から偉人伝《いじんでん》のページをよみふけってしまうなど、いちど寄り道をはじめると戻《もど》ってこられなくなる経験は誰にもあることだと思います。

いつも寄り道をしていたのでは時間が足りませんが、たまには寄り道をしながら見聞を広めるのも楽しいものです。どれだけウェブが進歩しても、自分が知ろうと思わなかったことや新しいものの見方を知ることは、寄り道の途中《とちゅう》で偶然にぶつかるしかありません。

停まっているのではないかと思うほどである。あの長距離《ちょうきょり》を走る新幹線でも、多い時間帯は10分と間隔が空いていない。私たちは、そんな待ち時間に慣れてきてしまった。

かつては、バス停で10分や15分待つのは普通《ふつう》のことであったが、この頃《ごろ》の京都の市バスなどは、次のバスがどこまで来ているかを表示してくれる。ありがたいことだが、乗客が待つという時間に対して、たえる力が減退しているということの*証左《しょうさ》とも言えよう。

待つというストレスから解放され、便利になったのだから文句を言う筋合いはないのだが、ちょっと待てよと思わなくもない。それは情報を得るスピードに関してである。近年、私たちのまわりで、もっとも大きく変わったのがインターネットの普及《ふきゅう》であることはまちがいないだろう。インターネット環境《かんきょう》が激変し、コンピュータからだけでなく、スマホからも簡単にアクセスでき、私たちは、どこにいてもインターネットにつながっている。

インターネットの普及によって、必要な情報が、とにかくすぐ手にはいるようになった。ある一つの言葉を調べるために、分厚い辞書を本棚《ほんだな》から持ちだしてきて、そのページをめくるというような面倒《めんどう》な手続きを経ることなく、目的とする単語にネットはすぐさま接続してくれる。ある事件を調べるために、図書館に行って、関係資料を持ちだすという手間をかけなくとも、ネットの情報で*アウトラインをつかむことは、ほとんどの場合可能になっている。

3 いまや情報や知識を得るために必要な時間と手間は、ネット普及前に較《くら》べて、比較《ひかく》にならないほどに少なくなっている。まことに手軽になり、高い辞書を買うことも、図書館まで調べに行くことも、ほとんど必要ないまでに手軽になってしまった。

これを駄目《だめ》だと言う自信は、私にはない。ないが、④それでいいのかとも思う。

私が*危惧《きぐ》を感じるのは、まず第一に、「知」があまりにも手軽に手に入るという状況《じょうきょう》は、これからの私たちの「知」へのリスペクト（尊敬）の念に、大きな変更《へんこう》を迫《せま》ることになるだろうということである。諸橋轍次《もろはしてつじ》の『大漢和辞典』を引くとき、新村出《しんむらいづる》の『広辞苑《こうじえん》』を引くとき、その行間に、私たちははっきりとは意識しないまでも、これを*営々とした努力の末に完成させた人（あるいは人々）の存在を、かすかに感じているはずである。その*恩恵《おんけい》を蒙《こうむ》っているという意識は、それが必ずしも感謝にはつながらないまでもどこかで感じているだろう。

あっけなく情報が入ってくるネットでは、そして誰がそれを書いたのかがはっきりしないような説明文からは、そのような「知への尊敬」の念はほとんど湧《わ》いてこないというのが実感である。「知」というものがなんとなく入ってくるという前提からは、「知」の開拓《かいたく》のために自らの人生を賭《か》けてみようなどという若者が生れるとは考えにくい。

4 いま一つの問題と私が考えるのは、「知」へのアクセスの*直截性《ちょくせつせい》である。グーグルにせよ、ヤフーにせよ、検索《けんさく》エンジンはまことに見事に、知りたいと思う情報に私たちを直接導いてくれる。時間の無駄《むだ》もなく、まことに効率的である。

しかし、この「知」への着地の仕方には、実はなんのおもしろみもないと、私などは思うのである。本が欲しい。本屋へ行って、なかなか見つからない一冊の本を探す。図書館でも同じであろう。そんなとき、探しているのとは違《ちが》うものだが、背表紙を見ていてとても興味を引か

# 二〇二一年度 森村学園中等部

【国語】〈第一回試験〉(五〇分)〈満点：一〇〇点〉

(注意) 記述で答える問題は、特に指定のない場合、句読点《くとうてん》や符号《ふごう》は一字として数えるものとします。

## 一 次の【文章Ⅰ】と【文章Ⅱ】を読んで、あとの問いに答えなさい。

【文章Ⅰ】

1 土屋文明さんという歌人がいた。「アララギ」という明治以来の*結社誌《けっしゃし》を率いた最後の大物歌人と言ってもいいかもしれない。歌を始めたばかりの人たちが一様に口にするのは、「私は思っていることが、どうもうまく言葉にできません」ということである。文明さんはこれを聞いて、「それはうまく歌にできないのではなくて、自分が何も考えていないから歌にならないんだ」と*喝破《かっぱ》した。①なんとも爽快《そうかい》な、いかにも文明さんらしいひと言である。

私たちはほんらい自分のなかで考えたり、感じたり、思ったりしたことの何分の一も表現できていないと感じやすいものだ。ほんとうはもっと深い思いがあるはずなのだけれど、技術が未熟なせいでそれが歌として、言葉としてまとまらないと考えがちである。しかし、②それは錯覚《さっかく》であることが多い。我々は*漠然《ばくぜん》と*深遠なことを考えているように勘違《かんちが》いしているが、実はほとんど何も考えていないことのほうが多いのである。

それは、自分の思考を言葉に移《うつ》し替え、*可視化《かしか》しようとしたときに端的《たんてき》にあらわれる。どの言葉が実際に自分の考えていることにもっとも近いかなどと考えながら、言葉を選択《せんたく》していく。同じような意味を表わす言葉であっても、そのニュアンスまで考え始めると、自分のもっている言葉のレパートリーの範囲《はんい》内で納まらないことも多く、他に適当な言葉がないかなどと辞書を*繰《く》ったりもしなければならなくなる。

そんな言葉探しの過程で、自分が考えていたと思っていたことが、どんどん形を変え、希薄《きはく》になり、ぼやけていってしまうということをしばしば経験することにもなるだろう。自分が漠然と「考えていた」と思っていたものが、いかにあいまいなものであったか、いかに底の浅いものであったか、それは思いを言葉に置き換《か》えるプロセスでのみ、明らかになってくるものだ。土屋文明さんの言うとおりである。

2 現代においては「待つ」という時間に対して、誰《だれ》もが*不寛容《ふかんよう》になっていると思われてならない。そう言う③私自身がそうなのである。

東京の山手線はすごいと思う。ほとんど5分と間隔《かんかく》をあけずに、次の電車がやってくる。朝のラッシュ時など、どの駅にも1台ずつ電車が

## 2021年度
# 森村学園中等部　▶解説と解答

## 算　数　＜第１回試験＞（50分）＜満点：100点＞

### 解　答

[1] (1)　21　(2)　13230　(3)　3　[2] (1)　９個　(2)　967　(3)　26ｇ　(4)　分速100m　(5)　７人　[3] (1)　**５段目**…25cm$^3$，**10段目**…100cm$^3$　(2)　24段目　(3)　258cm$^2$　[4] (1)　360　(2)　**イ**…４，**ウ**…3.44，**エ**…6.88　(3)　**式**…（例）（１辺の長さ）×（１辺の長さ）×0.86÷２×６／**オ**…２，**カ**…10.32　[5] (1)　15.14cm$^2$　(2)　47.14cm$^2$　(3)　42.84cm$^2$　[6] (1)　**ジェット船**…時速40km，**海流**…時速４km　(2)　12時50分　(3)　８時57分30秒

### 解　説

**[1] 四則計算，計算のくふう**

(1)　19＋{18－７×（６－４）}÷２＝19＋(18－７×２)÷２＝19＋(18－14)÷２＝19＋４÷２＝19＋２＝21

(2)　21×21＋42×42＋63×63＋84×84＝21×21＋(21×２)×(21×２)＋(21×３)×(21×３)＋(21×４)×(21×４)＝21×21＋21×21×２×２＋21×21×３×３＋21×21×４×４＝21×21×１＋21×21×４＋21×21×９＋21×21×16＝21×21×（１＋４＋９＋16）＝21×21×30＝441×30＝13230

(3)　$1.5\div\frac{6}{13}-\left\{12\times\left(\frac{1}{3}-0.3\right)-0.15\right\}=\frac{3}{2}\times\frac{13}{6}-\left(12\times\frac{1}{3}-12\times0.3-0.15\right)=\frac{13}{4}-(4-3.6-0.15)=\frac{13}{4}-0.25=\frac{13}{4}-\frac{1}{4}=\frac{12}{4}=3$

**[2] 場合の数，整数の性質，濃度《のうど》，旅人算，和差算，集まり**

(1)　３けたの整数の百の位は１か２となる。百の位が１の場合，右の図１の㋐のように３個でき，百の位が２の場合，図１の㋑のように６個できる。よって，全部で，３＋６＝９(個)できる。

図１

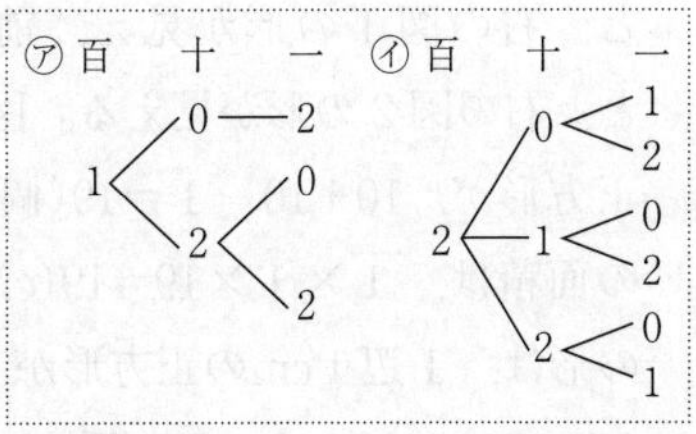


(2)　12と15の最小公倍数は60だから，12で割っても15で割っても７余る数は，７，７＋60＝67，67＋60＝127，…のように，７に60を足していった数となる。よって，このような整数のうち３けたで最も大きいものは，(1000－７)÷60＝993÷60＝16余り33より，７＋60×16＝967とわかる。

(3)　10％の食塩水120ｇに含《ふく》まれる食塩の重さは，120×0.1＝12(ｇ)で，これは水を蒸発させた後も変わらないから，食塩を６ｇ加えると，食塩水に含まれる食塩の重さは，12＋６＝18(ｇ)になる。このときの食塩水の重さを□ｇとすると，濃度は18％だから，□×0.18＝18(ｇ)と表せる。したがって，□＝18÷0.18＝100(ｇ)だから，食塩を加える前(水を蒸発させた後)の食塩水の重さは，100－６＝94(ｇ)とわかる。よって，蒸発させた水の重さは，120－94＝26(ｇ)と求められる。

⑷　兄弟が同じ方向に進むとき，40分で兄は弟よりも池１周分，つまり，1600m多く進むから，１分間に兄は弟よりも，1600÷40＝40(m)多く進む。また，反対方向に進むとき，10分で２人合わせて池１周分の道のりを進むから，１分間に２人合わせて，1600÷10＝160(m)進む。したがって，兄は弟よりも分速40mだけ速く，兄と弟の速さの和は分速160mだから，右上の図２のように表せる。よって，兄の速さは分速，(160＋40)÷２＝100(m)と求められる。

図２

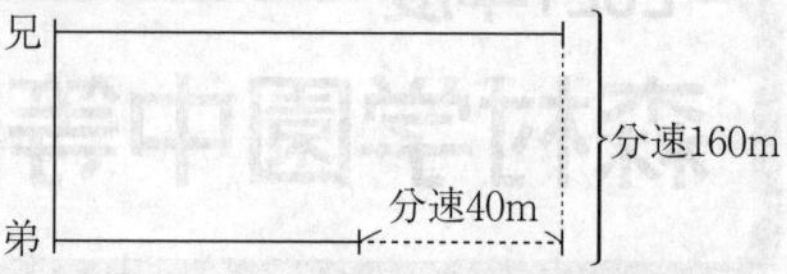


⑸　右の図３で，国語だけ合格した７人と，国語も算数も合格した13人の合計は，７＋13＝20(人)で，これが国語の合格者数となる。また，国語と算数の合格者数の比は４：５だから，算数の合格者数は，$20\times\frac{5}{4}$＝25(人)とわかる。これは，国語も算数も合格した13人と，算数だけ合格した人数(図３のアの人数)の合計にあたるから，算数だけ合格した人数は，25－13＝12(人)となる。さらに，国語も算数も合格した13人はクラス全体の$\frac{1}{3}$だから，クラス全体の人数は，$13\div\frac{1}{3}$＝39(人)である。したがって，国語も算数も不合格だった生徒(図３のイの人数)は，39－(13＋７＋12)＝７(人)と求められる。

図３

| | | 算数 | |
|---|---|---|---|
| | | 合格 | 不合格 |
| 国語 | 合格 | 13人 | ７人 |
| | 不合格 | ア | イ |

## 3　図形と規則

⑴　使う立方体の個数は，１段目まで作ると，１＝１×１(個)，２段目まで作ると，１＋３＝４＝２×２(個)，３段目まで作ると，１＋３＋５＝９＝３×３(個)，４段目まで作ると，１＋３＋５＋７＝16＝４×４(個)，…のようになるから，$N$段目まで作ると，($N\times N$)個になる。よって，５段目まで作ると，５×５＝25(個)，10段目まで作ると，10×10＝100(個)になり，立方体１個の体積は，１×１×１＝１($cm^3$)だから，それぞれの体積は，５段目までのときが25$cm^3$，10段目までのときが100$cm^3$とわかる。

⑵　立体の体積が576$cm^3$になるのは，立方体を576個使ったときだから，576＝24×24より，24段目まで作ったときとわかる。

⑶　10段目まで作ったときの立体を，上，下から見ると，右の図１の形が見え，前，後，左，右から見ると，右の図２の形が見える。図１の形は，１辺１cmの正方形が，10＋10－１＝19(個)でできているから，その面積は，１×１×19＝19($cm^2$)である。また，図２の形は，１辺１cmの正方形が，１＋２＋３＋…＋10＝(１＋10)×10÷２＝55(個)でできているから，その面積は，１×１×55＝55($cm^2$)である。よって，10段目まで作ったときの立体の表面積は，19×２＋55×４＝38＋220＝258($cm^2$)と求められる。

図１

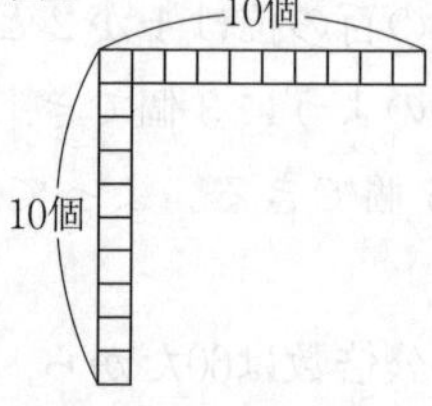


図２

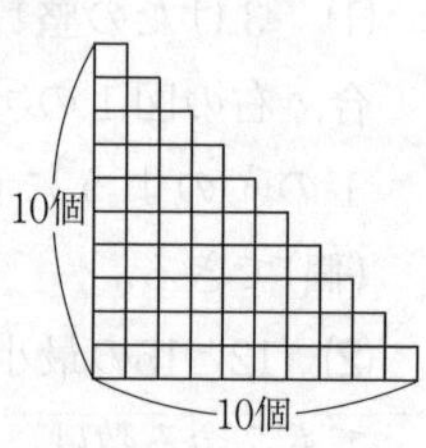


## 4　平面図形―構成，長さ，面積

⑴　頂点を合わせたときに角の和が１回転の角，つまり，360度にならないと，右の図１のように隙間《すきま》ができてしまう。よって，頂点を合わせたときの角の和は360度になる必要がある。

図１

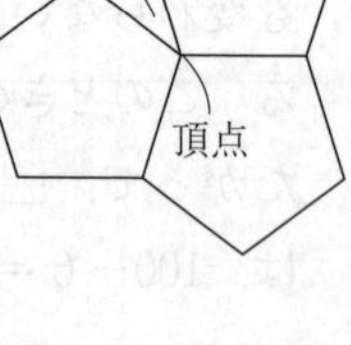


⑵　周の長さが12cmの正三角形の１辺の長さは，12÷３＝４(cm)(…イ)で

ある。また，正三角形の高さは１辺の長さの0.86倍だから，この正三角形の高さは，４×0.86＝3.44(cm)(…ウ)となる。よって，面積は，４×3.44÷２＝6.88(cm$^2$)(…エ)と求められる。

⑶　右の図２のように，正六角形の対角線を３本引くと，合同な正三角形６個に分割できる。ここで，正六角形の１辺の長さを□cmとすると，正三角形の１辺の長さも□cmとなり，正三角形の高さは(□×0.86)cmと表せる。よって，正三角形１個の面積は，□×(□×0.86)÷２(cm$^2$)となり，正六角形の面積はこの６倍だから，□×□×0.86÷２×６(cm$^2$)と表せる。つまり，正六角形の面積を求める式は，(１辺の長さ)×(１辺の長さ)×0.86÷２×６となる。また，周の長さが12cmの正六角形の１辺の長さは，12÷６＝２(cm)(…オ)だから，その面積は，２×２×0.86÷２×６＝1.72×６＝10.32(cm$^2$)(…カ)と求められる。

図２
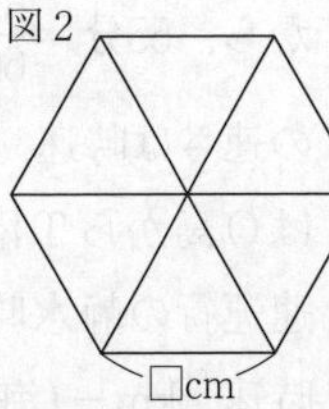


## 5　平面図形―図形の移動，面積

⑴　下の図１で，円の半径は１cm，直径は，１×２＝２(cm)なので，斜線《しゃせん》部分は，半径１cmの半円２個と，縦が２cm，横が，８－１×２＝６(cm)の長方形に分けられる。半円２個は合わせると半径１cmの円になるから，斜線部分の面積は，１×１×3.14＋２×６＝3.14＋12＝15.14(cm$^2$)と求められる。

⑵　円が通過した部分は下の図２の斜線部分となり，この部分の面積は１辺８cmの正方形の面積から，真ん中の正方形の面積と，太線で囲んだ四すみの部分の面積をひくと求められる。まず，１辺８cmの正方形の面積は，８×８＝64(cm$^2$)で，真ん中の正方形の１辺の長さは，８－２×２＝４(cm)だから，その面積は，４×４＝16(cm$^2$)である。また，四すみの部分は合わせると，１辺が２cmの正方形から半径１cmの円を取り除いた形になるから，四すみの部分の面積の和は，２×２－１×１×3.14＝４－3.14＝0.86(cm$^2$)とわかる。よって，斜線部分の面積は，64－16－0.86＝47.14(cm$^2$)と求められる。

⑶　下の図３で，円を１周転がすとき，頂点Ｐ，Ｑ，Ｒ，Ｓのところでは90度回転し，それ以外のところでは辺に沿って転がるから，円が通過した部分は図３の斜線部分となる。この面積は，１辺８cmの正方形の面積から，１辺２cmの正方形４個の面積と，真ん中の㋐の部分の面積，さらに太線で囲んだ８か所のすみの面積をひくと求められる。まず，㋐の部分の面積は，正方形PQRSの面積から半径２cm，中心角90度のおうぎ形４個の面積をひいたものになる。正方形PQRSの１辺の長さは４cmで，おうぎ形４個を合わせると，半径２cmの円になるから，㋐の部分の面積は，４×４－２×２×3.14＝16－12.56＝3.44(cm$^2$)となる。また，太線で囲んだ８か所は，いずれも図２の太線で囲んだ図形と同じ図形なので，８か所の面積の和は，図２の四すみの面積の和の，８÷４＝２(倍)となり，0.86×２＝1.72(cm$^2$)とわかる。よって，斜線部分の面積は，64－２×２×４－3.44－1.72＝64－16－3.44－1.72＝42.84(cm$^2$)と求められる。

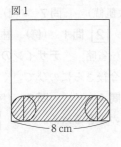

図１
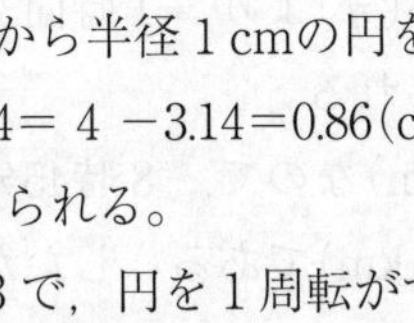

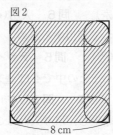


図２
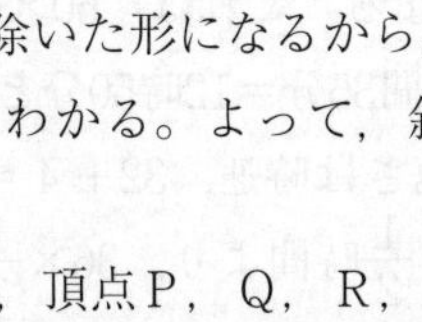


図３
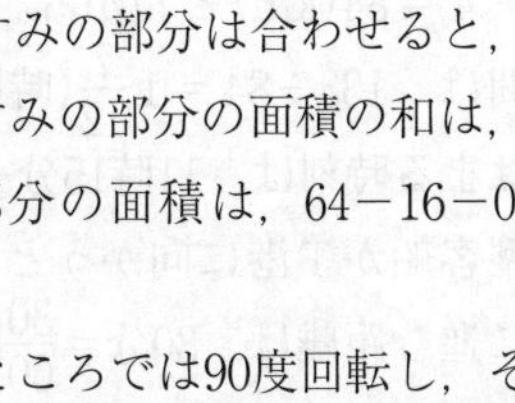

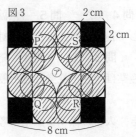

## 6 グラフ―流水算

図１

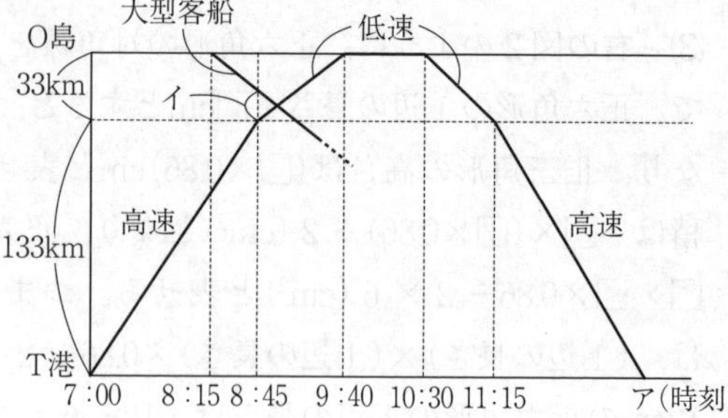


(1)　右の図１で，低速運行でO島に向かうとき，９時40分－８時45分＝55分間で33km進むから，55分＝$\frac{55}{60}$時間＝$\frac{11}{12}$時間より，このときの速さは時速，33÷$\frac{11}{12}$＝36(km)である。海流はO島からT港に向けて流れているから，低速運行の静水時の速さを時速□kmとすると，時速□km－(海流の速さ)＝時速36kmとなる。また，低速運行でT港に向かうとき，11時15分－10時30分＝45分間で33km進むから，45分＝$\frac{45}{60}$時間＝$\frac{3}{4}$時間より，このときの速さは時速，33÷$\frac{3}{4}$＝44(km)となる。したがって，時速□km＋(海流の速さ)＝時速44kmだから，右の図２のように表せる。よって，□×２＝36＋44＝80より，低速運行の静水時の速さは時速，80÷２＝40(km)，海流の速さは時速，44－40＝４(km)と求められる。

図２

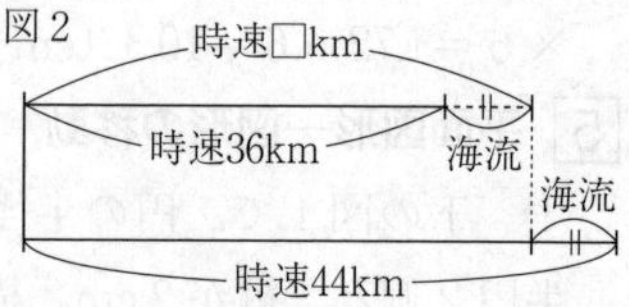


(2)　高速運行でO島に向かうとき，８時45分－７時＝１時間45分で133km進むから，１時間45分＝$1\frac{45}{60}$時間＝$1\frac{3}{4}$時間より，このときの速さは時速，133÷$1\frac{3}{4}$＝76(km)となる。したがって，高速運行の静水時の速さは時速，76＋４＝80(km)だから，高速運行でT港に向かうときの速さは時速，80＋４＝84(km)とわかる。したがって，高速運行でT港に向かうとき，133kmを進むのにかかる時間は，133÷84＝$1\frac{7}{12}$(時間)となる。これは，60×$\frac{7}{12}$＝35(分)より，１時間35分だから，アに当てはまる時刻は，11時15分＋１時間35分＝12時50分と求められる。

(3)　大型客船がT港に向かうときの速さは時速，32＋４＝36(km)なので，８時45分－８時15分＝30分間に進む距離は，30分＝$\frac{30}{60}$時間＝$\frac{1}{2}$時間より，36×$\frac{1}{2}$＝18(km)である。したがって，８時45分のジェット船と大型客船との間の距離《きょり》(図１のイの距離)は，33－18＝15(km)となる。この後，ジェット船と大型客船は１時間に，36＋36＝72(km)の割合で近づくので，すれ違《ちが》うのは，８時45分から，15÷72＝$\frac{5}{24}$(時間)後となる。これは，60×$\frac{5}{24}$＝$12\frac{1}{2}$(分)，60×$\frac{1}{2}$＝30(秒)より，12分30秒後だから，すれ違う時刻は，８時45分＋12分30秒＝８時57分30秒と求められる。

# 社　会　＜第１回試験＞(40分)＜満点：75点＞

**解　答**

**1**　**問１**　①　キ　②　オ　③　セ　④　ク　⑤　コ　**問２**　エ　**問３**　光明(皇后)　**問４**　ウ　**問５**　禅(臨済)(宗)　**問６**　天明(の大飢饉)　**問７**　(例)　米は税や年貢として提出させ，麦を飢饉対策として利用するため。　**2**　**問１**　(例)　林(業)　**問２**　ア　**問３**　桑　**問４**　発電所(等)　**問５**　**デザイン**…省略　**デザインの説明**…(例)　第３次産業は現在，就業者数が最も多く，その中でもIT産業は今後さらにのびていくと期待されるから。　**3**　**問１**　ウ　**問２**　主権　**問３**　ア　**問４**　イ　**問５**　(例)　誰もが発言でき，人々の様々な意見や考えを尊重し，取り入れることのできる政治。　**4**　**問１**

(例)　エ／(他はすべて)カルデラ湖である。　**問２**　(例)　ア／(他はすべて)内閣総理大臣経験者である。　5　**問１**　緊急事態宣言　**問２**　香港国家安全維持(法)　6　**問１**　男女雇用機会均等(法)　**問２**　ウ　**問３**　日本　**問４**　(例)　努力し強くなったり，競争に勝ち評価されたりすることを求める男らしさ。　**問５**　(例)　女性が男性のように稼ぐことが難しい現状では，その分男性により多く稼ぐことが期待されがちで，そのプレッシャーに苦しんでいる男性がいる。女性の収入がもっと上がれば，そういった男性にかかるプレッシャーを和らげることができる。　**問６**　(例)　スカートをはくのが好きではないのに，「女の子だから」と着用を強いられた。

## 解　説

### 1　各時代の歴史的なことがらについての問題

**問１**　①　鎌倉時代には，畿内や西日本一帯で，米を収穫した後に裏作として麦を作付け，１年に同じ耕地で２回異なる作物を収穫する二毛作が広まった。また，鎌倉時代には，地頭が荘園の管理や年貢の徴収《ちょうしゅう》を行った。　②　710年，新たに造営された平城京に都が移された。平城京は奈良盆地北部にあったことから平城京で政治が行われた時代を奈良時代という。701年に制定された大宝律令にもとづく政治が行われたが，口分田が不足するなどしたため，723年には三世一身法，743年には墾田《こんでん》永年私財法という開墾を奨励《しょうれい》する法令が出された。　③　第二次世界大戦(1939～45年)敗戦後，日本は食料難におちいり，アメリカから食料援助を受けた。池田勇人《はやと》は第二次世界大戦後に活躍《かつやく》した政治家で，1949年に吉田茂内閣の大蔵大臣(現在の財務大臣)となり，1960年には内閣総理大臣になった。　④　室町時代には，関東地方にも二毛作が広がった。室町幕府の名は，第３代将軍足利義満が京都の室町に「花の御所」とよばれる邸宅《ていたく》を構え，幕府の全盛期を築いたことに由来する。　⑤　江戸時代初期の1635年，江戸幕府の第３代将軍徳川家光は武家諸法度《しょはっと》を改定し，参勤交代を制度化した。「幕府が置かれた都市」とは江戸のことで，江戸は人口100万人を超《こ》える大都市に成長した。

**問２**　鎌倉時代には農業技術が進歩し，草や木を焼いた灰である草木灰や，草や木の葉を土に混ぜこむ刈敷《かりしき》が，肥料として使われるようになった。また，この時代には，牛や馬を耕作に利用する牛馬耕も広まった。なお，アは弥生時代，イとウは江戸時代にあてはまる。

**問３**　光明皇后は藤原不比等《ふひと》の娘で，皇族以外で初めての皇后となった。夫である聖武天皇とともに仏教を厚く信仰し，悲田院(貧しい人や孤児《こじ》の救済施設)や施薬《せやく》院(貧しい人に医療《いりょう》をほどこす施設)の設置など，数々の社会事業を行った。

**問４**　池田勇人は1960年から1964年まで内閣総理大臣をつとめ，(国民)所得倍増計画とよばれる経済政策をおし進めて日本の高度経済成長を後押しした。退任直前の1964年10月には東京オリンピックが開催され，これに先がけて東海道新幹線が開業した。消費税は1989年，竹下登内閣のときに税率３％で初めて導入された。

**問５**　お茶を飲む習慣は，宋(中国)で禅宗《ぜんしゅう》を学び，臨済宗の開祖となった栄西が薬効を説いたことから，鎌倉時代に広まった。その後も，茶の文化では禅宗につながる精神性が重視された。また，臨済宗の寺である京都相国寺《しょうこくじ》の画僧であった雪舟は，室町時代に明(中国)に渡って絵を学び，帰国後，墨《すみ》の濃淡《のうたん》で自然を表現する日本風の水墨画《すいぼくが》を大成した。禅宗は茶や絵画だけでなく，書院造の建築など，日本の文化に大きな影響を与えた。

**問６**　江戸時代中ごろの1782～87年，東北地方を中心に発生した冷害に浅間山の大噴火(1783年)が重なり，凶作《きょうさく》となって天明の大飢饉《ききん》が起こった。天明の大飢饉は，当時の江戸幕府の老中田沼意《おき》次《つぐ》が失脚《しっきゃく》する原因の１つとなった。松平定信は1783年に白河藩(福島県)の藩主になり，大飢饉から藩政を立て直したことにより，その手腕が高く評価された。1787年には江戸幕府の老中になり，財政の立て直しなどをめざして，寛政の改革(1787～93年)とよばれる幕政改革に取り組んだ。

**問７**　⑤の文に，麦には「救荒《きゅうこう》作物としての役割もあった」とある。ここから，(江戸)幕府が飢饉のさいの非常用作物として，麦を育てることを奨励していたのだとわかる。また，米は税として重要だったため，米を育てたうえで，その裏作として麦を育てることをすすめたのだと考えられる。

**２　日本の産業についての問題**

**問１**　自然から食料などを得る産業を第一次産業といい，農業(畜産業をふくむ)や林業，水産業がこれにふくまれる。

**問２**　第二次産業はものをつくる産業で，工業や建設業などがこれにあたる。５円硬貨《こうか》が発行された昭和24(1949)年は第二次世界大戦の終戦直後で，このころは綿織物などをつくる繊維産業が，第二次産業の中心として日本の輸出を支えていた。

**問３**　明治時代以降，日本では生糸をつくる製糸業と，綿花から綿糸をつくる紡績《ぼうせき》業が発達し，1960年ごろまで日本の輸出品の中心を占《し》めていた。綿花は輸入でまかなわれたが，生糸の原料となる繭《まゆ》を得る養蚕業は，農家の重要な副業として国内各地で行われ，蚕のえさとなる桑が栽培された。

**問４**　()は，歯車と電気回路を図案化したもので，発電所や変電所を表す。

**問５**　現代において，「従事する人口の多さや生み出す利益の大きさ」から「中心産業」となっているものを取り上げる。2020年末時点で，産業別人口では，サービス業や商業といった第三次産業の就業者数が多いので，これを理由として書くことが考えられる。今後も成長を見こめるIT(情報技術)関連の産業を取り上げてもよいだろう。

**３　基本的人権と民主主義の原理についての問題**

**問１**　日本国憲法は前文で「そもそも国政は，国民の厳粛《げんしゅく》な信託《しんたく》によるものであつて，その権威《けんい》は国民に由来し，その権力は国民の代表者がこれを行使し，その福利は国民がこれを享受《きょうじゅ》する」としている。ここには，国民が選んだ代表者によって政治が行われるという議会制民主主義の原則が明記されている。

**問２**　日本国憲法は，「ここに主権が国民に存することを宣言し」という前文と，「主権の存する日本国民」とする第１条で，政治のあり方を最終的に決定する権限である主権が国民にあるという国民主権の原則をかかげている。

**問３**　基本的人権とは，人が生まれながらに持っている基本的な権利のことで，日本国憲法第11条はこれを「侵《おか》すことのできない永久の権利」として現在および将来の国民に保障している。よって，アが正しい。

**問４**　日本国憲法第25条が保障する「健康で文化的な最低限度の生活を営む権利」は生存権とよばれ，労働者の権利や教育を受ける権利とともに，社会権に分類される。なお，ア，ウ，エは自由権のうち，身体の自由に分類される。

**問５**　民主主義とは，社会を構成する人の多様な意見を尊重して，みなで決めていくことを基本としている。したがって，すべての人が自由に自分の意見を表明する権利である表現の自由は，民主主義を実現するために必要不可欠な権利といえる。

**４　湖，歴史上の人物に共通する性格についての問題**

**問１**　サロマ湖は，湾が砂州などの発達によって海と切り離されてできた潟《せき》湖だが，ほかの３つは，火山の噴火によってできた大きなくぼ地に水がたまってできたカルデラ湖である。また，十和田湖は東北地方にあるが，ほかの３つは北海道にある。

**問２**　板垣退助はほかの３人と異なり，内閣総理大臣になったことがない。また，原敬は大正時代に活躍した政治家だが，ほかの３人は明治時代に活躍した政治家である。

**５　2020年のできごとについての問題**

**問１**　2020年４月と2021年１月には，新型コロナウイルスの感染拡大を防ぐ目的で，外出やイベントの自粛《じしゅく》，飲食店などの営業自粛などを要請する緊急《きんきゅう》事態宣言が出された。

**問２**　アヘン戦争後の1842年に結ばれた南京条約でイギリス領となった香港《ホンコン》は，1997年に中国に返還されたが，特別行政区として，高度な自治を行う一国二制度が認められてきた。しかし，2020年に中国は香港国家安全維持法を制定し，中国の方針に反対する政治勢力を取り締《し》まる姿勢を強めた。

**６　男女平等についての問題**

**問１**　男女雇用機会均等法は，募集，採用，職場での待遇などにおける男女の差別を禁止する法律で，1985年に制定された。

**問２**　徴兵令は明治時代初めの1873年に出され，20歳以上の男性には兵役の義務が課されたが，一家の長男などは兵役を免除された。

**問３**　1939年，ドイツのポーランド侵攻をきっかけに第二次世界大戦が始まった。ドイツが優勢に戦いを進めていたことから，日本政府はドイツとの協力体制を強化しようと考え，1940年にドイツ・イタリア・日本による日独伊三国(軍事)同盟が結ばれた。これにより，同盟国と，イギリス，フランス，アメリカなどの連合国の対立はいっそう深まった。

**問４**　お母さんが，戦争が身近でなくなった今でも「残り続けている」という，「男らしさ」については，お父さんが２つめの発言で説明している。ここでは，軍隊を通じて，「努力し，強くたくましくなって，戦いに勝って栄誉を得て評価されること」が「男らしさ」の要素として定着していったと述べられている。お母さんは，男の子の夢に「スポーツ選手」「刑事」「学者」などが多いことに，「そういう『男らしさ』」が表れているという研究者もいることを紹介し，「そういうのって，もう昔の話じゃない？」という森村さんの意見を否定している。

**問５**　少し前で，お母さんは「『男は一生懸命《けんめい》働き，たくさん収入を得て家族を支えなきゃ』という価値観が，男性を苦しめていることもある」と言っている。また，直前の発言から，現在でも「『男が稼《かせ》がなければいけない』という風潮」があることがわかる。こうした価値観や風潮に対し，「女性の活躍」を進めて女性が「立派な稼ぎ手」になることで，男性は「男が稼がなければいけない」という「男らしさ」から「解放」されると，森村さんは考えたのである。

**問６**　「男らしさ」「女らしさ」を意識することによって自分らしくふるまえなかったり，考え方や行動が制限された経験などを書くとよい。この場合，自分の考え方が「男らしさ」「女らしさ」にしばられていないかどうかに注意すること。

## 理　科　＜第１回試験＞（40分）＜満点：75点＞

**解　答**

1 **問１** (1) アンモナイト　(2) カ　(3) (例) 昔は海底だったが，時間が経つにつれせり上がり，陸上へ上がった。　**問２** (1) ア　(2) (例) 大量の火山灰などが降り積もったから。　(3) (例) 温泉　**問３** (1) ウ　(2) (例) 周辺の断層が活動したから。　2 **問１** ④　**問２** (例) 水酸化ナトリウムの固体はガラスをとかしてしまうから。　**問３** (1) ア，カ，ケ　(2) イ，エ，キ，ク　**問４** (1) (例) 手のあせで色が変わってしまうことがあるから。　(2) ① 変化なし　⑤ 青色　**問５** ①，②，③，⑤　**問６** ① ×　② ウ　③ ウ　④ ウ　⑤ イ，ウ　**問７** (1) 7.5mL　(2) 11.25mL　3 **問１** (1) オ，キ　(2) ②→①→③　**問２** 図２…①→③→②　図３…③→②→①　**問３** (1) ① 木　② 冷た　③ あたたか　④ 体　⑤ 体　⑥ 板　⑦ 鉄　⑧ 乾いた　(2) ア，ウ　(3) ウ　(4) 発泡ポリスチレン(発泡スチロール)　(5) (例) 乾いたふきんの方が熱を伝えにくい空気を多くふくんでいるから　4 **問１** ① 水　② 二酸化炭素　③ でんぷん　**問２** ヨウ素液　**問３** (例) 水そうの水に二酸化炭素をとかしておくためかな。　**問４** (1) (例) 黄色になる。　(2) (例) 変化しない。　**問５** (例) 温度が上がらないという点。　**問６** ウ　**問７** ア，ウ

**解　説**

### 1 大地の変化についての問題

**問１** (1)，(2) 図２はアンモナイトの化石である。アンモナイトは，約２億5000万年前から約6600万年前にあたる中生代に，世界中の海に広く生息していた動物で，タコやイカの仲間(軟体《なんたい》動物)にあたる。アンモナイトは中生代の終わりに絶滅《ぜつめつ》したとされており，現在は生息していない。　(3) アンモナイトの化石をふくむ層ができた当時にこの場所は海底だったと考えられるが，現在は陸地なので，その後，時間が経つにつれて海底が持ち上がり，陸になったと考えられる。

**問２** (1) 桜島は現在でもたびたび噴火《ふんか》するなど活発な火山活動をくり返しているので，アが正しい。なお，元々は島であった桜島が大隅《おおすみ》半島と陸続きになったのは，火山の噴火により流れ出たよう岩のためである。また，桜島などの火山からは化石は見つからない。　(2) 図３の鳥居は，1914年に桜島が噴火したときに噴き出された大量の火山灰などによって，上部だけを残してうまったものである。なお，噴火の記録を残すために，この鳥居はうまったままにされている。　(3) 火山の地下には高温のマグマがたまっているところがある。マグマの熱や，その熱で温められた地下水は，温泉や地熱発電に利用されている。

**問３** (1) それぞれのグラフより，３月11日は前日に比べ，東に約150cm，南に約25cm動いており，さらに下に約55cm沈《しず》みこんだことがわかるから，ウが選べる。　(2) ３月11日に大地が大きく変動したことで，周辺の断層が刺激《しげき》されて大地が動いたと考えられる。

## 2 水よう液の性質と中和についての問題

**問１**　塩酸Ａと水酸化ナトリウム水よう液が中和すると食塩ができ，完全に中和すると，水よう液は中性の食塩水となる。BTB液は中性の水よう液に対して緑色を示すから，④が完全に中和しているとわかる。

**問２**　水酸化ナトリウムの固体はガラスと反応してガラスをとかしてしまうため，水酸化ナトリウムの固体はガラス製ではなくプラスチック製の容器で保存する。

**問３**　(1)　BTB液は酸性の水よう液に対して黄色を示す。ここでは炭酸水，酢《す》，レモン汁《じる》があてはまる。　(2)　BTB液はアルカリ性の水よう液に対して青色を示す。ここでは石けん水，石灰水，アンモニア水，重そう水があてはまる。なお，食塩水と砂糖水は中性で，BTB液は緑色を示す。

**問４**　(1)　リトマス紙を直接手で持つと，手のあせなどで変色してしまうことがある。そのため，リトマス紙はピンセットであつかう。　(2)　赤色リトマス紙はアルカリ性の水よう液に反応して青色に変化するが，中性の水よう液と酸性の水よう液に対しては色が変化しない。BTB液の色より，①は酸性，⑤はアルカリ性とわかるので，赤色リトマス紙は，①に対しては変化せず，⑤に対しては青色に変化する。

**問５**　アルミはくは塩酸にも水酸化ナトリウム水よう液にも反応し，あわを出してとける。したがって，混ぜ合わせた後に塩酸または水酸化ナトリウム水よう液がふくまれる①，②，③，⑤では，アルミはくはとける。④は，完全に中和して食塩水となっているので，アルミはくはとけない。

**問６**　塩酸Ａだけの①の場合，水を蒸発させるときに塩酸Ａにとけている塩化水素もいっしょに出ていってしまうため，あとに固体は残らない。中和後に塩酸Ａがあまっている②と③の場合は，中和によりできた食塩だけがあとに残る。また，完全に中和して食塩水となっている④の場合も，食塩だけが残る。中和後に水酸化ナトリウム水よう液があまっている⑤の場合，中和によりできた食塩のほか，あまった水酸化ナトリウム水よう液にとけている水酸化ナトリウムも固体となって残る。

**問７**　(1)　10mLの塩酸Ａと10mLの水を混ぜてつくった塩酸Ｂは，塩酸Ａを２倍にうすめたものである。よって，10mLの塩酸Ｂには塩酸Ａが，$10\div 2=5$(mL)ふくまれている。また，塩酸Ａと水酸化ナトリウム水よう液は，10：15＝２：３の体積比で中和する。したがって，塩酸Ｂ10mLを中和する水酸化ナトリウム水よう液の体積は，$5\times\frac{3}{2}=7.5$(mL)である。　(2)　５mLの塩酸Ｂには塩酸Ａが，$5\div 2=2.5$(mL)ふくまれているから，$5+2.5=7.5$(mL)の塩酸Ａと中和する水酸化ナトリウム水よう液の体積を求めればよいので，$7.5\times\frac{3}{2}=11.25$(mL)とわかる。

## 3 熱の伝わり方についての問題

**問１**　(1)　金属棒の各位置で，ある決まった温度をこえるのにどのくらい時間がかかったかを調べるので，あらかじめ金属棒の各位置に示温テープをはったり，ろうをぬっておいたりするとよい。(2)　熱はあたためている金属棒の中をどの向きにも同じ速さで伝わっていくので，加熱部分からのきょりが短い順に，熱が早く伝わる。図１では，加熱部分に最も近い②が一番早く，加熱部分から最も遠い③が一番おそい。

**問２**　問１(2)と同じように，加熱部分から金属の板の中を伝わったときのきょりが短い順に熱が早く伝わるので，図２の板では①→③→②の順，図３の板では③→②→①の順に熱が伝わる。

**問３** ⑴　①　物質によって熱の伝わりやすさには違《ちが》いがあり，木は鉄に比べて熱を伝えにくい。②，③　熱は温度の高いものから低いものへと伝わり，熱がうばわれると冷たく感じ，熱を受け取るとあたたかく感じる。　④〜⑥　板の温度は15℃，体の温度はおよそ36〜37℃だから，温度の高い体から温度の低い板へ熱が伝わる。　⑦　鉄の方が木よりも熱を伝えやすいので，体から熱をうばいやすい。そのため，鉄の方が冷たく感じられる。　⑧　熱を伝えにくい空気を多くふくむ乾《かわ》いたふきんを使うと，熱い鍋をつかむことができる。　⑵　体よりも温度が低いアとウは冷たく感じ，温度が高いイとエはあたたかく感じる。　⑶　空気は熱を伝えにくいため，二重窓になっていると，ガラスの間の空気によって熱が外ににげにくくなり，冬でも部屋の中の温度を適温に保ちやすくできる。また，部屋の中の空気がふれるガラスの温度が下がりにくくなるため，結露《けつろ》(部屋の中の空気にふくまれる水蒸気が冷やされて水てきになり，ガラスにつくこと)が生じにくくなる。　⑷　発泡《はっぽう》ポリスチレン(発泡スチロール)は，ポリスチレンというプラスチックの一種を，小さい空気などの泡《あわ》をたくさんふくませながら固めてつくったものである。熱を伝えにくく，じょうぶで軽いため，冷蔵・冷凍《れいとう》用の容器などとして利用されている。　⑸　水が空気よりも熱を伝えやすいという点に注目して，ぬらしたふきんは適さないと考えてもよい。

## ４ 光合成のはたらきについての問題

**問１**　光合成では，根から吸収した水と気こうから取り入れた二酸化炭素を材料に，光のエネルギーを利用して，生きるために必要なでんぷんをつくり出している。また，このとき酸素もできる。

**問２**　ヨウ素液は，もとはかっ色をしているが，でんぷんに反応すると青むらさき色に変化する。

**問３**　水草は水中にとけこんだ二酸化炭素を取り入れて光合成をするため，実験前に水そうの中に息をふきこみ，二酸化炭素を十分にとかしておく必要がある。

**問４**　⑴　水そうの水に息をふきこんだ直後は，水にとけこんだ二酸化炭素により水が酸性になっているため，BTB液を加えると黄色に変化する。　⑵　半日の間に水草が光合成のために二酸化炭素を取り入れることにより，水にとかした二酸化炭素が大きく減る。よって，BTB液は中性の緑色を示すと考えられる。BTB液はふつう，はじめは緑色をしているので，色は変化しないといえる。

**問５**　光合成は光の強さだけでなく，水の温度にも影響《えいきょう》される。ここでは光の強さと光合成の関係を調べているので，水の温度を一定にする必要がある。白熱電球は光だけでなく熱が多く発生するので，白熱電球を使うと水の温度が上がってしまうおそれがある。それに対し，LED電球の場合は，ほとんど熱が発生しないので，水の温度をほぼ一定に保ちながら光の強さを変えることができる。

**問６**　グラフを見ると，光の強さが弱いうちは光の強さが強くなるほど泡《あわ》の数が大きく増えているが，だんだん泡の数の増え方が小さくなり，40キロルクスをこえると泡の数が増えなくなると考えられる。よって，ウが適切である。

**問７**　呼吸は光の強さに関係なく行われていて，光合成は光の強さが弱いときも行われている。よって，グラフの矢印の光の強さでは呼吸も光合成も行われていて，たがいのはたらきがつり合った状態になっている。

# 国語 ＜第１回試験＞（50分）＜満点：100点＞

## 解答

一 **問１** イ　**問２** エ　**問３** ②　**問４** 待つという～退している　**問５**（例）情報が手軽に入ることによって，「知」に対する尊敬の気持ちがわかなくなること。／（例）「知」に直接導かれることによって，学びの幅や豊かさが失われてしまうこと。　**問６** イ　**問７** ア　**問８** エ　**問９**（例）テレビでアナウンサーが発言した言葉の意味を調べたら，ほかの言葉と似ている意味があると知り，さらにいろいろな言葉に興味を抱くようになった。

二 **問１** Ⅰ ウ　Ⅱ イ　**問２** イ　**問３** エ　**問４** ア　**問５** **A**（例）突然の長老の死にショックをうけ，深い悲しみにおそわれている心情。　**B**（例）長老の死が自分のせいであることに気づき，自分を責めている心情。　**問６** ウ　**問７** イ　**問８**（例）自分は，実の母親からきらわれていたわけではなく愛されていたということ。　**問９** エ

三 ①～⑧ 下記を参照のこと。　⑨ るいじ　⑩ かこう　⑪ せっく　⑫ ふんべつ

**●漢字の書き取り**

三 ① **敬遠**　② **百貨**　③ **売買**　④ **組織**　⑤ **巣**　⑥ **帰省**　⑦ **心機**　⑧ **易(しい)**

## 解説

一 **【文章Ⅰ】の出典は永《なが》田《た》和宏《かずひろ》の『知の体力』，【文章Ⅱ】の出典は大《おお》向《むかい》一《いっ》輝《き》の『ウェブがわかる本』による。**【文章Ⅰ】では，インターネットで情報を簡単に手に入れられるようになった現代社会における問題点について述べられている。【文章Ⅱ】では，現代社会におけるウェブの利点や有効に活用する方法について述べられている。

**問１** 「文明さんらしいひと言」とは，思っていることが言葉にできないという人たちに対する「自分が何も考えていないから歌にならないんだ」という言葉である。続く部分で，「深遠なことを考えている」と思っていても「実はほとんど何も考えていないことのほうが多い」と述べており，さらに自分が「考えていた」と思っていたものが「いかにあいまいなものであったか，いかに底の浅いものであったか」ということは，「思いを言葉に置き換えるプロセスでのみ，明らかになってくる」と述べたうえで，「土屋文明さんの言うとおり」だと同感の気持ちを表している。土屋文明の言葉は，これらの筆者の考えを的確に表したものであるので，イがよい。

**問２** 「それ」は，「私たち」は「ほんとうはもっと深い思いがあるはず」だが「技術が未熟なせい」でその「深い思い」が「歌として，言葉としてまとまらない」という考えを指している。しかしそれは，後にあるように，実際は「ほとんど何も考えていない」，つまり中身が充実《じゅうじつ》していないのに，歌のように表に出る言葉がうまくまとまらないだけだと勘違《かんちが》いしているのである。その勘違いを「錯覚《さっかく》」と表現しているのだから，エが合う。

**問３** 「漠然《ばくぜん》と」は，ぼんやりしていてはっきりしないさま。「我々」は「深遠なことを考えているように」「漠然と」「勘違いしている」と置き換えると意味がまとまるので，「漠然と」は「勘違いしている」にかかっているとわかる。

**問４**　この「そう」は，「待つという時間」に対して「不寛容《かんよう》になっている」ということを指している。現代では，山手線や新幹線は間隔《かんかく》をあけずに次の電車がやってくるし，京都の市バスは「次のバスがどこまで来ているかを表示してくれる」ようになっていることからわかるように，「私たち」は「待つという時間に対して，たえる力が減退《げんたい》している」と考えられる。

**問５**　「情報や知識を得るために必要な時間と手間」がネットの普及によって少なくなっていることについて，「私」が「それでいいのか」と危《き》惧《ぐ》していることは何であるかを読み取る。次の段落に「まず第一に」とあるように，一つめは，知識や情報が「あまりにも手軽に手に入る」ようになると，「知」の開拓のために尽くした人々への尊敬や感謝がなくなってしまうことである。二つめは，「いま一つの問題と私が考えるのは」から始まる段落から後にあるように，求めている情報へ一直線に効率的に導いてくれるようになったため，読書の「幅《はば》」や「豊かさ」がなくなってしまったことである。

**問６**　「犬も歩けば棒《ぼう》に当たる」は，“出歩いていると思わぬことに出会う”という意味。本屋や図書館で，探しているのとは違う本に「興味を引かれて，思わず買ってしまった」という経験は，思わぬことに偶然《ぐうぜん》に出会うということである。　なお，「千里の道も一歩から」は，“どんなに大きな仕事でも成しとげるためには身近なことから着実に積み重ねていくことが大切である”という意味。「かわいい子には旅をさせよ」は，“子どもがかわいいと思うならあまやかさないで世の中のつらさを経験させた方がよい”という意味。「急がば回れ」は，“急ぐなら危険な近道よりも安全で確実な遠回りの道を選んだほうがよい”という意味。

**問７**　二つ後の段落で，ウェブによって手軽に調べものができるようになったことについてのよい面が述べられている。「調べものをするための時間」が「劇的に短く」なったぶんの時間を「何を調べるべきか，調べたものをどう組みあわせるか」といったことを「考えるために」使えるということがあげられている。

**問８**　エは，【文章Ⅰ】についての「インターネットが世間に広まったスピードを否定《ひてい》している」というところが誤り。【文章Ⅰ】では，必要な情報を苦労せずにすぐに手に入れられるようになったことが原因で起こったさまざまな問題点について指摘《してき》している。　なお，ネットで「知」が手軽に入手できるようになる前は，辞典で調べものをすると「営々とした努力の末に完成させた人」の存在や，「その恩恵《おんけい》を蒙《こうむ》っているという意識」が感じられ，「『知』の開拓《かいたく》のために自らの人生を賭《か》けてみよう」という意識が持てたので，「情報や知識を得るため」の「時間と手間」は大切だという筆者の考えが【文章Ⅰ】では述べられている。よって，アは正しい。また【文章Ⅰ】では，「知」へと「直接導いてくれる」ネット環境下では，予想しなかった「知」に偶然「遭遇《そうぐう》」するといったことは「まず起こり得ないものだろう」と述べられているが，【文章Ⅱ】では情報を簡単に得られることのマイナス面があると認めたうえで，情報を得るのに短縮されたぶんの時間を「考えるため」に使えるということや，「ウェブの世界」でも「寄り道をしながら見聞を広める」こともできるという長所もあげているので，イとウは正しい。

**問９**　【文章Ⅰ】における「横道」や【文章Ⅱ】における「寄り道」は，目的とするものを調べているうちに，それと関連したことがらに興味を持って調べるようになるということ。一つの関心事を調べているうちに，ほかのことがらにも関心を持ったという自分の経験を述べる。

**二**　**出典は小《お》川《がわ》糸《いと》の『つるかめ助産院』による。**助産院を手伝いながら子どもを産む決心をした

「私」は，身近な人の死や助産院の先生との対話を通じて生や死について考えるようになり，そして実母やかつて自分を育ててくれた里親たちの愛情を理解するようになっていく。

**問１**　Ⅰ「はじけるように」は，瞬発的な勢いをもって行動するようす。長老が「海で溺《おぼ》れた」と聞いた先生が，勢いよく母屋《おもや》を飛び出して走っていったようすを表している。　Ⅱ「ただならぬ空気」は，ふつうとは違ったようすや雰囲気《ふんいき》のこと。「数人の泥酔客《でいすいきゃく》」は，いつもとは違う雰囲気を察したらしく，その場からいつの間にか引き上げていたのである。

**問２**　直後の「みんな不安で，押《お》し潰《つぶ》されそう」になっているという内容に着目する。「私達の肩《かた》」をたたきながら「大丈夫，大丈夫」と言っているエミリー自身も不安で落ち着かないので，自分自身にも長老は無事だと言い聞かせているのだと読み取れる。

**問３**　直後の「でも，まさか，長老に限って」から，不安をぬぐいきれないでいる心情を読み取る。誰もが長老のことを心配しており，安否《あんぴ》をすぐに確認したいとは思っていたが，もしかしたら助からなかったのではないかという不安も感じており，答えを聞くのが怖《こわ》かったために，「長老，助かったんですよね？」という問いを口にすることができなかったと考えられる。

**問４**　先生から「漁師仲間が見つけた時には，もう息をしてなかったんだって」と長老のようすを聞かされても，長老が死んでしまったという現実をサミーは受け入れられなかった。長老の死をどうしても信じたくないという気持ちから，サミーは興奮《こうふん》して壁を蹴飛《けと》ばしたのである。

**問５**　**Ａ**　このとき，「私」は長老が死んだことを知らされたばかりである。「私」は，長老の死を受け入れざるを得ず深い悲しみのために涙《なみだ》を流したのだと読み取れる。　**Ｂ**　長老が亡《な》くなったときの状況《じょうきょう》を聞いた後に「私の中にある予感が突《つ》き上げて」きて，「ごめんなさい」とつぶやいたことに着目する。「私」は，自分が「長老がとったタコを食べたい」と言ったために，長老が「無理して」危険な「リーフの先端《せんたん》部分まで歩いて」いったのだと思い当たった。そして，自分が「間接的に長老を海に突き落としたのだ」と自分を責《せ》める気持ちにかられ，涙を流したと考えられる。

**問６**　先生は，長老が「私」のためにタコをとりにいったと聞き，長老の優《やさ》しさを改めて思い出して，悲しさのあまり「くしゃっと表情を崩《くず》し」て泣きそうになった。しかし，自分を責めている「私」を見てなぐさめようと思い直し，「にっこり笑おう」と努めつつ，「震《ふる》える唇《くちびる》を無理に動かし」て，長老が「私」のことを「褒《ほ》めて」いたことなどを話そうとしている。

**問７**　先生は，人間の生に立ち会う仕事を長くするなかで，「生まれることも死ぬことも，そんなに変わらない」と感じると言い，「生まれる現場と亡くなる現場」の「空気のトーンが一緒」だとも言っている。神様の視点からすれば，生死は「人間の手」には及《およ》ばない「神様の領域」のようなもので，「死ぬ時は死ぬし，生まれる時は生まれる」のだから受け入れるしかないのだということを，悲しい気持ちに沈《しず》んでいる「私」に説いているのだと考えられる。

**問８**　教会の前に捨てられていた「私」は，実の母親の思いを知らずに生きてきたが，「動物達の絵が刺繍《ししゅう》され」ている「かわいい産着《うぶぎ》」を実際に見て，「どんな子が生まれてくるんだろうと想像しながら」産着を「一生懸命《けんめい》に選んでくれた」姿を想像し，そのときの母親の愛情を確信したのである。

**問９**　エは，先生が「いい子だいい子だ」という生前の長老の言葉を伝えたのは，自分に言い聞かせるためではなく，「私」をなぐさめるための言葉なので誤り。　なお，長老の死を知った「私」

が流した涙を「体中の血液が，すべて涙になって体の外に出ていってしまったようだった」と表現したり，自分のことを責める「私」のつらい心情を「体中をロープでしばられているような重たい気持ち」と表現しているように，「ようだ(な)」などを用いた直《ちょく》喩《ゆ》によって，「私」のようすや気持ちが，読み手に伝わるような工夫がされているので，アは正しい。「私」以外の登場人物の心情は，直喩ではなく，「一晩中寝返りを打っていた」といった動作や「一瞬くしゃっと表情を崩した」といった表情の描写《びょうしゃ》によって表現されているので，イも合う。また，長老の死を通じ，生死についての思いを新たにし，さらに自分たちの子どもを失った安西《あんざい》夫妻の悲しみにも思い至った「私」は，「安西夫妻に心から感謝する気持ち」になり，安西夫妻に「きっとまた会いに行こう」と思うようにもなれた。そのような表現からは，前向きに生きようとする「私」の心情も感じられるので，ウもよい。「一度でいいから，私達にもあなたの赤ちゃんを見せてください。孫を抱《だ》っこさせてもらえたら，どんなに幸せか」という部分からは，安西夫妻が「私」を愛情をもって育てていたということが読み取れるので，オも合う。

**三　漢字の書き取りと読み**

①　かかわりを持つことを嫌《きら》って，意識してさけること。　②「百貨」は，いろいろな商品のこと。「百貨店」は，デパートのこと。　③　売ったり買ったりすること。　④「組織的」は，共通の目的のために全体が一定の秩序《ちつじょ》のもとに組み立てられているようす。　⑤　鳥や動物のすみか。　⑥　故郷に帰ること。　⑦「心機一転」は，あることをきっかけとして気持ちをよい方向へすっかり入れかえること。　⑧　音読みは「イ」「エキ」で，「容易」「貿易」などの熟語がある。　⑨　互《たが》いに共通点があって，似通っていること。　⑩　河川が海や湖などに注ぎこむ所。　⑪　一年の中でふしめとなる日。年間に五日あり，五節句と呼ばれる。
⑫　道理をわきまえて常識的な判断をすること。

# Dr.福井の
# 入試に勝つ！脳とからだのウルトラ科学

## 勉強が楽しいと，記憶力も成績もアップする！

みんなは勉強が好き？　それとも嫌い？――たぶん「好きだ」と答える人はあまりいないだろうね。「好きじゃないけど，やらなければいけないから，いちおう勉強してます」という人が多いんじゃないかな。

だけど，これじゃダメなんだ。ウソでもいいから「勉強は楽しい」と思いながらやった方がいい。なぜなら，そう考えることによって記憶力がアップするのだから。

脳の中にはいろいろな種類のホルモンが出されているが，どのホルモンが出されるかによって脳の働きや気持ちが変わってしまうんだ。たとえば，楽しいことをやっているときは，ベーターエンドルフィンという物質が出され，記憶力がアップする。逆に，イヤだと思っているときには，ノルアドレナリンという物質が出され，記憶力がダウンしてしまう。

要するに，イヤイヤ勉強するよりも，楽しんで勉強したほうが，より多くの知識を身につけることができて，結果，成績も上がるというわけだ。そうすれば，さらに勉強が楽しくなっていって，もっと成績も上がっていくようになる。

でも，そうは言うものの，「勉強が楽しい」と思うのは難しいかもしれない。楽しいと思える部分は人それぞれだから，一筋縄に言うことはできないけど，たとえば，楽しいと思える教科・単元をつくることから始めてみてはどうだろう。初めは覚えることも多くて苦しいときもあると思うが，テストで成果が少しでも現れたら，楽しいと思えるきっかけになる。また，「勉強は楽しい」と思いこむのも一策。勉強が楽しくて仕方ない自分をイメージするだけでもちがうはずだ。

Dr.福井（福《ふく》井《い》一成《かずしげ》）…医学博士。開成中・高から東大・文Ⅱに入学後，再受験して翌年東大・理Ⅲに合格。同大医学部卒。さまざまな勉強法や脳科学に関する著書多数。

*Memo*

# 2020年度　森村学園中等部

〔電　話〕　(045) 984－2505
〔所在地〕　〒226－0026　横浜市緑区長津田町2695
〔交　通〕　東急田園都市線 ―「つくし野駅」より徒歩５分
JR横浜線・東急田園都市線 ―「長津田駅」より徒歩13分

**【算　数】**〈第１回試験〉　(50分)〈満点：100点〉

（注意）１　**1** **2** **3** **4** **5** (1) **6** の解答らんには，答のみ記入して下さい。**5** (2) (3) の解答らんには，答のみでもよいです。ただし，答を出すまでの計算や図，考え方がかいてあれば，部分点をつけることがあります。

２　円周率は3.14とします。

## **1**　次の計算をしなさい。

（１）　$37-\{6+8\times(13-4)\div6\}\times2$

（２）　$5.6+\left\{4.7-\left(1\frac{2}{5}-0.3\right)\right\}\div\frac{9}{11}$

（３）　$3\frac{1}{5}\times\left\{0.75+2\frac{1}{5}\div(1.5-0.125)\div0.2\right\}$

## **2**　次の問に答えなさい。

（１）　Ａ，Ｂの２人ですると１２日間かかる仕事を、Ａが１人ですると２０日間かかります。この仕事をＢだけですると何日間かかりますか。

（２）　みかんを何人かに分けるのに、１人６個ずつ分けると８個あまり、８個ずつ分けると１０個足りません。みかんは全部で何個ありますか。

（３）　今、母は３３才、子は９才です。今から何年後に母の年れいは子の年れいの２倍になりますか。

（４）　Ａ，Ｂの２種類の食塩水があります。Ａを６００ｇ、Ｂを３００ｇ混ぜると１０％の食塩水ができ、Ａを１００ｇ、Ｂを１５０ｇ混ぜると８％の食塩水ができます。Ａは何％の食塩水ですか。

（５）　長さ２００ｍの普通《ふつう》列車が、鉄橋を渡《わた》り始めてから渡り終わるまでに４０秒かかりました。同じ鉄橋を長さ２５０ｍの急行列車が、普通列車の1.5倍の速さで渡ったところ３０秒かかりました。鉄橋の長さは何ｍですか。

**3**　図１のように、角Ｃが直角である直角三角形ABCを、面積が等しい５つの三角形に分けました。

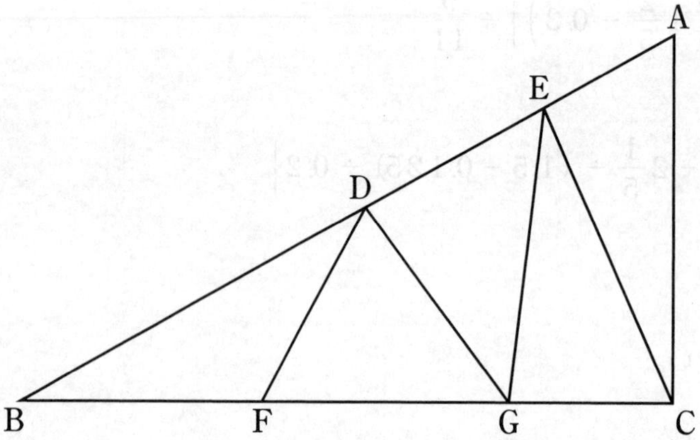


【図１】

このとき、次の問に答えなさい。

（１）　BDとDEの長さの比を、最も簡単な整数の比で表しなさい。

（２）　BFとFGとGCの長さの比を、最も簡単な整数の比で表しなさい。

（３） 図１で、ＡＣ＝ＨＢ，ＢＣ＝ＨＡとなる点Ｈをとり、図２のように長方形ＨＢＣＡを作りました。ＨＩ＝ＩＡとなる点Ｉをとるとき、三角形ＤＦＧと三角形ＨＤＩの面積の比を、最も簡単な整数の比で表しなさい。

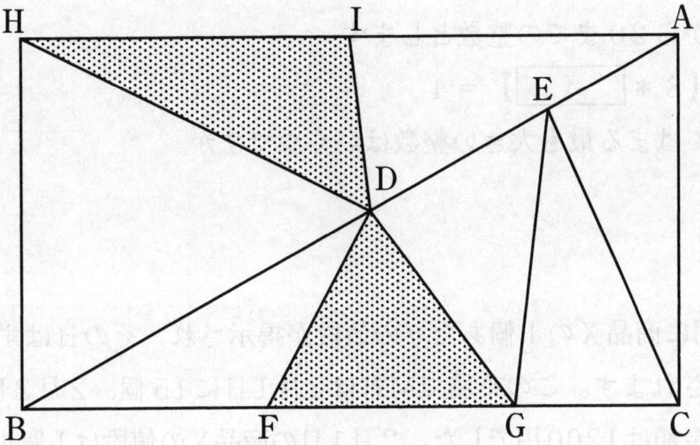


**【図２】**

**4** 同じ数を何回かかけ合わせることを、下のように表すことにします。

$8 * 1 = 8$

$8 * 2 = 8 \times 8$

$8 * 3 = 8 \times 8 \times 8$

$8 * 4 = 8 \times 8 \times 8 \times 8$

⋮

また、整数 $x$ の１の位を【 $x$ 】で表すことにします。

例

【$8 * 1$】＝８，　【$8 * 2$】＝【64】＝４，　【$8 * 3$】＝２

このとき、次の問に答えなさい。

（1）【８＊５】，【８＊2020】をそれぞれ求めなさい。

（2）【【８＊３】×【８＊５】】＝【８＊ [ア] 】

[ア] にあてはまる最も小さい整数 はいくつですか。

（3） [イ] を１から20までの整数とします。

【８＊13】÷【８＊ [イ] 】＝４

[イ] にあてはまる最も大きい整数はいくつですか。

**5** 市場Ａでは、早朝に商品Ｘの１個あたりの値段が掲示《けいじ》され、その日はずっとその値段で商品Ｘが売買されます。この市場でＭ君は２月１日に15個、２月２日に20個の商品Ｘを買い、合計金額は1200円でした。２月１日の商品Ｘの値段は１個40円でした。このとき、次の問に答えなさい。

（1） ２月２日の商品Ｘの値段は１個いくらですか。

（2） Ｋ君は２月１日に友達から商品Ｘを１個あたり５円の料金を払って25個借り、すべてをその日に市場Ａで売りました。そして、２月２日に市場Ａで商品Ｘを25個買って友達に返しました。このとき、Ｋ君はいくら得をしましたか。あるいはいくら損をしましたか。

（3）（2）のＫ君の２日間の行動は、持っていない商品を借りて売っているため、経済用語で「空売《からう》り」と呼びます。Ｋ君は再び「空売り」をすることにしました。２月２日に友達から商品Ｘを１個あたり５円の料金を払って25個借り、すべてをその日に市場Ａで売り、２月３日に市場Ａで商品Ｘを25個買って友達に返します。

Ｋ君が二度目の「空売り」で損をしないためには、２月２日の時点でどのような予測ができればよいかを文章で簡単に説明しなさい。

**6**　図のような長方形が３つ重なった図形ABCDEFGHがあります。辺BCの長さは辺AHの長さの半分です。この図形の周上を点Ｐが頂点Ａを出発して頂点Ｈ，Ｇ，Ｆ，Ｅ，Ｄ，Ｃの順に頂点Ｂまで毎秒２cm の速さで移動します。下のグラフは三角形ABPの面積の変化を表したものです。このとき、次の問に答えなさい。

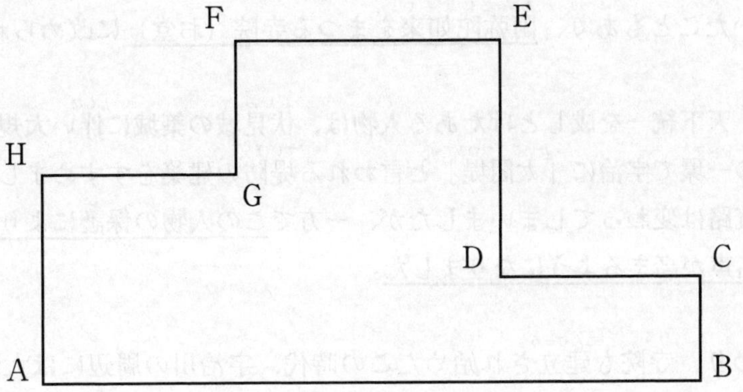


【図】

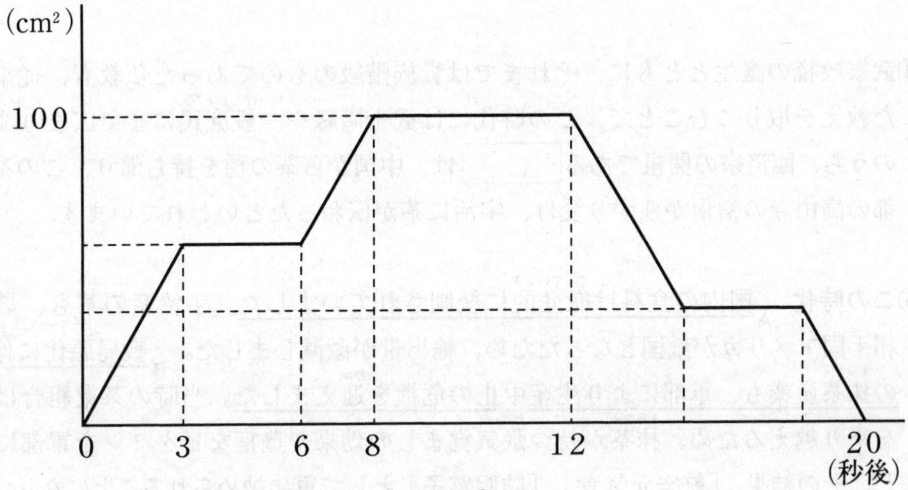


【グラフ】

（１）　辺EFの長さは何cmですか。

（２）　辺CDと辺DEの長さはそれぞれ何cmですか。

（３）　点Ｑが頂点Ｂを出発して頂点Ｃ，Ｄ，Ｅ，Ｆ，Ｇ，Ｈの順に頂点Ａまで毎秒４cmの速さで移動します。点Ｑが点Ｐと同時に出発するとき、三角形ABQの面積と三角形ABPの面積が３回等しくなります。それぞれ何秒後か答えなさい。割り切れないときは帯分数で答えなさい。

【社　会】〈第１回試験〉（40分）〈満点：75点〉

（注意）解答は特に指定のないかぎり，漢字・ひらがなのどちらでもかまいません。

**１**　**以下の①から⑤の文章は、宇治についての歴史です。文章を読み、各問いに答えなさい。**

①華《はな》やかな貴族文化が花開いたこの時代、宇治は貴族たちの別荘地《べっそうち》として栄え、この時代を代表する文学作品の舞台《ぶたい》にもなりました。この時代に栄華《えいが》を極《きわ》めたある貴族が宇治川のほとりに構えた別荘《べっそう》は、当時、治安の悪化や天災とあいまって末法思想が流行していたこともあり、阿弥陀如来《あみだにょらい》をまつる寺院（お堂）に改められました。

②この時代、天下統一を成しとげたある人物は、伏見《ふしみ》城の築城に伴《ともな》い大規模な土木工事を行い、その一環《いっかん》で宇治に「太閤堤《たいこうづつみ》」と言われる堤防《ていぼう》の建築をすすめました。これにより宇治川の流路は変わってしまいましたが、一方でこの人物の保護《ご》により、茶の産地として宇治の名声が高まるようになりました。

③仏教が伝わり、寺院も建立《こんりゅう》され始めたこの時代、宇治川の周辺には大陸から移り住んできた豪族《ごうぞく》が多くいました。そのため宇治には大陸に由来する技術が多く持ちこまれていました。たとえば、宇治にはこの時代にあった窯《かま》の遺跡《いせき》が多くあり、それらの遺跡では大陸様式の瓦《かわら》などが生産されていたことが分かっています。

④武家政権の誕生とともに、それまでは貴族階級のものであった仏教も、従来とは違《ちが》った教えを取りこむことで、この時代には武士階級や一般庶民《いっぱんしょみん》にまで広まりました。そのうち、臨済宗の開祖である［　　　］は、中国から茶の種を持ち帰り、この茶の種を京都の高山寺の僧侶《そうりょ》がゆずり受け、宇治に茶が伝わったといわれています。

⑤この時代、A国内の食料は徹底的《てっていてき》に統制されていました。宇治産の茶も、最大の輸出相手国アメリカが敵国となったため、輸出量が激減しました。B戦局悪化に伴《ともな》い、宇治の抹茶《まっちゃ》産業も、軍部により生産中止の危機を迎《むか》えました。当時の茶業組合はこの危機を乗《の》り越《こ》えるため、抹茶《まっちゃ》が持つ眠気覚《ねむけざ》ましの効果や豊富なビタミンを軍部にアピールし、その結果、「航空元気食」、「防眠菓子《かし》」として軍に納められることになり、宇治の茶業はなんとか存続することができました。

問１　①から⑤はそれぞれ何時代の出来事ですか。次の中から選び、記号で答えなさい。

ア．旧石器時代　　イ．縄文時代　　ウ．弥生時代
エ．古墳・飛鳥時代　　オ．奈良時代　　カ．平安時代（院政期を除く）
キ．院政期・鎌倉時代　　ク．室町時代（南北朝時代を含む）・戦国時代
ケ．安土桃山時代　　コ．江戸時代　　サ．明治時代　　シ．大正時代
ス．昭和前期（第二次世界大戦敗戦まで）　　セ．昭和後期（第二次世界大戦敗戦後）

**問２**　①の下線部について、この阿弥陀如来《あみだにょらい》をまつる寺院（お堂）の名前は何ですか。答えなさい。

**問３**　②の下線部について、この人物により重用された茶人で、わび茶の完成者として知られている人物は誰《だれ》ですか。答えなさい。

**問４**　③の文について、大陸から日本列島にわたってきて、様々な技術や文化を伝えた人々のことを何といいますか。答えなさい。

**問５**　④の□に当てはまる人物は誰《だれ》ですか。答えなさい。

**問６**　⑤の下線部**Ａ**について、人やものを制限・統制するための法令を、議会の承認《しょうにん》を経ずに発令できるように定めた法律を何といいますか。答えなさい。

**問７**　⑤の下線部**Ｂ**について、当時の軍部は戦局が悪化する中でなぜ抹茶生産を中止させたのでしょうか。その目的を考えて答えなさい。

## **2**　以下の文章を読み、問いに答えなさい。

日本で一番高い山といえば富士山と誰《だれ》でも答える。では日本で一番低い山と問われたらどうであろう。

「山」の定義・基準がはっきりしないこともあり各地で「日本一」を競《きそ》い合う事態が起きている。①地形図で確認《かくにん》できるものでは、宮城県仙台市の日和《ひより》山が標高３ｍ、大阪湾に注ぐ安治川の川底をさらった土砂《どしゃ》で作られた天保山が標高４.５３ｍ、一等②三角点がある山でいうと大阪の蘇鉄《そてつ》山が標高６.９５ｍとなっている。一方で「我こそが日本一」と名乗りを上げているのが、□潟の干拓地《かんたくち》に作られた「大潟富士」。③周囲の標高は海抜《かいばつ》約－《マイナス》４ｍなので、その平地に土を３.７７６ｍ盛って作った山は「標高０ｍ」となる。

なお、標高が海面と同じときは、これを「海抜０ｍ」と表記し、また、海面より低い場合は「海抜－《マイナス》○ｍ」と記す。

**問１**　下線部①について、地形図に用いられる地図記号で右の記号は何を表していますか。答えなさい。

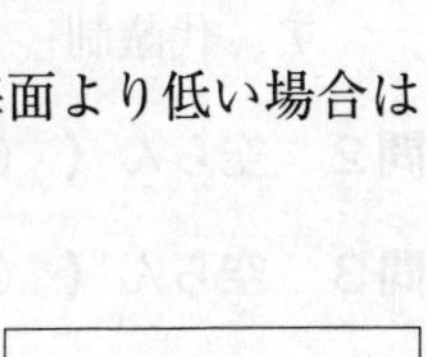

**問２**　下線部②について、三角点とは何ですか。次の中から正しい説明を１つ選び、記号で答えなさい。

ア．山の頂上を示す
イ．土地の利用の仕方を説明する
ウ．測量をするときに用いる
エ．所有者間の土地境界線を区分する

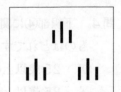

問３　□潟の干拓はコメの増産を意図して行われた国家的プロジェクトでした。

□に当てはまる漢字２文字を答えなさい。

問４　下線部③を略図で示すとしたらどのような断面図になりますか。解答欄《かいとうらん》にある断面図を完成させなさい。

問５　文中にある天保山や大潟富士の周辺は、地形から考えてどのような自然災害の危険が高いと考えられますか。説明しなさい。

**3**　**以下の文章を読み、問いに答えなさい。**

政治の最終的な決定権は国民にあるとする考えを国民主権という。日本では、選挙で国民自らの意思を代表する人を選び、法律を定める力をその人たちにゆだねるというしくみをとっており、これを（　①　）という。（　①　）において選挙は重要な意義を持つ。選挙を適切に運用するために、選挙の原則として、有権者の一票を同価値と考え平等に扱《あつか》う平等選挙や、有権者の投票内容を他人に知られないよう保障する（　②　）選挙という原則がある。

日本では、2015年の（　③　）法改正により、④70年ぶりに選挙権年齢《ねんれい》が引き下げられ、18歳以上の男女すべてが選挙権をもつようになった。しかし、昨年７月の参議院議員選挙（選挙区）の18歳と19歳の投票率は32.28％だった。全年代平均の投票率48.80％より16.52ポイント低い。20歳代の投票率も低くなっている。こうしたことから、⑤若い世代の意見が政治に反映されにくくなっているのではないか、と指摘《してき》されている。

問１　空らん（　①　）に共通してあてはまる言葉として**誤っているもの**はどれですか。次の中から１つ選び、記号で答えなさい。

ア．代議制　　イ．議会制民主主義　　ウ．直接民主制　　エ．間接民主制

問２　空らん（　②　）にあてはまる言葉は何ですか。答えなさい。

問３　空らん（　③　）にあてはまる法律は何ですか。答えなさい。

問４　下線部④に関して、1946年に実施《じっし》された選挙における有権者の条件について、正しいものはどれですか。次の中から１つ選び、記号で答えなさい。

ア．25歳以上の男子で直接国税３円以上の納税者

イ．25歳以上の男子で納税条件はない

ウ．30歳以上の男女で納税条件はない

エ．20歳以上の男女で納税条件はない

**問５**　下線部⑤について、もしあなたが立候補するとしたら、以下のＡ・Ｂ・Ｃのどの政策を主張すれば、当選しやすくなるとあなたは考えますか。【表】および【グラフ】をふまえ、政策Ａ・Ｂ・Ｃのいずれかを選び、記号で答えなさい。また、それはなぜですか、自分なりに考えて理由を説明しなさい。

政策Ａ「すべての年金生活者には年金に加えて毎月5000円を支給し、高齢者《こうれいしゃ》世帯には消費税を減税します。」

政策Ｂ「支給する児童手当を増額し、公立小中学校の給食は無償《むしょう》化します。」

政策Ｃ「18歳・19歳の人々に対して、プレミアム商品券を支給します。」

【グラフ　年齢《ねんれい》別人口構成（2020年度予想）】

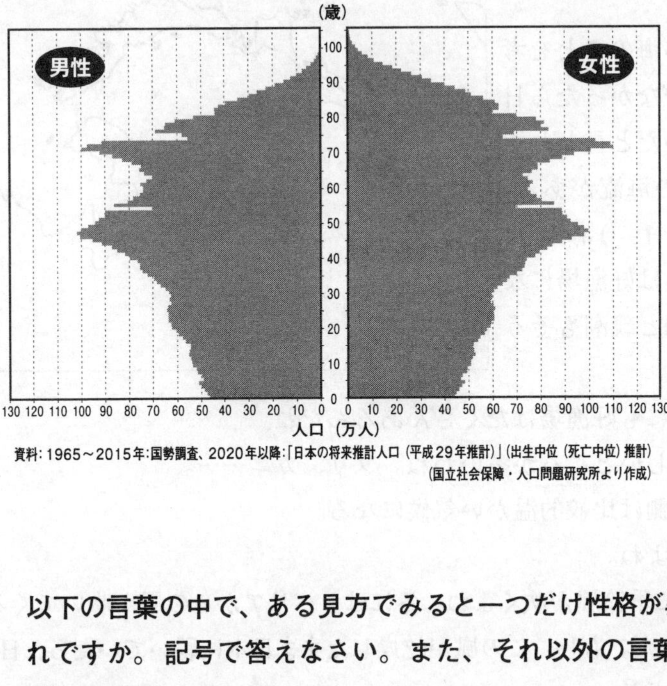


資料：1965～2015年：国勢調査、2020年以降：「日本の将来推計人口（平成29年推計）」（出生中位（死亡中位）推計）
（国立社会保障・人口問題研究所より作成）

【表】2019年参議院議員通常選挙における年代別投票率

（%）

| | |
|---|---|
| 10歳代 | 32.28 |
| 20歳代 | 30.96 |
| 30歳代 | 38.78 |
| 40歳代 | 45.99 |
| 50歳代 | 55.43 |
| 60歳代 | 63.58 |
| 70歳代以上 | 56.31 |
| 全体 | 48.80 |

**４**　以下の言葉の中で、ある見方でみると一つだけ性格が異なるものがあります。それはどれですか。記号で答えなさい。また、それ以外の言葉に共通する性格は何ですか。説明しなさい。

例　題〔ア．縄文　　イ．江戸　　ウ．鎌倉　　エ．横浜〕

| ア | 他はすべて都市の名前 |
|---|---|

**問１**　ア．永仁　　イ．文禄　　ウ．承久　　エ．弘安

**問２**　ア．米　　イ．小麦　　ウ．大豆　　エ．トウモロコシ

## 5　以下の問いに答えなさい。

**問１**　昨年、容疑者のひきわたしに関する法案の賛否をきっかけとして、大規模な民主化要求デモが発生したのはどこですか。答えなさい。

**問２**　昨年１０月消費税が１０％に引き上げられた際、支払《しはら》い業務がスムーズになるよう硬貨《こうか》や紙幣《しへい》を用いない支払い方法の普及《ふきゅう》が図《はか》られた。このような取引を何と呼びますか、答えなさい。

## 6　以下の会話を読んで、問いに答えなさい。なお、文中の森村さんの会話を「森」、お父さんの会話を「父」、お母さんの会話を「母」と表記します。

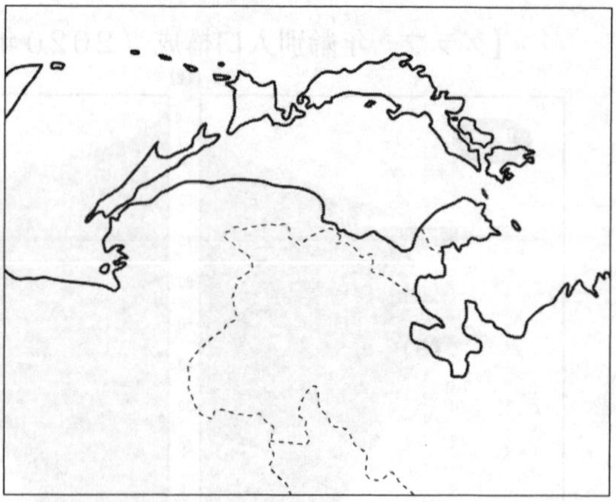

**森**　ねえ、こんな風に地図を回転させると、日本海は湖みたいだね。

**父**　確かにそうだね。今日は日本海のことを考えてみよう。もし、日本海がなかったら日本の気候は大きく変わっていたと言われているんだ。日本海には２つの海流がある。暖流の対馬海流と、寒流の（　１　）海流だ。

**森**　暖流と寒流がぶつかるところは好漁場になるんだよね。太平洋側の黒潮と親潮もそうでしょ。

**父**　すごいな。その通り、日本海にも好漁場はたくさんあるんだね。

**母**　確かに日本海側にも魚がおいしいところが多いわね。ブリ、カニ……。

**父**　この対馬海流によって日本海側は比較的《ひかくてき》温かい気候になる。

**母**　でも、日本海側は雪が多いわよね。

**父**　日本など東アジアには夏と冬に季節風が吹《ふ》くよね。冬にはシベリアからの風が吹いてくる。この風は冷たく乾燥《かんそう》した風なんだ。もし、この風が乾燥したまま日本に届いていたら、日本に雪はあまり降らなかったはずだ。

**森**　対馬海流だ！

**父**　そう！日本海の対馬海流は温かい海流だから、その上を吹く風は水蒸気を含《ふく》んで、湿《しめ》った風になる。この風が日本列島の高い山にぶつかり、大量の雪を降らせることになる。

**森**　そうなんだ、それで A 日本海側の気候の特徴《とくちょう》がわかった。

**父**　大量の雪が溶《と》けることで、日本は豊かな水資源に恵《めぐ》まれてきた。その水が豊かな森林を作り出し、農業などに活《い》かされている。日本海がもっと小さな海だったら、日本には豊富な水も森林もなかったかもしれない。

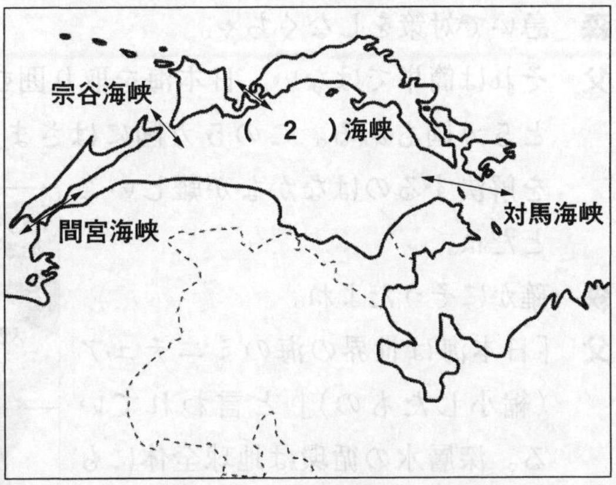


**森**　日本海すごいね。

**父**　でも、今、その日本海に大きな問題が起こっているんだ。日本海はとても深い海だ。平均でも水深１７００ｍ。一番深いところは水深３８００ｍくらいある。

**森**　えっ、富士山がすっぽりと入る！

**父**　でも、日本海が他の海とつながっている海峡《かいきょう》は水深がとても浅いんだ。日本海の海峡は４つある。わかるかな。

**森**　この地図の左から考えると、間宮海峡、宗谷海峡、（　2　）海峡、対馬海峡でしょ。

**父**　その通り！すごいな。宗谷海峡は水深５０ｍ、（　2　）海峡・対馬海峡は１３０ｍくらい。間宮海峡にいたっては水深１０ｍしかない。

**森**　えっ、日本海が深さ１７０cmのプールだとすると、（　2　）海峡・対馬海峡は１３cm、宗谷海峡は５cm、間宮海峡は１cmだけ他のプールとつながっているってことでしょ。じゃあ日本海はほとんど閉じられていることになるじゃん。

**母**　とすると日本海の中で海水はぐるぐるまわっているということになるの？

**父**　そうなんだ。北に上がった対馬海流の多くは冷やされて南に戻《もど》ってくる。（　1　）海流は冷やされた対馬海流とシベリアのアムール川の水から出来ていると考えられている。

**母**　日本海って海流が反時計回りにまわっていることになるわね。

**父**　そうなんだ。でも、回っているのは表面だけじゃない。冷やされた水はどうなるかな。

**森**　冷たい水は重くなるから下に行く。

**父**　その通り。日本海も同じだ。表面の海流の多くは重くなって、海底に沈《しず》んでいく。こういった海水は「深層水」とか「底層水」と呼ばれているけれど、B日本海では表面の海水だけでなく、この海水も循環《じゅんかん》している。表面の流れにそって、北から南にゆっくりと流れていく。そして南に行くと、水深が浅くなるから徐々《じょじょ》に上昇《じょうしょう》する。なんと日本海を１周するのに、１００年くらいかかるらしい。

**母**　１００年で１周！人間の一生ね。でも、深層水が循環すると何かいいことあるの？

**父**　水深２００ｍより深いところにも酸素が持ちこまれて、生物が生存することができるんだ。

**母**　だから日本海ではおいしいズワイガニがたくさん獲《と》れるんだ。

**森**　ところで、日本海の問題って何なの。

**父**　最近、日本海の海水温度が上がっている。このため表面の水が沈み込む量が少なくなっているらしい。このため深いところでは、徐々に酸素濃度《のうど》が下がってきている。水産資源の影響《えいきょう》はとても大きい。

**母**　カニがとれなくなっちゃう！

**父**　さらに深層水の循環がなくなると日本海の海流の流れも変化すると予想されている。もし海流が変化したら、周辺の環境は大きな変化が起こると予想される。

**森**　急いで対策をしなくちゃ。

**父**　それは簡単ではない。日本海を取り囲む国は多い。日本・韓国・北朝鮮・中国・ロシアと５カ国もある。この５カ国にはさまざまな問題も起こっている。隣《となり》の国同士で問題を解決するのはなかなか難しいことだね。

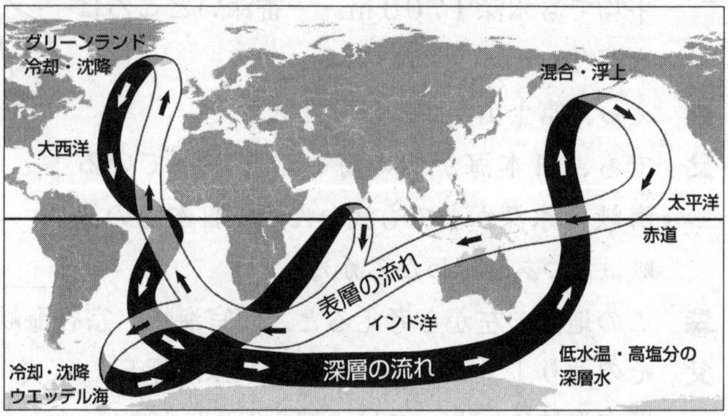


**森**　確かにそうだよね。

**父**　「日本海は世界の海のミニチュア(縮小したもの)」と言われている。深層水の循環は地球全体にもあり、１０００から２０００年かけて地球を１周する。この深層水の循環が地球の環境を支えているとも言われている。もし深層水の循環が止まると、世界の環境は激変するといわれている。

**母**　日本海と同じ。でも、期間がだいぶ違うけど……。

**森**　そうか！期間も短くて、規模も小さいから「日本海は世界の海のミニチュア」なんだ。

**父**　そうなんだ。だから日本海の対策を取ることは［　　C　　］。世界の人たちが注目している。とにかく $_{D}$一刻も早い国際的な取り組みが必要だ。

**問１**　文中の(　**１**　)に当てはまる海流の名前は何ですか。答えなさい。

**問２**　文中の(　**２**　)に当てはまる海峡名を答えなさい。

**問３**　下線部**A**について、以下の雨温図は、秋田・盛岡・仙台の雨温図です。文中にある日本海側の気候の特徴《とくちょう》を読み、以下の中から秋田の雨温図を選び、記号で答えなさい。

**(ア)**

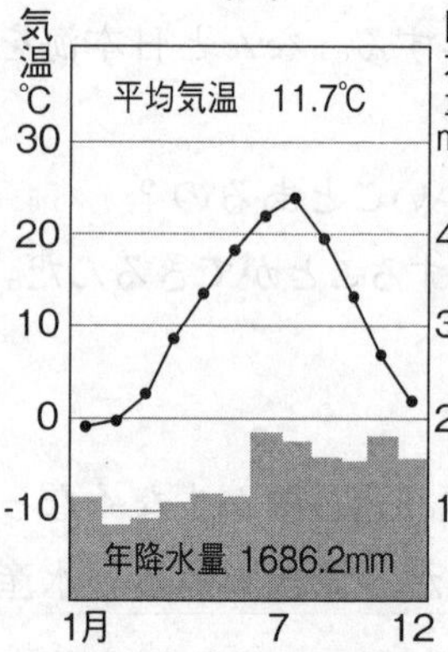


**(イ)**

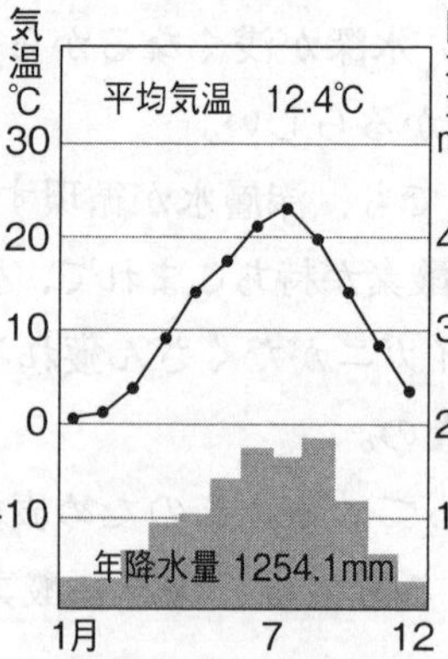


**(ウ)**

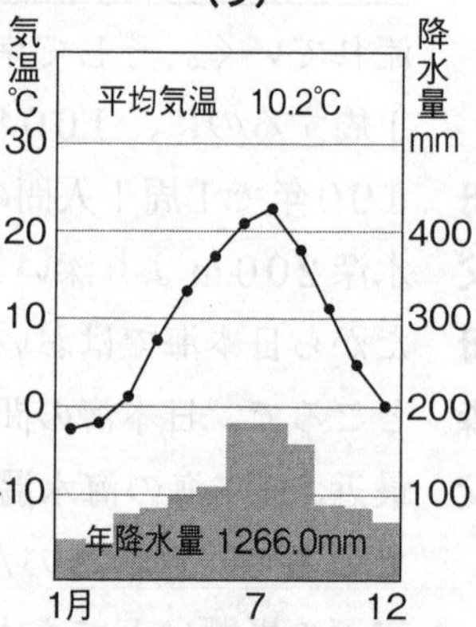

**問４**　下線部**B**について、日本海の海流・深層水が循環する様子を図式化するとどのようになりますか。解答らんの［地図］には海流を、模式化した日本海の［断面図］の中には海流・深層水の流れを、それぞれ矢印で記入しなさい。

［地図］

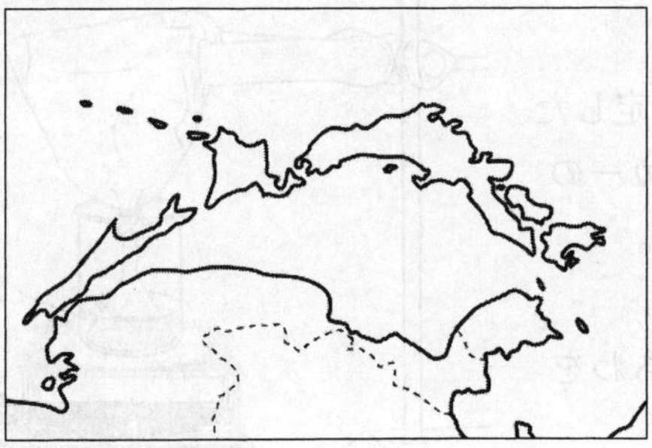

［断面図］

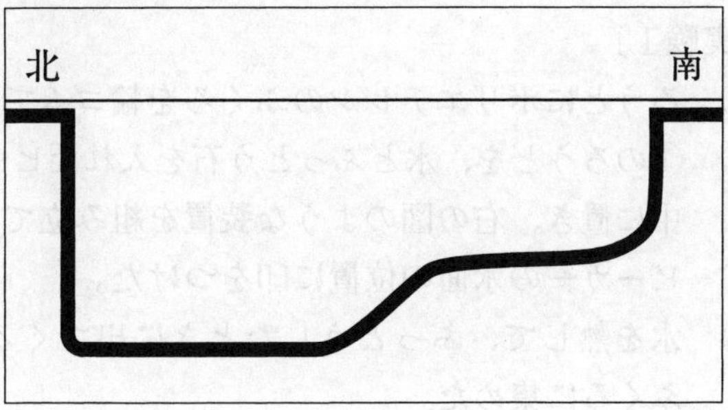


**問５**　C　に当てはまる文章は何ですか。「日本海は世界の海のミニチュアである」という言葉の意味をふまえて、答えなさい。

**問６**　下線部**D**について、環境問題などでは、数カ国が協力しなければならないにも関わらず、対策が進まない場合も少なくありません。なぜ、対策は進まないのですか。説明しなさい。

**【理　科】** 〈第１回試験〉（40分）〈満点：75点〉

（注意）１　解答は特に指定のないかぎり，漢字・ひらがなのどちらでもかまいません。
　　　　２　単位を必要とする問いには必ず単位をつけて答えて下さい。

**1**　ものは温度によってそのすがたが変化します。この変化について調べるため、次の実験をしました。下の問いに答えなさい。

〔実験１〕

①　ろうとにポリエチレンのふくろを輪ゴムで固定した。

②　①のろうとを、水とふっとう石を入れたビーカーの中に置き、右の図のような装置を組み立てた。

③　ビーカーの水面の位置に印をつけた。

④　水を熱して、ふっとうしたときに出てくるあわをふくろに集めた。

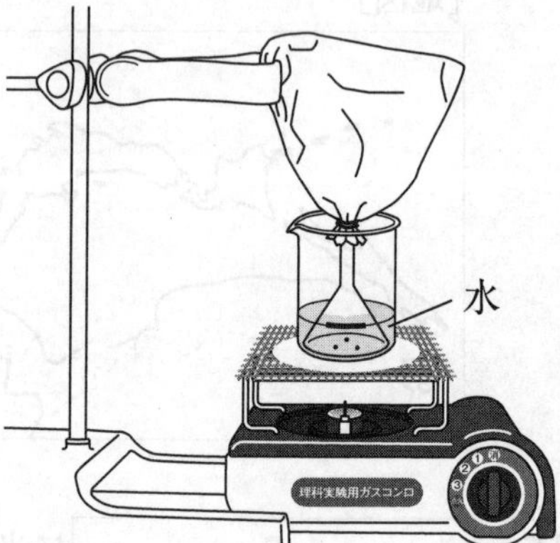


〔結果〕

・水がふっとうしているとき、ふくろはふくらんだ。

・熱するのをやめるとふくろはしぼんで、ふくろの中には水てきがついていた。

・ビーカーの水の量は減っていた。

問１　②でふっとう石を入れた理由を答えなさい。

問２　ビーカーの減った水の体積と比べて、ふくらんだふくろの体積はとても大きいです。このことから、水と水蒸気の体積にはどのようなちがいがあるか説明しなさい。

問３　ビーカーの水がふっとうしてふくろがふくらんでいるときに、きりふきで冷たい水をふくろにかけました。ふくろはどうなりますか。理由とともに答えなさい。

問４　弁当箱のふたを開けようとすると、かたくてまったく開きませんでした。てこの原理を利用しても開きませんでした。弁当箱をこわさずに開けるためにはどうすればよいでしょうか。あなたの考えを書きなさい。

〔実験２〕

① 試験管に水を入れ、水面の高さに印をつけた。

② この試験管を冷とう庫に入れ、水を凍《こお》らせた。

問５ 氷になった後、氷の高さは初めにつけた印に比べてどうなりますか。

問６ ペットボトルの水やお茶には「凍らせないでください」と書かれているものがあります。なぜ凍らせてはいけないのでしょうか。くわしく説明しなさい。

問７ 固体から液体に変化する温度を融点《ゆうてん》、液体から気体に変化する温度を沸点《ふってん》といいます。下の表は４つのものの融点と沸点を示しています。

| | 融点〔℃〕 | 沸点〔℃〕 |
|---|---|---|
| A | 0 | 100 |
| B | −114 | 78 |
| C | 800 | 1413 |
| D | 1538 | 2862 |

A～Dの中から次にあてはまるものをすべて選び、記号で答えなさい。

（１） −20℃で固体であるもの

（２） 120℃で気体であるもの

（３） 1000℃で液体であるもの

**2** 人間や動物は、植物と関わり合いながら生活しています。このことについて、次の問いに答えなさい。

問１　植物には、周囲の気温を調節するはたらきがあります。下の表は、風のない５月のある晴れた日に、Ⓐ葉のしげっている林の中と、Ⓑその林の近くの木が生えていない空き地の２つの場所で、観測時刻を変えて気温をはかった結果です。

| | ５時 | 12時 | 20時 |
|---|---|---|---|
| Ⓐ（林の中） | 13℃ | 21℃ | 18℃ |
| Ⓑ（空き地） | 13℃ | 24℃ | 19℃ |

　12時のⒶの気温が、Ⓑよりも低かった原因は、葉にさえぎられて地面にとどく光が少なかったためと、葉からの水分の放出（蒸散）が多かったためと思われます。

　このⒶの林では、春の初めに木々の葉がいっせいに芽生え、春から夏にかけて緑の葉がしげり、秋には葉がすべて紅葉する様子が毎年見られました。春・夏・秋・冬にこの観測をおこなった場合、12時のⒶとⒷの温度差が最も小さいのはいつの季節ですか。そう考えた理由も答えなさい。

問２　植物には、栄養を作るしくみがあります。このしくみについて、次の文の□にあてはまる言葉を答えなさい。

　植物が作る栄養には、でんぷんや糖があります。植物がでんぷんや糖を作るためには、大気中の［①］と、［②］のエネルギーなどを利用しています。動物にはこのしくみがないので、でんぷんや糖を自分で作ることができません。そのため動物は植物を食べて栄養をとっています。

問３　動物は、栄養のほかにも、植物が作ったものがないと生きていけません。

（１）　それは何ですか。

（２）　それは、動物が何をするために必要ですか。漢字２文字で答えなさい。

問４　人間が捨てたプラスチック製品が、海洋やそこに住む生物に深刻な悪影響《えいきょう》をおよぼしていることが問題になっています。人間が引き起こしたこの環境《かんきょう》問題の対策のひとつとして、近年植物が注目をあびています。それは、プラスチック製のストローのかわりに、植物を材料とするストローを使うという対策です。植物を材料とするストローには、植物から作った紙製のものや、でんぷんからできているものなどがあります。

（１）　環境に対して、紙やでんぷんからできているストローの方が、プラスチック製のストローよりもすぐれている点を説明しなさい。

（２）　プラスチック製のストローから、紙やでんぷんでできているストローにかえることは、この問題の解決には不十分であるという意見もあります。それはなぜですか。説明しなさい。

**3** ある一定の重さ以上のものをつりさげると切れてしまう糸を使って、次の実験を行いました。次の問いに答えなさい。

問1　図1のように10kgの容器を糸につるして、この容器の中に1秒あたり50mLのはやさでゆっくり水を入れます。1mLあたりの水は1gであるとして、次の問いに答えなさい。

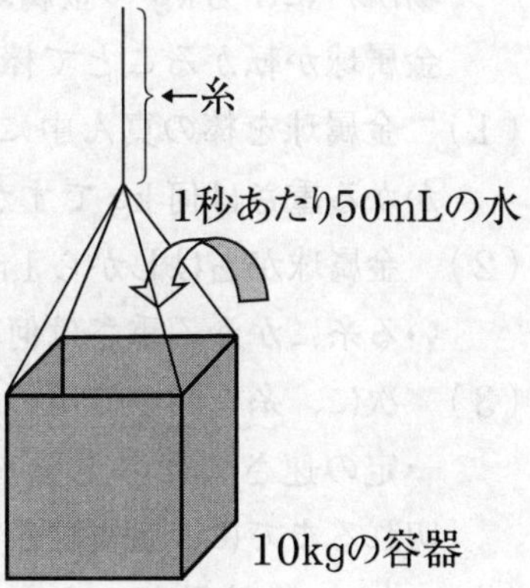

図1

（1）30秒後における容器内の水は何kgですか。

（2）1分40秒を超《こ》えると、容器をつるしていた糸が切れました。この糸は何kgの重さまでたえることができますか。

問2　図2のように、長さが4mで20kgの一様な棒を糸につけて天井《てんじょう》から水平につりさげたいと思います。棒に糸をつける場所は、左はしから1mの場所Aと右はしから1mの場所Bの2か所です。つりさげるときに使う糸は、問1で用いたものと同じものとします。このとき、この糸は棒をつりさげることは可能でしょうか。解答らんの結果のところに可能な場合は「○」、不可能な場合は「×」で答えなさい。また、そのような結果になる理由を述べなさい。

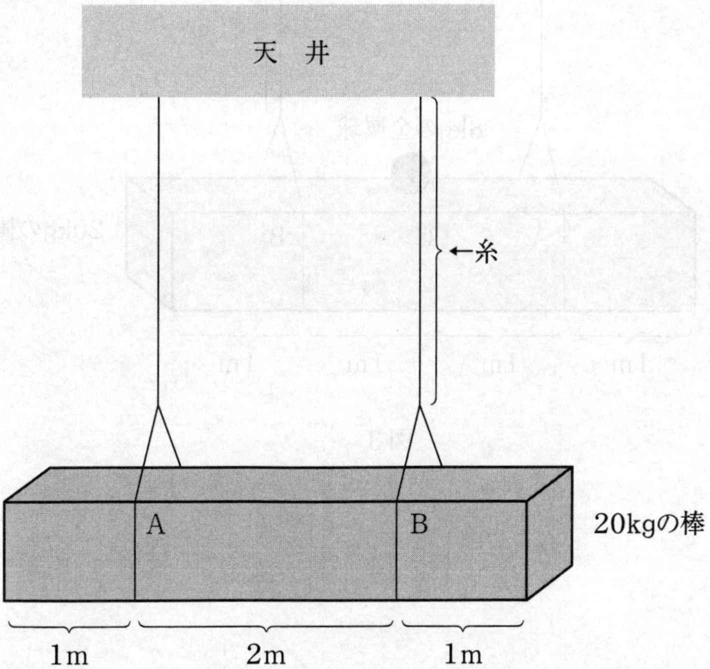

図2

問３　図３のように、20 kgの棒の左はしから１mの場所Aと右はしから１mの場所Bの２か所を、重さにかかわらず切れない糸でつりさげ、棒の真ん中C（左はしから２mの場所）に、８kgの金属球を置き、一定の速さで棒の上を右向きに転がしました。この金属球が転がることで棒は動かないものとして、次の問いに答えなさい。

（１）　金属球を棒の真ん中に置いただけの状態では、Bの位置を天井からつるしている糸にかかる重さは何kgですか。

（２）　金属球が右はしから１mの場所Bの位置に来たときでは、Bの位置を天井からつるしている糸にかかる重さは何kgですか。

（３）　次に、糸を問１で用いたものと同じものに変えて、棒の真ん中Cから８kgの金属球を一定の速さで棒の上を右向きに転がしました。Bの位置を天井からつるしている糸が切れるまでに、金属球が棒上を転がることができる距離《きょり》を求めなさい。

（４）（３）の結果をふまえて、金属球が棒の上を転がることができる時間を求めなさい。この金属球は毎秒５cmの速さで転がるものとします。

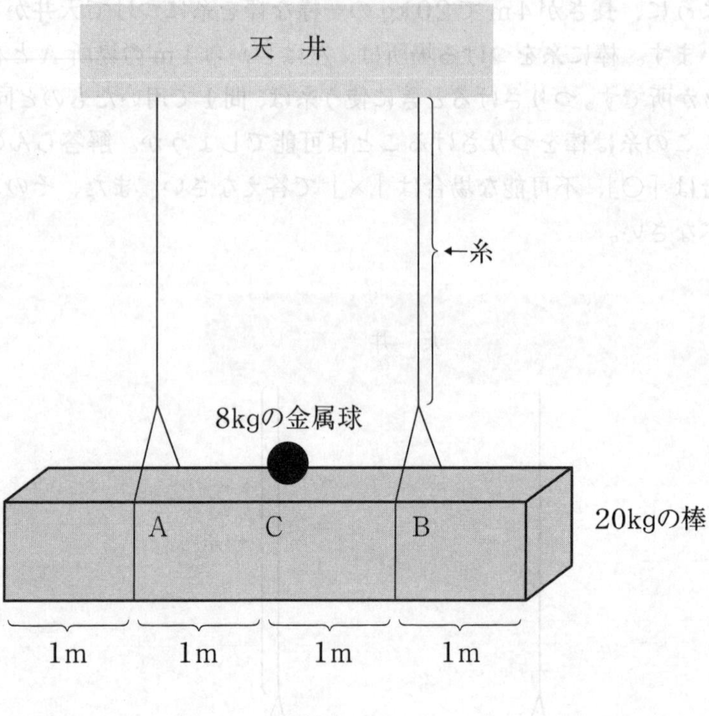


図３

**4** 気温や地面の温度について、次の問いに答えなさい。

問１　同じ場所における１日の最高気温と最低気温について、次の文のうち正しいものを１つ選び、記号で答えなさい。

ア：晴れの日はくもりの日より最高気温と最低気温の差が大きい。
イ：晴れの日は雨の日より最高気温と最低気温の差が小さい。
ウ：晴れの日も雨の日も最高気温と最低気温の差は変わらない。
エ：雨の日は晴れの日より最高気温も最低気温も高くなる。
オ：晴れの日はくもりの日より最高気温も最低気温も低くなる。

問２　ある年の春に、１日の気温変化を３日調べて、右の図１のようにグラフにしました。それぞれの日の天気は、下の①～③のいずれかです。①～③の日の気温変化を表したグラフを、それぞれ１つ選び、Ａ～Ｃの記号で答えなさい。なお、３日とも１日を通して風向きは大きく変わりませんでした。

①　その日は、１日中晴れだった。
②　その日は、午前中くもりだったが、昼から雨が降り出した。
③　その日は、朝から雨が降り続いたが、夜になると雨が上がった。

１時間ごとの気温変化

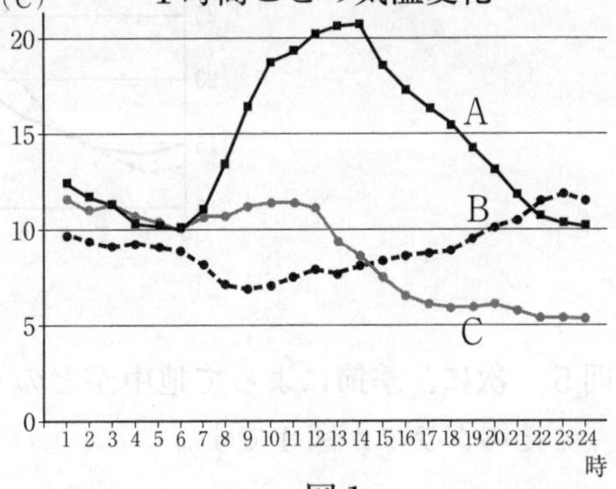


図１

問３　気温とともに日なたの地面の温度も調べようと思います。そこで、地面に浅いみぞをつくり、温度計の液だめを入れて、土を軽くかけました。そして図２のように、温度計におおいをしました。このとき、おおいをする理由を答えなさい。

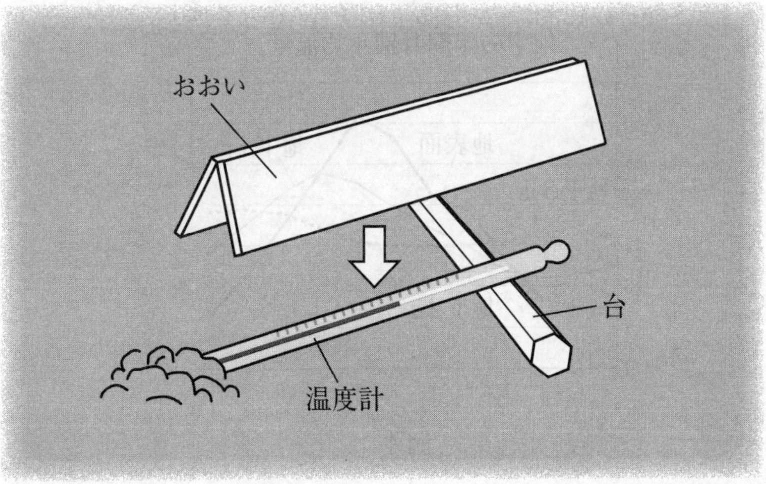


図２

問4　ある1日の気温と地面の温度を観測した結果が、図3のグラフです。

（1）　図中のAとBのどちらかが気温の変化で、もう片方が地面の温度の変化です。気温の変化はどちらですか。記号で答えなさい。

（2）　このグラフから、空気はどのようにあたためられると考えられますか。説明しなさい。

（3）　太陽の光が地面にあたらないくもりの日は、晴れの日と比べて1日の地面の温度変化はどのようになると考えられますか。説明しなさい。

1日の気温と地面の温度の変化

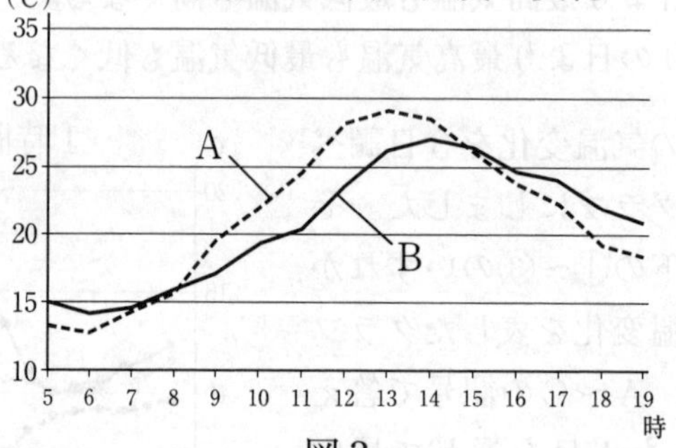


図3

問5　次に、季節によって地中がどのくらいの温度なのかを、深さごとに調べてみました。そのグラフが図4です。

昔から人々は、地面を深く掘《ほ》り、図4のグラフから読み取れる地中のある性質を利用してきました。縄文《じょうもん》時代の竪穴《たてあな》式住居などの、地面を掘ってつくられた建物でも、その性質を利用していたといわれています。また、近年では羽田空港のビルや東京スカイツリーでもこの性質を上手に使うなど、大きな建物や住居での利用が広がっています。では、グラフから読み取れるある性質とは何ですか。またその性質を住居にどのように利用しているか答えなさい。

地中の年間月別平均温度

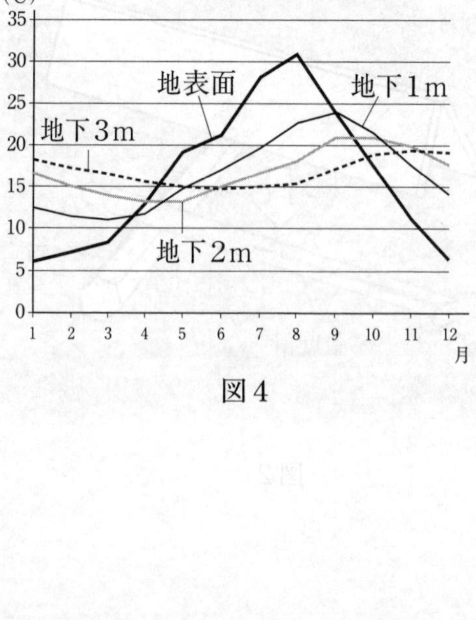


図4

**問九** ――⑦「山沢君の表情がほんの少しやわらかくなった」とありますが、これに対応する山沢君の態度について述べた三十字以内の一文を、これ以前の本文中に求め、最初と最後の五字をぬき出しなさい。

**問十** 本文の内容と表現の特徴《とくちょう》の説明として**適当でない**ものを次から**二つ**選び、記号で答えなさい。

**ア** 物語は「ぼく」を語り手としてつづられるが、「ぼく」の心のつぶやきが（　）を用いて表現され、それが文中の所どころにさしはさまれることで「ぼく」の心の動きがリアルに伝わってくる。

**イ** 物語は、将棋に打《う》ち込《こ》む二人の少年を中心に進められるが、そこに、サッカーがうまくて快活な少年「大熊悠斗《おおくまゆうと》君」が登場することによって、物語の世界が奥行《おくゆ》きのあるものになっている。

**ウ** 将棋教室に通う少年たちの無邪気《むじゃき》な姿が、「有賀先生」というプロの目を通して客観的に描《えが》かれることで、将棋の世界の厳しさが将棋をよく知らない読者にも伝わってくるように描かれている。

**エ** 転校を機に、「ぼく」は野球をやめて、将棋に夢中になっていくのだが、同時に、「ぼく」は将棋を通じて、チームにいた頃《ころ》には特に意識することもなかった、野球の一面を再認識していくことになる。

**オ** 山沢君との対戦を終えた直後の、「壁《かべ》の時計を見ると、短針は『3』を指し、長針が『12』にかかっている」という表現からは、「ぼく」が対局に全神経を傾《かたむ》けていたことが伝わってくる。

**カ** 当初「ぼく」は、三つも年下のくせに生意気な態度をとる「山沢君」に対して反感を抱《いだ》いていたが、ともに白熱した対局を戦ったことで反感は消え、ライバルとして認めるようになっていく。

**三** **次の①から⑧の――部のカタカナを漢字になおし、⑨から⑫の――部の漢字の読み方をひらがなで書きなさい。**

① 海底タンサ船が静かに母船を離《はな》れた。
② 新製品のセンデンに力を入れる。
③ 湖をハイケイにして写真を撮《と》った。
④ 問題の解決のためにクラスでトウギを重ねた。
⑤ 船のモケイを熱心に眺《なが》める。
⑥ 屋根に積もった雪を取りノゾいた。
⑦ 真っ白い布を青くソめた。
⑧ 音楽会でフルートをエンソウする。
⑨ 富士山の頂を目指した。
⑩ 豚《ぶた》の臓物を使ってソーセージを作る。
⑪ 干害のため米の収穫《しゅうかく》量が減少する。
⑫ 樹氷は限られた条件の下で形成される。

問六 [A]・[B]に入る言葉として、最も適当なものを次から選び、それぞれ記号で答えなさい。

ア うれしそう　イ つまらなそう　ウ 悲しそう　エ 恥《は》ずかしそう
オ 悔《くや》しそう　カ 気の毒そう　キ 申し訳なさそう　ク 誇《ほこ》らしそう

問七 ――⑤「メガネをかけた小学2年生」とは山沢君のことですが、ここでは、なぜ、このように表現したのですか。その説明として最も適当なものを次から選び、記号で答えなさい。

ア 自分と白熱した勝負をした相手が、小学2年生の幼いこどもにすぎなかったと改めて印象づけることで、その天才ぶりに「ぼく」がたじろいでいる様子を効果的に示すため。
イ あと少しで勝つことのできた相手が、改めて見れば幼さの残る年下の少年にすぎなかったと印象づけることで、「ぼく」の悔しさを効果的に示すため。
ウ 自分が読めなかった詰《つ》み筋《すじ》をすでに読んでいた相手が、三つも年下であったことを明らかにすることで、「ぼく」が劣等感《れっとうかん》にかられている様子を効果的に示すため。
エ 対局が終わってからも実力の差を見せつけてくれた相手が、自分よりも年下の少年であったことを改めて印象づけることで、「ぼく」の驚《おどろ》きと賞賛を効果的に示すため。

問八 ――⑥「ぼくの心ははずんでいた」とありますが、このときの「ぼく」の心情の説明として、最も適当なものを次から選び、記号で答えなさい。

ア 「自分以外はみんな敵なんだ」と、ムキになっている山沢君の態度は、まるで以前の自分の姿を見るようで、改めて思えば、そんなに深刻に考《かんが》え込《こ》まずに、将棋を心から楽しめばいいのだと自分に言い聞かせている。
イ 「自分以外はみんな敵だ」と、以前は自分もムキになっていたが、山沢君にあと少しで勝てるところまで成長した自分を確信し、これからはお互いに対等につきあっていけるだろうと、気持ちの余裕《よゆう》が生まれている。
ウ 「自分以外はみんな敵だ」と思うとさびしかったが、山沢君との熱戦を経て、自分以外の相手をすべて敵と思うのではなく、ともに高め合うライバルだと思えばさびしくはないのだと気づいて、明るい気持ちになっている。
エ 「自分以外はみんな敵だ」と思い、一度は将棋が怖くなっていたが、山沢君の悔しがる姿を見て、怖いのは自分だけじゃないんだと気づき、ともに将棋の怖さを克服《こくふく》して、プロを目指す仲間としてがんばろうと思っている。

**問三** ――a「日進月歩」、b「おこがましい」の意味として、最も適当なものを次から選び、それぞれ記号で答えなさい。

a 「日進月歩」

ア 急速に進歩する様子

イ 少しずつ着実に前進する様子

ウ めまぐるしく変わっていく様子

エ 情勢がよくなったり悪くなったりする様子

b 「おこがましい」

ア ふざけている

イ 礼儀《れいぎ》をわきまえない

ウ 舞《ま》い上《あ》がっている

エ 差し出がましい

**問四** ――③「ぼくは初めて将棋が怖《こわ》くなった」とありますが、「ぼく」が将棋を「初めて」怖いと思うようになったのは、なぜですか。その理由を述べた次の説明文の[１]・[２]に、それぞれ三十字以上四十字以内の言葉を入れなさい。（ぬき出しではなく、本文中の言葉を適宜《てきぎ》用いて作文すること）

**「将棋を始めた当初は、将棋は野球と違《ちが》って、[１]と思っていたが、アパートの部屋で山沢君のことを思《おも》い浮《う》かべているうちに、自分たちがおたがいのことをほとんど知らずに対局しているのだと初めて気づき、[２]と思うようになったから。」**

**問五** ――④「（将棋）一辺倒《いっぺんとう》じゃなくて、野球もやっててよかったよな」とありますが、ここから読み取れる「ぼく」の心情の説明として、最も適当なものを次から選び、記号で答えなさい。

ア 元気よく挨拶《あいさつ》をするという、野球を通して身についた習慣のおかげで、他の生徒の前で褒《ほ》められたことを誇《ほこ》らしく思っている。

イ 大きな声で挨拶をして褒められた自分とは対照的に、挨拶を返すこともできない将棋教室の生徒たちを見て、ふがいなく思っている。

ウ 挨拶を返さない他の生徒たちを見て、野球以外にも大切なことを教えてくれた野球チームのことを、改めてありがたく思っている。

エ 生徒たちが挨拶を返さなくても叱《しか》らない有賀先生を見て、厳しい指導で自分を鍛《きた》えてくれた野球チームのことを懐《なつ》かしく思っている。

＊奨励会《しょうれいかい》……プロ棋士を目指す者が所属する研修機関。年一回の入会試験は難関で、合格するには、最低でもアマチュア四段の実力が必要といわれる

＊棋譜《きふ》……将棋で、互《たが》いの対局者が行った手を順番に記入した記録

問一　――①「ぼくの頭は将棋《しょうぎ》のことでいっぱいだった」とありますが、このときの「ぼく」の説明として、最も適当なものを次から選び、記号で答えなさい。

ア　クリスマスに将棋セットを買ってもらった当初は、ただその楽しさに夢中だったが、山沢君《やまさわくん》に負けたのを機に、本気で将棋に取り組もうと思い直している。

イ　将棋教室で初段まで昇級《しょうきゅう》して得意でいたところ、年下の山沢君についに負けてしまい、その悔《くや》しさから次こそは見返してやろうとムキになっている。

ウ　将棋教室で順調に戦績を伸《の》ばしてきたが、ついに二段の山沢君に負けてしまい、次の対戦では互角《ごかく》に戦えるだけの力をつけておきたいと思っている。

エ　将棋教室で順調に勝ち続けて、すっかり有頂天になっていたが、思いがけず山沢君に負けてしまい、勝負の世界の厳しさを身にしみて感じている。

問二　――②「ぼくが詳《くわ》しく説明すると、悠斗君《ゆうとくん》はまだ信じられないようだったが、一応納得してくれた」とありますが、「ぼく」が説明し、悠斗君が納得したのは、どのようなことだと考えられますか。最も適当なものを次から選び、記号で答えなさい。

ア　サッカーや野球とは異なり、将棋の世界では番狂《ばんくる》わせがたびたび起こりうること

イ　サッカーや野球などのスポーツと将棋とでは、求められる能力が同じではないこと

ウ　サッカーや野球では、体格や体力に優れた上級生が下級生よりも有利であること

エ　サッカーや野球とは異なり、将棋では幼い頃《ころ》から始めた者が断然有利であること

くりかえしながら、一緒に強くなっていけばいい。

「そういえば、有賀先生のおとうさんが教えた大辻弓彦《おおつじゆみひこ》さんっていうひとが、関西の＊奨励会《しょうれいかい》でがんばっているんだってね。大辻さんが先にプロになって、きみとぼくもプロになって、いつかプロ同士で対局できたら、すごいよね」

奨励会試験に合格するにはアマ四段の実力が必要とされる。それに試験では奨励会員との対局で五分以上の星をあげなければならない。合格して奨励会に入っても、四段＝プロになれるのは20パーセント以下だという。

それがどれほど困難なことか、正直なところ、ぼくにはよくわかっていなかった。でも、どれほど苦しい道でも、絶対にやりぬいてみせる。

「このあと、となりの図書館で＊棋譜《きふ》をつけるんだ。今日の、引き分けだった対局の」

ぼくが言うと、⑦山沢君の表情がほんの少しやわらかくなった。

「それじゃあ、またね」

三つも年下のライバルに言うと、ぼくはかけ足で図書館にむかった。

（佐川光晴《さがわみつはる》『駒音高く』より）

※　問題作成の都合上、原文の表記を一部改めたり、文章の一部を省略したりしたところがあります。

（注）＊玉《ぎょく》を詰《つ》ませた……………将棋《しょうぎ》で、王将のことを「玉」といい、玉が敵の駒《こま》に攻《せ》められて逃《に》げきれなくなり負けとなることを「詰み」という。
「玉を詰ませる」は、相手を負かすこと

＊横歩取り……………将棋の戦法の一種

＊詰め将棋……………将棋のルールを用いたパズルで、指し将棋の終盤力《しゅうばんりょく》を磨《みが》くための練習問題でもある

＊ファルコンズ……………「ぼく」が転校する前に所属していた野球チームの名称《めいしょう》

＊読み筋……………将棋で、これから相手がどういう手を打ち、どう展開していくかを予想したもの

＊航太君のおとうさん……「ぼく」が小学校四年生まで所属していたファルコンズのジュニアチームの監督《かんとく》

＊振《ふ》り飛車……………将棋の戦法の一種

＊居飛車……………将棋の戦法の一種

＊詰み筋……………将棋で、「詰み」にいたるまでの手順のこと

＊馬引きからの7手詰め……あと7手で「詰み」になる、その手順のこと

40分どころか、1時間半も対局していたのだ。

ぼくは盤面に視線を戻《もど》した。ぼくの玉はすでに相手陣《じん》に入っていて、詰ませられることはない。山沢君も入玉をねらっているが、10手あれば詰ませられそうな気がする。ただし手順がはっきり見えているわけではなかった。

「すごい勝負だったね。ぼくが将棋教室を始めてから一番の熱戦だった」

プロ五段の有賀先生から最高の賛辞をもらったが、ぼくは*詰み筋を懸命《けんめい》に探し続けた。

「*馬引きからの7手詰めだよ」

山沢君が［B］に言って、ぼくの馬を動かした。

「えっ?」

まさか山沢君が話しかけてくるとは思わなかったので、ぼくはうまく返事ができなかった。

「こうして、こうなって」

詰め将棋をするように、山沢君が盤上の駒を動かしていく。

「ほら、これで詰みだよ」

(なるほど、そのとおりだ)

頭のなかで答えながら、ぼくはあらためて⑤メガネをかけた小学2年生の実力に感心していた。

〈中略〉

103号室に戻り、カバンを持って出入り口にむかうと、山沢君が立っていた。ぼくより20センチは小さくて、腕《うで》も脚《あし》もまるきり細いのに、負けん気の強そうな顔でこっちを見ている。

「つぎの対局は負けないよ。絶対に勝ってやる」

「うん、また指そう。そして、一緒に強くなろうよ」

ぼくが言うと、山沢君がメガネの奥《おく》の目をつりあげた。

「なに言ってんだよ。将棋では、自分以外はみんな敵なんだ」

小学2年生らしいムキになった態度がおかしかったし、「自分以外はみんな敵だ」と、ぼくだって思っていた。

「たしかに対局中は敵だけど、盤を離《はな》れたら、同じ将棋教室に通うライバルでいいんじゃないかな。ぼくは初段になったばかりだから、三段になろうとしているきみをライバルっていうのは、bおこがましいけど」

⑥ぼくの心ははずんでいた。個人競技である将棋にチームメイトはいないが、ライバルはきっといくらでもあらわれる。勝ったり負けたりを

「前回と同じ対局になってしまうけど、それでもいいかな？　先手は野崎君で」
「はい」
　ぼくは自分を奮い立たせるように答えたが、山沢君は［A］だった。
（よし。目にもの見せてやる）
　ぼくは椅子《いす》にすわり、盤に駒を並べていった。
「おねがいします」
　二人が同時に礼をした。山沢君が対局時計のボタンを押《お》すと、ぼくはすぐに角道を開けた。山沢君もノータイムで角道を開けた。続いて、ぼくが飛車先の歩を突《つ》くと、山沢君は少し考えてから、同じく飛車先の歩を突いた。どうせまた＊振《ふ》り飛車《びしゃ》でくると思っていたはずだから、＊居飛車を選んだぼくに合わせようとしているのだ。
（よし、そうこなくちゃな）
　ぼくは飛車先の歩を突き、山沢君も飛車先の歩を突いた。ぼくが飛車先の歩を伸《の》ばせば、山沢君も飛車先の歩を伸ばす。この流れなら、まずまちがいなく横歩取りになる。あとは、研究の成果と、自分の読みを信じて、一手一手を力強く指すのみ。
　序盤《じょばん》から大駒を切り合う激しい展開で、80手を越《こ》えると双方《そうほう》の玉が露出《ろしゅつ》して、どこからでも王手がかかるようになった。しかし、どちらにも決め手がない。ぼくも山沢君もとっくに持ち時間はつかいきり、ますます難しくなっていく局面を一手30秒以内で指し続ける。壁《かべ》の時計に目をやる暇《ひま》などないが、たぶん40分くらい経っているのではないだろうか。持ち時間が10分の将棋は30分あれば終わるから、ぼくはこんなに長い将棋を指したことはなかった。これでは有賀先生との2局目を指す時間がなくなってしまう。
「そのまま、最後まで指しなさい」
　有賀先生が言って、そうこなくちゃと、ぼくは気合いが入った。かなり疲《つか》れていたが、絶対に負けるわけにはいかない。山沢君だって、そう思っているはずだ。
（勝ちをあせるな。相手玉を詰ますことよりも、自玉が詰まされないようにすることを第一に考えろ）
　細心の注意を払《はら》って指していくうちに、形勢がぼくに傾《かたむ》いてきた。ただし、頭が疲れすぎていて、目がチカチカする。指がふるえて、駒をまっすぐにおけない。
「残念だけど、今日はここまでにしよう」
　ぼくに手番がまわってきたところで、有賀先生が対局時計を止めた。
「もうすぐ3時だからね」
　そう言われて壁の時計を見ると、短針は「3」を指し、長針が「12」にかかっている。

野球と将棋のちがいを考えているうちに、ぼくはさみしくなってきた。

(でも、山沢君がどのくらい強いかは、いやというほど知ってるぜ)

ぼくは山沢君との一局をくりかえし並べていた。おそらく、ぼくの指し手は全て読み筋*にあったにちがいない。つまり、多少手強《てごわ》くはあっても、負ける気はしなかったはずだ。

(見てろよ、山沢。今度は、おまえが泣く番だ)

ぼくは気合いを入れたが、ますますさみしくなってきた。

(自分以外は、全員が敵か)

頭のなかでつぶやくと、涙《なみだ》がこぼれそうになった。

(将棋は、ある意味、野球よりきついよな)

③ぼくは初めて将棋が怖《こわ》くなった。

前回の将棋教室から２週間がたち、ぼくは自転車で公民館にむかった。

〈中略〉

公民館に着いて、こども将棋教室がおこなわれる１０３号室に入ると、ぼくは挨拶《あいさつ》をした。

「こんにちは。お願いします」

気合いが入りすぎて、いつもより大きな声が出た。

「おっ、いい挨拶だね。みんなも、野崎君《のざきくん》みたいにしっかり挨拶をしよう」

有賀先生が言ったのに、返事をした生徒はひとりもいなかった。先生も、困ったように頭をかいている。ファルコンズだったら、罰《ばつ》として全員でベースランニングをさせられるところだ。

④(将棋一辺倒《いっぺんとう》じゃなくて、野球もやっててよかったよな)

ぼくは航太君*のおとうさんと田坂監督《かんとく》*に胸のうちで感謝した。

朝霞こども将棋教室では、最初の30分はクラス別に講義がおこなわれる。ぼくは初段になったので、今日から山沢君たちと同じ、一番上のクラスだ。ところが、有段者で来ているのはぼくと山沢君だけだった。

「そうなんだ。みんな、かぜをひいたり、法事だったりでね」

講義のあとは、ぼくと山沢君が対戦し、２局目は有賀先生がぼくたち二人を相手に二面指しをするという。前にも、先生が３人の生徒と同時に対局するところを見たが、手を読む速さに驚《おどろ》いた。プロが本気になったらどれほど強いのか、ぼくは想像もつかなかった。

いるだけあって、大熊君はたぶん学年で一番サッカーがうまい。それに、おじいさんが将棋好きで、小さいころに教えてもらったのだというので、ぼくにとっては将棋の話ができる唯一《ゆいいつ》の友だちだった。今日も、さそってくれてうれしかったが、いまは全ての力を将棋にそそぎたい。

「きのう将棋教室で負けた相手にリベンジしたいんだ」

「へえ～、そうなんだ。で、どんなやつ？」

悠斗君にきかれて、小学2年生の男の子だと言うと、思いきり笑われた。

「ありえね～。小5が小2に負けるなんて、ぜってえ、ありえねえ～」

「サッカーや野球じゃそうだろうけど、将棋ではそういうことがあるんだって」

②ぼくが詳《くわ》しく説明すると、悠斗君はまだ信じられないようだったが、一応納得してくれた。

「わかったよ。それじゃあ、その山沢ってやつをさっさとぶっ倒《たお》して、また昼休みにサッカーをしようぜ」

「ありがとう。がんばるよ」

そう答えたものの、いくら横歩取りの研究をしても、山沢君に勝てる保証はなかった。最新型の研究なら、タブレットでプロ同士の対局を見られる山沢君のほうが断然有利だ。将棋の戦法はa日進月歩で、ひとりの棋士《きし》が有力な新手を考えつくと、すぐにみんなが研究して取り入れるのだという。

（でも、やるしかない）

ぼくは昼休みも教室に残り、頭のなかで横歩取りの研究をした。放課後は盤と駒をつかってプロ同士の対局を並べる。そして*詰め将棋をたっぷり解く。

アパートの部屋で、ひとりで将棋をしていると、山沢君の顔が頭に浮《う》かんだ。小学2年生なのに厚いレンズのメガネをかけて、肌《はだ》の色は白く、手足も細い。きっと、サッカーも野球も、あまりうまくはないだろう。

ぼくが山沢君について知っているのは、その程度だった。どこの小学校なのかや、何歳《なんさい》で将棋を始めたのかも知らない。山沢君だって、ぼくのことは名前と学年しか知らないはずだ。

（同じ将棋教室に通っていても、ぼくたちはおたがいのことをほとんど知らずに対局しているんだ）

そのことに、ぼくは初めて気づいた。*ファルコンズのメンバーは全員同じ小学校だったし、どこに住んでいるのかも、きょうだいが何人いるのかも知っていた。食べものの好《す》き嫌《きら》いや、勉強がどのくらいできるのかも知っていた。土まみれになって練習し、試合に勝てばみんなで喜び、負けてはみんなで悔《くや》しがった。

でも、一対一で戦う将棋では、勝っても、喜び合うチームメイトがいない。チームメイト同士で励《はげ》まし合《あ》うこともない。将棋では、自分以外は全員が敵なのだ。

**二** 次の文章を読んで、あとの問いに答えなさい。

小学5年生の「ぼく」は、4年生の時に転校したのを機に、それまで入っていた少年野球チームをやめて、こども将棋《しょうぎ》教室に通うようになる。

クリスマスプレゼントにビニール製の盤《ばん》とプラスチック製の駒《こま》を買ってもらい、ぼくは冬休みのあいだもひたすら将棋を指した。将棋は、誰《だれ》の指図も受けずに、自分が考えた手を指せる。勝つのも、負けるのも、100パーセント自分の責任だ。だからこそ、必死に考えて、相手の*玉《ぎょく》を詰《つ》ませたときは本当にうれしい。

朝霞《あさか》こども将棋教室で、ぼくは連勝を続けた。3級から2級へ、2級から1級へと順調に昇級《しょうきゅう》し、ついに今日の1局目に勝って初段になったのだが、山沢君《やまさわくん》に苦杯《くはい》をなめさせられた。

正直に言って、いまのぼくの実力では、どうやっても山沢君に敵《かな》わないだろう。でも、つぎに対戦するときまでに少しでも力をつけて、山沢君を本気にさせたい。

〈中略〉

朝霞こども将棋教室には、二段が山沢君を入れて3人、初段はぼくを入れて4人いる。2週間後の教室では対戦がなくても、そのつぎの教室で当たる可能性はかなりある。4週間で、どれだけのことができるのか。いや、つぎの教室で当たった場合でも、今日よりきわどい将棋にするために対策を練らなくてはならない。

〈中略〉

月曜日の朝がきて、ぼくはランドセルを背負って小学校にむかった。朝ごはんを食べているあいだもそうだったが、①ぼくの頭は将棋のことでいっぱいだった。

(*横歩取りで勝負してやる)

それが、ぼくの選んだ作戦だった。

〈中略〉

通学路を歩きながら、ぼくは頭のなかの将棋盤で横歩取りの対局を並べた。

「翔太《しょうた》、おはよう」

うしろから声をかけられて、ぼくは跳《と》びあがった。

「そんなにビビるなよ。昼休み、サッカーしようぜ」

大熊《おおくま》悠斗《ゆうと》君とは、4年生のときも一緒《いっしょ》のクラスだった。正しくは、大熊君のいる4年1組にぼくが転入したのだ。クラブチームに所属して

**問六** ――④「こうしたシステム」とありますが、そのシステムによって現在どのような状況になっていると筆者は考えていますか。最も適当なものを次から選び、記号で答えなさい。

ア　大量生産と大量消費により経済を発展させているが、労働者や環境《かんきょう》に負荷《ふか》が大きくかかっている状況

イ　物や人の交流が活発化したことで数字の上では豊かになっているが、実際には誰《だれ》もが不幸になっている状況

ウ　世界規模で物や人が行き交うようになった結果、自分の国を大切にしようとする考えが薄《うす》れている状況

エ　ごく限られた人が地球の資源を使い、発展途上国の人だけが住環境や健康に害を受けている状況

**問七** ――⑤「５円でもいいから値上げすることを受け入れられるか」とありますが、５円値上げしたことによってもたらされる利益をどのように使ったらよいとあなたは考えますか。本文で述べられていることを参考にして答えなさい。

**問八** ――⑥「大量廃棄《はいき》社会の現実を変えられるのは、私たち一人ひとりなのだ」とありますが、筆者は「私たち一人ひとり」が「大量廃棄社会の現実を」改善するために、どうすべきだと述べていますか。五十字以上六十字以内で説明しなさい。

**問九** 本文の構成の説明として最も適当なものを次から選び、記号で答えなさい。

ア　冒頭《ぼうとう》では地方の生活様式と都会の生活様式の違《ちが》いが具体例を用いて紹介《しょうかい》され、次にそれを受ける形で都会の生活の問題点が提示されている。最後に地方と都会の良い部分を掛《か》け合《あ》わせるという考え方を提案している。

イ　冒頭ではかつての生活様式を理想的な生活の例として提示し、次にそれと対比する形で現在の生活様式がかつてのものといかに異なるかが説明されている。最後に、かつての生活に戻《もど》るための方法が示されている。

ウ　冒頭では現在の分業体制の良い部分について説明し、次にそれと比較《ひかく》する形で分業体制の悪い部分が提示されている。最後に、その良い部分と悪い部分の両者を自覚することが必要であると提案している。

エ　冒頭ではかつての生活様式と比較する形で現在の生活様式が紹介され、次に現在の生活様式の問題点が提示されている。最後に、それに対する解決の糸口が示されている。

**問二**　――②「服も、食べ物も、自分たちの手で作り、消費されていた」とありますが、このような暮らしのことをこれ以降の本文中で何と表現していますか。八字以内でぬき出しなさい。

**問三**　〰〰a「選ぶことができる側」と〰〰b「選ぶことができない側」とありますが、この部分で前者が選ぶことができるものとは何ですか。また、後者が選ぶことができないものとは何ですか。次からそれぞれ二つずつ選び、記号で答えなさい。

ア　労働　イ　値段　ウ　学校　エ　家族　オ　商品　カ　給料

**問四**　――③「バングラデシュの農村を訪れた」とありますが、筆者は、ここでの体験からどのようなことを伝えようとしていますか。その説明として最も適当なものを次から選び、記号で答えなさい。

ア　発展途上国《とじょうこく》では動物も人ものどかで素朴《そぼく》な暮らしをしていること
イ　女性が差別され、一人で外出することができない国もあること
ウ　平穏《へいおん》に見える日々の暮らしが、実は大変苦しいものであること
エ　現地の人が命がけで作る製品が、先進国では消費されないこと

**問五**　〰〰x「ある国」と〰〰y「別の国」とありますが、これらの国々の経済状況《じょうきょう》について述べたものとして、**適当でない**ものを次から一つ選び、記号で答えなさい。

ア　どちらの国の生産者も、先進国主導の価格競争に巻《ま》き込《こ》まれたといえる。
イ　どちらの国でも労働者の賃金は削《けず》られる傾向《けいこう》がある。
ウ　「ある国」に比べて「別の国」の方が労働賃金は高い。
エ　「ある国」と「別の国」間の価格競争に勝利したのは「別の国」だといえる。

知ろうとする人が一人増え、さらに変えようと一歩踏《ふ》み出《だ》す。それが少しずつ増えれば、いまの方向性は変えられる、と信じることは、あまりに楽観的すぎるだろうか。

でも、そうすることでしか、変えることはできない。⑥大量廃棄《はいき》社会の現実を変えられるのは、私たち一人ひとりなのだ。

「いいものを、安く」ではなく、「いいものを、適正な価格で」。それが、これからの賢い消費者の姿だ。

（仲村和代《なかむらかずよ》・藤田《ふじた》さつき『大量廃棄社会』より）

※問題作成の都合上、原文の表記を一部改めたり、文章の一部を省略したりしたところがあります。

（注）＊グローバル……世界的な規模であるさま。

＊バングラデシュ……南アジアにある国。

＊倒壊《とうかい》したラナプラザ……二〇一三年四月二四日、バングラデシュのシャバールで、八階建ての商業ビル「ラナプラザ」が崩壊《ほうかい》した事故のこと。死者一一二七人、負傷者二五〇〇人以上。このビルには縫製《ほうせい》工場や銀行、商店などが入居していた。

＊Made in Bangladesh……バングラデシュ製という意味。

＊潤沢《じゅんたく》……ものが豊富にあること。

＊NGO……非政府組織。民間人や民間団体の作る組織のこと。

**問一** ——①「東北地方の農村では古くから『刺《さ》し子《こ》』と呼ばれる民芸がさかんだった」とありますが、「東北地方の農村」で「刺し子」が「さかん」になったのはなぜですか。その理由として最も適当なものを次から選び、記号で答えなさい。

ア　厳しく、楽しみがない時代に、自分たちの手で丁寧《ていねい》に針をすすめることが慰《なぐさ》めだったから。

イ　貧しく、ものがない時代に、布を縫《ぬ》い合《あ》わせることで丈夫《じょうぶ》さや温かさを保とうとしたから。

ウ　品物を繰《く》り返《かえ》し再利用する習慣があった時代に、刺繡《ししゅう》を施《ほどこ》して丁寧に使えるように工夫したから。

エ　人手はあったがゆとりのない時代に、民芸品として販売《はんばい》することで収入を得ようとしたから。

いいものを、安く。それが、これまでの賢《かしこ》い消費者だった。

だが、その先にあったのは、不毛な価格競争だ。同じ品質で、同じ技術で作られる製品の価格を下げるには、働く人の賃金を削《けず》っていくしかない。同じ国内での競争が一定の水準に達すれば、次はより賃金の安い国へと発注される。ある国では仕事が失われ、別の国では過酷《かこく》な労働環境《かんきょう》に耐《た》えながら働き続ける人たちがいる。

地球環境への負荷《ふか》も大きい。資源には限りがあり、いつまでも＊潤沢《じゅんたく》に使えるわけではない。また、大量に捨てられるものをどう処理し、コストをどう負担するかも大きな問題だ。こうしたことから目を背けていれば、そのまま、私たち自身の住環境や、健康問題として跳《は》ね返《かえ》ってくる可能性がある。

いま、世界中でグローバル化に「Ｎｏ！」を突《つ》きつける人が増えているのは、経済が発展し、ものが売れて数字の上は「豊か」になったといわれていても、暮らしの中で実感できなくなり、④こうしたシステムを続けていくことの限界を肌《はだ》で感じているからだろう。

では、消費者として、私たちはどうしていけばいいのだろう。「買わない」という選択をすれば、それで解決するのだろうか。

〈中略〉

茨城《いばらき》大学の長田華子准教授《じゅんきょうじゅ》は、「不買は幸福をもたらさない」と訴《うった》える。たしかに、バングラデシュの縫製《ほうせい》工場には多くの問題がある。だが、だからといって私たちがそこで作られた服を買うことをやめてしまえば、彼女たちの労働環境が改善するどころか、工場への注文が減り、彼女たちの給与《きゅうよ》が下がるだけでなく、最悪の場合は仕事を失ってしまう可能性もあるからだ。

「私たちに問われているのは、これまで９９０円で売られていたジーンズの価格を、⑤５円でもいいから値上げすることを受け入れられるかどうかなのです」

〈中略〉

グローバル化が進んだ時代のメリットの一つは、情報も手に入れやすくなったことだ。インターネットに言葉を打《う》ち込《こ》むだけで、これまで知らなかった国々の現実のことも、知ることができる。試しに、「バングラデシュ　アパレル」とグーグル検索《けんさく》してみると、＊ＮＧＯなどのサイトで、現地の人の暮らしのことや、労働環境について知ることができる。もう少し詳《くわ》しく知りたいと思えば、スタディツアーなどの形で現地に行くこともできるだろう。さらに、私たちがどう向き合えばいいかについても、様々な提案がなされ、議論がされている。

技術の革新を人類にとってプラスのものにするか、マイナスのものにするかは、使う側の意識に左右される。一度に大量にものを作ることができる技術。作ったものを運ぶ輸送力。人やものをつなげるインターネットの力。人類の知恵《ちえ》によって生み出された技術をどう生かすかも、人類の知恵次第だ。

そのための一歩が、知ることだ。目の前にある「安い服」は、どうやって生み出されているのか。買われることもなく捨てられてしまう服は、その後どうなるのか。自分が知った後は、誰かに伝えてみてもいい。そこから、一緒《いっしょ》に何かできることはないかと考えてみてもいい。

この世界規模の分業体制は、多様な選択肢《せんたくし》の中から「買う」という行為を通してa「選ぶことができる側」と、安い製品を作るために安い賃金しか支払《しはら》われず、それでもその労働をすることでしか生活が成り立たないという、b「選ぶことができない側」が、対になることで成り立っている。先進国の人が「安い」と思える価格で、たくさんの選択肢を用意するためには、誰かが安い労働力を提供する必要があるからだ。

２０１２年末、取材で③*バングラデシュの農村を訪れたことがある。日本企業《きぎょう》が手がけるソーシャルビジネス（社会的事業）を取材するためだった。

村では、日本から新聞記者が来たということで大騒《おおさわ》ぎになり、村中といっても過言ではないほどの人たちが出迎《でむか》えてくれた。やぎや鶏《にわとり》が我が物顔で村を歩き、子どもたちが裸足《はだし》でかけ回る。私の頭に浮《う》かんだのは、先進国ではなかなか目にすることのできなくなったその素朴さに対する、率直な賛辞だった。

「すごくのどかで、いいところですね」

そんな感想を口にした私に、事業を手がけてきた日本人の男性はこう返した。

「本当にその通りです。でも、災害だったり、病気だったり、ちょっとしたことが起きただけで、彼《かれ》らの暮らしはたちまち、立ちゆかなくなる。この素朴な暮らしは、とても危ういものなんです」

私は、新しい出会いの高揚感《こうようかん》だけにとらわれ、安易な言葉を口にしてしまったことを恥《は》じた。

その時はそこまで頭が回らなかったが、当時の写真を改めて見返してみると、集まっていたのは男性ばかりだ。今回、バングラデシュの事情について改めて調べなおしてみて、これは女性が1人で買い物にすら出られないというバングラデシュならではの事情も絡《から》んでいたのだろうと思う。

*倒壊《とうかい》したラナプラザで犠牲《ぎせい》になった人たちは、こうした農村から都市部の工場に働きに出ていた人たちだ。農村では、現金収入を得る機会はとても少ない。「次の世代の教育のために」。そんな思いが、彼女《かのじょ》たちの支えになっている。

「Ｍ*ａｄｅ　ｉｎ　Ｂａｎｇｌａｄｅｓｈ」。最近そんなタグが着いた洋服を、よく見かけるようになった。観光国ではないバングラデシュについて、日本ではイメージできる人は少ないだろうし、足を運んだことがあるという人も少ないだろう。この洋服を作った人が、どこで、どんな暮らしをしているのか。想像することが難しい世界に、私たちは生きている。

大量生産の商品は、顔の見える誰かが作った服に比べれば、価値が低いもののように扱《あつか》われている。もしかしたら、生産に関わっている本人も、何万もある工程の一つを担ったただけの商品に対する愛着は薄《うす》いのかもしれない。生産にかかわる人たちも、消費する側も、「簡単に捨ててよい」という感覚になってしまう。

移り変わる流行に合わせて、服を簡単に取りかえられる生活は、私たちを豊かにしたのだろうか。

〈中略〉

# 二〇二〇年度 森村学園中等部

【国語】〈第一回試験〉（五〇分）〈満点：一〇〇点〉

（注意）記述で答える問題は、特に指定のない場合、句読点《くとうてん》や符号《ふごう》は一字として数えるものとします。

**一 次の文章を読んで、あとの問いに答えなさい。**

①東北地方の農村では古くから、「刺し子《さしこ》」と呼ばれる民芸がさかんだった。一針ひとはり、丁寧《ていねい》に施《ほどこ》された刺繡《ししゅう》は素朴《そぼく》で愛らしく、今でも手芸の一つとして親しまれている。だが、元はといえば、古くなった布を何枚も重ね合わせ、丈夫《じょうぶ》にするための工夫だった。

かつて、布は貴重品。庶民《しょみん》たちは、着物がすり切れて着られなくなっても、継《つ》ぎ合《あ》わせて別のものに生まれ変わらせ、ボロボロになるまで使い続けていた。為政者《いせいしゃ》の側が、農民に貴重な木綿《もめん》の使用を禁じ、麻《あさ》しか身につけることができなかったため、繊維《せんい》の荒《あら》い麻を一針ひとはり埋《う》めることで、なんとか温かさを確保していた、という事情もあるようだ。

ものが豊富ではなかった時代は、そんな風に、②服も、食べ物も、自分たちの手で作り、消費されていた。無駄《むだ》にする余裕《よゆう》はなく、ものの寿命《じゅみょう》を全うするまで丁寧に使われた。

それは美化するにはあまりにも厳しい暮らしでもあった。天候不順による凶作《きょうさく》や災害などの事態がひとたび起きれば、暮らしはたちまち立ちゆかなくなり、命を落とす人も少なくなかった。

産業化が進むと、自給自足の生活は少しずつ形を変え、服や食べ物の製造の過程は大規模になり、分業化されていった。その恩恵《おんけい》は非常に大きい、と私は思う。先進国では、文字どおり有り余るほどの食べ物が流通している。万が一、天候不順などの問題が起きても、*グローバルな枠組《わくぐ》みの中で補うことが可能になった。高価だった衣料品の価格もどんどん下がり、安くて丈夫でおしゃれな商品が当たり前のように手に入るようになった。

一方で、私たちの手に届く商品からは、作り手の「顔」が失われていった。自分たちの衣食住に関わるものが、どこで、誰《だれ》の手で、どのように作られているのかがわからなくなってきた。さらに発展が進むと、製造の場は外国にも広がり、世界規模の分業体制が作り上げられた。作り手の姿はますます見えなくなっていった。消費しきれないほどの商品が作られ、捨てられていくが、私たちはどこで、どのくらいのものが、どのように捨てられているかについて、ほとんど目にすることなしに、暮らしていくことができる。

# 2020年度
# 森村学園中等部 ▶解説と解答

## 算 数 ＜第１回試験＞（50分）＜満点：100点＞

### 解 答

[1] ⑴ 1 ⑵ 10 ⑶ 28 [2] ⑴ 30日間 ⑵ 62個 ⑶ 15年後 ⑷ 12.5% ⑸ 200m [3] ⑴ 2：1 ⑵ 3：3：2 ⑶ 6：7 [4] ⑴ 【8＊5】…8，【8＊2020】…6 ⑵ 4 ⑶ 19 [5] ⑴ 30円 ⑵ 125円得をした ⑶ 2月3日が25円以下になればよい [6] ⑴ 8 cm ⑵ CD… 6 cm，DE… 7 cm ⑶ 1.5秒後，3秒後，$6\frac{2}{3}$秒後

### 解 説

**[1] 四則計算**

⑴ $37-\{6+8\times(13-4)\div6\}\times2=37-(6+8\times9\div6)\times2=37-(6+72\div6)\times2=37-(6+12)\times2=37-18\times2=37-36=1$

⑵ $5.6+\left\{4.7-\left(1\frac{2}{5}-0.3\right)\right\}\div\frac{9}{11}=5.6+\{4.7-(1.4-0.3)\}\div\frac{9}{11}=5.6+(4.7-1.1)\div\frac{9}{11}=5.6+3.6\div\frac{9}{11}=5.6+\frac{36}{10}\times\frac{11}{9}=5.6+\frac{22}{5}=5.6+4.4=10$

⑶ $3\frac{1}{5}\times\left\{0.75+2\frac{1}{5}\div(1.5-0.125)\div0.2\right\}=\frac{16}{5}\times\left(\frac{3}{4}+\frac{11}{5}\div1.375\div0.2\right)=\frac{16}{5}\times\left(\frac{3}{4}+\frac{11}{5}\div1\frac{3}{8}\div\frac{1}{5}\right)=\frac{16}{5}\times\left(\frac{3}{4}+\frac{11}{5}\div\frac{11}{8}\div\frac{1}{5}\right)=\frac{16}{5}\times\left(\frac{3}{4}+\frac{11}{5}\times\frac{8}{11}\times\frac{5}{1}\right)=\frac{16}{5}\times\left(\frac{3}{4}+8\right)=\frac{16}{5}\times8\frac{3}{4}=\frac{16}{5}\times\frac{35}{4}=28$

**[2] 仕事算，差集め算，年れい算，濃度《のうど》，消去算，通過算，速さと比**

⑴ 仕事全体の量を１とすると，ＡとＢが１日にする仕事の量の和は，$1\div12=\frac{1}{12}$，Ａが１日にする仕事の量は，$1\div20=\frac{1}{20}$となる。よって，Ｂが１日にする仕事の量は，$\frac{1}{12}-\frac{1}{20}=\frac{1}{30}$だから，この仕事をＢだけですると，$1\div\frac{1}{30}=30$(日間)かかる。

⑵ 下の図１のようにまとめると，１人に６個ずつ分けるのに必要な個数と，１人に８個ずつ分けるのに必要な個数の差は，8＋10＝18(個)とわかる。これは，8－6＝2(個)の差が分ける人数分集まったものだから，分ける人数は，18÷2＝9(人)と求められる。よって，みかんの個数は，6×9＋8＝62(個)である。

図１

| | | |
|---|---|---|
| | 6個，6個，…，6個 ➡ | 8個あまる |
| | 8個，8個，…，8個 ➡ | 10個不足 |
| 差 | 2個，2個，…，2個 ➡ | 18個 |

図２

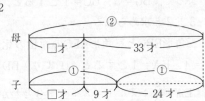

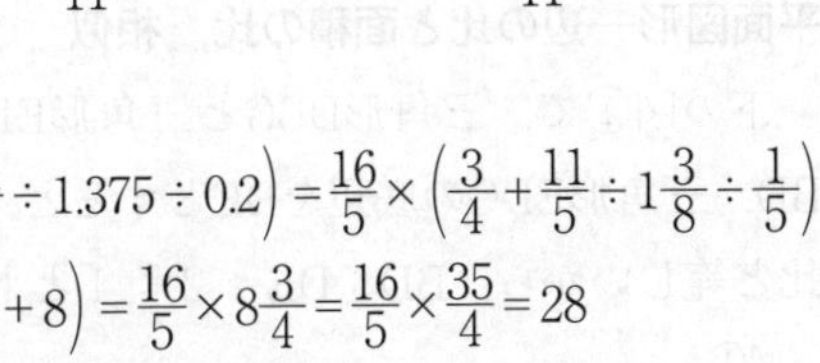


⑶ 母の年れいが子の年れいの２倍になるのが□年後として図に表すと，上の図２のようになる。図２で，②－①＝①にあたる年れいが，33－9＝24(才)なので，□＝24－9＝15(才)とわかる。よ

って，母の年れいが子の年れいの２倍になるのは今から15年後である。

⑷　Ａを600ｇとＢを300ｇ混ぜると10％の食塩水が，600＋300＝900（ｇ）できるから，この中にふくまれている食塩の重さは，900×0.1＝90（ｇ）とわかる。同様に，Ａを100ｇとＢを150ｇ混ぜると８％の食塩水が，100＋150＝250（ｇ）できるので，この中にふくまれている食塩の重さは，250×0.08＝20（ｇ）とわかる。よって，下の図３の㋐，㋑のように表すことができる。次に，㋑を２倍してＢの重さを㋐とそろえると，㋒のようになり，㋐から㋒をひくと，Ａ，600－200＝400（ｇ）にふくまれている食塩の重さが，90－40＝50（ｇ）とわかるから，Ａの濃度は，50÷400＝0.125，0.125×100＝12.5（％）と求められる。

⑸　図に表すと下の図４のようになる。普通《ふつう》列車と急行列車の速さの比は，１：1.5＝２：３なので，普通列車と急行列車が走った距離《きょり》の比は，（２×40）：（３×30）＝８：９となる。この差は，急行列車と普通列車の長さの差に等しく，250－200＝50（ｍ）なので，比の１にあたる距離は，50÷（９－８）＝50（ｍ）とわかる。よって，普通列車が走った距離（比の８にあたる距離）は，50×８＝400（ｍ）だから，鉄橋の長さは，400－200＝200（ｍ）と求められる。

図３

㋐Ａ600ｇとＢ300ｇ ➡ 食塩90ｇ
㋑Ａ100ｇとＢ150ｇ ➡ 食塩20ｇ
㋒Ａ200ｇとＢ300ｇ ➡ 食塩40ｇ

図４

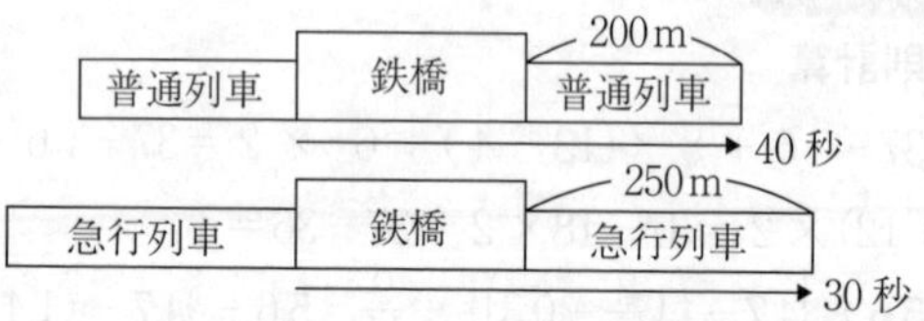


## ３　平面図形―辺の比と面積の比，相似

⑴　下の図①で，三角形DBGと三角形EDGの面積の比は２：１である。また，三角形DBGの底辺をBD，三角形EDGの底辺をDEとすると，２つの三角形の高さは等しい。よって，底辺の比は面積の比と等しいから，BD：DE＝２：１とわかる。

図①

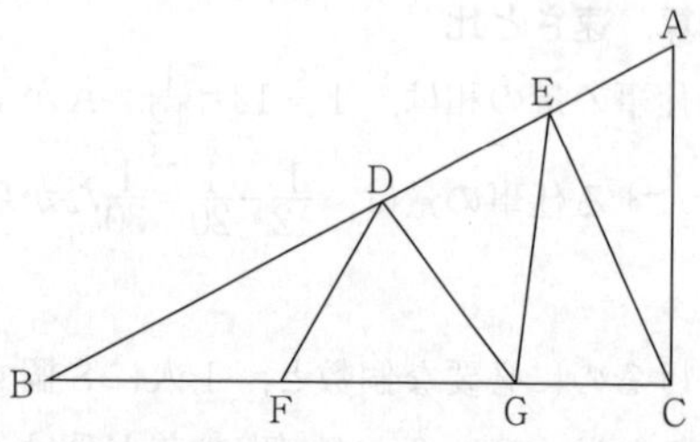


図②

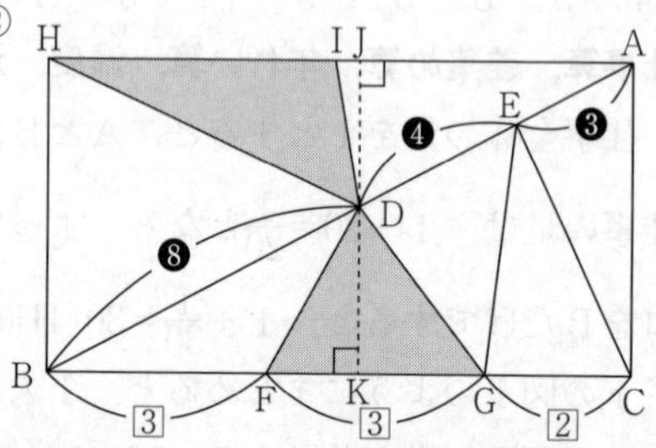


⑵　⑴と同様に考えると，三角形EBGと三角形EGCの面積の比は３：１なので，底辺の比は，BG：GC＝３：１となる。また，三角形DBFと三角形DFGの面積は等しいから，BFとFGの長さも等しい。よって，BG＝３，GC＝１とすると，BF＝FG＝$\frac{3}{2}$となるので，BF：FG：GC＝$\frac{3}{2}$：$\frac{3}{2}$：１＝３：３：２と求められる。

⑶　三角形EBCと三角形AECの面積の比は４：１だから，底辺の比は，BE：EA＝４：１となる。BE＝４，EA＝１とすると，⑴より，BD＝$4\times\frac{2}{2+1}=\frac{8}{3}$，DE＝$4-\frac{8}{3}=\frac{4}{3}$となるので，BD：DE：EA＝$\frac{8}{3}$：$\frac{4}{3}$：１＝８：４：３とわかる。よって，上の図②のように表すことができる。図②で，BC＝[3]＋[3]＋[2]＝[8]だから，HI＝[8]÷２＝[4]となる。また，三角形AJDと三角形BKDは相似であり，相似比は，AD：BD＝（４＋３）：８＝７：８なので，DJ：DK＝７：８とわかる。したが

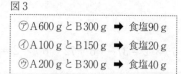

って，三角形DFGと三角形HDIは，底辺の比が，FG：HI＝３：４，高さの比が，DK：DJ＝８：７だから，面積の比は，（３×８）：（４×７）＝６：７と求められる。

## 4　約束記号，周期算

(1)　８を何回かかけた数について，１の位だけを計算すると，８，８×８＝64，４×８＝32，２×８＝16，６×８＝48となるから，【８＊５】＝８と求められる。また，８を何回かかけた数の１の位は，{8，４，２，６}の４個の数字がくり返されるので，2020÷４＝505で割り切れることより，【８＊2020】の値は【８＊４】の値と等しいことがわかる。よって，【８＊2020】＝６である。

(2)　【８＊３】＝２，【８＊５】＝８より，【【８＊３】×【８＊５】】＝【２×８】＝【16】＝６となる。よって，【８＊ア】＝６となるから，アにあてはまる最も小さい数は４である。

(3)　13÷４＝３あまり１より，【８＊13】＝【８＊１】＝８となるので，問題文中の式は，８÷【８＊イ】＝４と表すことができる。よって，【８＊イ】＝８÷４＝２だから，イにあてはまる最も小さい数は３とわかる。また，イにあてはまる数は３から４ずつ大きくなるので，３，７，11，15，19，…より，20以下で最も大きい整数は19となる。

## 5　条件の整理

(1)　２月１日の金額の合計は，40×15＝600(円)である。また，２月１日と２月２日の合計金額が1200円なので，２月２日の金額の合計は，1200－600＝600(円)とわかる。よって，２月２日の商品Ｘの１個の値段は，600÷20＝30(円)である。

(2)　Ｋ君の２日間の行動をまとめると，下の図１のようになる。図１で，失った金額の合計(①＋③)は，５×25＋30×25＝875(円)であり，得た金額の合計(②)は，40×25＝1000(円)である。よって，Ｋ君は，1000－875＝125(円)の得をしたことになる。

(3)　Ｋ君の２度目の空売りについてまとめると，下の図２のようになる。図２で，得た金額の合計(⑤)は，30×25＝750(円)なので，損をしないためには，失った金額の合計(④＋⑥)が750円以下になればよい。④の金額の合計は，５×25＝125(円)だから，⑥の金額の合計が，750－125＝625(円)以下になればよい。そのためには，２月３日の商品Ｘの１個の値段が，625÷25＝25(円)以下になればよい。

図１

①２月１日　１個５円で25個借りる
②２月１日　１個40円で25個売る
③２月２日　１個30円で25個買う

図２

④２月２日　１個５円で25個借りる
⑤２月２日　１個30円で25個売る
⑥２月３日　１個□円で25個買う

## 6　グラフ―図形上の点の移動

(1)　問題文中のグラフから，辺AHの長さは，２×３＝６(cm)，辺HGの長さは，２×（６－３）＝６(cm)，辺GFの長さは，２×（８－６）＝４(cm)，辺FEの長さは，２×（12－８）＝８(cm)とわかる。また，辺BCの長さは辺AHの長さの半分だから，６÷２＝３(cm)とわかり，右の図１のようになる。よって，辺EFの長さは８cmである。

図１

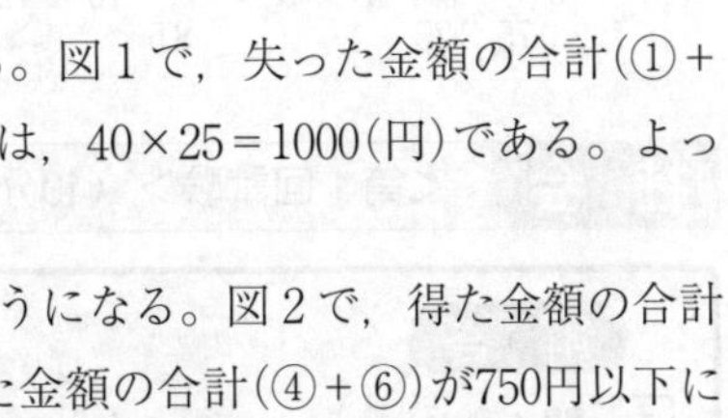


(2)　辺AHと辺GFの長さの和は，６＋４＝10(cm)なので，辺DEの長さは，10－３＝７(cm)である。また，図１のように点Ｐが辺FE上を動いているときの三角形ABPの面積が100cm²だから，辺AB

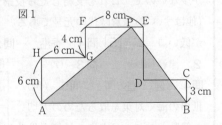

の長さは，100×２÷10＝20(cm)とわかる。よって，辺CDの長さは，20－（６＋８）＝６(cm)と求められる。なお，辺EDと辺DCと辺CBの長さの和が，２×(20－12)＝16(cm)であることから，辺DCの長さは，16－（７＋３）＝６(cm)と求めることもできる。

(3)　点Ｐが辺HG上を動いているときの三角形ABPの面積は，20×６÷２＝60($cm^2$)，点Ｐが辺DC上を動いているときの三角形ABPの面積は，20×３÷２＝30($cm^2$)なので，三角形ABPと三角形ABQの面積の変化を表すグラフは下の図２のようになる。２つの三角形の面積が１回目に等しくなるのは三角形ABPの面積がはじめて30$cm^2$になるときであり，これは点Ｐが３cm動いたときだから，３÷２＝1.5(秒後)とわかる。２回目はグラフから３秒後と読み取れる。３回目は下の図３のように，点Ｐと点Ｑが辺FG上ですれちがうときである。これは点Ｐと点Ｑが合わせて，10＋10＋20＝40(cm)移動したときなので，40÷（２＋４）＝$6\frac{2}{3}$(秒後)と求められる。

図２

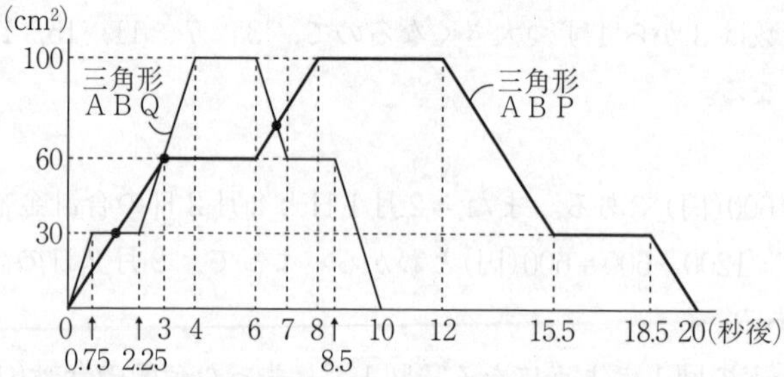


図３

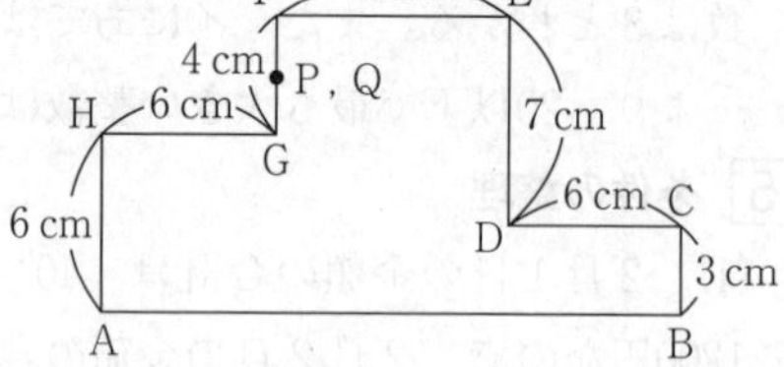


## 社　会　＜第１回試験＞（40分）＜満点：75点＞

**解　答**

[1]　**問１**　①　カ　②　ケ　③　エ　④　キ　⑤　ス　**問２**　平等院(鳳凰堂)　**問３**　千利休　**問４**　渡来人　**問５**　栄西　**問６**　国家総動員(法)　**問７**　(例)　抹茶をぜいたく品と判断し，それよりも戦時に必要な軍需工場や農地に茶畑を転用するため。

[2]　**問１**　荒れ地　**問２**　ウ　**問３**　八郎　**問４**　(例)　右の図　**問５**　(例)　水害の危険が相対的に高い。

[3]　**問１**　ウ　**問２**　秘密　**問３**　公職選挙(法)　**問４**　エ

**問５**　(例)　A…高齢者は人数が多く，投票率も高いから。（B…AやCは限られた年代が対象だが，Bは子育て世代として色々な世代の人が子育てをしているから。）（C…10代で投票する人が少ないので，これを支給したら投票する人が増えると思うから。）

[4]　**問１**　(例)　イ／(他はすべて)鎌倉時代の元号である。　**問２**　ア／(他はすべて)輸入にたよっている。(自給率が低い。)

[5]　**問１**　香港　**問２**　キャッシュレス

[6]　**問１**　リマン(海流)　**問２**　津軽(海峡)　**問３**　(ア)

**問４**　(例)　右の図　**問５**　(例)　世界の海で対策を取るための大切な経験となり，日本海の対策を世界の海の対策にいかすことができ

［海流］

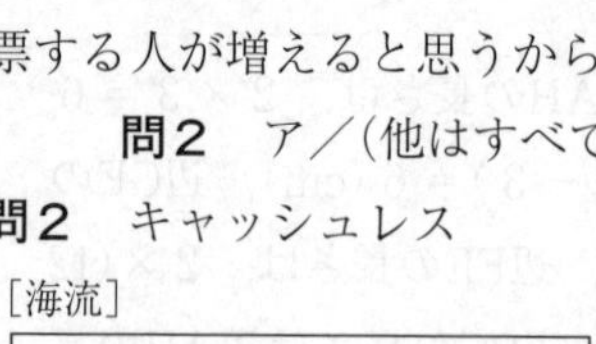

［断面図］

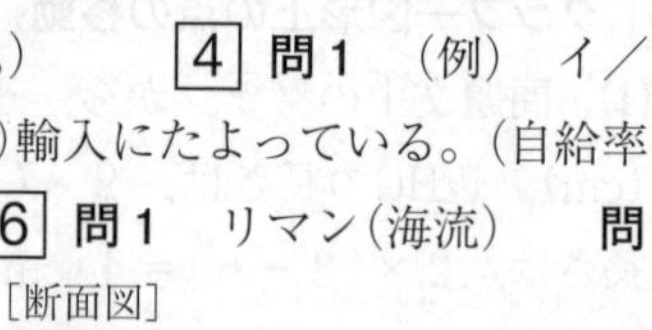

る　**問６**　(例)　環境問題の対策を取ることは経済発展を抑制することにもつながるので，それぞれの国の都合がまったく異なり，統一することが難しいため。

**解　説**

## 1　宇治にかかわる歴史的な人物やできごとについての問題

**問１**　①　平安時代中期の1052年には，仏教の正しい教えが行われなくなる末法が訪れるという末法思想が広がった。そのため，極楽浄土《ごくらくじょうど》への往生《おうじょう》を願う浄土信仰がさかんになった。宇治は，このころに書かれた紫式部の長編小説『源氏物語』の最後の部分である「宇治十帖《じゅうじょう》」の舞台《ぶたい》になった。　②「天下統一を成しとげたある人物」とは，安土桃山時代の1590年に北条氏(小田原北条氏)を滅《ほろ》ぼして天下統一をはたした豊臣秀吉である。伏見《ふしみ》城は現在の京都市南部に秀吉が建てた城で，秀吉が大阪城に移ったあとは，一時徳川家康の居城となった。　③　古墳時代から飛鳥時代へと移り変わる時期にあたる538年(一説には552年)，朝鮮半島にあった百済《くだら》の聖明王《せいめいおう》が仏像や経典などを欽明《きんめい》天皇におくったことで，日本に正式に仏教が伝わったとされている。仏教は飛鳥時代の朝廷で重んじられ，皇族や豪族によって多くの寺院が建てられるようになった。　④　平安時代末期にあたる院政期の1167年，平清盛が武士として初めて太政《だいじょう》大臣になり，平氏政権が成立した。1185年に源氏が平氏を滅ぼし，1192年に源頼朝が征夷《せいい》大将軍に任じられたことで，鎌倉幕府の支配体制が確立した。鎌倉時代にはわかりやすく実践《じっせん》しやすい仏教が伝えられ，武士や民衆の間に広がった。　⑤　昭和時代前半の1941年12月８日，日本海軍はハワイの真珠湾にあったアメリカ海軍基地を奇襲攻撃《きしゅうこうげき》し，同時に陸軍はイギリス領のマレー半島に上陸を開始した。これによって日本は太平洋戦争に突入《とつにゅう》し，アメリカやイギリスが敵国となった。

**問２**　1052年，藤原頼通《よりみち》は父の道長からゆずり受けた宇治の別荘を平等院という寺に改めると，翌53年には阿弥陀如来《あみだにょらい》をまつるための阿弥陀堂として鳳凰《ほうおう》堂を建てた。

**問３**　堺(大阪府)の豪商であった千利休は「わび茶」を完成させ，茶道を大成した。利休は織田信長に仕え，豊臣秀吉には茶頭(茶事をつかさどるかしら)として重用されたが，のちに秀吉の怒りを買って自害させられた。

**問４**　４～７世紀ごろ，朝鮮半島や中国大陸から渡来人とよばれる人々が多く日本に渡り，窯《かま》を使った焼き物づくりや養蚕，機織りなどの進んだ技術や，漢字，儒教《じゅきょう》などの文化をもたらした。

**問５**　栄西は平安時代末期に宋(中国)へ渡って禅宗《ぜんしゅう》を学び，帰国後に臨済宗を開いた。また，中国から茶の種を持ち帰り，『喫茶養生記《きっさようじょうき》』を著して茶の薬効を説いた。

**問６**　日中戦争(1937～45年)が始まって中華民国(中国)との全面戦争に突入すると，1938年，国内に戦時体制を築くことを目的に国家総動員法が制定された。これによって，政府は戦争に必要な物資や人などを，議会の承認なしに統制できるようになった。

**問７**　太平洋戦争中にはさまざまな物資が不足したため，食料や日用品の多くが切符制や配給制となり，必需《ひつじゅ》品以外のものの生産も禁じられるようになった。抹茶《まっちゃ》は不要不急のものとして生産を禁じられ，茶畑はイモや穀物を植えるための畑にされたり，軍需工場，飛行場などに転用されたりした。なお，本文にもあるように，抹茶は，生産者が薬効を説き，それが軍に受け入れられたことで生産を続けることができるようになり，生産中止の危機を乗り越えた。

## 2　山を題材にした地理の問題

**問１**　(ılı)は荒《あ》れ地を表し，雑草が生えているようすを図案化したものである。荒れ地の地図記号は，利用されていない荒れ地のほか，雑草が生えた土地や，水草が点々と生えている湿地，沼地なども表す。

**問２**　三角点は，正確な位置を求める測量を行うために国土地理院がつくった，位置の基準となる点で，緯度，経度とともに高さが示される。

**問３**　男鹿《おが》半島(秋田県)の付け根に位置する八郎潟は，かつては日本で２番目に大きい湖だった。コメの増産をめざす国の政策のもとで1950～60年代に大規模な干拓《かんたく》工事が行われ，湖の大部分が陸地化されて大潟村がつくられた。

**問４**　「周囲の標高は海抜《かいばつ》約－４ｍ」なので，海面より低い位置に平地を描き，その平地に「土を3.776m盛って」つくられた大潟富士を，頂上がほぼ海面と同じ高さになるように描けばよい。

**問５**　天保山や大潟富士の周辺は標高が低いため，大雨が降ったときに大量の水が流れこみ，水害の被害にあう危険が高いと考えられる。また，天保山は大阪湾の河口に位置していることから，高潮による水害にあうおそれもある。

## ３　選挙についての問題

**問１**　国民が政治について話し合い，全員参加で議決するしくみを直接民主制という。しかし，現代のように人口が多く，複雑化した社会では実現が難しいため，日本をはじめとした多くの国では，選挙で自分たちの代表を選ぶ間接民主制(代議制・議会制民主主義)が採用されている。

**問２**　有権者が投票用紙に自分の名前を書かずに投票し，自分がだれに投票したのかを知られないようにするという原則を秘密選挙という。この秘密選挙と，年齢以外の制限を加えないという普通選挙，１人が１票を平等に持つという平等選挙，有権者が直接自分たちの代表を選ぶという直接選挙を合わせて，選挙の４原則という。

**問３**　公職選挙法は，国会議員と地方議会議員，地方自治体の首長の選挙について定めた法律で，国会議員の定数や選挙方法，選挙権・被選挙権などについて規定している。

**問４**　太平洋戦争終結後の1945年，衆議院議員選挙法が改正され，20歳以上のすべての男女に選挙権が与えられた。その後，衆議院議員選挙法は公職選挙法に統合され，2015年に公職選挙法が改正されたさい，選挙権年齢は18歳以上へと引き下げられた。なお，アは1920年の選挙のときの条件(法律の制定は1919年)。イは1925年に制定された普通選挙法で定められた条件で，1928年の選挙で適用された。

**問５**　Ａ　【グラフ】からは，70歳前後の人口が多いことが，【表】からは，60歳代や70歳代以上の投票率が高いことがわかる。したがって，年金の増額や消費税の負担軽減など，高齢者のためになる政策を主張すれば，多くの票を得て当選しやすくなると考えられる。　Ｂ　国家の未来を担う子どもや，子どもを育てる親への支援《しえん》をかかげることは，将来子育てをする若い世代から現役の子育て世代，孫のいる高齢者世代まで幅広い世代の支持を得られる可能性がある。　Ｃ　【表】によると，10歳代の投票率は20歳代についで低いが，投票していない人が投票に行くようになれば，得票を見こめるようになる。

## ４　元号と穀物に共通する性格についての問題

**問１**　1297年の永仁の徳政令で知られるアの「永仁」，1221年の承久の乱で知られるウの「承久」，1281年の弘安の役(２度目の元軍の襲来《しゅうらい》)で知られるエの「弘安」はすべて鎌倉時代の元号だが，

1592～93年の文禄の役(豊臣秀吉による１度目の朝鮮出兵)で知られるイの「文禄」は安土桃山時代の元号である。

**問２**　アの米は長く日本人の主食となっており，国内でほぼ100％を自給できる(100％にならないのは，一定量を輸入することが義務づけられているため)。一方，イの小麦，ウの大豆，エのトウモロコシは自給率が低く，多くを外国からの輸入にたよっている。

## 5　2019年のできごとについての問題

**問１**　2019年２月，香港《ホンコン》政府が中国本土への犯罪者の引き渡しを可能にする条例の改正案を発表した。これが可決されると香港の人々が中国本土へと引き渡されて，人権が侵害《しんがい》されるおそれが出てきたため大規模な反対デモが発生し，その後，民主化を求めるデモへと発展した。

**問２**　硬貨《こうか》や紙幣《しへい》のような現金(キャッシュ)を使わず，電子マネーやクレジットカード，スマートフォンなどを利用して取引を行うことをキャッシュレスという。短時間で支払いをすませられるだけでなく，現金を持ち歩かずに買い物ができることや，データ化された情報を活用して販売戦略をたてられることなどが長所である。

## 6　日本海を題材とした地理の問題

**問１**　リマン海流は，日本列島の日本海側を北上した対馬《つしま》海流がロシア沿岸で冷やされ，向きを変えて日本海を大陸に沿って南下する寒流である。

**問２**　本州と北海道の間には津軽海峡《かいきょう》があり，太平洋と日本海を結んでいる。津軽海峡西部の海底には，青森県北西部の津軽半島と北海道南西部の松前半島をつなぐ青函《せいかん》トンネルが通っている。

**問３**　お父さんは日本海側の地方で雪が多いことについて，「日本海の対馬海流は温かい海流だから，その上を吹《ふ》く風は水蒸気を含《ふく》んで，湿った風になる。この風が日本列島の高い山にぶつかり，大量の雪を降らせることになる」と説明している。したがって，冬の降水量が多い(ア)の雨温図が，日本海側に位置する秋田のものだと判断できる。なお，(イ)は仙台(宮城県)，(ウ)は盛岡(岩手県)の雨温図。

**問４**　お父さんとお母さんは海流の循環《じゅんかん》について，「北に上がった対馬海流の多くは冷やされて南に戻《もど》ってくる」「日本海って海流が反時計回りにまわっている」と述べている。また，深層水の循環については「北から南にゆっくりと流れ」「南に行くと，水深が浅くなるから徐々に上昇する」と説明しているので，これらの動きを矢印で表す。

**問５**　お父さんは，深層水が1000～2000年かけて地球を１周し，この深層水の循環が地球の環境を支えていると語っている。深層水が１周するのに100年しかかからない日本海が「世界の海のミニチュア(縮小したもの)」であれば，日本海で起こったことがその後，世界の海で起こるかもしれないという予想をたてることができる。また，日本海で行った環境変化への対策が有効だと確認されれば，それを世界の海にいかすこともできるようになる。

**問６**　環境問題の対策が重要であることは各国とも理解しているが，経済を発展させて生活を豊かにすることを優先させたいと考える国や，それを実施するための資金が十分ではなく，先進国に援助してほしいと訴《うった》える国もある。各国の事情がそれぞれ異なるため，それらを考え合わせていくと，対策はなかなか進んでいかない。

## 理　科　＜第１回試験＞（40分）＜満点：75点＞

### 解　答

1 問１　(例)　突然のふっとうを防ぐため。　問２　(例)　水蒸気の体積は，水の体積と比べてとても大きい。　問３　(例)　水蒸気が冷やされて水になり，体積が小さくなるから，ふくろはしぼむ。　問４　(例)　弁当箱を湯で温める。　問５　高くなる。　問６　(例)　凍らせると中の水やお茶の体積が大きくなり，ペットボトルが破れつするおそれがあるから。　問７　(1)　A，C，D　(2)　A，B　(3)　C　2 問１　冬／理由…(例)　光をさえぎったり，水分を放出させたりする葉がないから。　問２　①　二酸化炭素　②　光　問３　(1)　酸素　(2)　呼吸　問４　(1)　(例)　プラスチック製のものは，環境中で分解されずにいつまでも残るが，紙やでんぷん製のものは，環境中で分解されやすい点がすぐれている。　(2)　(例)　分解されるまでは，海洋や生物に悪影響をおよぼし続けるから。　3 問１　(1)　1.5kg　(2)　15kg　問２　○／理由…(例)　糸が支えられる重さは15kgで，糸１本あたりにかかる10kgの重さを支えることができるから。　問３　(1)　14kg　(2)　18kg　(3)　25cm　(4)　５秒　4 問１　ア　問２　①　A　②　C　③　B　問３　(例)　太陽の光によって温度計が直接温められないようにするため。　問４　(1)　B　(2)　(例)　太陽の光が地面を温めた後，地面が空気を温める。　(3)　(例)　晴れの日ほど温度は上がらず，１日を通してあまり変わらない。　問５　性質…(例)　地中の深さが深くなるほど，１年を通して季節による温度差が小さくなる。　利用…(例)　地中の温度が外気温とくらべて，夏は低く冬は高いので，冷暖房に利用している。

### 解　説

**1　温度による水の状態変化についての問題**

**問１**　ふっとうがはじまると，ふつうは水の中から少しずつあわが出てくるが，まれに突然大きなあわが出ることがある。すると，高温の水が飛び散ったり，容器が割れてしまったりして危険である。これを防ぐため，あらかじめふっとう石を入れておく。

**問２**　液体の水が気体の水蒸気へと変化すると，その体積はおよそ1700倍に大きくなる。

**問３**　きりふきを用いて冷たい水を水蒸気の入ったふくろにかけると，気体の状態である水蒸気がもとの液体の水にもどるため，体積がとても小さくなり，ふくろがしぼむ。

**問４**　あたたかいご飯を入れた弁当箱の中には，たくさんの水蒸気がある。この状態でふたをしたままご飯が冷めていくと，水蒸気はもとの水にもどって体積が小さくなり，中の圧力が下がって開かなくなる。そこで，弁当箱全体をお湯で温めると，再び弁当箱の中の水てきが水蒸気になって体積が大きくなり，中の圧力も大きくなるので，開きやすくなる。

**問５**　液体の水を凍《こお》らせて固体の氷へと変化させると，体積がおよそ1.1倍に大きくなる。

**問６**　ペットボトルに入れた水やお茶などの液体を凍らせると，実験２と同じようにその体積が大きくなる。ふたをしたペットボトルの内側にはあまりすき間がないため，水やお茶が凍るとペットボトルがふくらんで破れつするおそれがある。

**問７**　(1)　表より，Aの融点《ゆうてん》は０℃で沸点《ふってん》が100℃とわかるので，Aは０℃より低い温度で固体，

0℃から100℃で液体，100℃より高い温度で気体になる。－20℃は0℃よりも低い温度なので，Aは固体になっていると考えられる。また，Cの融点は800℃，Dの融点は1538℃なので，この2つも－20℃で固体だと考えられる。　(2)　Aの沸点は100℃，Bの沸点は78℃なので，この2つは120℃で気体になっていると考えられる。　(3)　Cは，融点が800℃，沸点が1413℃なので，1000℃では液体になっていると考えられる。

## 2　人間と自然のかかわり方についての問題

**問1**　秋になって葉が紅葉する樹木は，冬になるとすべての葉を落とすので，冬の林の中には木が生えていない空き地と同じように日光が届く。そのため，冬のⒶとⒷの温度はほぼ同じになると考えられる。

**問2**　植物は，空気中の二酸化炭素と水から，光のエネルギーを利用してでんぷんや糖をつくっている。このようなはたらきを光合成とよんでいる。

**問3**　植物が光合成を行うと，でんぷんとともに酸素がつくられる。この酸素は動物が呼吸をするときに必要なものである。

**問4**　(1)　プラスチックでつくられたストローは，環境《かんきょう》中で自然に分解されることがない。風化されて細かいつぶとなったプラスチック(これをマイクロプラスチックという)が動物の体内に取りこまれるなど，生態系に影響《えいきょう》をあたえていることも問題になっている。一方，紙やでんぷんでつくられたストローは，環境中で分解されやすいので，生物への影響という点ではプラスチックのストローよりすぐれているといえる。　(2)　紙やでんぷんからできているストローは，完全に分解されるまでの時間がまだ長く，それまでの間は生態系に悪影響をおよぼしてしまう。また，プラスチック製のものは非常にたくさんあり，ストローだけ対策をしても，全体から見れば不十分だといえる。

## 3　物体を支えるときの糸にかかる力についての問題

**問1**　(1)　1秒あたり50mLのはやさで水を入れているので，30秒後には，50×30＝1500(mL)の水が容器の中に入る。水1mLあたりの重さは1gだから，容器に入れられた1500mLの水の重さは，1500g＝1.5kgと求められる。　(2)　同じ割合で水を入れていくと，1分40秒後(100秒後)には，50×100＝5000(mL)の水が入り，その重さは，5000g＝5kgになる。よって，容器の重さは10kgなので，この糸は，5＋10＝15(kg)の重さまでは糸が切れずにたえられる。

**問2**　ものの重さは重心の位置に集中していると考えることができ，図2の棒では2本の糸でつるした場所の中央が重心となっている。すると，2本の糸には同じ大きさの重さが加わるようになるため，糸1本が支える重さは，20÷2＝10(kg)と求められる。この重さは，問1で求めた15kgよりも小さいため，図2の糸は切れないと考えられる。

**問3**　(1)　棒の真ん中に置いた8kgの金属球も，2本の糸が同じ重さずつ支えていることになるため，1本の糸にかかる重さは，(20＋8)÷2＝14(kg)になる。　(2)　金属球が右向きに転がってBの位置をつるしている糸の真下に来ると，金属球の重さはすべてこの糸が支えるようになる。したがって，この糸にかかる重さは，10＋8＝18(kg)になる。　(3)　8kgの金属球を棒にのせない状態で，Bの位置を天井からつるしている糸には棒の重さの半分である10kgがかかっている。問1で用いた糸は15kgで切れてしまうため，金属球の重さのうち5kg分の重さまでしか支えることができない。金属球が棒の真ん中からBに向かって転がる途中《とちゅう》に，金属球の重さのうち5kg分の重さが糸にかかる点がある。この点をＤとする。この棒でのつりあいを，Ａを支点としたてこのつり合いにたとえて考えると，金属球がＤまで転がったとき（Ｂの糸が切れるすぐ前），このてこを時計回りに回転させるはたらき，（ＡＤの長さ）×（鉄球の重さ）と，てこを反時計回りに回転させるはたらき，（ＡＢの長さ）×（金属球の重さのうち５kg分）が等しくなる。よって，（ＡＤの長さ）×８＝２×５となり，ＡＤの長さは，10÷８＝1.25（m）となる。したがって，はじめ棒の中央にあった金属球は，1.25－１＝0.25（m）＝25（cm）だけ右に転がることができる。　⑷　金属球の転がる速さは毎秒５cmなので，25÷５＝５（秒）だけ棒の上を転がることができる。

**4　天気についての問題**

**問１**　晴れの日には，太陽からの熱を十分に受けることによって，雨の日やくもりの日にくらべて最高気温と最低気温との差がとても大きくなる。

**問２**　１日中晴れていると，最高気温と最低気温の差がとても大きくなるので，気温変化を示すグラフはＡのようになると考えられる。午前中くもりだったが，昼から雨が降り出したような日は，雨を降らせるような厚い雲によって日光が届きにくい状態となるため，午後から一気に気温が下がりはじめたＣのようなグラフになる。日中にずっと雨が降っているような日は，日中を通してほとんど気温の変化が見られないため，気温変化を示すグラフはＢのようになる。

**問３**　地面の温度をはかるときに，温度計にも直射日光があたってしまうと，温度計が日光によって直接温められてしまい，実際の地面の温度よりも高い温度が示されてしまう。これを防ぐため，必ず温度計におおいをしなければならない。

**問４**　⑴　地面と空気では，地面の方が温まりやすく冷めやすいため，１日の中での最高温度と最低温度の差が大きくなっているＡのグラフが地面の温度変化で，差が小さいＢのグラフが気温の変化だとわかる。　⑵　図３のグラフから，地面の温度が最も高くなったおよそ１時間後に，空気の温度が最も高くなっていることがわかる。これは，空気は太陽の光によって直接は温められず，太陽の光によって温められた地面が空気を温めていることが原因である。　⑶　雲によって日光がさえぎられると，地面はほとんど温められることがないため，１日を通してあまり温度変化がない。

**問５**　温まりやすく冷めやすい地面の表面は，季節によって変化する太陽高度に合わせて，冬に冷たく，夏に温かくなる。しかし，図４のグラフからもわかるように，地下深くになるほど日光の影響を受けなくなるため，１年を通じて季節による温度差が小さくなる。このような特ちょうから，地中の温度は外気温より，夏は低く冬は高くなって，住居では自然による冷暖房《ぼう》として利用できる。

## 国　語　＜第１回試験＞（50分）＜満点：100点＞

### 解　答

一　問１　イ　問２　自給自足の生活　問３　前者…イ，オ　後者…ア，カ　問４　ウ　問５　ウ　問６　ア　問７　（例）　生産者の労働環境の改善のために活用すべき。　問８　（例）　安い商品がどう生産され売れ残った商品がどう処分されるのかを知り，それを人々と共有したり改善策を考え合ったりすべきである。　問９　エ　二　問１　ウ　問２　イ　問３　a　ア　b　エ　問４　1　（例）　誰の指図も受けずに，自分ひとりの力でやるからこそ，勝ったときの喜びや満足は大きい　2　（例）　励まし合うチームメイトのいない将棋では，すべて自分ひとりだけで戦わねばならない　問５　ウ　問６　A　イ　B　オ　問７　エ　問８　ウ　問９　ぼくが言う～りあげた。　問10　ウ，カ　三　①～⑧　下記を参照のこと。　⑨　いただき　⑩　ぞうもつ　⑪　かんがい　⑫　じゅひょう

●漢字の書き取り

三　①　探査　②　宣伝　③　背景　④　討議　⑤　模型　⑥　除(いた)　⑦　染(めた)　⑧　演奏

### 解　説

一　**出典は仲村和代《なかむらかずよ》・藤田《ふじた》さつきの『大量廃棄《はいき》社会―アパレルとコンビニの不都合な真実』による。** 先進国に安い品物が提供される背景には，過酷《かこく》な労働環境《かんきょう》に耐《た》えて働き続ける人たちがいることを知るべきだと述べられている。

**問１**　ぼう線①に続けて，「刺《さ》し子」は，かつては「古くなった布を何枚も重ね合わせ，丈夫《じょうぶ》にするための工夫《くふう》」として庶民《しょみん》が生み出したものだったと述べられている。また，麻《あさ》しか身につけることが許されなかった時代の庶民が，「繊維《せんい》の荒《あら》い麻を一針ひとはり埋《う》めることで，なんとか温かさを確保」していたともある。

**問２**　「自給自足」は，生活に必要なものを自分で生産してまかなうこと。二つ後の段落に，「産業化が進むと」あらゆるものを自分たちの手で作って消費する「自給自足の生活」は形を変えていったと述べられている。

**問３**　多様な選択肢《せんたくし》の中から「買う」ものを「選ぶことができる側」は，価格や製品を比べてから購入《こうにゅう》するものを選択できるのだから，「値段」と「商品」が選べるといえる。一方，「安い製品」を作る「選ぶことができない側」は，「その労働をすることでしか生活が成り立たない」という状《じょう》況《きょう》にあるため，「安い賃金」であっても職種や職場を選択できないのである。つまり，「労働」や「給料」を選べないということになる。

**問４**　筆者は，バングラデシュの農村を訪《おとず》れ，多くの人たちが出迎《でむか》えてくれたことや，子どもたちが裸足《はだし》でかけ回ったり鶏《にわとり》が放し飼いにされたりしている光景を見て，「すごくのどかで，いいところですね」という感想を述べた。これに対して，現地に住む日本人の男性は，ちょっとした「災害」や「病気」によって現地の人たちの「暮らしはたちまち，立ちゆかなくなる」くらい「危《あや》ういもの」だと教えてくれた。筆者は，そこの実際の生活の苦しさに思い至らなかったので「恥《は》じた」のだから，ウが合う。

**問５**　同じ技術で作られる製品の価格を下げるためには働く人の賃金を削《けず》るしかないので，「ある国」での賃金が「一定の水準」になれば，次はより「賃金の安い」「別の国」に発注されることになる。よって，「別の国」のほうが賃金は安いのだから，ウは誤り。

**問６**　先進国に製品を安く提供するために，ものを作る国の労働者は「過酷な労働環境」を強《し》いられている。また，「資源には限りがあり」，「大量に捨てられるものをどう処理し，コストをどう負担するか」といった問題もある。「いいものを，安く」買えるようにするためのシステムによって，労働者にも「地球環境」にも大きな「負荷《ふか》」がかかっているのだから，アがよい。

**問７**　現在は，価格競争のために労働者や地球環境に大きな負荷をかけてまで，商品が適正な価格以下で売られている。先進国の消費者は，適正な価格まで値上げされることを受け入れることが重要だとしたうえで，その値上げされた分の利益で，低賃金で働いている人たちの労働環境や地球環境を改善するのも一つの方法だと筆者は考えている。これをふまえてまとめる。

**問８**　「そうすることでしか」「大量廃棄社会の現実を」「変えることはできない」とあるので，その前で述べられている内容をおさえる。現在は，インターネットで，商品を作る「現地の人の暮らしのことや，労働環境について知ること」ができるので，まずは「安い服」が「どうやって生み出されているのか」といったことや「買われることもなく捨てられてしまう服」が「その後どうなるのか」といったことを知り，「誰《だれ》かに伝えて」，そして「一緒《いっしょ》に何かできることはないかと考えて」みるところから始めることが大切だと述べられている。これをふまえてまとめる。

**問９**　本文の最初のほうでは，かつて「厳しい暮らし」の中で「自給自足」をしていた東北地方の人々と比較《ひかく》する形で，現在の私たちの生活においては「有り余るほどの食べ物が流通して」いて，「安くて丈夫でおしゃれな商品が当たり前のように手に入るようになった」ということが述べられている。次に，安い製品が手に入るようになった一方で，安い賃金で過酷な労働を強いられている人々がたくさんいるという問題や地球環境にも負荷がかかっているという問題などが指摘《してき》されている。最後に，製品を作る現地の人の暮らしや労働環境を知ることがまず大切であり，それから何ができるかを考えてみようという提案が解決の糸口として示されている。よって，エがふさわしい。

**［二］** **出典は佐川光晴《さがわみつはる》の『駒音《こまおと》高く』による。** 将棋《しょうぎ》に熱中する「ぼく」は，三つ年下の山沢《やまさわ》君との対局や交流を通じて，将棋のすばらしさや厳しさについての思いを深めていく。

**問１**　前の部分から，「ぼく」の山沢君に対する思いを読み取る。「ぼく」は，山沢君に負けてから，「つぎに対戦するときまでに少しでも力をつけて」，せめて「山沢君を本気」にさせるくらいになって互角《ごかく》に戦いたいと思っていたのだから，ウがふさわしい。

**問２**　悠斗《ゆうと》君は，サッカーなどのスポーツでは，経験が多かったり体格が大きかったりするほうが有利なので，「小５が小２に負ける」ことはあり得ないと言った。しかし，「ぼく」は，将棋では経験が多いことや年が上ということが能力や有利さに結びつくとは限らないということを説明し，スポーツとは求められる能力が異なるということを悠斗君に納得《なっとく》してもらったのだから，イがよい。

**問３**　**a**　「日進月歩」は，“日に日に絶えず進歩する”という意味。　**b**　「おこがましい」は“身のほどをわきまえておらず差し出がましい”という意味。

**問４**　**１**　本文の最初で述べられているように，「ぼく」は，将棋の魅力《みりょく》は「誰《だれ》の指図も受けずに，自分が考えた手を指せる」ところにあり，「勝つのも，負けるのも」，すべて「自分の責任」であり，だからこそ必死に考えて勝ったときの喜びが大きいと思っていた。　**２**　「ぼく」は，アパートの部屋で将棋をしているときに，山沢君と自分が「おたがいのことをほとんど知らずに対局している」ことに気づき，野球と違《ちが》って「将棋では，勝っても，喜び合うチームメイトがいない」し，「チームメイト同士で励《はげ》まし合うこともない」ということに思い至った。さらに，将棋では「自分以外は全員が敵」だと思って怖《こわ》くなったと述べられている。

**問５**　「一辺倒《いっぺんとう》」は，ある一方にだけかたむくこと。有賀先生が「みんなも，野崎《のざき》君みたいにしっかり挨拶《あいさつ》をしよう」と言ったのに，「返事をした生徒はひとりもいなかった」。「ぼく」は，返事に厳しかったファルコンズのことを思い出し，野球以外のことも教えてくれた監督たちに感謝したのだから，ウが合う。

**問６**　**Ａ**　「ぼく」は，山沢君と対局できるときのことを思って一生懸命《けんめい》に研究してきたので，前回と同じ対局になると聞き，「自分を奮《ふる》い立たせるよう」に「はい」と返事をした。しかし，山沢君は「ぼく」とは対照的なようすだったのである。前回の対局で「ぼく」がとても敵《かな》わなかった山沢君が「ぼく」と再び対局するのはつまらなかっただろうと考えられるので，イが入る。　**Ｂ**　対局がとちゅうで終わりになった後，「ぼく」が「詰《つ》み筋を懸命に探し続け」るのに対して山沢君は「ぼくの馬を動かし」て詰みまで示してみせた。山沢君は「ぼく」の詰み筋が読めていて，自分が負ける状況だったことがわかっているのだから，オがふさわしい。

**問７**　問６でみたように，山沢君には「ぼく」がはっきりわかっていなかった詰み筋が読めていた。対局は「ぼく」に有利だったが，すべて理解していた山沢君が自分より三つも年下だと改めて思い知らされ，「ぼく」は感心したのである。

**問８**　「ぼく」は，「つぎの対局は負けないよ」とか「将棋では，自分以外はみんな敵なんだ」と「ムキ」になって言う山沢君のことを「小学２年生らしい」と思って親しみを覚えた。将棋では「自分以外は全員が敵」だと「ぼく」も思っていたが，山沢君のことを「一緒に強くなって」いく「ライバル」だと思えるようになったので，うれしくなったのだと考えられる。

**問９**　「いつかプロ同士で対局できたら，すごいよね」や「このあと，となりの図書館で棋譜《きふ》をつけるんだ」という「ぼく」の言葉を聞く前の山沢君に注目すると，「メガネの奥の目をつりあげ」て「なに言ってんだよ」などと反論し，「ぼく」を敵視しているようすが読み取れる。

**問10**　ウ　全体を通して「ぼく」の視点で将棋について語られており，その他の人の視点では語られていない。　カ　順調に昇級していった「ぼく」は，山沢君に負けたものの，次の対局に向けて「少しでも力をつけて」のぞみたいと熱心に研究に取り組んでおり，反感は抱《いだ》いていない。

**三　漢字の書き取りと読み**

①　未知の事物についてさぐって調べること。　②　商品について広く知らせること。　③　写真や絵の背後の景色。　④　ある問題について意見を述べ合うこと。　⑤　実物と同じ形になるように拡大や縮小をして作ったもの。　⑥　音読みは「ジョ」「ジ」で，「除外」「掃除《そうじ》」などの熟語がある。　⑦　音読みは「セン」で，「染色」などの熟語がある。　⑧　楽器などで音楽を奏でること。　⑨　音読みは「チョウ」で，「頂上」などの熟語がある。訓読みにはほかに「いただ(く)」がある。　⑩　内臓のこと。　⑪　日照りのために水がなくなることで受ける被害《ひがい》。　⑫　氷点下に冷えた水蒸気などが樹木に吹《ふ》きつけられて凍結《とうけつ》した氷。

## Dr.福井の 入試に勝つ！脳とからだのウルトラ科学

### 意外！　こんなに役立つ“替え歌勉強法”

病気やケガで脳の左側（左脳）にダメージを受けると，字を読むことも書くことも，話すこともできなくなる。言葉を使うときには左脳が必要だからだ。ところが，ふしぎなことに，左脳にダメージを受けた人でも，歌を歌う（つまり言葉を使う）ことができる。それは，歌のメロディーが右脳に記憶されると同時に，歌詞も右脳に記憶されるからだ。ただし，歌詞は言葉としてではなく，音として右脳に記憶される。

そこで，右脳が左脳の10倍以上も記憶できるという特長を利用して，暗記することがらを歌にして右脳で覚える“替え歌勉強法”にトライしてみよう！

歌のメロディーには，自分がよく知っている曲を選ぶとよい。キミが好きな歌手の曲でもいいし，学校で習うようなものでもいい。あとは，覚えたいことがらをメロディーに乗せて替え歌をつくり，覚えるだけだ。メロディーにあった歌詞をつくるのは少し面倒かもしれないが，つくる楽しみもあって，スムーズに暗記できるはずだ。

替え歌をICレコーダーなどに録音し，それを何度もくり返し聞くようにすると，さらに効果的に覚えることができる。

音楽が苦手だったりして替え歌がうまくつくれない人は，かわりに俳句（川柳）をつくってみよう。五七五のリズムに乗って覚えてしまうわけだ。たとえば，「サソリ君，一番まっ赤は，あんたです」（さそり座の１等星アンタレスは赤色――イメージとしては，運動会の競走でまっ赤な顔をして走ったサソリ君が一番でゴールした場面）というように。

Dr.福井（福《ふく》井《い》一成《かずしげ》）…医学博士。開成中・高から東大・文Ⅱに入学後，再受験して翌年東大・理Ⅲに合格。同大医学部卒。さまざまな勉強法や脳科学に関する著書多数。

## 当社発行物の無断使用は固くお断りいたします。御使用の前はまずご相談ください。

当社発行物には500点余の首都圏中・高過去問をはじめ、６点の学校案内、そのほかいくつかの情報誌などがございます。その多くが年度版で、限られたスタッフが来るべき受験シーズン前に余裕を持って受験生へ届けられるよう、日夜作業にあたり出版を重ねております。

その中で、最近、多くの印刷物やネット上において当社発行物からの無断使用が見受けられ、一部で係争化しているところもございます。事例といたしましては、当社の新刊発行を待ち、それを流用して毎年ネット上に新改訂として掲載していたＡ社、当社過去問から三百箇所をはぎ合わせ「自社制作につき無断転載禁止」とし、集客材としてホームページに掲載していたＢ社、当社版誌面を無断スキャンし、記述式解答は一部殆ど丸取りして動画を制作していた家庭教師グループＣ社、当社発行物の表紙を差し替え、内容を複製し配布していた塾のＤ社などほか数社がございます。

当社発行物の全部もしくは一部を無断使用することは固くお断りいたします。

当社コンテンツの中にはリーズナブルな設定でご提供している事例もたくさんございますので、ご利用されたい方はまずは、お気軽にご相談くださいますようお願いします。同時に、当社発行物を無断で使用している媒体などにつきましての情報もお寄せいただければ幸いです(呈薄謝)。

**株式会社 声の教育社**



2025年度用
中学スーパー過去問

■編集人 声の教育社・編集部
■発行所 株式会社 声の教育社
〒162-0814 東京都新宿区新小川町8-15
☎03-5261-5061(代) FAX03-5261-5062
https://www.koenokyoikusha.co.jp

※本書の内容についての一切の責任は当社にあります。内容・解説・解答・その他は当社ホームページよりお問い合わせ下さい。

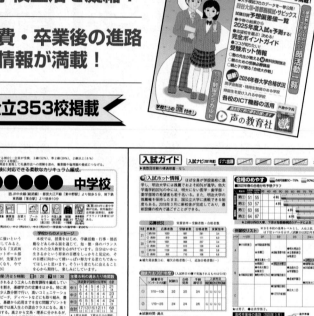

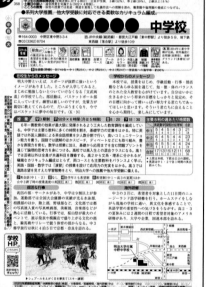

# よくある解答用紙のご質問

01

## 実物のサイズにできない

拡大率にしたがってコピーすると，「解答欄」が実物大になります。配点などを含むため，用紙は実物よりも大きくなることがあります。

02

## A3用紙に収まらない

拡大率164％以上の解答用紙は実物のサイズ（「出題傾向＆対策」をご覧ください）が大きいために，Ａ３に収まらない場合があります。

03

## 拡大率が書かれていない

複数ページにわたる解答用紙は，いずれかのページに拡大率を記載しています。どこにも表記がない場合は，正確な拡大率が不明です。

04

## １ページに２つある

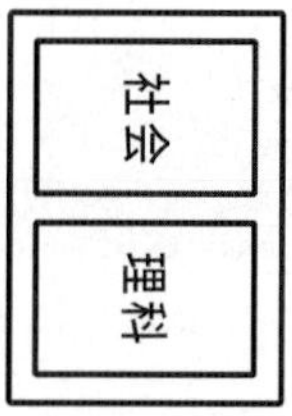


１ページに２つ解答用紙が掲載されている場合は，正確な拡大率が不明です。ほかの試験回の同じ教科をご参考になさってください。

森村学園中等部

# 【別冊】入試問題解答用紙編



**解答用紙は本体からていねいに抜きとり、別冊としてご使用ください。**

※ 実際の解答欄の大きさで練習するには、指定の倍率で拡大コピーしてください。なお、ページの上下に小社作成の見出しや配点を記載しているため、コピー後の用紙サイズが実物の解答用紙と異なる場合があります。

## ●入試結果表

— は非公表

| 年度 | 回 | 項目 | 国語 | 算数 | 社会 | 理科 | 2科合計 | 4科合計 | 合格者（200点換算） |
|---|---|---|---|---|---|---|---|---|---|
| 2024 | 第1回 | 配点（満点） | 100 | 100 | 75 | 75 | 200 | 350 | 最高点 |
| | | 合格者平均点 | 73.0 | 71.7 | 47.4 | 49.1 | 144.7 | 241.2 | — |
| | | 受験者平均点 | 63.0 | 58.9 | 41.4 | 41.8 | 121.9 | 205.1 | 最低点 |
| | | キミの得点 | | | | | | | 131.0（65.5%） |
| 2023 | 第1回 | 配点（満点） | 100 | 100 | 75 | 75 | 200 | 350 | 最高点 |
| | | 合格者平均点 | 61.3 | 76.4 | 47.3 | 49.5 | 137.7 | 234.5 | — |
| | | 受験者平均点 | 54.0 | 64.6 | 43.7 | 45.7 | 118.6 | 208.0 | 最低点 |
| | | キミの得点 | | | | | | | 125.0（62.5%） |
| 2022 | 第1回 | 配点（満点） | 100 | 100 | 75 | 75 | 200 | 350 | 最高点 |
| | | 合格者平均点 | 63.2 | 66.4 | 54.3 | 53.8 | 129.6 | 237.7 | — |
| | | 受験者平均点 | 54.1 | 53.8 | 48.3 | 49.6 | 107.9 | 205.8 | 最低点 |
| | | キミの得点 | | | | | | | 121.7（60.9%） |
| 2021 | 第1回 | 配点（満点） | 100 | 100 | 75 | 75 | 200 | 350 | 最高点 |
| | | 合格者平均点 | 56.8 | 65.7 | 43.6 | 52.4 | 122.5 | 218.5 | 154.0（77.0%） |
| | | 受験者平均点 | 48.6 | 54.4 | 38.6 | 46.2 | 103.0 | 187.8 | 最低点 |
| | | キミの得点 | | | | | | | 111.4（55.7%） |
| 2020 | 第1回 | 配点（満点） | 100 | 100 | 75 | 75 | 200 | 350 | 最高点 |
| | | 合格者平均点 | 65.9 | 75.1 | 44.4 | 51.9 | 141.0 | 237.3 | 168.0（84.0%） |
| | | 受験者平均点 | 58.0 | 62.4 | 40.4 | 44.1 | 120.4 | 204.9 | 最低点 |
| | | キミの得点 | | | | | | | 127.4（63.7%） |

（注） 試験は２科・４科選択制。ただし４科目受験者は350点満点を200点満点に換算して合否判定を行う。
また、４科目受験者は、４科目の換算得点と国算の２科目の合計点のうち高い方の得点で合否判定を行う。

※ 表中のデータは学校公表のものです。ただし、２科合計・４科合計は各教科の平均点を合計したものなので、目安としてご覧ください。

# ２０２４年度　森村学園中等部

## 算数解答用紙　第１回

| 番号 | | 氏名 | | 評点 | ／100 |
|---|---|---|---|---|---|

**1**

| (1) | (2) | (3) |
|---|---|---|
| | | |

**2**

| (1) | (2) | (3) | (4) | (5) |
|---|---|---|---|---|
| | m | 個 | % | 日 |

**3**

| (1) | (2) x | y |
|---|---|---|
| 毎分　　cm³ | | |

(3)

（答）　分　秒

**4**

| (1) | (2) | (3) |
|---|---|---|
| | | |

**5**

| (1) ア | イ | ウ |
|---|---|---|
| (2) エ | オ | カ |

歳と　歳

(3)

回

**6**

(1)

cm

(2)

（答）　cm

(3)

（答）　cm²

（注）この解答用紙は実物を縮小してあります。185％拡大コピーをすると、ほぼ実物大の解答欄になります。

〔算　数〕100点（学校配点）

1～6　各５点×20＜3の(2)，5の(1)，(2)は完答＞

## 2024年度　森村学園中等部

### 社会解答用紙　第1回

| 番号 | | 氏名 | | 評点 | ／75 |
|---|---|---|---|---|---|

**1**

| 問1 | ① | ② | ③ | ④ | ⑤ | 問2 | | 問3 | |
|---|---|---|---|---|---|---|---|---|---|

| 問4 | | 問5 | | 問6 | |
|---|---|---|---|---|---|

| 問7 | |
|---|---|

**2**

| 問1 | A　　条約 | B　　川 |
|---|---|---|

| 問2 | | 問3 | |
|---|---|---|---|

| 問4 | |
|---|---|

**3**

| 問1 | | 問2 | | 問3 | 制 |
|---|---|---|---|---|---|

| 問4 | |
|---|---|

**4**

| 問1 | | 他はすべて | 問2 | | 他はすべて |
|---|---|---|---|---|---|

**5**

| 問1 | 地区 | 問2 | |
|---|---|---|---|

**6**

| 問1 | | 問2 | | 問3 | |
|---|---|---|---|---|---|

| 問4 | |
|---|---|

| 問5 | |
|---|---|

| 問6 | (1)　賛成・反対 |
|---|---|
| | (2) |

(注) この解答用紙は実物を縮小してあります。175%拡大コピーをすると、ほぼ実物大の解答欄になります。

〔社　会〕75点(学校配点)

1 問1　各1点×5　問2〜問6　各2点×5　問7　4点　2 問1　各2点×2　問2　3点　問3　2点　問4　4点　3 問1〜問3　各2点×3　問4　4点　4 各3点×2　5 各2点×2　6 問1〜問3　各2点×3　問4, 問5　各4点×2　問6 (1)　4点　(2)　5点

2024年度　森村学園中等部

理科解答用紙　第1回

| 番号 | | 氏名 | | 評点 | ／75 |
|---|---|---|---|---|---|

**1**

| | | | | | | | | | |
|---|---|---|---|---|---|---|---|---|---|
| 問1 | (1) | (2) | (3) | (4) | 問2 | (1) | (2) | (3) | (4) |
| 問3 | (1) | (2) | | | | | | | |
| 問4 | | | | | | | | | |
| 問5 | | | | | | | | | |

**2**

| | | | | |
|---|---|---|---|---|
| 問1 | (1) | (2) | (3) | (4) |
| 問2 | (1) | (2) | 問3 | (1) |
| 問3 | (2) | | | |

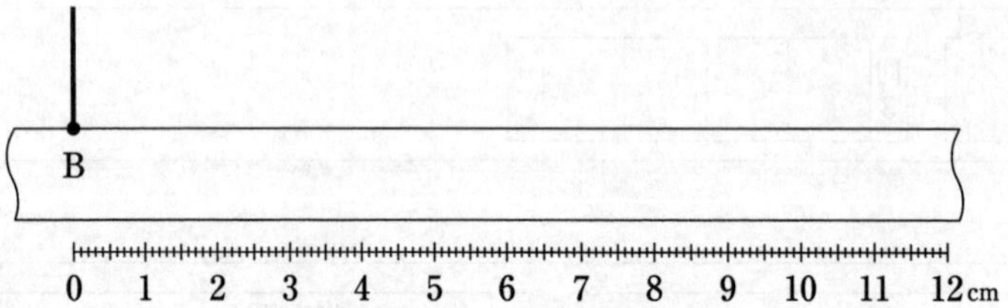


**3**

| | | | |
|---|---|---|---|
| 問1 | 酸素 | 二酸化炭素 | 水素 |
| 問2 | 酸素 | 二酸化炭素 | 水素 |
| 問3 | 酸素 | 二酸化炭素 | 水素 |
| 問4 | →　→　→　→　→ | | |
| 問5 | | 問6 | |

**4**

| | | | | | | |
|---|---|---|---|---|---|---|
| 問1 | | | | | | |
| 問2 | (1) 星の名前 | 星座 | (2) 星の名前 | 星座 | (3) 星の名前 | 色 |
| 問3 | | | | | | |
| 問4 | (1) | (2) | (3) | (4) | | |

（注）この解答用紙は実物を縮小してあります。185％拡大コピーをすると、ほぼ実物大の解答欄になります。

〔理　科〕75点(学校配点)

1 問1，問2　各1点×8　問3　各2点×2　問4，問5　各3点×2　2 問1，問2　各2点×6　問3　(1)　3点　(2)　4点　3 問1　各2点×3　問2，問3　各1点×6　問4，問5　各2点×2＜各々完答＞　問6　3点　4 問1　2点　問2　各1点×6　問3　3点＜完答＞　問4　各2点×4

# ２０２４年度　森村学園中等部

## 国語解答用紙　第一回

| 番号 | | 氏名 | | 評点 | /100 |
|---|---|---|---|---|---|

一

問一

問二

問三

問四　A　B　C

問五　(1)　(2)

問六

問七　①　②

問八

問九

二

問一

問二

問三　Ⅰ　Ⅱ

問四

問五

問六

問七

問八　(1)　梅津田子　河井道　(2)　①　②

三

| | | | | | | | |
|---|---|---|---|---|---|---|---|
| ① | | ② | | ③ | | ④ | |
| ⑤ | (す) | ⑥ | | ⑦ | (える) | ⑧ | |
| ⑨ | | ⑩ | | ⑪ | | ⑫ | |

（注）この解答用紙は実物を縮小してあります。189%拡大コピーをすると、ほぼ実物大の解答欄になります。

〔国　語〕100点(学校配点)

一　問１　４点　問２　２点　問３　４点<完答>　問４　各２点×３　問５　(1)　２点　(2)　３点　問６　６点　問７　各３点×２　問８　６点　問９　各３点×２　二　問１　３点　問２　４点　問３　各２点×２　問４　３点　問５　８点　問６　３点　問７　４点　問８　(1)　各３点×２　(2)　各４点×２　三　各１点×12

# ２０２３年度　森村学園中等部

算数解答用紙　第１回

| 番号 | | 氏名 | |
|---|---|---|---|

| 評点 | ／100 |
|---|---|

**1**

| (1) | (2) | (3) |
|---|---|---|
| | | |

**2**

| (1) | (2) | (3) | (4) | (5) |
|---|---|---|---|---|
| 円 | 時速　km | | g | 枚 |

**3**

| (1) | (2) |
|---|---|
| | |

(3)

(答)

**4**

| (1) | (2) | (3) |
|---|---|---|
| | | km |

**5**

| | | |
|---|---|---|
| (1) お | こ | そ |
| (2) 94 | 154　個 | |
| (3)　個 | | |

**6**

(1)　$cm^3$

| (2) | (3) |
|---|---|
| (答)　$cm^3$ | (答)　$cm^3$ |

（注）この解答用紙は実物を縮小してあります。185％拡大コピーをすると、ほぼ実物大の解答欄になります。

〔算　数〕100点(学校配点)

1～6　各５点×20＜5は各々完答＞

# 2023年度　森村学園中等部

## 社会解答用紙　第1回

| 番号 | | 氏名 | | 評点 | ／75 |
|---|---|---|---|---|---|

**1**

| 問1 | ① | ② | ③ | ④ | ⑤ |
|---|---|---|---|---|---|

問2

問3

問4

問5

問6

問7

**2**

問1

問2

問3 (1)　(2)

問4

**3**

問1

問2

問3

問4

問5

**4**

問1　他はすべて

問2　他はすべて

**5**

問1

問2　沖

**6**

問1

問2

問3

問4

問5　ヨーロッパの水兵が着ていた。→　→　日本の女子生徒に広がった。

問6

（注）この解答用紙は実物を縮小してあります。175％拡大コピーをすると、ほぼ実物大の解答欄になります。

〔社　会〕75点(学校配点)

1 問1　各1点×5　問2～問6　各2点×5　問7　4点　2 問1～問3　各2点×4　問4　4点　3 問1～問4　各2点×4　問5　4点　4 各4点×2　5 各2点×2　6 問1，問2　各2点×2　問3　4点　問4　2点　問5，問6　各5点×2

# ２０２３年度　森村学園中等部

## 理科解答用紙　第１回

| 番号 | | 氏名 | | 評点 | ／75 |
|---|---|---|---|---|---|

**1**

| | | | | | | |
|---|---|---|---|---|---|---|
| 問1 | ① | ② | ③ | ④ | ⑤ | ⑥ |
| 問2 | | | | | | |
| 問3 | (1) | (2) | (3) | (4) | (5) | |

**2**

| | | | | |
|---|---|---|---|---|
| 問1 | (1) | (2) | | |
| | (3) | | | |
| 問2 | (1) | (2) | (3) | (4) |
| | (5) | | | |
| 問3 | (1) | (2) | (3) | |

**3**

| | | | | | |
|---|---|---|---|---|---|
| 問1 | (1) ① | ② | ③ | ④ | |
| | (2) ⑤ | ⑥ | ⑦ | (3) ⑧ | ⑨ |
| 問2 | | | | | |
| 問3 | (1) A | B | C | | |
| | D | E | (2) | | |

**4**

| | | | | | | | | |
|---|---|---|---|---|---|---|---|---|
| 問1 | (1) | (2) ① | ② | ③ | | | | |
| | (3) | (4) | | | | | | |
| | (5) | 理由 | | | | | | |
| 問2 | (1) ① | ② | ③ | ④ | ⑤ | ⑥ | A | B |
| | (2) ① | ② | | | | | | |

（注）この解答用紙は実物を縮小してあります。204％拡大コピーをすると、ほぼ実物大の解答欄になります。

〔理　科〕75点(学校配点)

1　問１　①　２点　②〜⑥　各１点×５　問２　３点　問３　(1)　１点　(2)〜(5)　各２点×４＜(3)は完答＞　2　問１　(1), (2)　各１点×２　(3)　２点　問２　(1)　１点　(2)〜(5)　各２点×４　問３　各２点×３　3　問１　各１点×９　問２　２点　問３　(1)　各１点×５　(2)　２点　4　問１　各１点×８　問２　(1)　各１点×８　(2)　①　２点　②　１点

# 二〇二三年度　森村学園中等部

## 国語解答用紙　第一回

番号　　氏名　　評点　／100

一

問一　A　B　C

問二

問三　(1)　(2)

問四

問五

問六

問七　理由1　理由2

問八

問九　(1)　(2)

二

問一　(1)　(2)

問二

問三

問四

問五　a　b

問六

問七　1　2　3

問八

問九

問十

三

| | | | |
|---|---|---|---|
| ① | ② | ③ | ④ |
| ⑤ | ⑥（ます） | ⑦ | ⑧ |
| ⑨ | ⑩ | ⑪ | ⑫（る） |

（注）この解答用紙は実物を縮小してあります。189％拡大コピーをすると、ほぼ実物大の解答欄になります。

〔国　語〕100点(学校配点)

一　問1　各2点×3　問2～問4　各3点×4　問5～問8　各4点×5　問9　(1)　4点　(2)　2点　二　問1　各2点×2　問2～問4　各4点×3　問5　各2点×2　問6～問8　各4点×3<問7は完答>　問9　8点　問10　4点　三　各1点×12

# 2022年度　森村学園中等部

算数解答用紙　第1回

| 番号 | | 氏名 | | 評点 | ／100 |
|---|---|---|---|---|---|

**1**

| (1) | (2) | (3) |
|---|---|---|
| | | |

**2**

| (1) | (2) | (3) | (4) | (5) |
|---|---|---|---|---|
| % | 点 | 個 | : | |

**3**

(1)　$cm^3$

(2)　(答)　$cm^3$

(3)　(答)　ア　× 3.14 $cm^3$

**4**

(1)

(2)　番目

(3)　(答)

**5**

(1)　円

(2)　杯

(3)　(答)　杯

**6**

(1) A　m　B　m

(2)　m　秒速　m

(3) ア　秒後

（注）この解答用紙は実物を縮小してあります。185%拡大コピーをすると、ほぼ実物大の解答欄になります。

〔算　数〕100点(推定配点)

1～6　各5点×20＜6は各々完答＞

# ２０２２年度　森村学園中等部

社会解答用紙　第１回

| 番号 | | 氏名 | | 評点 | ／75 |
|---|---|---|---|---|---|

**1**

| 問1 | ① | ② | ③ | ④ | ⑤ | 問2 | | 問3 | | 問4 | | 問5 | | 問6 | |
|---|---|---|---|---|---|---|---|---|---|---|---|---|---|---|---|

| 問7 | | 問8 | キャッチフレーズ　港町 |
|---|---|---|---|

| 問8 | そのキャッチフレーズをつけた理由 |
|---|---|

**2**

| 問1 | | 問2 | | 問3 | | 問4 | |
|---|---|---|---|---|---|---|---|

| 問5 | |
|---|---|

**3**

| 問1 | (1) | (2) |
|---|---|---|

| 問2 | 制 | 問3 | (1)　% |
|---|---|---|---|

| 問3 | (2) |
|---|---|

**4**

| 問1 | | 他はすべて | 問2 | | 他はすべて |
|---|---|---|---|---|---|

**5**

| 問1 | | 問2 | 運河 |
|---|---|---|---|

**6**

| 問1 | | 問2 | | 問3 | |
|---|---|---|---|---|---|

| 問4 | |
|---|---|

| 問5 | |
|---|---|

| 問6 | 例 |
|---|---|
| | 説明 |

（注）この解答用紙は実物を縮小してあります。175％拡大コピーをすると、ほぼ実物大の解答欄になります。

〔社　会〕75点(推定配点)

1 問１　各１点×５　問２～問７　各２点×６　問８　４点　2 問１～問４　各２点×４　問５　４点　3 問１，問２　各２点×３　問３　(1)　２点　(2)　４点　4 各４点×２　5 各２点×２　6 問１～問３　各２点×３　問４　３点　問５　４点　問６　５点

# ２０２２年度　森村学園中等部

## 理科解答用紙　第１回

| 番号 | | 氏名 | | 評点 | ／75 |
|---|---|---|---|---|---|

**1**

| | | | | | |
|---|---|---|---|---|---|
| 問1 | (1) | (2) B | D | F | |
| 問2 | (1) | (2) | | | |
| 問3 | (1) | (2) | (3) | | |
| 問4 | | 問5 (1) 図3 | 図4 | (2) | (3) |

**2**

| | | | | | |
|---|---|---|---|---|---|
| 問1 | | | | | |
| 問2 | (1) | 条件ア | (2) | 条件ア | |
| | | 条件イ | | 条件イ | |
| | | 条件ウ | | 条件ウ | |
| 問3 | ① | ② | ③ | ④ | |
| 問4 | (1) | | | | |
| | (2) | | | | |

**3**

| | | | | | |
|---|---|---|---|---|---|
| 問1 | | 問2 | | | |
| 問3 | (1) | (2) | (3) | (4) | (5) |
| | (6) 充電開始直後での様子 | | 充電完了直前での様子 | | |
| | (7) | 理由 | | | |
| 問4 | | | | | |

**4**

| | | | | |
|---|---|---|---|---|
| 問1 | (1) | (2) | | |
| 問2 | (1) | (2) | | |
| 問3 | ① | ② | ③ | ④ |
| 問4 | (1) | (2) | | |
| 問5 | (1) | (2) | | |
| | (3) | | | |

（注）この解答用紙は実物を縮小してあります。204％拡大コピーをすると、ほぼ実物大の解答欄になります。

〔理　科〕75点(推定配点)

1　問１　各１点×４　問２　(1)　１点　(2)　２点　問３，問４　各２点×４　問５　各１点×４　2　問１　２点　問２，問３　各１点×10　問４　各３点×２　3　問１，問２　各１点×２　問３　(1)～(3)　各１点×３　(4)～(7)　各２点×６　問４　２点　4　問１　各１点×２　問２　各２点×２　問３　各１点×４　問４　各２点×２　問５　(1)　１点　(2)，(3)　各２点×２

# 二〇二二年度　森村学園中等部

## 国語解答用紙　第一回

番号　　氏名　　評点　／100

一

問一　問二

問三　最初　最後

問四　問五

問六　問七

問八　(1) ア　イ　(2)　(3)　50　60

問九

二

問一

問二

問三

問四　1　2　3

問五

問六

問七

問八　60　70

問九

三

①　②　③　④

⑤　⑥　⑦　(る)　⑧　(えて)

⑨　⑩　⑪　⑫

（注）この解答用紙は実物を縮小してあります。189%拡大コピーをすると、ほぼ実物大の解答欄になります。

〔国　語〕100点(推定配点)

一　問1，問2　各3点×2　問3～問7　各4点×5　問8　(1)，(2)　各3点×3　(3)　6点　問9　4点　二　問1　4点　問2，問3　各3点×2　問4　各2点×3　問5　3点　問6，問7　各4点×2　問8　8点　問9　各4点×2　三　各1点×12

# 2021年度　森村学園中等部

## 算数解答用紙　第1回

| 番号 | | 氏名 | | 評点 | ／100 |
|---|---|---|---|---|---|

**1**

| (1) | (2) | (3) |
|---|---|---|

**2**

| (1) 個 | (2) | (3) g |
|---|---|---|
| (4) 分速 m | (5) 人 | |

**3**

| (1) 5段目 $cm^3$ | 10段目 $cm^3$ | (2) 段目 | (3) $cm^2$ |
|---|---|---|---|

**4**

| (1) ア | (2) イ | ウ | エ |
|---|---|---|---|
| (3) 式 | | | |
| オ | カ | | |

**5**

| (1) $cm^2$ | |
|---|---|
| (2) (答) $cm^2$ | (3) (答) $cm^2$ |

**6**

| (1) ジェット船 時速 km | 海流 時速 km | (2) 時 分 |
|---|---|---|
| (3) 時 分 秒 | | |

（注）この解答用紙は実物を縮小してあります。185％拡大コピーをすると、ほぼ実物大の解答欄になります。

〔算　数〕100点(推定配点)

1〜6　各5点×20<3の(1)，4の(2)，(3)，6の(1)は完答>

# 2021年度　森村学園中等部

社会解答用紙　第1回

| 番号 | | 氏名 | | 評点 | ／75 |
|---|---|---|---|---|---|

**1**

問1 ①　②　③　④　⑤

問2

問3　皇后

問4

問5　宗

問6　の大飢饉

問7

**2**

問1　業

問2

問3

問4

問5　デザイン　デザインの説明

**3**

問1

問2

問3

問4

問5

**4**

問1　他はすべて

問2　他はすべて

**5**

問1

問2　法

**6**

問1　法

問2

問3

問4

問5

問6

（注）この解答用紙は実物を縮小してあります。175％拡大コピーをすると、ほぼ実物大の解答欄になります。

〔社　会〕75点(推定配点)

1　問1　各1点×5　問2～問6　各2点×5　問7　3点　2　問1～問4　各2点×4　問5　5点　3　問1～問4　各2点×4　問5　5点　4　各4点×2　5　各2点×2　6　問1～問3　各2点×3　問4　4点　問5　5点　問6　4点

# 2021年度　森村学園中等部

## 理科解答用紙　第１回

| 番号 | | 氏名 | | 評点 | ／75 |
|---|---|---|---|---|---|

### 1

| | | |
|---|---|---|
| 問1 | (1) | (2) |
| | (3) | |
| 問2 | (1) | (2) |
| | (3) | |
| 問3 | (1) | (2) |

### 2

| | | | | |
|---|---|---|---|---|
| 問1 | | 問2 | | |
| 問3 | (1) | (2) | | |
| 問4 | (1) | | | |
| | (2) ① | ⑤ | 問5 | |
| 問6 | ① | ② | ③ | ④ | ⑤ |
| 問7 | (1) | (2) | | |

### 3

| | | | | |
|---|---|---|---|---|
| 問1 | (1) | (2)　→　→ | | |
| 問2 | 図2　→　→ | 図3　→　→ | | |
| 問3 | (1) ① | ② | ③ | ④ |
| | ⑤ | ⑥ | ⑦ | ⑧ |
| | (2) | (3) | (4) | |
| | (5) | | | |

### 4

| | | | | |
|---|---|---|---|---|
| 問1 | ① | ② | ③ | 問2 |
| 問3 | | | | |
| 問4 | (1) | (2) | | |
| 問5 | | | | |
| 問6 | | 問7 | | |

（注）この解答用紙は実物を縮小してあります。200%拡大コピーをすると、ほぼ実物大の解答欄になります。

〔理　科〕75点(推定配点)

1　問１　(1)，(2)　各２点×２　(3)　３点　問２　(1)　２点　(2)　３点　(3)　２点　問３　(1)　２点　(2)　３点　2　問１　１点　問２　２点　問３　各１点×２＜各々完答＞　問４　(1)　２点　(2)　各１点×２　問５　２点＜完答＞　問６　各１点×５＜各々完答＞　問７　(1)　１点　(2)　２点　3　問１，問２　各１点×５＜問１の(2)は完答，問２は各々完答＞　問３　(1)～(3)　各１点×10＜(2)は完答＞　(4)，(5)　各２点×２　4　問１　各１点×３　問２　２点　問３　３点　問４～問７　各２点×５＜問７は完答＞

# 二〇二二年度　森村学園中等部

## 国語解答用紙　第一回

| 番号 | | 氏名 | | 評点 | /100 |
|---|---|---|---|---|---|

一

問一　問二

問三

問四　最初　最後

問五　問題点1（30）（40）　問題点2（30）（40）

問六

問七　問八

問九

二

問一　Ⅰ　Ⅱ

問二

問三

問四

問五　A　B

問六　問七

問八（30）（35）

問九

三

| | | | | | | | |
|---|---|---|---|---|---|---|---|
| ① | | ② | | ③ | | ④ | |
| ⑤ | | ⑥ | | ⑦ | | ⑧ | （しい） |
| ⑨ | | ⑩ | | ⑪ | | ⑫ | |

（注）この解答用紙は実物を縮小してあります。189%拡大コピーをすると、ほぼ実物大の解答欄になります。

〔国　語〕100点(推定配点)

一　問1，問2　各4点×2　問3　2点　問4　5点　問5　各6点×2　問6　3点　問7，問8　各4点×2　問9　6点　二　問1　各2点×2　問2～問4　各4点×3　問5　各5点×2　問6，問7　各4点×2　問8　6点　問9　4点　三　各1点×12

# 2020年度　森村学園中等部

## 算数解答用紙　第1回

| 番号 | | 氏名 | | 評点 | ／100 |
|---|---|---|---|---|---|

**1**

| (1) | (2) | (3) |
|---|---|---|

**2**

| (1) | (2) | (3) |
|---|---|---|
| 日間 | 個 | 年後 |
| (4) | (5) | |
| % | m | |

**3**

| (1) | BD : DE | (2) | BF : FG : GC | (3) | 三角形DFG : 三角形HDI |
|---|---|---|---|---|---|
| | : | | : : | | : |

**4**

| (1)【8＊5】 | 【8＊2020】 | (2) | (3) |
|---|---|---|---|

**5**

(1)

円

(2)

(答)　　円　　をした

(3)

(答)

**6**

| (1) | (2) | | |
|---|---|---|---|
| cm | CD　cm | DE　cm | |
| (3) | | | |
| 秒後 | 秒後 | 秒後 | |

(注) この解答用紙は実物を縮小してあります。185%拡大コピーすると、ほぼ実物大で使用できます。(タイトルと配点表は含みません)

〔算　数〕100点(推定配点)

1～6　各5点×20<4の(1)，6の(2)，(3)は完答>

## ２０２０年度　森村学園中等部

### 社会解答用紙　第１回

番号　　氏名　　評点　／75

**1**
問1 ①　②　③　④　⑤
問2
問3
問4
問5
問6　法
問7

**2**
問1
問2
問3
問4
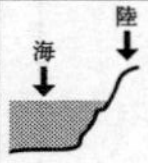

問5

**3**
問1
問2
問3　法
問4
問5 記号　理由

**4**
問1　他はすべて
問2　他はすべて

**5**
問1
問2

**6**
問1　海流
問2　海峡
問3
問4
[海流]
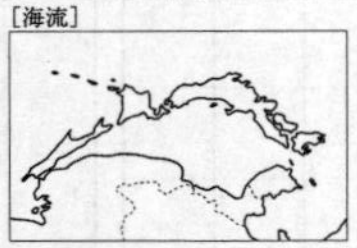
[断面図]
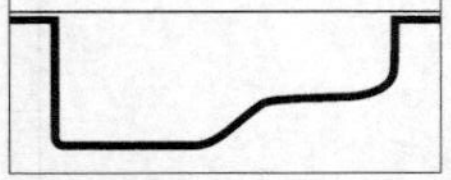

問5
問6

［社　会］75点(推定配点)

1 問1　各1点×5　問2～問6　各2点×5　問7　4点　2 問1～問3　各2点×3　問4　4点　問5　3点　3 問1～問4　各2点×4　問5　4点　4 各3点×2　5 各2点×2　6 問1～問3　各2点×3　問4　各3点×2　問5　4点　問6　5点

## ２０２０年度　森村学園中等部

### 理科解答用紙　第１回

番号　　氏名　　評点　／75

**1**
問1
問2
問3
問4
問5
問6
問7 (1)　(2)　(3)

**2**
問1　理由
問2 ①　②
問3 (1)　(2)
問4 (1)　(2)

**3**
問1 (1)　(2)
問2 結果　理由
問3 (1)　(2)　(3)　(4)

**4**
問1
問2 ①　②　③
問3
問4 (1)　(2)　(3)
問5 性質　利用

［理　科］75点(学校配点)

1 問1～問5　各2点×5　問6　3点　問7　各2点×3<各々完答>　2 問1　季節…1点，理由…3点　問2，問3　各2点×4　問4　各3点×2　3 問1　各3点×2　問2　結果…2点，理由…3点　問3　各2点×4　4 問1　2点　問2　各1点×3　問3　3点　問4　(1)，(2)　各2点×2　(3)　3点　問5　各2点×2

# 二〇二〇年度　森村学園中等部

## 国語解答用紙　第一回

| 番号 | | 氏名 | | 評点 | /100 |
|---|---|---|---|---|---|

**一**

問一

問二

問三　前者　後者

問四　問五　問六

問七

問八　(50)　(60)

問九

**二**

問一　問二

問三　a　b

問四　1　(30)　(40)

2　(30)　(40)

問五

問六　A　B

問七　問八

問九　〜

問十

**三**

| | | | |
|---|---|---|---|
| ① | ② | ③ | ④ |
| ⑤ | ⑥　(いた) | ⑦　(めた) | ⑧ |
| ⑨ | ⑩ | ⑪ | ⑫ |

（注）この解答用紙は実物を縮小してあります。189%拡大コピーすると、ほぼ実物大で使用できます。（タイトルと配点表は含みません）

〔国　語〕100点(推定配点)

一　問1，問2　各3点×2　問3　各2点×2＜各々完答＞　問4〜問6　各3点×3　問7　5点　問8　10点　問9　3点　二　問1，問2　各3点×2　問3　各2点×2　問4　各4点×2　問5　3点　問6　各2点×2　問7，問8　各3点×2　問9　4点　問10　各2点×2　三　各2点×12